Hans Frey · Das Süßwasser-Aquarium

Hans Frey

Das Süßwasser Aquarium

Ein Handbuch

Verlag J. Neumann-Neudamm

Melsungen · Berlin · Basel · Wien

22., neubearbeitete Auflage 1979
Alle Rechte vorbehalten
Verlag J. Neumann-Neudamm
Melsungen · Berlin · Basel · Wien
Lizenzausgabe aus dem
© Neumann Verlag Leipzig · Radebeul
Lektor: Dr. Hermann Thomas
Typographie: Peter Lohse
Aquarelle und zoologische Zeichnungen: Hans Frey
Bildleisten: Hans Preuße
Wasserpflanzenzeichnungen: Ernst Halwaß
Zierfischfotos sowie Vorlagen
für den Schutzumschlag: Hans-Joachim Richter
Lichtsatz: INTERDRUCK
Graphischer Großbetrieb Leipzig — III/18/97
Druck und Buchbinderei: Karl-Marx-Werk Pößneck
Printed in the German Democratic Republic
ISBN 3-7888-0295-2

Inhalt

Zur 22. Auflage

Die Aquaristik hat in den letzten Jahren ihr wissenschaftliches Fundament wesentlich verbreitert. Sie hat damit als Hobby an Bedeutung gewonnen und ist reicher und leichter betreibbar geworden. Natürlich muß ein Aquarienbuch diesem Trend folgen. So wurde auch die vorliegende 22. Auflage wieder auf den modernsten Stand gebracht. Ich habe dabei die angenehme Pflicht, Herrn Helmut Stallknecht (Berlin) für Ergänzung und Durchsicht des Wasserpflanzenteils sowie für die Unterstützung bei der Überarbeitung der Zierfischtabellen meinen kollegialen Dank auszusprechen. Die Herren Hans Preuße (technische Zeichnungen) und Ernst Halwaß (Wasserpflanzenzeichnungen) waren, wie jedermann leicht sehen kann, einfühlsame Mitgestalter am neuen Gesicht der 22. Auflage, die nicht zuletzt auch durch die Zierfischfotos von Hans-Joachim Richter (Leipzig) an Gewicht und Aussagekraft gewonnen hat.

Wie immer hat der Neumann Verlag alle diese Arbeiten bereitwilligst gefördert und unterstützt, so daß auch die neueste Auflage des Süßwasseraquariums wieder ein guter Ratgeber sein wird.

Hans Frey

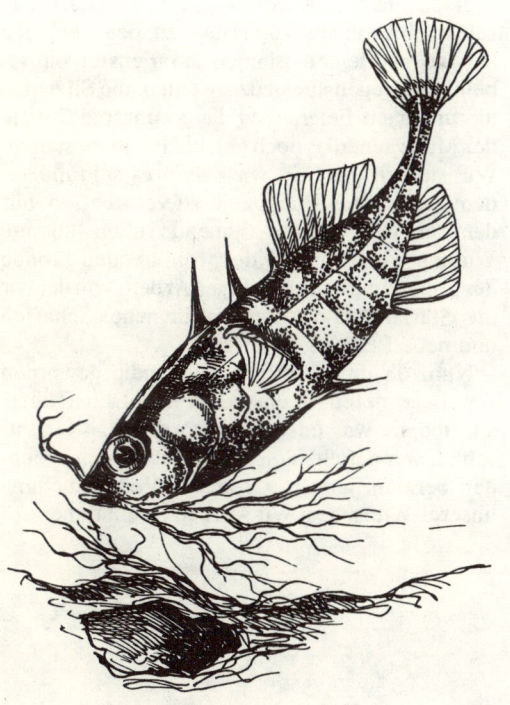

Bunte Welt im Glase

Wir machen eine Bekanntschaft

Irgendwann und irgendwo haben wir alle schon einmal vor einem Aquarium gestanden, haben die Bekanntschaft dieser bunten Welt im Glase gemacht. Wir besinnen uns: Im Zoo einer deutschen Großstadt war es. Der Zauber einer im Dämmerlicht träumenden, exotisch anmutenden Welt umfing uns. Die großen Becken in den Wänden, vor denen sich die Menschen drängten, strahlten einen bläulichen Schein in den dunklen Raum. Hinter den Riesenscheiben zogen stumm und majestätisch, Mondsicheln gleich, die bizarren Gestalten der Blattflosser, mühten sich diamantbesäte Buntbarsche um eine wimmelnde Schar von Jungen, wirbelte, tanzte und schwärmte im Zuge oder lauerte hinter Felsen eine unbeschreibliche, vielgestaltige, phantastische Schar von Fischen. Wir vergaßen sie im einzelnen bald wieder, wir konnten sie nicht erfassen in ihrer Vielfalt, aber irgendwie blieb doch der Eindruck einer schönen, uns tief innerlich erfassenden traumhaften Welt zurück. Später und an anderer Stelle erneuerten wir die Bekanntschaft. Wir waren als Eltern eingeladen, am Unterricht unserer Kinder teilzunehmen. Auf der Fensterbank des Schulraumes, sorgsam gepflegt, stand ein Aquarium. Es war im Biologie-Unterricht. Aufgabe, den Kindern den Begriff »Instinkt« klarzumachen. Hier fand er den Anknüpfungspunkt, hier konnte er die Natur erkennen lehren – sie selbst bot ihm die Hand dazu.

Wenig später begegnete uns diese Welt wieder im Film. Wir sahen das Aquarium als Helfer im Dienste der wissenschaftlichen Forschung. Neue Ausblicke taten sich auf. Die bunte Kreatur wirkte hier dank ihrer Vermehrungsfähigkeit und raschen Generationsfolge als Vermittlerin neuer Erkenntnisse auf den Wegen des wissenschaftlichen Fortschrittes.

Wie wohltuend empfanden wir es, uns im Wartezimmer des Arztes von der Ruhe und Harmonie dieses kleinen Naturausschnittes von den Sorgen um unsere Gesundheit ablenken zu lassen. Wir verloren uns im Anblick des quirlenden, farbigen Lebens, dem das zarte Grün der Pflanzen einen so sanften und beruhigenden Hintergrund schuf.

Nach und nach wurde in uns der Wunsch wach, selbst ein solches Aquarium zu besitzen, den liebend gepflegten Blumen am Fenster ein lebendiges Gegenstück zuzugesellen, die Sitzecke, die uns nach Feierabend die geruhsame Stunde der Muße schenkt, noch glücklicher zu gestalten. Wir stellten uns vor, wie schön es sein müßte, dem Auge einen Blickpunkt zu verschaffen, auf dem es des Abends sinnend ruhen könnte. Wußten wir doch von der wohltuenden Stunde der Sammlung nach des Tages Arbeit, von der wir uns Stärkung und Anregung für neues Schaffen und neue Leistung erhofften.

Nun, da unser Interesse lebendig geworden war, begegneten wir unserer Bekanntschaft überall, und sie war uns lieb geworden. Unser Entschluß war gefaßt. Von gleichgestimmten Freunden beraten, gingen wir an die Verwirklichung unseres Wunsches: Wir wurden »Aquarianer«.

Unsere Freundschaft wird auf die Probe gestellt

Wir müssen aber wissen: Bis hierher war der Weg leicht. Wir haben eine Bekanntschaft gemacht, haben Gefallen an ihr gefunden und haben sie in unser Heim genommen, um uns daran zu erfreuen. Aber wir möchten nicht enttäuscht werden. Wir möchten gern, daß der erste, schöne Eindruck auch hält, was er uns zu versprechen scheint. Freunde und Bekannte, die uns besuchen, haben vielleicht mit unserer neuen Liebhaberei ihre eigenen Erfahrungen gemacht. Sie haben gefunden, daß das erste Bild trügt, daß es eine zu große Mühe sei, die Harmonie dieses Naturbildes zu erhalten, daß es mit viel Wasserpanscherei und manchem Verdruß verbunden wäre, wenn wir unseren eigenen Sorgen die um das Leben dieser kleinen Welt zugesellten.

Wir selbst finden mit der Zeit, daß manches doch nicht so geht, wie wir es uns gedacht haben. Das Wasser bleibt nicht klar, die Pflanzen sind zunächst gut gewachsen, dann aber werden sie gelblich und gehen ein, die Fische sind lange nicht mehr so munter, wie sie im Anfang waren. Das alles ist schmerzlich und macht uns Kummer. Bald müssen wir erfahren, daß auch in unserer kleinen Welt der getreue Schatten alles Lebens der Tod ist. Wir wissen nicht, woran es liegt, haben wir doch alles getan, was wir glaubten tun zu müssen.

Aber haben wir denn auch immer das Richtige getan? Haben wir nicht gerade durch ein Übermaß von Fürsorge das Unheil heraufbeschworen, das wir verhüten wollten? Nun ist der Zeitpunkt gekommen, da unsere Freundschaft auf die Probe gestellt wird. Wollen wir uns denen anreihen, die den Versuch gemacht, ihn aber bald achselzuckend wieder aufgegeben haben? Nein, das wollen wir nicht. Wir werden wieder mit unseren Freunden sprechen, wir werden sehen, wie sie es machen, wie sie über die Enttäuschungen der Anfangszeit hinweggekommen sind. Denn wir sollen von Anfang an wissen: Wohl müssen wir das notwendige Maß an Pflege aufwenden, das die Haltung lebendiger Wesen von uns fordert, mehr aber auch nicht. Von all dem, was uns das Ende unserer Liebhaberei zu bedeuten schien, kann keine Rede sein. Wir müssen das Aquarium nicht alle 14 Tage ausräumen und von Grund auf neu einrichten. Nichts von täglich frischem Wasser, von veralteten Pflanzen, braunem Belag an den Scheiben, nichts von bedauernswerten Fischen, die am Rande von Tod und Leben dahinvegetieren, nichts von alledem — wenn wir es richtig machen.

Dazu aber, daß wir das Richtige tun können, soll uns diese Schrift verhelfen. Sie soll uns vor Enttäuschungen bewahren, soweit das möglich ist, soweit sich die Vielfalt des natürlichen Ablaufes der Dinge überhaupt in die Seiten eines Buches einfangen läßt. Sie will uns ein Freund sein, so wie der alte, erfahrene Aquarianer aus unserem neuen Bekanntenkreis ein Freund ist, wenn er uns, aus dem großen Schatz seiner jahrelangen Erfahrungen schöpfend, mit Rat helfend zur Seite steht.

Wir machen interessante Beobachtungen

Es gibt bei jeder Sache, die wir uns vornehmen, einen Zeitpunkt, bei dem sich die Schwierigkeiten türmen, so sehr, daß sie uns unüberwindbar dünken. Haben wir ihn aber überwunden, dann winkt uns als Lohn für alle Mühe die Fähigkeit, in die Tiefen zu schauen, das Ganze zu erfassen, mehr zu sehen als uns je vorher möglich erschien.

Wir haben im Anfang vielleicht geglaubt, unser Aquarium sei nur ein schönes, ein lebendes Bild, etwas, an dem sich unsere Sinne erfreuen könnten. Das ist es, gewiß. Aber es ist mehr. Wir werden das mehr und mehr erkennen, je länger wir uns damit beschäftigen. Wir werden merken, daß wir nicht nur für unser Aquarium und seine Bewohner sorgen, sondern daß dieses auch für uns sorgt, daß es uns Erkenntnisse schenkt, die wir zuvor nicht besaßen. Haben wir uns jemals darum gekümmert, welche ungemein wichtige Rolle im Leben der Natur die Alge spielt? Nein. Jetzt aber müssen wir uns fast zwangsläufig damit beschäftigen. Wir werden uns ein Vergrößerungsglas, eine Lupe, vielleicht sogar ein kleines Mikroskop beschaffen. Wir werden eine Winzigkeit von dem Algenbelag unserer Aquariumscheibe zwischen die Objektgläser bringen — und werden ein Wunder erleben. Haben wir schon einmal gründlich über die Rolle der Pflanze im Haushalt des Lebens nachgedacht, darüber, daß wir ohne die Pflanze nicht existieren könnten? Haben wir uns bemüht, einmal einen Blick in die chemische Küche der Pflanzenzelle zu werfen? Was wissen wir vom Blattgrün, was wissen wir von der lebenserhaltenden Fähigkeit der Pflanze, unorganische Stoffe, Gase, Flüssigkeiten, in organische, in Leben schlechthin umzuwandeln? Was wissen wir vom »biologischen Gleichgewicht«, was von der wundersam ausgewogenen Welt der wichtigsten Lebensstoffe Sauerstoff, Kohlenstoff und Stickstoff? Gestehen wir es ehrlich — wir wußten nicht viel oder vielleicht nichts davon! Das Aquarium führt uns zwangsläufig zu solchen Erkenntnissen. Wir müssen sie haben, wenn wir begreifen wollen, welche Kräfte in unserem Aquarium am Werke sind. Wir werden auch bald merken, daß uns manche dieser Erkenntnisse auch im Leben, im Beruf, weiterhelfen, daß sie unseren Blick erweitern, uns bisher verschlossene Türen öffnen.

Da haben wir eine ganze Brut winzig kleiner Jungfische. Sie sind mit dem bloßen Auge in ihren Einzelheiten kaum zu erkennen, aber all ihre Ansprüche an das Leben sind schon entwickelt. Sie gieren nach Futter, durchziehen nahrungssuchend ihren Lebensbereich, in den sie soeben hineingeboren wurden. Da heißt es Futter schaffen. Zu diesem Zweck müssen wir uns mit Infusorien und anderen Einzellern beschäftigen, Dinge, von denen wir vorher kaum etwas gewußt haben. Wir sind überrascht von der Fülle dieser Lebewesen, von ihren tausenderlei Formen.

So erweitert sich unser Blick ständig. So schwimmen vielleicht Fischarten in unserem Aquarium, die mit langen, fadenförmigen Bauchflossen ausgerüstet sind, und die wir von Zeit zu Zeit zur Oberfläche emporsteigen sehen, um dort Luft zu holen. Warum ist das so? Warum genügt nicht die einfache Kiemenatmung der meisten anderen Fische auch in diesem Falle? Warum?

Warum? Wir machen uns Gedanken. Wo kommen diese Tiere her, welches ist ihr Heimatgebiet? Wir erkennen, daß die Natur, die Anpassung an die Umwelt, diese Besonderheiten modelliert hat.

Wir werden eines Tages die äußerst zweckmäßigen Handlungen unserer Buntbarsche bei der Pflege ihrer Brut beobachten und bewundern können. Wir werden geneigt sein, diesen Handlungen menschliche Maßstäbe unterzulegen. Aber wir werden dann vielleicht erkennen, daß wir so nicht weiterkommen. Denn eines Tages sehen wir, daß alle Handlungen, die in der Brutpflege zu beobachten unsere große Freude war, auch dann vorgenommen werden, wenn sich Futtertiere in einer Ecke unseres Aquariums angesammelt haben und unsere Buntbarsche eifrig dabei sind, dieselben zu »pflegen«. Wir werden uns dann fragen: Was ist Instinkt, wie wird er ausgelöst, wie wird er erworben? Es sind Fragen über Fragen, die hier auftauchen und nach Beantwortung drängen. Manche dieser Fragen werden auf die eine oder andere Weise mit unserem Berufsleben zusammenhängen, mindestens aber werden sie uns vieles verstehen lehren, was uns heute noch unverständlich ist.

Und noch etwas: Wir werden unseren Pfleglingen Futter beschaffen müssen. Auf der Suche danach mögen wir gelegentlich hinaus in die Natur wandern und dabei manches sehen, was uns bisher unbekannt war. Die Beschäftigung mit der Heimat, der heimischen Tierwelt in unseren Gewässern, ist allein schon ein Gewinn, der aber noch größer wird, wenn wir dieses oder jenes mit nach Haus nehmen, um es da zu beobachten. Wiederum folgt daraus eine Fülle von Fragen und Erkenntnissen. Welche Unmenge von Parallelen allein, wenn wir unseren Forschungsdrang unter das Motto »Natur und Technik« stellen. Ist es bekannt, daß die Larve des Gelbrandkäfers in ihren Kieferzangen vollendete Injektionsspritzen besitzt, daß sie einen Stoff zur Verflüssigung des Körperinhaltes ihrer Opfer erzeugt? Wer konnte jemals das Prinzip der Taucherglocke im Nestbau der Wasserspinne bewundern oder das Doppelauge des Taumelkäfers, den Vor- und Rückwärtsflug der Libelle? Wunder über Wunder! Sitzen wir aber in einer ruhigen Feierabendstunde vor unserem Aquarium, dann geht wohl unser Sinnen über dieses hinaus, über Länder und Meere, hin zu jenen fernen Ländern, in denen unsere Pfleglinge beheimatet sind.

Wir reisen in die weite Welt

Es ist eine unbestreitbare Tatsache, daß die menschliche Vorstellung gern über das Nächstliegende hinausgeht, daß sie über das Veilchen am Wege hinwegsieht, um zu der fernen Orchidee zu gelangen, und daß erst das rechte Geltung erlangt, was von »weit her« ist. Das mag eine der Ursachen sein, weshalb die Pflege von exotischen Zierfischen ganz allgemein der Haltung einheimischer Fische vorgezogen wird. Es ist das aber nur einer der Gründe!

Vielfach begegnet man dem Glauben, daß die Pflege der Fische unserer Heimat einfacher und unkomplizierter sei. Das führt dann nicht selten dazu, daß sich der Anfänger Fische aus dem nächsten Teich oder Bach beschafft und sie über kurz oder lang »zu Tode pflegt«. Damit kann aber das Interesse an der Aquaristik ein für allemal erloschen sein.

Ich glaube aber, wir können es vorwegnehmen: Die Haltung unserer einheimischen Fische erfordert, wenn man rechte Freude daran haben will, ein gewisses Maß von Erfahrungen, die man eher mit der Pflege anspruchsloser fremdländischer Zierfische erwerben kann. Gewiß, es gibt einige Arten, die keine großen Ansprüche stellen, wie z. B. Stichling und Bitterling, viel größer ist jedoch die Anzahl der einheimischen Fische, die schwieriger zu halten sind.

Stellen wir uns doch vor: Diese sind Wildlinge, die wir erst an das Leben im Aquarium gewöhnen müssen. Sie sind also das, was wir bei überseeischen Fischen als Importe bezeichnen. Welche Fülle von Problemen ist in diesem Begriff eingeschlossen. Niemand würde die Haltung von Importfischen einem Anfänger anraten. Genauso verhält es sich auch bei unseren einheimischen Fischen: Die Gewöhnung an die veränderten Lebensbedingungen im Aquarium, vor allem an den engen, begrenzten Raum bringt Schwierigkeiten mit sich, die oft nur der erfahrene Liebhaber überwinden kann.

Es kommt hinzu, daß die Tropen eine viel größere Menge von Fischarten hervorgebracht haben, als das in den gemäßigten Zonen der Fall ist. Wir haben also eine größere Auswahl von Formen vor uns, die sich für die Pflege im Zimmeraquarium eignen. Bedenken wir nun noch, daß sich die meisten dieser Fische in Gefangenschaft leicht züchten lassen, und daß deshalb viele Exoten seit Generationen unsere Becken bevölkern, dann können wir die Beliebtheit der südländischen Aquariumbewohner wohl verstehen. Und endlich ist es mit den heutigen technischen Hilfsmitteln leichter, ein Aquarium das Jahr über warm zu halten, als die Temperatur in einem Kaltwasserbecken im Sommer nicht über 18 oder 20 °C ansteigen zu lassen.

Dennoch ist die Haltung der einheimischen und der tropischen Fische nicht voneinander zu trennen. Gewisse Lebensumstände sind in allen Zonen der Erde gleich. So lassen sich aus dem Verhalten einheimischer Fische in der freien Natur Rückschlüsse auf das der tropischen Fische in ihren Heimatgebieten ziehen, während andererseits vieles für unsere heimatliche Fischwelt Gültigkeit hat, was der Aquarienfreund an exotischen Zierfischen beobachtet.

Haben die Gebirgsbäche die Zone des größten Gefälles durcheilt oder springen sie in den Tälern der Mittelgebirge munter über Geröll und Kies, so beginnt, ihren Hauptbewohnern nach benannt, die Forellenregion. Freilich, für das Aquarium sind Forellen nur bedingt geeignet. Sie lieben klares, kaltes, sauerstoffreiches und möglichst fließendes Wasser. In den Schauaquarien der zoologischen Gärten sind jedoch die verschiedenen Forellenarten immer anzutreffen. Auch haben sich erfahrene Aquarienfreunde an der Pflege von Forellen mit Erfolg versucht, wenn sie über genügend große Behälter verfügten. Besser als unsere einheimische Bachforelle eignet sich hierzu die aus Nordamerika stammende Regenbogenforelle (Salmo shasta), da sie nicht so sauerstoffbedürftig ist und dementsprechend höhere Temperaturen verträgt. Ein hochinteressanter Fisch — ebenfalls für den erfahrenen Pfleger — ist die im Forellenbach als Laichräuber nicht gern gesehene Groppe (Cottus gobio). Sie ist ein echter Grundfisch, der nach Gestalt und Lebensweise eine gewisse Ähnlichkeit mit tropischen Grundeln besitzt.

Leichter ist die Elritze (Phoxinus phoxinus) zu halten, zumal, wenn die Tiere nicht kühlen Gebirgsbächen, sondern Gewässern der Ebene entstammen. Die Zucht ist bereits mit Erfolg versucht worden. Elritzen sind hübsche Aquariumfische, die ihr schönes Farbenkleid vor allem dann zeigen, wenn man sie nicht zu hell hält. Besonders ein dunkler Bodengrund wirkt sich vorteilhaft auf die Intensität der Farben aus. Übrigens wissen wir von den Fischen, daß verletzte und tote Artgenossen einen Schreckstoff ausscheiden, der die übrigen Schwarmgenossen vor möglichen Gefahren warnt.

Zum Teil in Gebirgsbächen, zum Teil aber auch in Gewässern der Ebene weit verbreitet finden wir eine Reihe von Grundfischen, die den Karpfenfischen zugehören oder doch nahestehen. Da ist einmal der Gründling (Gobio gobio) zu nennen. Zum anderen sind es die heimischen Vertreter der Schmerlen, die alle für das Kaltwasseraquarium geeignet sind: die eigentliche Schmerle (Noemacheilus barbatulus), der Steinbeißer (Cobitis taenia) und endlich der Schlammpeizker (Misgurnus fossilis), der ein Bewohner schlammiger Niederungsgewässer ist. Die Gründlinge leben gern in größeren Schwärmen, während die Schmerlen mehr Einzelgänger sind. Alle Schmerlen unserer Heimat sind typische Grundfische, deren Mund von einem Kranz von Bartfäden zum Aufspüren von Nahrung umgeben ist. Sie besitzen neben der Kiemen- eine Darmatmung. Vor allem der Schlammpeizker kann auch unter ungünstigen Sauerstoffverhältnissen ausdauern. Außerdem ist er empfindlich gegen Luftdruckveränderungen und wird daher gern als Wetterprophet im Aquarium gehalten, weil er nahende Gewitter durch erhöhte Unruhe anzeigen soll.

Mit den Karpfenfischen lernen wir Fische kennen, die für das Aquarium gut geeignet sind. In den schilfbestandenen Seen, Teichen und Gräben der Ebene und dort, wo sich die munteren Bäche zum behaglich dahinziehenden Fluß vereinigt haben, ist ihr Reich. Es ist eine große Sippe. Der überwiegende Teil der Süßwasserfische unserer Heimat zählt dazu. Zu Rudeln oder Schwärmen vereinigt durchsuchen sie den Boden nach Nahrung oder springen an der Oberfläche nach den spielenden Mücken. Leider werden die meisten Karpfenfische recht groß, so daß sie nicht bis zur Erreichung der Geschlechtsreife im Aquarium gehalten werden können. Manche Arten verkümmern auch unter den beengten Verhältnissen der Gefangenschaft, aber in kleinen Exemplaren können sie alle in unseren Becken zu Gast sein. Zur Zucht im Aquarium eignen sich der wegen seiner einzigartigen Laichfürsorge besonders bemerkenswerte Bitterling (Rhodeus sericeus amarus), die bereits genannte Elritze und endlich das brutpflegende Moderlieschen (Leucapius delineatus). Daneben sind noch zahlreiche andere Karpfenfische recht ausdauernde und dankbare Aquarienbewohner. Es ist an dieser Stelle unmöglich, sie alle aufzuzählen. Es seien nur der eigentliche Karpfen (Cyprinus carpio) und seine Rassen, die Karausche (Carassius carassius), die Schleie (Tinca tinca), von der es eine goldfarbene Form gibt, sowie endlich die große Schar der sogenannten Weißfische erwähnt, deren genaue Unterscheidung dem Aquarienfreund oft so große Schwierigkeiten bereitet.

Nicht zu vergessen sind die beiden Arten unserer Stichlinge (Gasterosteus aculeatus und Pungitius pungitius), die jeder Naturfreund einmal gehalten haben muß. Die von ihnen geübte Brutpflege ist tatsächlich einzigartig und unter den vielen Hunderten exotischer Zierfischarten befindet sich nicht eine, die einen so bemerkenswerten Nestbau betreibt. Darüber hinaus wäre es eigentlich fast jeder einheimische Fisch wert, einmal für kürzere oder längere Zeit zu Gast in unseren Aquarien zu sein. Als solche Gelegenheitsgäste wären etwa zu nennen: der Aal (Anguilla anguilla), der Hecht (Esox lucius), der Flußbarsch (Perca fluviatilis) und der aus Nordamerika stammende Katzenwels (Ictalurus nebulosus). Selbstverständlich kann es sich dabei immer nur um junge Exemplare handeln, denen man nach einiger Zeit die Freiheit zurückgibt, wenn sie für die Enge des Zimmeraqariums zu groß geworden sind.

Erdumfassend muß unser Blick sein, wenn wir uns auch nur annähernd ein Bild von der Herkunft unserer Zierfische machen wollen. Das ungeheure Landmassiv Asiens, vom Bosporus bis China, vom Himalaja bis zur traumhaft schönen Inselwelt im Indischen Ozean, Australien mit seinen spärlichen Gewässern, das für den Zierfischhandel heute stärker in den Blickpunkt gerückte Afrika, das Flußmeer des Amazonas und die unübersehbaren Wälder im tropischen Südamerika, Mittelamerika, Mexiko und Florida — Namen, mit denen sich oft nur wenig feste Vorstellungen verknüpfen, soweit es die Vielfalt der Gewässer betrifft. Wie fern ist uns Aquarianern das alles, und doch müssen wir versuchen, uns ein Bild von den Verhältnissen zu machen, unter denen die Zierfische dort leben.

So über alle Begriffe weit sich der asiatische Kontinent ausdehnt, so verschieden sind auch die Verhältnisse in den Gewässern dieses Raumes. Indiens Sonne, die schwüle, feuchte Luft Insulindes, bis an die Grenze des Erträglichen erhitzte Wasserläufe, dunkle, lehmige, schlammige Pfützen und Tümpel, heilige Teiche, ungeheure Ströme, gefärbt von den mitgeführten Erdmassen, die Reisfelder und Reisterrassen mit ihren Schleusen, Schöpfwerken und Verbindungsgräben, klare Gebirgsbäche und ewig überschattete Wasserläufe in den Dschungelwäldern – das ist nur ein Teil der Umwelt, wie die zahlreichen Fischarten Asiens formte.

Dennoch sind es hier einige Fischgruppen, die die größte Zahl von Zierfischen stellen, also von solchen Fischen, die sich nach Größe, Färbung, Verhalten und Lebensansprüchen für die Pflege im Zimmeraquarium eignen. In erster Linie sind hier die Kletter- oder Labyrinthfische (Anabantoidea) und die Angehörigen der Karpfensippe (Cyprinoidea) zu nennen. Die Kletterfische, von den Aquarienfreunden nach ihrem Atmungshilfsorgan auch Labyrinthfische genannt, haben uns bereits eine große Reihe dankbarer, farbenprächtiger und leicht zu züchtender Aquarienfische geschenkt. In den siebziger Jahren des vorigen Jahrhunderts, als die Aquarienkunde noch in den Kinderschuhen steckte, brachte ein Franzose einen Fisch aus dem fernen China mit in seine Heimat, dessen Einführung eine Sensation bedeutete. Hier war ein Hauch der fremden Länder zu spüren, aus denen er kam, ein Hauch von Tropenluft und Sonne, von Abenteuer und geheimnisvoll-phantastischem Leben ferner Völker. Dieser Fisch wurde in Paris von einem Franzosen namens Carbonnier bald nachgezüchtet. Die Art seiner Brutpflege, die dunkle, gesättigte Farbenpracht der Tiere, das alles erregte größtes Aufsehen. Zoologische Institute und Privatpersonen rissen sich um die nunmehr im Handel auftauchenden Tiere. Die Aquaristik, die Aquarienliebhaberei, war geboren und nahm einen ungeahnten Aufschwung.

Makropode, Großflosser oder Paradiesfisch wurde dieser erste Exote genannt, und schon in der Namensgebung ist etwas von dem zu spüren, was ihn berühmt und begehrenswert machte. Und fürwahr, dieser Fisch ist ein Stück tropischer Natur, er war es und ist es bis heute geblieben. Die Anabantiden kommen aus den heißesten Gebieten der Erde: China, Indien, Sri Lanka und Burma, Thailand, Sumatra und Malaya. Das alles sind Namen voll südlicher Glut und Üppigkeit. Ein Stück dieses Teiles der Erde lebt mit den Labyrinthern in unseren Aquarien. In ihren Heimatgebieten bewohnen sie zum Teil flache, von Sonnenwärme übersättigte Gewässer aller Art, Tümpel und Teiche, Gräben und Reisfelder.

Das Wasser ist arm, sehr arm an Sauerstoff, oft ist es noch dazu undurchsichtig lehmig, aufgerührt von den Schritten brauner Arbeiter. Die Natur mußte sich helfen, wollte sie diese ihre Geschöpfe am Leben erhalten. Die Augen sind in solchen Wassern oft ein wenig brauchbares Instrument, wenn es gilt, sie futtersuchend zu durchstreifen. So finden wir denn manche Labyrinthfische mit fadenförmig verlängerten Bauchflossen ausgestattet, dazu bestimmt, auch im trüben Wasser Nahrung aufzuspüren und sich zu orientieren.

Noch eine weitere Besonderheit können wir in dieser Fischfamilie beobachten: Von Zeit zu Zeit müssen die Tiere zur Wasseroberfläche emporsteigen, um hier atmosphärische Luft aufzunehmen. Sie sind mit einem zusätzlichen Atmungsorgan ausgerüstet, dem sogenannten Atmungslabyrinth, das es ihnen gestattet, der Atemnot in tropischen Gewässern zu entgehen und sich selbst dort zu behaupten, wo eigentlich jedes höhere Leben absterben müßte. Dieses Organ ist es auch, mit dessen Hilfe einige Anabantiden knurrende oder quakende Töne hervorbringen können.

Allerdings ist es keineswegs so, daß die Kletterfische in ihren Heimatgebieten nur in solch ungünstigen Wasservorkommen anzutreffen sind. Sie beleben vielmehr Gewässer der verschiedensten Art, ja, einige Arten steigen sogar in die klaren Bachläufe der Gebirge auf. Tatsache ist lediglich, daß sie eben unter den ungünstigsten Umständen noch zu existieren vermögen. Einer von ihnen, der eigentliche Kletterfisch Anabas testudineus, kann sogar seine Wohngewässer verlassen, wenn sie auszutrocknen drohen, und kann auf dem Landwege günstigere Wasservorkommen zu erreichen suchen. Er ist es, der auf Grund dieser Eigenschaft der Familie den Namen Kletterfische verlieh. Schon frühzeitig war er bekannt. Die Araber des frühen Mittelalters, eifrige Händler und Reisende seit je, wußten zu berichten, daß der Fisch bei Nacht das Wasser verlasse, auf Palmen steige und sich dort am süßen Palmwein berausche.

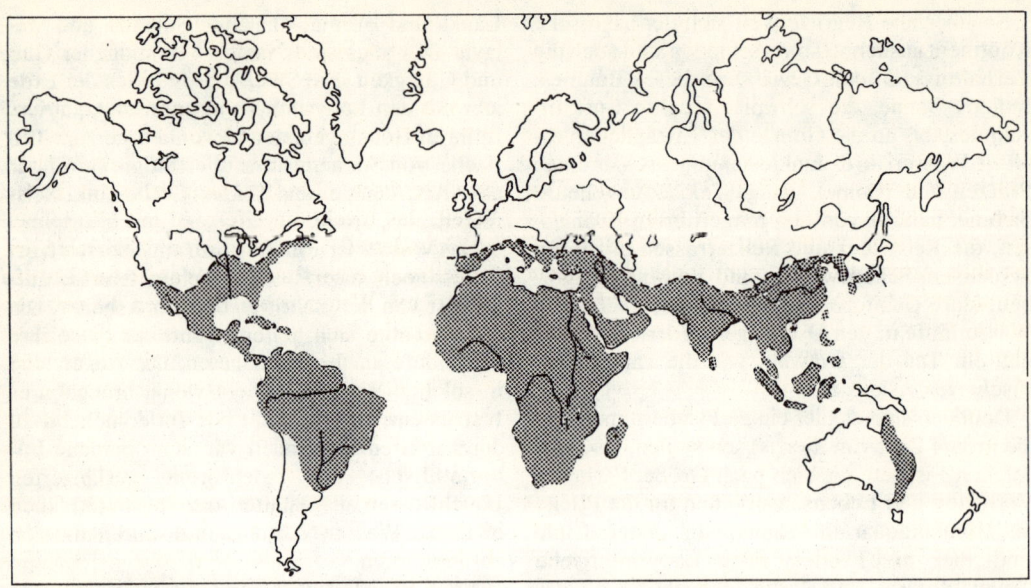

– – – – – nördliche Grenze der tropischen und
subtropischen Zierfischgebiete.

In Thailand hat sich die Volksleidenschaft
eines anderen Labyrinthfisches bemächtigt. Die
für bunte Farben so empfänglichen Einwohner
übersteigerten die natürliche Farbenpracht eines
kleinen Fisches, des Kampffisches (Betta splendens), durch Auslese und Zuchtwahl und lassen
die Tierchen, deren Männchen sich wie die
Schmetterlinge mit gespreizten Flossen und
geblähten Kiemen gaukelnd umspielen, untereinander in Wettbewerb treten. Sie nutzten auch
die Rauflust und Rivalität der brünstigen Männchen zu Kampfspielen aus, die die Leidenschaf-
ten der heißblütigen Thais erregen. Wetten
werden abgeschlossen, werden gewonnen und
verloren. Alte Züchterfamilien sind stolz auf ihre
Stämme und hüten das Geheimnis ihrer Zuchtwahl. Diese Kampffische sind auch nach Europa
gekommen, die Stammform zuerst, später auch
die schönen schwimmenden Juwelen der
Schleierkampffische. Immer entstehen neue
Stämme, neue Spielarten – Geschöpfe, deren
Farbigkeit und Schmelz weder zu beschreiben
noch mit dem Pinsel darzustellen sind.

Die Familie ist aber mit der Aufzählung dieser
Arten noch keineswegs in ihrer Formenfülle
erschöpft. In den Gattungen Trichogaster und
Colisa, den schon genannten Fadenfischen, finden sich farbenschöne Arten. Der Zwergfadenfisch (Colisa lalia) und der reizende Honig-
gurami (C. chuna) können mit ihrer prunkenden
Farbenzusammenstellung mit zu den Schönsten
dieser Gruppe zählen. Aber auch die übrigen sind
von höchstem Reiz, so z. B. der wundervolle
Mosaikfadenfisch, Trichogaster leeri. Wie mit
feinsten Türkissplitterchen übersät sind die
wunderschönen Knurrenden Zwergguramis,
Trichopsis pumilus, die in der Erregung merkwürdig klingende und weithin vernehmbare Töne
von sich geben. Auch die Gattung Macropodus
umfaßt außer dem schon geschilderten Paradiesfisch oder Makropoden noch einige weitere,
schöne Arten, von denen besonders der Rote
Spitzschwanzmakropode aus Ostindien zu nennen ist.

Früher wurden den Labyrinthfischen systematisch noch zwei andere Fischgruppen zuge-
rechnet, die gleichfalls ein Atemlabyrinth besitzen, wenn es auch etwas abweichend gebaut
ist. Es sind das die nur eine Art aufweisende
Familie der Hechtköpfe (Luciocephalidae) und
die artenreichere Familie der Schlangenkopf-
fische (Ophicephalidae). Obwohl beide nicht in
näherer verwandtschaftlicher Beziehung zu
den Kletterfischen stehen, seien sie an dieser
Stelle mit erwähnt. Die Schlangenköpfe sind groß
werdende, räuberische und nächtlich lebende
Fische, deren schlangenhafter Kopf vollständig
beschuppt ist.

14

Ganz anderer Art ist die Sippe der Karpfenfische (Cyprinoidea). Es sind zum Teil Bewohner fließender Gewässer, klarer Bäche und Flüsse, oft genug aus Landstrichen, deren gebirgiger Charakter ein Klima ähnlich dem der gemäßigten Zone schafft, zum Teil bevölkern sie aber auch Dschungelgewässer, Gräben, Tümpel oder Teiche. Sie lieben das Leben im Schwarm, sind munter, gesellig, farbig und anspruchslos. Groß ist ihre Artenzahl, und recht viele sind ideale Aquarienfische. Auch sie haben der Liebhaberei schon viele Freunde gewonnen, ob wir nun an den blaugold gestreiften Zebrabärbling (Brachydanio rerio), an die Keilfleckbarbe (Rasbora heteromorpha) mit ihrer entzückenden Farbenzusammenstellung in Rosa und Blau denken, oder an die funkelndrote Prachtbarbe (Barbus conchonius). Einige der Rasbora-Arten trotzten jahrzehntelang allen Bemühungen, sie im Aquarium zur Nachzucht zu bringen. Heute ist das Geheimnis um diese Fische entschleiert. Sie sind Bewohner von Gewässern mit schlammigem, aus vermoderten Pflanzenresten gebildeten Untergrund, die vornehmlich von tropischen Regengüssen gespeist werden. Infolgedessen ist das Wasser sehr weich und stark von Humussäuren durchsetzt. Eine Nachahmung dieser Verhältnisse führte endlich zum Ziel! Bemerkenswert sind endlich auch die Flugbarben (Esomus), deren Brustflossen flügelartig ausgebildet sind. Mit ihrer Hilfe können sie weit über die Oberfläche des Wassers hinausschnellen.

Bewohner Asiens sind ferner die stattlichen Prachtschmerlen (Botia) und die Dornaugen (Acantophthalmus) aus Hinterindien und Indonesien, der prächtige, wenn auch etwas ruhige Blaubarsch Badis badis, die Halbschnabelhechte Dermogenys, die lebendgebärend sind, einige entzückende, diamantbesäte Hechtlinge, vor allem der Gattung Aplocheilus zugehörig, sowie als Absonderlichkeiten kleine, glasig durchsichtige Barsche und Welse. Damit ist natürlich der Fischreichtum Asiens bei weitem nicht erschöpft. Es ist unmöglich, ihn an dieser Stelle auch nur andeutungsweise zu umreißen. Unsere Tabellen bringen etwas mehr davon. Hier wollen wir nur noch einige Absonderlichkeiten erwähnen: In der Zone der Mangrovedschungel macht die Natur einmal wieder den Versuch, mit den Schlammspringern (Periophthalmus) das feuchte Element zu verlassen. Es sind Übergangsformen mit beinartig ausgebildeten Brustflossen, Formen, wie sie ähnlich in früheren Zeiten der Erdgeschichte vielleicht schon einmal den entscheidenden Schritt vom Wasser aufs Land gewagt haben. Dort, wo sich das Meer mit dem Wasser der großen Ströme vermischt, lebt der bunte Argusfisch (Scatophagus argus) zwischen Luftwurzeln und Schlingpflanzen, dort lauert der Schützenfisch (Toxotes jaculatrix) auf Beute, bereit, das Insekt am Uferrand mit blitzschnell geschleuderten Wassertropfen abzuschießen. Kugelfische blähen sich mit Wasser und Luft zu Bällen auf. Weiter stromauf ziehen die einzigen Buntbarsche Indiens, Absprenglinge einer sonst über Afrika und Südamerika weit verbreiteten Familie, ihre Bahn. Zum Schluß wollen wir noch der diamantbesäten Vertreter der Hechtkärpflinge gedenken, deren leuchtende Kopfflecken aus dem dunklen Wasser leuchten.

Machen wir nun über den Indischen Ozean hinweg eine Reise nach Afrika, dem schwarzen Erdteil. Von dort sind Zierfische in größerer Anzahl in steigendem Maße aus den Gebieten zu uns gelangt, die seit langem mit der Kulturwelt in engerer Berührung stehen. Es sind dies das Niltal bis hinauf zu den großen ostafrikanischen Seen, das Tschadsee-Gebiet, einige Küstenstriche Ostafrikas, sowie die fischreichen tropischen Küsten- und Waldregionen Westafrikas vom Senegal bis zum Niger und Kongo.

Wiederum sind es einige größere Fischgruppen, die das Hauptkontingent an Aquariumfischen stellen. Aus den Gewässern, die zu jeder Jahreszeit Wasser führen, sind es die zahlreichen Arten aus der Familie der Buntbarsche (Cichlidae), die hier an erster Stelle zu nennen wären. Es sind das oft rauflustige und im Boden wühlende Gesellen, die dem Pfleger nur dann wirkliche Freude machen, wenn er ihren Milieuansprüchen entgegenkommt. Das heißt, er muß versuchen ein Stück einer solchen afrikanischen Wasserlandschaft zu gestalten: Klarer, gut gewaschener Kies, durchsetzt mit Seinen, im Hintergrund, fest auf den Boden des Aquariums aufgesetzt, Höhlen und Grotten von größeren Steinen gebildet, dazu vielleicht der Wurzelstock einer Weide oder Erle – das alles zu einem plastischen Bild vereinigt. Wenn uns dann die oft sehr farbenprächtigen und großen Cichliden durch ihr munteres, intelligentes Wesen und ihre Brutpflege über das Fehlen der Pflanzen in unserem Becken hinwegtrösten, dann lohnt es sich wohl, den Versuch mit ihnen zu wagen. Unsere Tabellen werden die rührend anmutende Art der Fürsorge für die Jungbrut noch näher schildern.

Recht bemerkenswerte Buntbarsche Afrikas gehören der Gattung Pelvica chromis an. Sie unterscheiden sich von den übrigen Gattungen dadurch, daß sie wenig wühlen und die Pflanzen nicht angreifen. Auch in der Körperform weichen etliche dieser Fische von den übrigen Buntbarschen ab. Sie sind schlank und geschmeidig und von einer bemerkenswerten, dunkel glühenden Farbenpracht. In den letzten Jahren sind seltsame Cichliden aus den Kongofällen und aus den großen ostafrikanischen Seen zu uns gelangt, die sich steigender Beliebtheit bei den Zierfischfreunden erfreuen.

Unter den afrikanischen Buntbarschen finden wir sehr viele Maulbrüter, Fische also, die Eier und Junge im Maule erbrüten und Schutz gewähren. Es ist wie ein Wunder, daß die brütenden Tiere oft wochenlange Fastenzeiten auf sich nehmen, so lange sie ihr Brutgeschäft ausüben.

Besonders viele Maulbrüter beherbergen die ostafrikanischen Grabenseen. Diese schließen sich an den Victoria-See an, ein relativ flaches, an den Rändern schilfbestandenes Gewässer. Hier finden sich vornehmlich Buntbarsche der Gattung Haplochromis. Sie ist im See mit einer Vielzahl von Arten vertreten, doch finden sich einige Arten auch in anderen Teilen des Kontinents.

Bei dieser Gelegenheit sei auch Pseudocrenilabrus multicolor genannt, der, früher als Haplochromis multicolor bezeichnet, der »Maulbrüter« der Zierfischfreunde schlechthin war.

Zum Teil die tiefsten Stellen des ostafrikanischen Grabens füllend, schließen sich dem Victoria-See nach Süden zwei langgestreckte, schmale, aber sehr tiefe Seen an: Malawi und Tanganjika.

Diese Seen beherbergen eine Fülle von Fischarten. Neben anderen sind es vor allem kleine bis mittelgroße Buntbarsche, die den Aquarienfreund interessieren. Nach einer Bezeichnung einheimischer Fischer rings um den Malawi-See werden sie in Liebhaberkreisen auch »mbuna« genannt. Diese Fische sind zum Teil sehr farbenfreudig und wegen ihres Gestalt- und Farbwandels biologisch interessant.

Bemerkenswert sind auch viele ihrer Ernährungsweisen. Manche raspeln die üppig wuchernden Algen an den Felsufern des Sees ab, wozu sie geeignete Mundwerkzeuge besitzen, andere gehen auf Kleintierjagd tief im Seegrund, oder es sind Jäger. Wieder andere sind Nahrungsspezialisten, z. B. Arten, die als Zusatznahrung die Schuppen oder sogar die Augen anderer Fische verzehren.

Die Kleincichliden des Malawi sind meistens Maulbrüter. Die Männchen tragen in der Afterflosse runde, der Fortpflanzung dienende Eiflecke. Die Weibchen sind häufig völlig anders gefärbt als die Männchen. Die kleinen Cichliden des Tanganjika-Sees sind dagegen in der Mehrzahl Höhlenbrüter. Sie bringen ihre Eier in Felsklüften und -höhlen unter. Dort halten sich auch die Jungfische auf, die ohne große Fürsorge der Eltern heranwachsen.

Vielgestaltig und zahlreich sind die afrikanischen Prachtkärpflinge aus der Familie der Zahnkarpfen (Cyprinodontidae). Es sind in vieler Hinsicht eigenartige, zum größten Teil auch sehr schöne Fische, die wegen ihrer geringen Größe für die Pflege im Aquarium geeignet sind. Die klimatischen Verhältnisse ihres Heimatgebietes haben es mit sich gebracht, daß einige Arten eine bemerkenswerte Fortpflanzungsweise entwickelt haben. Ihre Wohngewässer, Tümpel, Rinnsale, Überschwemmungsgebiete, Außenstände der Flüsse usw., führen nur während der Regenzeit und zur Zeit der darauf folgenden Überschwemmungen Wasser. Dann läuft das Wasser ab und läßt nichts zurück als eine Kruste von Schlamm, bis die neue Regenzeit sie wiederum mit Wasser füllt. Das hindert aber nicht, in der kurzen Zeit von wenigen Monaten nicht nur zahlreichen Fischen Lebensmöglichkeiten zu bieten, sondern manche von ihnen haben sich so weit angepaßt, daß diese Zeitspanne für Geburt, Hochzeit und Tod ausreicht. Während dann die Elterntiere absterben oder sich mit der weichenden Flut zurückziehen, schlummern die Eier, tief in den Schlamm eingebettet, einem neuen, kurzen Leben entgegen. Es hat einige Zeit gedauert, bis man diesen sogenannten Saisonfischen ihr Fortpflanzungsgeheimnis abgelauscht hatte und bis es gelang, sie im Aquarium zu züchten. Auch heute ist die Zucht der Aphyosemion-, Roloffia- und Nothobranchius-Arten ein Geschäft für den erfahrenen Züchter. Nicht alle Zahnkarpfen sind für die Haltung im Gesellschaftsaquarium geeignet, sei es, daß sie untereinander unverträglich und bissig sind, sei es, daß sie in einer bunt gemischten Fischgesellschaft nicht zur Geltung kommen. Hübsche und lebendige Fische sind auch die Leuchtaugenfische (Aplocheilichthys) und die Hechtlinge aus der Gattung Epiplatys.

Die Unterordnung der Kletter- oder Labyrinthfische (Anabantoidea) die in Südostasien so formenreich vertreten war, greift mit einigen Arten auch auf den afrikanischen Kontinent über. In ihrer Gestalt ähneln sie zum Teil dem indischen Kletterfisch, doch können sie nicht wie dieser das Wasser willkürlich verlassen und über Land wandern. Aus diesem Grunde ersetzte Dr. Ladiges den irreführenden Namen Kletterfische durch die hier eher zutreffende Bezeichnung »Buschfische«. Diese Buschfische, die alle zur Gattung Ctenopoma gehören, erinnern in Habitus und Lebensweise auch etwas an die in Indien, Afrika und Südamerika beheimateten Nanderbarsche, von denen der Vielstachler Polycentropsis abbreviata in Afrika zu Hause ist. Dieser, ein ruhiger und bedächtig schwimmender Raubfisch, lebt in Uferhöhlen. Er ist leider nur selten in unseren Aquarien anzutreffen.

Bei einem tiergeographischen Vergleich finden wir, daß zwischen den Fischen Südostasiens, Afrikas und Südamerikas verwandtschaftliche Beziehungen bestehen, die an ehemalige Zusammenhänge der heutigen Kontinente denken lassen. So sind die in Südamerika sehr artenreich vertretenen Salmler und Salmlerverwandten auch im tropischen Afrika zu finden. Prächtig silberglänzende, in allen Regenbogenfarben irisierende Schwarmfische sind die Arten der Gattungen Alestes, Micralestes und andere. Der Kongosalmler (Phenacogrammus interruptus) fällt zudem durch die lappenartig verlängerten Flossen der Männchen besonders auf. Zierliche, etwas an Karpfenfische erinnernde Fischchen sind die Vertreter der Gattungen Neolebias und Nannaethiops. Aber auch Raubsalmler finden sich in Afrika. »Aquariumformat« besitzen die eigenartigen Panzerschnabelsalmler (Phago). Es sind kleine Raubfische, die zwischen Pflanzen, Wurzeln und Gestrüpp auf Beute lauern.

Waren es früher nur verhältnismäßig wenige Arten, die uns Afrika bescherte, so wird doch neuerlich der Kontinent für den Zierfischfang mehr und mehr erschlossen und wird uns sicherlich noch manche schöne Überraschung bringen. An zoologischen Merkwürdigkeiten in der Fischwelt, die hauptsächlich den Wissenschaftler interessieren, ist Afrika jedenfalls reich. Es erweist sich auch auch hier als Brücke zwischen den Kontinenten Asien und Amerika. Viele erdgeschichtlich alte und entwicklungsgeschichtlich bedeutungsvolle Formen beleben die Gewässer Innerafrikas: Lungen- und Molchfische, Flösselhechte und -aale und viele mehr. Erwähnen wollen wir nur noch den ob seiner einzigartigen Form bemerkenswerten Schmetterlingsfisch (Pantodon buchholzi), dessen Zucht im Aquarium gelegentlich gelungen ist, wenn sie auch meist dem Zufall zu verdanken war.

Mehr als Afrika erwies sich der amerikanische Kontinent als ein unerschöpflicher Quell immer neuer Arten und Formen, die bald in verschwenderischer Fülle unsere Aquarien füllten.

Es wird uns nur sehr schwer möglich sein, in unserer Phantasie ein Bild dessen zu entwerfen, was der Brasilianer »das Flußmeer« nennt. Der Amazonas mit seinen unvorstellbaren Wassermassen, dessen einzelne Nebenströme allein schon größer sind als die meisten unserer europäischen Wasserläufe, erfaßt Räume von kontinentaler Bedeutung und Größe, Hochgebirge und Tiefländer, Steppe, Busch und tropischen Urwald. Der Urwald, der »Regenwald«, ist es vor allen Dingen, der den größten Reichtum birgt. Unendliche Schwierigkeiten gab es noch vor wenigen Jahrzehnten, diese Schätze zu heben. Wochenlange Fahrten mit dem Flußdampfer, mühsames Vordringen in die entlegenen Stromgebiete mit Motorboot oder Kanu, über Untiefen und Stromschnellen, durchnäßt vom tropischen Sturzregen, schweißtriefend und fiebergeschüttelt, ständig bedroht von Krokodilen und Wasserhyänen, von Raubzügen alles vernichtender Ameisen, stechenden und beißenden Insekten, von Giftschlangen und Indianergiftpfeilen — so sah die Arbeit des Fischsammlers aus. Und doch hat es zahlreiche Männer gegeben, die sich besessen und fanatisch dem allen unterzogen. Heute freilich beginnen sich die Schwierigkeiten zu mildern. Das Flugzeug erleichtert so manches, moderne Mittel machen die Sammeltätigkeit gefahrloser und mindern das Risiko eines Teil- oder Gesamtverlustes. Trotz allem wollen wir an die Forscher und Sammler denken, die Wissensdrang, Abenteuerlust, schließlich aber der Geschäftssinn in die »grüne Hölle« trieb.

Die große Masse aller Fische, die aus diesen Gebieten zu uns gelangt, gehört der Unterordnung der Salmlerähnlichen (Characoidea) an. Es ist eine bunte Schar, und nur der Fachmann vermag oft die Zusammenhänge zu erkennen, die die einzelnen Arten in eine Verwandtschaft miteinander bringt. Welche Fülle der Formen findet sich hier! Es sind große und winzig kleine, überspitzt schlanke und scheibenförmige, langsam dahintreibende Fische und reißende Schwimmer. Sogar fliegende Fische finden sich unter ihnen, die mit schwirrendem Flossenschlag über die Wasseroberfläche hinausschießen. Alle diese Salmler erfreuen sich unter den Aquarienfreunden großer Beliebtheit, sind sie doch munter und meist anspruchslos und zum Teil recht farbenprächtig. Die bekanntesten Arten stellen die Gattungen Hyphessobrycon und Hemigrammus, auch sind das die zahlenmäßig größten Gruppen. Es ist unmöglich, die Salmler in diesem Kapitel auch nur auszugsweise aufzuzählen. In unseren Tabellen findet der Leser wenigstens die wichtigsten Arten aufgeführt.

Dem Laien am meisten geläufig sind aus zahlreichen Reiseberichten die Wasserhyänen oder Pirayas. In früheren Zeiten wurden sie neben Ameisen und anderen Insekten als die eigentliche Gefahr der tropischen Regenwälder Südamerikas dargestellt. Danach verschonten sie weder Tier noch Mensch. Wer das Unglück hatte, in einen Schwarm solcher Fische hineinzugeraten, war verloren, in wenigen Minuten von den rasiermesserscharfen Zähnen in Stücke zerrissen. Neuere Erfahrungen verweisen freilich solche übertriebene Berichte in das Reich der Fabel, doch bleiben die Pirayas immerhin gefährlich genug, um sie im Aquarium mit besonderer Vorsicht zu behandeln.

Manche Salmlerarten gaben den Aquarienfreunden der ganzen Welt einige harte Nüsse zu knacken auf. Vor allem waren es die Characiden des Amazonas-Oberlaufes, der Neonfisch (Paracheirodon innesi) und einige andere, deren Zucht jahrzehntelang nur wenigen Eingeweihten gelang. Heute weiß man, daß die Gewässer in den tropischen Regenwäldern Südamerikas durch ihre abnormen Wasserverhältnisse gekennzeichnet sind. Vor allem sind es die Fische aus den tropischen Schwarzwassergebieten, die ganz spezielle Ansprüche an die Wasserzusammensetzung stellen, indem sie leicht saures und damit bakterien- und infusorienarmes Wasser verlangen.

In den schilfbestandenen Uferbuchten, in den Seitenarmen und Außenständen der Flüsse, in Lagunen und Seen finden wir einzeln oder in Trupps die in Südamerika besonders artenreich vertretenen Buntbarsche (Cichlidae). An flachen Stellen sieht man sie inmitten ihrer Jungfischschwärme schwimmen oder den Boden nach Genießbarem durchstöbern. Von Zwergformen

bis zu Arten von recht stattlicher Größe reichend, bilden sie die zweite große Fischgruppe, die Aquariumfische in erheblicher Zahl liefert. Wie vielfältig sind auch hier Charakter und Gestalt! Alle Cichliden sind interessante Fische, nicht zuletzt, weil sie eine hochinteressante Brutpflege ausüben.

Von den Buntbarschen erfreut sich der Segelflosser (Pterophyllum scalare) wegen seiner bizarren Form und majestätischen Schwimmweise beiden Aquarienfreunden in aller Welt besonderer Beliebtheit. Daneben haben sowohl die größeren Arten als auch die Zwergcichliden viele Freunde gefunden. Diese vor allem deshalb, weil sie von den Zierfischfreunden sehr geschätzte Eigenschaften besitzen: sie sind bei geringer Größe friedlich, schonen die Pflanzen und üben dabei doch die interessante Brutpflege ihrer großen Vettern aus.

Neben den Salmlern und Buntbarschen verdienen vor allem auch die Welse Südamerikas Erwähnung. Es sind entweder lederhäutige oder stark gepanzerte und mit vielen Stacheln an Körper und Flossen bewehrte Fische, zum Teil von bizarrer Form und eigenartiger Lebensweise. Im allgemeinen bewohnen sie Wasservorkommen mit schlammigem Grund, doch finden sich Welse auch in Flüssen und Seen im freien Wasser, ja sogar in Bächen mit reißender Strömung. Die hier lebenden Arten besitzen oft ein Saugmaul, das es ihnen ermöglicht, sich sowohl in der Strömung zu behaupten als auch gleichzeitig den Algenbewuchs von den Steinen abzuweiden. Manche Welse sind Raubfische, andere nähren sich von organischen Abfällen oder es sind Algenfresser. Besonders beliebt bei den Aquarienfreunden sind die Panzerwelse (Corydoras), von denen in den letzten Jahren viele neue Arten eingeführt wurden. Panzerwelse werden meistens zur Belebung der Bodenzone und als Vertilger von Futterresten im Gesellschaftsaquarium gehalten. Jüngere Exemplare sind ausgesprochen drollige Fische, die dem Pfleger viel Freude bereiten.

Die über Indien und Afrika weit verbreitete Familie der Zahnkarpfen (Cyprinidontidae) ist auch auf dem gesamten amerikanischen Kontinent vertreten. Von den eierlegenden Formen sind die Angehörigen der Gattung Rivulus besonders bemerkenswert, weil sie zum Teil eine amphibische Lebensweise führen, indem sie sich auf dem Lande ebenso geschickt zu bewegen wissen wie im Wasser. Hervorzuheben sind auch die Vertreter der Gattungen Cynolebias, Pterolebias und andere, die gleich den afrikanischen »Saisonfischen« Formen zeitweise ganz austrocknender Gewässer sind.

Von Süd- über Mittelamerika hinübergreifend nach Mexiko und dem Süden der Vereinigten Staaten reicht das Heimatgebiet der lebendgebärenden Zahnkarpfen. Wie schon ihr Name sagt, bringen sie lebende Junge zur Welt. Auch in dieser Fischgruppe gibt es Formen von großer Schönheit, z. B. Tiere mit segelartig vergrößerter Rückenflosse oder schwertförmig verlängerten Schwanzflossenstrahlen. Manche Arten sind winzig klein, aber es finden sich auch einige stattliche Fische darunter. Viele Lebendgebärende vermehren sich sehr stark, so daß sie in ihrer Heimat allgegenwärtig sind. Einige besonders widerstandsfähige Arten haben bei der Bekämpfung der Malaria gute Dienste geleistet. Sie wurden in zahlreiche Länder eingeführt, die klimatisch einigermaßen günstige Verhältnisse aufweisen. So findet man z. B. Gambusenarten in Spanien, der südlichen Sowjetunion, Italien und anderen Ländern, wo sie zum Teil heimisch geworden sind. Einige Arten lieferten das Ausgangsmaterial für mannigfaltige Zuchtformen, so z. B. Guppys und Schwertträger. Es versteht sich von selbst, daß sich die Wissenschaft der starken Vermehrungskraft dieser Fische bedient, um Beobachtungen über Variationen und Mutationsmöglichkeiten innerhalb von schnell aufeinanderfolgenden Generationen anzustellen.

Wir wollen endlich unsere Reise beschließen mit der Erwähnung der dankbaren und leicht zu pflegenden Sonnenbarsche Nordamerikas, die eine wertvolle Bereicherung des ungeheizten Aquariums und des Gartenteiches darstellen. Der kleinste dieser Barsche, aus den Sümpfen Floridas, ist der schöne, blau und schwarz quergestreifte Zwergsonnenbarsch (Elassoma evergladei). Mit schmetterlingshaften Bewegungen tanzt er durch das Becken, ist durchaus friedlich und pflanzt sich im genügend großen, dicht bepflanzten Aquarium fort, ohne daß sich der Pfleger groß darum bemühen muß. Die eigentlichen Sonnenbarsche (Centrarchidae) sind mehr oder weniger große Fische, von denen der Scheibenbarsch (Mesogonistius chaetodon) und der Diamantbarsch (Enneacanthus obesus) die bekanntesten sind. Die übrigen Arten sind heute leider sehr in Vergessenheit geraten. Ihr einziger »Fehler« ist der, daß sie, ihrer Größe entsprechend, geräumige Becken benötigen. Aber sonst sind sie vollständig anspruchslos, insbesondere benötigen sie keine zusätzliche Beheizung. Neben diesen Barschen hat Nordamerika einige weitere schöne Aquarienfische aufzuweisen, so etwa Karpfenartige und Zahnkarpfen. Sie alle sind aber nur wenig in unseren Aquarien anzutreffen.

Das Aquarium

Zur Geschichte der Aquarienkunde

Das Aufkommen der Aquarienkunde als Liebhaberei ist eng verknüpft mit dem Aufschwung, den die Naturwissenschaften und die Verbreitung naturwissenschaftlicher Erkenntnisse seit Mitte des vorigen Jahrhunderts nahmen. Es war die Zeit, da die Natur gewissermaßen neu entdeckt wurde. Bereits Jahrzehnte vorher hatten Zoologen und Botaniker begonnen, Tiere und Pflanzen für Forschungszwecke im wassergefüllten Glase zu halten. Ihre Mittel mußten denkbar primitive sein, denn es gab weder geeignete Behälter noch Geräte irgendwelcher Art. Dennoch waren die daraus gewonnenen Erkenntnisse groß und bedeutungsvoll.

Erst nach 1850 breitete sich diese Art der Tier- und Pflanzenpflege auch in der Öffentlichkeit aus. Man entdeckte, daß die bisher so verkannte Welt des Wassers auch schön, ein Zimmerschmuck, sein konnte, daß sie auch demjenigen etwas zu sagen hatte, der sich nicht aus wissenschaftlichen Gründen mit ihr beschäftigte. Freilich, die Ausbreitung erfolgte nur langsam. In jenen Jahren wurde erstmalig das Wort »Aquarium« geprägt, 1856 schrieb Roßmäßler seinen berühmten Artikel »Der See im Glase« in der »Gartenlaube«. Er leitete durch seine Werbekraft den Siegeszug der Aquarienliebhaberei ein — wenige Jahrzehnte noch, und man konnte von einer alle Schichten der Bevölkerung und alle Völker umfassenden Gemeinde dieser schönen und naturverbundenen Liebhaberei sprechen. Gewiß waren die Anfänge recht bescheiden, und nicht im entferntesten war ein Vergleich mit der heutigen, durch Erfahrung und Wissenschaft fundierten Aquarienkunde möglich, aber die Grundlagen waren geschaffen, und die seitdem vergangenen fast hundert Jahre haben bewiesen, daß es sich nicht nur um eine vorübergehende »Modetorheit« handelte.

Bald erschienen auch die ersten exotischen Zierfische. Einer ihrer Vorläufer waren unser Goldfisch und seine phantastischen Abarten, Ergebnis einer hohen Züchterkunst, geboren aus fernöstlicher Freude an bizarren Formen. Der Goldfisch ist so recht, freilich ungewollt, ein »Pionier« der Aquaristik gewesen. In der krausen Goldfischglocke, jämmerlich auf kleinstem Raum bei mangelnder Luft und schlechtem Futter eingepfercht, fristete er in der »guten Stube« ein trauriges Dasein.

Es folgten bald weitere, farbenprächtige tropische Zierfische. Es gehört zu den Glücksumständen, denen die Aquarienkunde ihre Ausbreitung verdankt, daß am Beginn einer langen Reise von Importen zwei Zierfische standen, die mit ihrer aufsehenerregenden Form und Farbigkeit sich bald die Herzen aller Naturfreunde eroberten. Gleichzeitig spricht es für die rasche, internationale Ausbreitung, die die Aquaristik gefunden hatte, daß der *Makropode* über Paris, der siamesische *Kampffisch* über Moskau Eingang in die immer wachsende Liebhabergemeinde fanden. Beide Arten wurden die Vorläufer einer in die Hunderte gehenden Zahl von Importen, der sich von Jahr zu Jahr immer neue Zierfische hinzugesellten.

Seit Beginn dieses Jahrhunderts schlossen sich die Aquarienliebhaber zu Vereinen und Verbänden zusammen, Fachzeitschriften wurden gegründet, Tagungen dienten dem Austausch von Erfahrungen, und ein reger und befruchtender Meinungsaustausch setzte zwischen Wissenschaft und Laien ein. Die Naturwissenschaft hatte an der Wiege der Aquarienkunde Pate gestanden, und sie ist ihr bis heute treu geblieben. Aus der dilettantischen, in der Naturschwärmerei wurzelnden Liebhaberei ist längst die Aquarien»kunde« geworden, die sich bemüht, neue Wege der Tierhaltung und Tierzucht zu finden und die Errungenschaften der modernen Technik und Wissenschaft auszuwerten.

Heute ist die Verbindung mit dieser darum enger denn je. Die moderne Aquarienkunde will der wissenschaftlichen Forschung helfen, so wie diese ihr hilft. Tausende von kleinen Beobachtungen im Aquarium haben dazu beigetragen, biologische Erkenntnisse zu gewinnen und zu verbreiten. Der Aquarienfreund hat erkannt, daß die Natur eine Ganzheit darstellt, ein Geflecht feinster Fäden, die unlösbar miteinander verknüpft sind. Zahlreiche Fragen sind damit auch der Aquarienkunde neu gestellt.

Mit der großen biologischen Zielsetzung eng verknüpft sind auch zahlreiche praktische Probleme, die für die Fischereiwissenschaft und -wirtschaft von hervorragender Bedeutung sind. Denken wir doch nur daran, daß Aquarienfreunde durch Jahrzehnte hindurch an der Erforschung der Fischkrankheiten mitgearbeitet haben.

Die genaue Kenntnis des Lebens unter der Wasseroberfläche in unserer Heimat und der ganzen Welt ist der Aquarienkunde ebenso zu danken, wie auch ihre Mithilfe bei der Erforschung der Mikrolebewelt unserer Gewässer.

Die Zucht vieler tropischer Zierfische bietet wegen ihrer geringen Größe, der Anspruchslosigkeit und enormen Fruchtbarkeit bei rascher Generationsfolge die beste Möglichkeit zur Ergründung zahlreicher biologischer Fragen. Ferner haben die Experimente zur Zusammensetzung des Wassers, der Rückwirkungen von Härte, pH-Wert, von Licht, Gasen und Spurenelementen auf Tiere, Pflanzen, Fischlaich und Brut am Ende auch einen praktischen wissenschaftlichen und wirtschaftlichen Wert.

Nicht an letzter Stelle sei auch gesagt, daß die Aquaristik Freude und Entspannung für Tausende bedeutet und daß sie zudem infolge ihrer großen Verbreitung eines der besten Mittel der biologischen Breitenarbeit ist. Ein gleich hervorragendes Mittel der Veranschaulichung ist das Aquarium im Unterricht der Schulen, kann doch die Jugend hierdurch zur Naturliebe und zur Achtung des Lebens – auch des scheinbar »nutzlosen« – erzogen werden. Erwähnenswert ist auch die Mitarbeit der Aquarienfreunde an der Ausgestaltung und Erhaltung von Schausammlungen in Museen und zoologischen Gärten. Endlich wollen wir noch die Mitarbeit am Na-

turschutz erwähnen. Mancher Aberglaube wurde bereits durch Aufklärung beseitigt, biologisch wertvolle Gewässer wurden erhalten und ohne die tätige Mitarbeit der Aquarienfreunde wäre die heimatliche Natur schon um vieles ärmer.

Das Aquarium seine Herstellung, Einrichtung und Unterhaltung

In den nun folgenden Abschnitten sollen einige praktische Ratschläge zur Einrichtung eines Aquariums gegeben werden. Sie werden mithelfen, den Anfänger vor unnötigen Enttäuschungen zu bewahren, denn nichts ist mehr dazu angetan, ein anfängliches Interesse abzutöten, als eine Reihe von Fehlschlägen. Wenn auch der erfahrene Liebhaber diese oder jene Anregung darin finden sollte, so ist der Zweck dieser Abhandlung voll erreicht.

Wenden wir uns zunächst den gebräuchlichsten *Formen des Aquariums* zu. Neben dem großen Einweckglas aus Mutters Vorratskammer war das *Vollglasaquarium* die Beckenform, mit der vor allem der jugendliche Anfänger seine ersten Schritte in das Neuland der Aquarienkunde wagte. Hatte es doch den Vorteil, daß es im Anschaffungspreis zunächst billiger schien als sein stabiler Bruder, das Gestellaquarium. Zu den Nachteilen gehört es aber, daß die Wände nicht selten wellig verzogen waren und infolgedessen ein verzerrtes Bild des Inhalts wiedergaben. Dieser Umstand wäre noch zu ertragen, wenn nicht die aus einem Stück gegossenen Becken infolge innerer Spannungen die Neigung besäßen, mit und auch ohne äußeren Grund zu springen und auszulaufen.

Das soll nicht heißen, daß nun alle Aquarien dieser Art zu verwerfen sind. Im Gegenteil. In kleineren Abmessungen können sie recht brauchbar sein, sei es, daß wir die niedere Tierwelt unserer Gewässer beobachten wollen, sei es, daß es gilt, Weibchen lebendgebärender Zahnkarpfen oder streitende Kampffischmännchen zu trennen usw. In solchen Fällen sind Gläser mit Seiten-

Aquarien aus verschiedenem Material

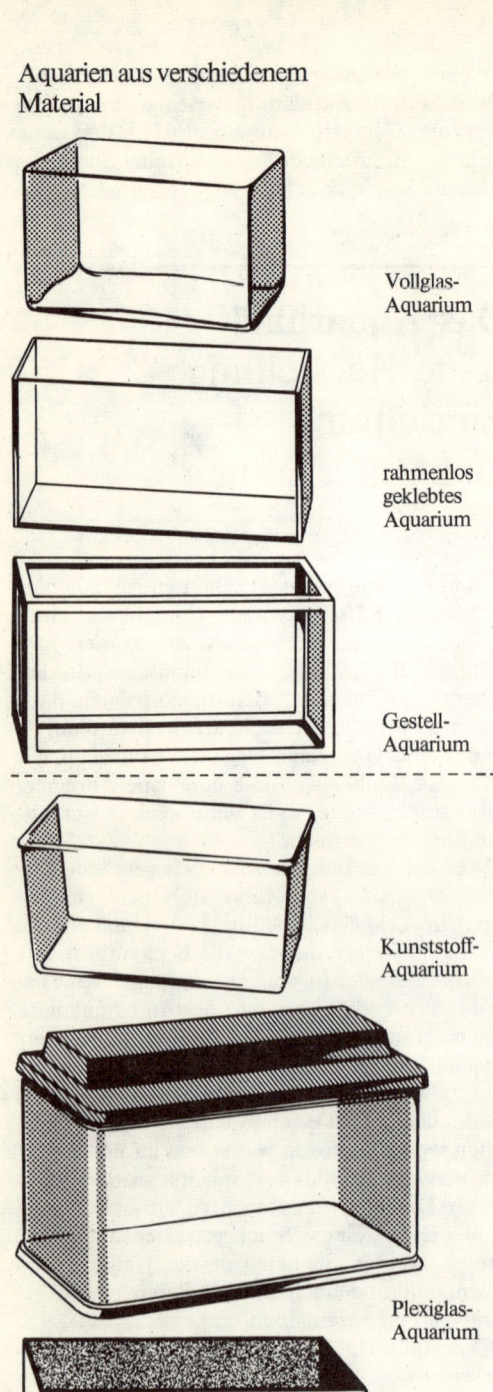

Vollglas-Aquarium

rahmenlos geklebtes Aquarium

Gestell-Aquarium

Kunststoff-Aquarium

Plexiglas-Aquarium

Asbest-zement-Aquarium

längen von 15—25 cm gut tauglich, darüber hinaus sollte man aber besser nicht gehen.

Vollglasaquarien (und die weiter hinten erwähnten Kleinaquarien aus glasklarem Kunststoff und aus geklebten Glasscheiben) müssen wir auf eine dicke Unterlage von Filz, Papier oder Schaumstoff stellen, um ein Springen möglichst zu vermeiden.

Wird das Becken vom Boden her beheizt, was z. B. für den Kampffischzüchter empfehlenswert sein kann, der größere Mengen kleiner Vollglasbecken heizen muß, so lassen wir uns ein Blech in der erforderlichen Größe herstellen, dessen Ränder, etwa 1 cm hoch, umgebogen sind. Dieses Blech wird mit allerfeinstem Sand gefüllt und das Vollglas daraufgesetzt. Als Heizquelle können darunter verdeckt angebrachte normale Glühlampen dienen.

Es sind aber heute im Zoo-Fachhandel Heizplatten zu haben, auf die solche Kleinaquarien gesetzt werden können. Sie dienen den gleichen Zwecken.

Beim Reinigen der Vollgläser ist peinlich darauf zu achten, daß keine Kratzer durch Sand entstehen, da sie häufig die Ursache des Zerspringens bilden. Ebensolche Vorsicht ist beim Transport zu üben, denn die glatten Glaswände sind nur schwer festzuhalten, besonders dann, wenn man infolge von Reinigungsarbeiten nasse Hände hat.

Zum Schluß sei noch darauf hingewiesen, daß wir uns auch vor raschem Temperaturwechsel hüten müssen, sei es, daß der Behälter unvermittelt zu kalt oder warm ausgespült wird, das Aquarium zu stark beheizt ist oder aber stark geheizt im kalten Raum steht.

Kleinaquarien aus durchsichtigem Kunststoff, wie sie seit einiger Zeit im Handel angeboten werden, sind den Vollglasbecken entschieden vorzuziehen. Sie sind zwar nicht immer ganz glasklar, vor allem nach längerem Gebrauch nicht, doch haben sie den Vorteil absolut glatter, verzerrungsfreier Wände. Auch sind sie bruchsicher, wenn man sie nicht allzu unvorsichtig behandelt. Bei der Reinigung solcher Kunststoffbecken muß man ebenfalls sehr darauf bedacht sein, daß keine Kratzer durch Sandkörnchen entstehen. Chemische Reinigungsmittel sind unter allen Umständen zu vermeiden, auch sollten Kunststoffbecken nicht bodenbeheizt werden.

Oft werden diese mit einem passenden Untersatz und einer Abdeckung geliefert, die die notwendigen Anschlüsse für Beleuchtung, Heizung und andere Geräte enthält.

Das *Gestellaquarium* ist die bisher übliche, gebräuchlichste Aquariumform. Die Rahmengestelle werden heute aus verschiedenem Material gebaut, entweder aus Winkeleisen mit einem Oberrahmen aus rostfreiem Edelstahl oder ganz aus diesem Material. Oft sind sie auch aus profiliertem Aluminium hergestellt, das durch ein besonderes Verfahren für Wasser unangreifbar gemacht wird. Auch Rahmen aus Preßkunstharzen und sonstigen Kunststoffen kommen mehr und mehr in Aufnahme.

Für gewöhnlich besitzen Gestellaquarien einen Glasboden, bei größeren Abmessungen einen Boden aus Metall oder anderen festen Materialien, auf den eine Glasplatte aufgekittet oder -geklebt ist, manchmal auch aus Asbestzement. Gestellaquarien haben den Vorteil, daß sie eine fast unbeschränkte Haltbarkeit besitzen. Man kann bei der Verwendung entsprechenden Materials jedes Ausmaß, auch das größte, bedenkenlos verwenden, da bei sachgemäßer Verarbeitung und ausreichender Stärke der Scheiben Schäden äußerst selten sind. Sollte es infolge besonderer Umstände doch einmal vorkommen, daß eine Glasscheibe springt, so kann diese in den meisten Fällen jederzeit relativ leicht durch eine neue ersetzt werden. Außerdem sind die Scheiben vollständig glatt, da im allgemeinen nur hochwertiges Kristallglas Verwendung findet. Diese geben ein einwandfreies Bild des Aquarismus und seiner Insassen wieder.

Die Herstellung eines Gestellaquariums überlasse man unbedingt dem Fachmann. Im Handel erhält man jederzeit hochwertige fertige Aquarien, die allen Anforderungen entsprechen. Infolgedessen sind hier alle Angaben, die dem Selbstbau von Gestellaquarien dienen, z. B. über die Stärken und Abmessungen von Glasscheiben und Blechen, nur der Vollständigkeit halber gemacht.

Bei der Herstellung von Gestellaquarien achte man vor allem auf folgendes:
a) Die Stärke der Scheiben muß der Größe des Aquariums entsprechen. Die Berechnung der Scheibenstärken richtet sich vor allem nach der Höhe des Behälters. Je größer die Scheiben, desto stärker müssen sie naturgemäß sein, um dem darauf lastenden Wasserdruck Widerstand entgegensetzen zu können.

Man rechnet dabei folgende Glasstärken (in mm, mindestens) Seitenlänge in cm

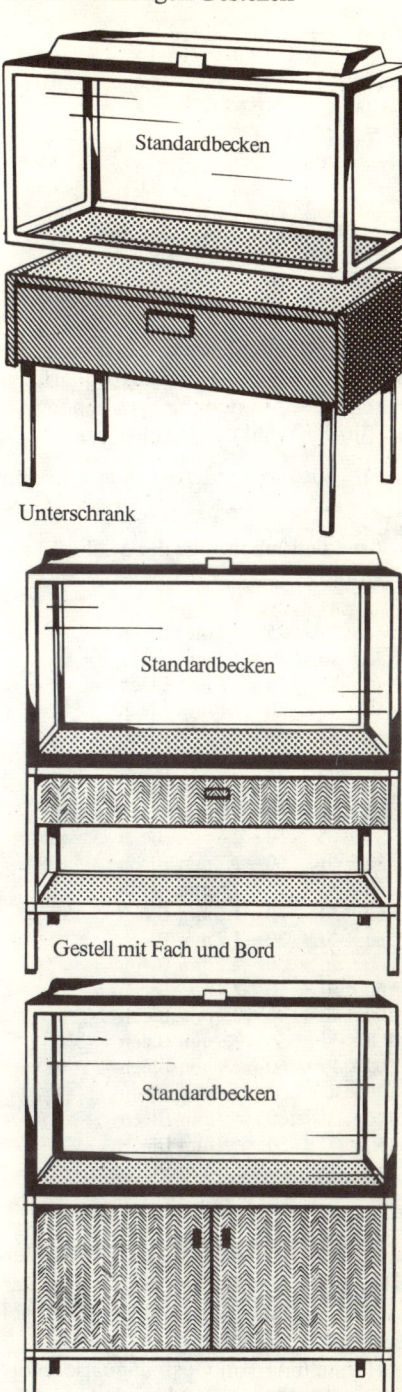

Genormte Becken
auf schrankartigen Gestellen

Standardbecken

Unterschrank

Standardbecken

Gestell mit Fach und Bord

Standardbecken

Schrankkombination

23

Höhe in cm	30	40	50	60	70	80	90	100/110	120/130	130/150
30	2,8	3,3	3,8	4,1	4,2	4,4	4,6	6,3	6,9	9,1
40	3,4	4,3	5,1	5,6	6,0	6,3	6,5	6,9	7,1	9,2
50	4,4	5,1	5,8	6,5	7,2	7,7	8,2	8,7	9,1	11,1
60	—	6,0	6,5	7,5	8,5	9,3	9,7	10,7	11,4	11,7
70	—	6,6	7,3	8,2	9,0	10,0	10,9	12,2	13,1	13,6
80	—	7,4	8,2	8,8	9,3	11,0	12,2	13,7	14,9	16,1

bei Größen unter 30 × 30 nimmt man 2,5 mm Mindeststärke.

b) Die Stärke der Bodenbleche errechnet sich aus Länge, Breite (Tiefe) und Höhe des Aquariums. Die nachstehende Aufstellung gibt einen Anhaltspunkt für die Wahl der Blechstärken.

Für Größen 40 × 40 und darunter: 1,5 mm Blech.

Beckengrößen (die Reihenfolge der Maße: Länge — Tiefe — Höhe):

```
 50 × 25 ×  25 = 1,5 mm Blech
 50 × 30 ×  30 = 1,5 mm Blech
 50 × 40 ×  30 = 1,6 mm Blech
 50 × 50 ×  30 = 1,6 mm Blech
 50 × 40 ×  50 = 2,0 mm Blech
 80 × 30 ×  30 = 2,0 mm Blech
 80 × 30 ×  40 = 2,2 mm Blech
 80 × 40 ×  40 = 2,2 mm Blech
 80 × 40 ×  50 = 2,6 mm Blech
 80 × 40 ×  60 = 2,7 mm Blech
 60 × 30 ×  25 = 1,6 mm Blech
 60 × 30 ×  30 = 1,6 mm Blech
 60 × 40 ×  30 = 1,7 mm Blech
 60 × 40 ×  50 = 2,2 mm Blech
 60 × 50 ×  50 = 2,4 mm Blech
100 × 40 ×  40 = 2,7 mm Blech
100 × 30 ×  50 = 2,9 mm Blech
100 × 40 ×  60 = 2,9 mm Blech
120 × 50 ×  50 = 3,4 mm Blech
120 × 50 × 100 = 4,7 mm Blech
150 × 60 ×  80 = 4,9 mm Blech
150 × 60 × 100 = 5,6 mm Blech
```

Die vorstehenden Beckengrößen sind Vergleichsmaße. Sie stellen keinerlei Normen dar, sondern sollen nur die Auswahl der richtigen Bodenblechstärken erleichtern.

Bei der Herstellung von Gestellaquarien wird nicht nur darauf geachtet, daß dieselben absolut dicht halten, sondern auch darauf, daß an keiner Stelle Wasser in Berührung mit Metallteilen oder Farben kommen kann. Eine einwandfreie Isolierung ist deshalb wichtig, weil schlecht isolierte Gestellaquarien zur Ursache schwer festzustellender Fehlschläge werden können. Sich aus der Bildung giftiger Metallverbindungen herleitende Krankheitserscheinungen an Fischen lassen sich oft nur schwer als solche erkennen.

Für den Innen- und Außenanstrich verwendet man heute absolut giftfreie Chlorkautschuklacke oder flüssige, spritz- oder streichfähige Kunststoffe, zur Verkittung Spezialkitte, die zum Teil ebenfalls auf Kunststoffbasis hergestellt sind. Die Kittfalze werden innen mit sogenannten Klebern versiegelt, wodurch eine Berührung des Wassers mit den Kitten oder Metallteilen absolut ausgeschlossen ist, wenn die Versiegelung nicht mechanisch verletzt wird.

Eine Isolierung gebrauchter Gestellbecken mit streichfähigen Kunststoffen ist möglich, wenn man dabei genau nach Vorschrift verfährt. Am besten ist, wenn ein solches Aquarium entglast wird, worauf es zunächst einmal gründlich von allen Farbresten und etwaigem Kitt zu befreien ist. Dann müssen die Metallteile aufgerauht und sorgfältig entfettet werden. Erst wenn das geschehen ist, können die Isolierfarben oder -kunststoffe aufgetragen werden.

Asbestzement-Aquarien: Becken aus Asbestzement (Eternit) werden gern für Ausstellungszwecke verwendet, wo es nur darauf ankommt, dem Betrachter einen Einblick von vorn zu gewähren. Diese Aquarien sind praktisch unbegrenzt haltbar, selbst bei größten Abmessungen. Die Verglasung ist denkbar einfach, zumal sich lediglich an der Vorderseite eine Sichtscheibe befindet. Alle mit Wasser in Berührung kommenden Teile werden mit einem streichfähigen Kunststoff gut isoliert, weil neue Asbestzementbecken alkalisch wirkende Bestandteile an das Wasser abgeben.

Vollsicht-Aquarien (Geklebte Glas- und Plexiglasaquarien): Diese neuartigen Aquarien stellen einen wesentlichen Fortschritt im Aquarienbau dar. Durch den allseitigen Wegfall des Rahmengestells gewähren sie einen ungehinderten Einblick von allen Seiten. Sie sind deshalb besonders gut als Schmuckaquarien für Gaststätten usw. geeignet. Falls man Plexiglas verwendet, das biegsam ist, kann jede gewünschte Form hergestellt werden. Eine Gefährdung von Tieren und Pflanzen durch Isoliermassen und Kitte entfällt bei dieser Art von Aquarien vollständig. Geklebte Aquarien werden gewöhnlich mit Fußplatten und mit Abdeckungen geliefert, die alle zum Betrieb notwendigen Geräte enthalten.

Die Aquarien werden unter Verzicht auf einen stützenden Metall- oder Kunststoffrahmen ausschließlich durch die Haftfähigkeit eines Silikon-Kautschuklebers zusammengehalten. Die Glasoder Kunstglasscheiben werden so fest miteinander verbunden, daß sie praktisch jedem für Aquarien denkbaren Wasserdruck standhalten. Man kann heute auf diese Weise bereits Becken mit mehreren 100 Litern Fassungsvermögen gefahrlos verwenden.

Die Vorteile von geklebten Vollsichtaquarien sind groß. Da ist der Wegfall bisher notwendiger Kitte, Dichtungsmittel und Farben zu nennen,

Vom Aquariengestell zum Möbel

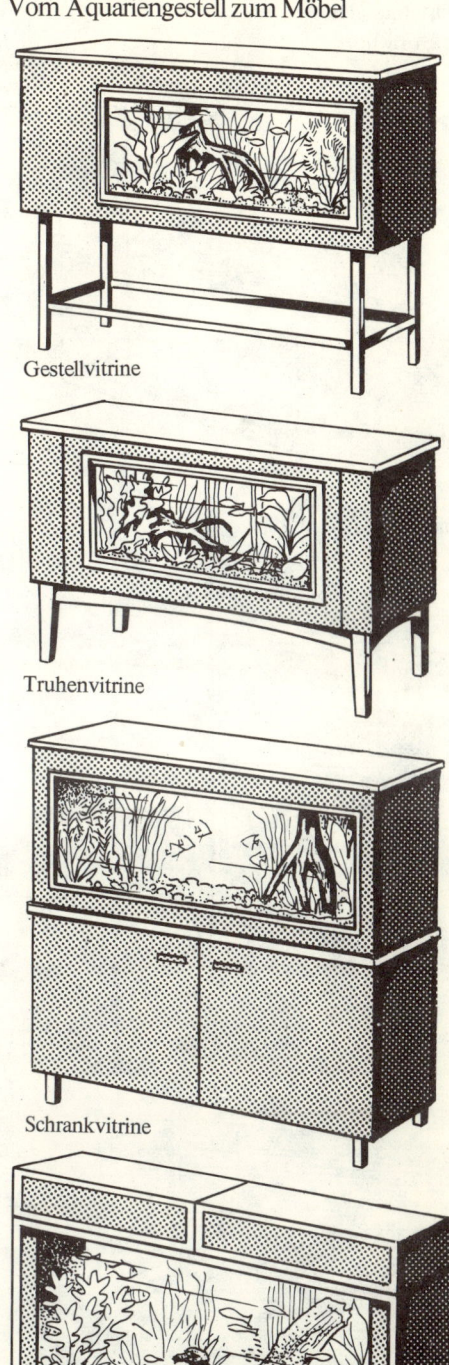

Gestellvitrine

Truhenvitrine

Schrankvitrine

Bodenvitrine

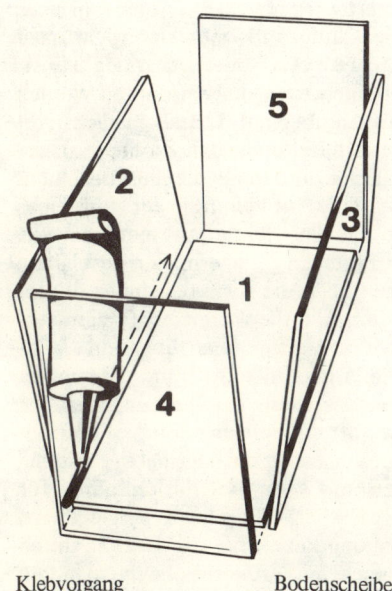

Klebvorgang eines rahmenlosen Aquariums

Bodenscheibe in die Seitenscheibe eingeklebt

Aquarienaufstellung mit Raumfunktion

Raumteilung

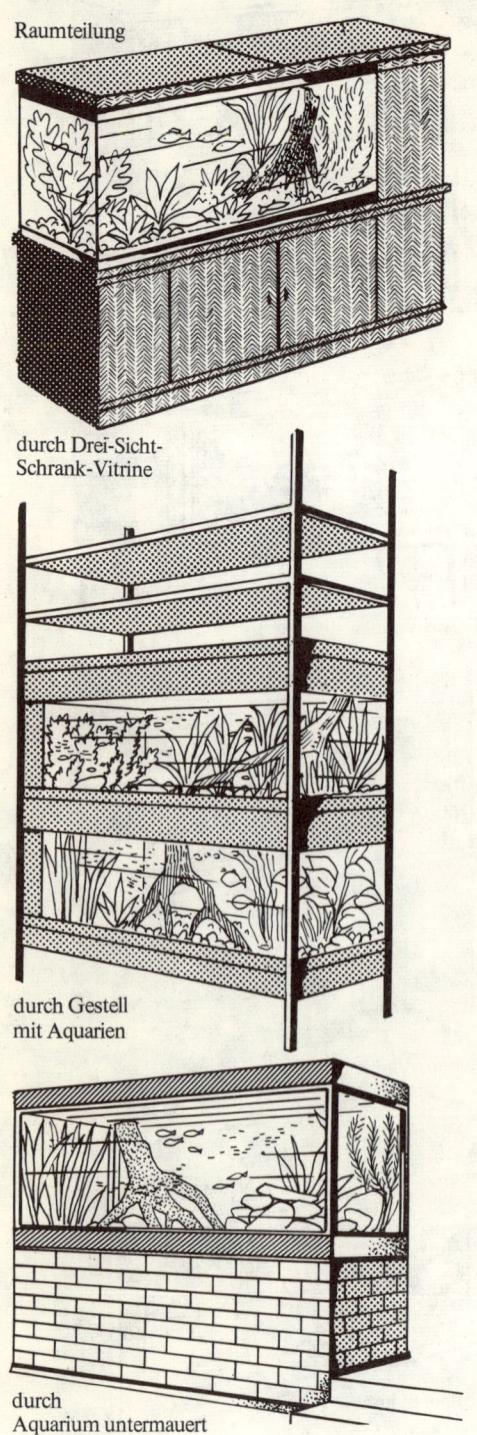

durch Drei-Sicht-Schrank-Vitrine

durch Gestell mit Aquarien

durch Aquarium untermauert

ferner die Tatsache, daß es keinerlei Sorgen mehr mit Korrosionsvorgängen und Rostbildung an den Stellen gibt, an denen das Wasser mit Metallteilen usw. in Berührung kommen könnte. Damit aber gibt es auch keine Abgabe von Fremd- oder Giftstoffen an das Wasser. Aquaristisch getestete Kleber sind in dieser Hinsicht völlig unbedenklich. Im allgemeinen entfallen auch die Undichten, wie sie in Gestellaquarien nach vieljährigem Gebrauch fast zwangsläufig entstehen. Man hüte sich aber davor, die Innenversiegelung in den inneren Klebewinkeln mit scharfen Gegenständen (Scheibenreiniger aus Metall) zu verletzen. Dort könnten tatsächlich Tropfstellen entstehen.

Geklebte Vollsichtaquarien lassen sich mit einigem Geschick selbst herstellen. Die erforderlichen Materialien sowie Bauanleitungen sind im Zoofachhandel oder in Bastlerläden zu haben. Erste Versuche hierzu mache man mit dem Verkleben von Becken kleineren Ausmaßes.

Der Aufstellung des Aquariums oder der Aquarienanlage kommt eine große Bedeutung zu. Wir wählen den Standort so, daß wir ihn auch für längere Zeit beibehalten können, denn eine nachträgliche Veränderung bringt viel Arbeit mit sich und stört Pflanzen und Fische, die sich einem neuen Standort mit seinen veränderten Verhältnissen erst wieder anpassen müssen.

Aus Gründen, die an anderer Stelle noch ausführlich erörtert werden, soll das Aquarium *einen hellen Platz* erhalten, falls man sich nicht dazu entschließt, vorwiegend oder ganztägig künstlich zu beleuchten, was nur empfohlen werden kann. Wenn man aber auf Tageslicht nicht verzichten möchte oder kann, dann sollte man die nachstehend aufgezählten Grundregeln beachten.

Am besten ist die Aufstellung in der Nähe eines Ostfensters, da das Aquarium hier die von Fischen und Pflanzen gleichermaßen geschätzte Morgensonne erhält, die sogar bei einigen Fischarten förderlich auf die Bereitschaft zum Ablaichen einwirkt. Verfügt man über ein Westfenster, so kann man sich auch mit diesem begnügen. Eine Aufstellung am Südfenster hat den Nachteil einer oft zu intensiven Sonnenbestrahlung. Diese beschleunigt die übermäßige Bildung lästiger Algen und kann vielerlei Gefahren für unser Aquarium heraufbeschwören. Gegen zu starke Besonnung kann man das Becken durch Vorstellen eines mit grüner Folie bespannten Rahmens oder durch einen Anstrich der Lichtseite mit Weißkalk schützen.

Eine Aufstellung am Nordfenster ist für Kaltwasseraquarien günstig, ebenso gibt es eine Reihe von Warmwasserfischen und -pflanzen, denen eine schwache Belichtung angenehm ist. Mängel, die sich aus dem Aufstellungsort ergeben, kann man durch allerlei technische Hilfsmittel, vor allen Dingen durch künstliche Beleuchtung, weitgehend ausgleichen. Diese ist mehr und mehr zur Selbstverständlichkeit geworden, denn sie ermöglicht auch die Wahl eines Platzes, der weit vom Fenster entfernt ist, z. B. in einer Sitzecke. Die günstigste Aufstellung in Fensternähe ist so, daß das Licht auf die Fische, nicht aber durch sie hindurch fällt, da nur so Farbe und Schuppenglanz voll zur Geltung kommen. Schon aus diesem Grund ist der Platz direkt am Fenster nicht immer der günstigste. Allerdings muß man auf diesen Effekt bei künstlicher Beleuchtung verzichten, falls man sich ihn nicht durch Verwendung eines Punktstrahlers verschaffen will (12-Volt-Strahler).

Die Einrichtung des Aquariums beginnt mit dem Einbringen des Bodengrundes. Als solchen wählen wir im allgemeinen nicht zu grobkörnigen, aber auch nicht zu feinen, schwach lehmhaltigen Sand, der nur so weit ausgewaschen wird, daß etwaige schwimmende Bestandteile herausgeschwemmt werden. Wir bringen ihn in einer 6—8 cm starken Schicht – abhängig von der Größe des Aquariums und der Art der vorgesehenen Pflanzen – noch feucht so ein, daß er nach einer Ecke der Schauseite hin etwa 2—3 cm abfällt und sich somit dort die tiefste Stelle des Bodengrundes befindet. Das hat den Zweck, daß sich später dort ein Teil der im Aquarium sich bildenden Mulmteilchen ansammelt und mittels Schlauch, Heber oder Mulmsauger leicht abgezogen werden kann. Aus dem feuchten Sand austretendes Wasser wird mit einem Schwamm oder Lappen gut aufgetupft. Auf diese Schicht bringen wir 2—3 cm vollkommen ausgewaschenen, nicht zu feinen Sand. Dieser darf beim Waschen keinerlei Trübung mehr zeigen. Er wird auf die Unterlage in gleichmäßiger Stärke ausgebreitet. Sich ansammelndes Wasser wird wiederum aufgesaugt.

Diese Art Bodengrund genügt für die meisten Pflanzen völlig. Für stark wühlende Fische, z. B. Cichliden, nehme man ausschließlich rein gewaschenen Kies. Allerdings wird man dann auf alle anspruchsvolleren Pflanzen verzichten müssen, oder man setzt die Pflanzen in Schalen. Es kann darüber hinaus empfohlen werden, für

Sonderaquarien

sehr viele Beckenformen – auch Rundscheiben – mit Plexiglas möglich

Allseit-Vitrinen

Aquarium – in die Wand eingebaut

Zuchtaquarien bestimmter Fischarten den Sand ganz wegzulassen. Als Vorbeugungsmaßnahme gegen die sogenannte Neonkrankheit, die mit Vorliebe zarte Salmlerarten und Bärblinge befällt, und gegen andere Krankheitserreger ist eine Erhitzung des Sandes zu empfehlen. Im Handel angebotener Aquariensand ist in der Regel bereits keimfrei gemacht.

Für die Gestaltung unserer Unterwasserlandschaft können eine ganze Reihe von *Dekorationsmitteln* Verwendung finden. Das Aquarium soll ja möglichst nicht nur biologisch richtig und zweckmäßig, sondern darüber hinaus auch schön sein. Es ist verständlich, daß die Art der Beckeneinrichtung nicht nur Rückwirkungen auf den menschlichen Betrachter, sondern auch auf den Fisch hat, der in unseren Aquarien zu leben gezwungen ist. Zahlreiche Fische haben das Bedürfnis, sich wenigstens zeitweise zu verstecken. Sie benötigen solche Versteck- und Ruheplätze zu ihrem Wohlbefinden oder als Mittelpunkt ihres Wohnbezirks. Die Erkenntnis, daß Fische ebenso wie alle anderen Lebewesen weitgehend von ihrer Umwelt abhängig sind, hat dazu geführt, daß sich der Aquarienfreund um die Gestaltung seiner Unterwasserlandschaft mehr Gedanken macht als das früher der Fall war. Nur darf die äußere Gestaltung, die »Dekoration« des Aquariums, in ihrer Wirkung auf den Fisch auch nicht überschätzt werden. Innere Faktoren, z. B. Wasserzusammensetzung und -zustand, Temperatur, Futter usw. werden zweifellos für das

Wohlbefinden der Tiere viel wichtiger sein, doch darf die dekorative Gestaltung durchaus nicht als nebensächlich behandelt werden.

Es ist z. B. bekannt, daß die Farbe des Bodengrundes einen großen Einfluß auf viele unserer Fische ausübt, daß sie bei einem zu hellen Untergrund verblassen, während ihre Farben bei einem dunklen Bodenbelag kräftiger hervortreten. Nicht selten hat man den Eindruck, daß sich die Fische in einem zu hellen Aquarium ausgesprochen unbehaglich fühlen. Daher ist es empfehlenswert, die oberste Bodenschicht noch mit einem besonderen, dunklen Belag abzudecken. Dunkel getönter Kies ist mancherorts im Handel. Auch kann die obere Deckschicht mit Basaltsplitt vermischt werden, der für aquaristischen Gebrauch abgeschliffene Kanten haben sollte. Basaltsplitt allein, der im Wasser tiefschwarz wird, hat den Nachteil, daß er etwas kalt wirkt, während die Vermischung mit hellerem Sand oder Kies diese Wirkung mildert. Der gern verwendete weiße Quarzkies mag für manche Zwecke ganz brauchbar sein, für das Normalaquarium ist er aber zu hell und muß mit dunklerem Sand oder Kies vermengt werden.

Die Wirkung zu hellen Sandes kann auch dadurch etwas behoben werden, daß man andere, dunkle Dekorationsmittel darauf ausbreitet, z. B. dunkle bis schwarze Steinchen, Holzteile oder Torf. Fasertorf hat sich für diesen Zweck besonders bewährt. Man muß ihn, bevor man ihn auf dem Grund ausbreitet, überbrühen und gut ausdrücken, damit er das Wasser nicht zu stark ausfärbt und den manchmal erheblichen Auftrieb verliert. Ein solcher Torfbelag übt einen günstigen Einfluß auf viele Fische und Pflanzen aus, wirkt natürlich und trübt das Wasser nicht. Fasertorf ist Torf bröckliger Beschaffenheit vorzuziehen, weil er durch gründelnde Fische, z. B. Panzerwelse, nicht so leicht aufgewirbelt werden kann. Torf muß allerdings von Zeit zu Zeit zusammen mit dem angesammelten Mulm mittels eines starken Schlauches abgezogen und durch frischen ersetzt werden (Vorsicht, keine Fische mit abziehen!).

Unentbehrlich für die Gestaltung des Aquariums sind auch *Steine*. Ihre Verwendung richtet sich nach dem Charakter, den man einem Becken verleihen will, was wiederum von der Art der zu pflegenden Fische abhängig ist. Man verwende nach Möglichkeit nur die sogenannten Urgesteine, z. B. Syenit, Granit oder Basalt, da man bei diesen die Gewähr dafür hat, daß sie nur in

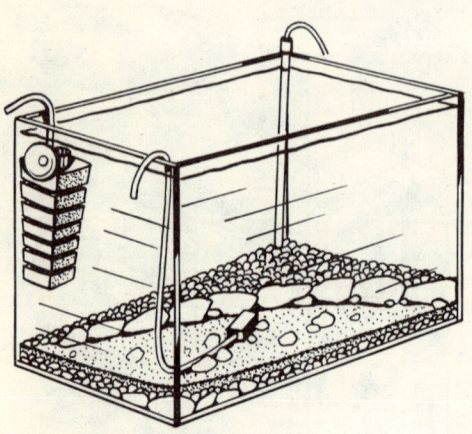

Rahmenloses geklebtes Aquarium
mit Bodengrund und Terrassenstufe,
Schwammfilter, Stabheizer, Ausströmer
aus Kieselgur

geringem Maße Bestandteile an das Wasser abgeben. Pflegt man Fische, die kein weiches Wasser beanspruchen, kann man aber auch Kalksteine, z. B. Pläner, oder den leicht zu bearbeitenden Sandstein benutzen. Die Form der Steine richtet sich nach dem Charakter der Aquarienlandschaft. Hat man die Absicht, Schwarmfische zu halten, von denen man annehmen kann, daß sie aus fließenden Gewässern stammen, so wird man abgerundetes Flußgeröll verwenden. Will man dagegen eine Uferlandschaft gestalten, so können auch kantige Steine in möglichst waagerechten Lagen eingebracht werden. Auffallend gefärbte Steine wirken leicht kitschig! Bei Fischen, von denen man vermutet, daß sie aus Gewässern mit schlammigem Untergrund stammen, z. B. Kampffische, Keilfleckbarben, manche Welse und viele andere Fische, die einen etwas düsteren Landschaftscharakter schätzen, wird man auf Steine überhaupt verzichten und sie besser durch Moorkienhölzer ersetzen. Steine mit scharfen Kanten, Tuff- und Kunststeine aller Art sollen nicht zur Dekoration verwendet werden. »Burgen« aus Tuffstein, künstliche Pflanzen, Gehäuse von Meeresschnecken, Figuren und ähnliches gehören nicht in das naturgemäß eingerichtete Becken.

Wurzeln sind ein Dekorationsmittel besonders wirkungsvoller Art. Hier gibt es unendlich viele Möglichkeiten, das Aquarium abwechslungsreich zu gestalten und zugleich eine natürliche, ungekünstelte Wirkung zu erzielen. Allerdings ist hierbei mit einer gewissen Vorsicht zu verfahren. Ungeeignete Wurzeln faulen und verderben das Wasser, dort, wo sie über die Oberfläche herausragen, fangen sie an zu verschimmeln. Oft überzieht der Schimmelrasen auch die unter Wasser gelegenen Partien.

Grundsätzlich ungeeignet ist lebendes oder, im allgemeinen, trockenes Holz. Man versuche, Holzteile zu erhalten, die lange Zeit abgestorben im fließenden Wasser gelegen haben, so, wie sie etwa in Gebirgsbächen zu finden sind. Auch die toten Wurzeln an den Uferrändern klarer Seen können geeignet sein. Unbrauchbar sind gewöhnlich die Wurzeln, die in Tümpeln im Schlamm stecken, sehr geeignet dagegen Holzteile aus Torfstichen, wie man sie als Moorkienholz im Fachhandel käuflich erwerben kann. Sie benötigen im allgemeinen keine Vorbehandlung, außer daß es vielleicht zweckmäßig ist, sie einige Tage lang zu wässern. Hierdurch nehmen sie Wasser auf und verlieren ihren Auftrieb. Hölzer,

Brauchbar: Steingeröll aus dem Fluß

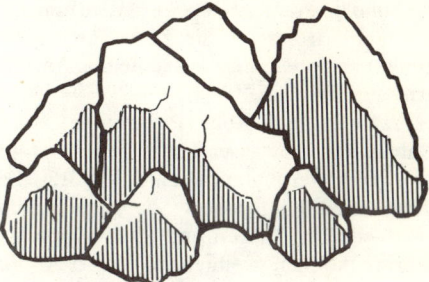

Steine hochgestellt: Felsenaquarium

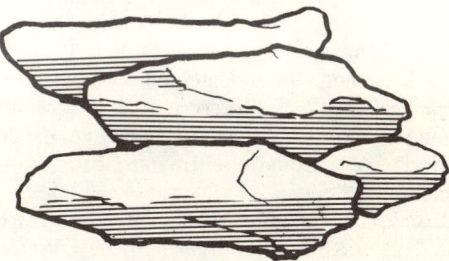

Flache Steine: Terassen

Malawiseehöhle:

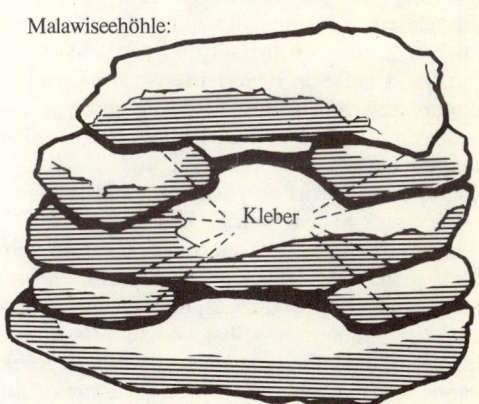

Kleber

Steine mit breiten Auflageflächen aufeinander kleben

über deren Verhalten im Wasser man sich im unklaren ist, sollen entweder ebenfalls mehrere Tage lang gewässert oder aber, besser noch, in einer kräftigen Salzlösung einige Stunden lang gekocht werden. Nach dieser Behandlung sind sie nochmals längere Zeit in reinem Wasser zu lagern. Durch das Abkochen werden etwaige Keime abgetötet und das Holz wird schwerer, so daß es nicht mehr so viel Auftrieb besitzt. Macht es doch erhebliche Schwierigkeiten, zu leichtes Holz am Boden des Aquariums festzuhalten. Man muß die Enden mit Steinen beschweren, was nicht immer ohne weiteres möglich ist. Eine Gewähr dafür, welches Holz sich — außer Moorkienholz — am besten im Aquarium hält, gibt es nicht. Holzteile, die zu faulen oder zu schimmeln beginnen, müssen schleunigst wieder entfernt werden.

Dekorativ ist auch Rohr (Phragmites), wie es am Rande von Gewässern anzutreffen ist und z. B. für die Unterputzmatten auf dem Bau Verwendung findet. Haltbarer ist allerdings Bambus in verschiedenen Stärken und Pfefferrohr. Alle Rohrsorten können weitgehend vor dem Verfaulen geschützt werden, wenn man die Enden einige Zeit in Wasserglas taucht. Sie haben einen starken Auftrieb, weshalb die Bodenschicht, in die die Rohre gesteckt werden sollen, genügend hoch sein muß. Im allgemeinen wird man Rohr vor allem bei der Hintergrunddekoration verwenden, natürlich auch nur dort, wo es dem Charakter des Aquariums entspricht und immer in mäßiger Menge.

Von höhlenliebenden Fischen werden gern die Schalen der *Kokosnuß* aufgesucht, die sich einem Tropenaquarium meistens gut einfügen. Sie lassen sich ohne jede Vorbereitung in der Weise verwenden, daß man die Öffnung mehr oder weniger groß ausschneidet und die Schalen auf den Sand aufsetzt oder teilweise in denselben eingräbt, zwischen Wurzelstöcken verbirgt usw. *Grobe* empfiehlt, die Schalen auch oben mit einer kleinen Öffnung zu versehen und damit dem Licht etwas Zutritt zu gestatten, um die Fische im Versteck beobachten zu können.

Die Wirkung einer Aquariumdekoration kann noch gesteigert werden, wenn der Hintergrund durch eine *Rückwand* abgeschlossen wird. Diese kann im Aquarium selbst, besser aber noch außerhalb desselben angebracht werden. Rückwände im Becken haben viele Nachteile. Zunächst verringern sie den meistens zu kleinen Wasserraum noch mehr, ferner besteht die Gefahr, daß die Fische dahinter gelangen können und nicht wieder herausfinden. Zementierte Rückwände aus Steinen sind, im Aquarium angebracht, unpraktisch. Zudem besteht die Möglichkeit, daß sie trotz aller Sorgfalt doch Bestandteile an das Wasser abgeben. Bei Charakterbecken mit moorigen Charakter kann man eine Rückwand auch aus Torfziegeln bauen, die mit Glasnadeln und dünnen Glasröhrchen miteinander verbunden werden und sich leicht bearbeiten lassen. Mit Hilfe von Glasnadeln können Pflanzen, die ohne Verankerung im Bodengrund zu gedeihen vermögen (Riccia, Federmoos Amblystegium, Unterwasserfarne), daran festgeklemmt werden.

Günstiger ist es, die Rückwand außerhalb des Aquariums anzubringen. Hierzu wird eine Platte oder ein flacher Kasten aus Holz oder Preßpappe in der Größe des Aquariums mit Rinden, Korkplatten, Holzteilen, Bambusrohr, Schilf o. ä. benagelt, oder es werden, falls man eine Felsdekoration wünscht, geeignete Steine in eine auf dem Kastenboden ausgebreitete Zementschicht eingebettet. Auch lassen sich Steine und Holz kombinieren. Die Gestaltung bleibt dem Geschmack des Aquariumbesitzers überlassen. Sie sollte sich zudem nach dem Charakter des einzurichtenden Beckens richten. Platte oder Kasten werden nach Fertigstellung hinter das Aquarium gestellt oder gehängt.

Es muß darauf geachtet werden, daß sich die Rückwand nicht zu dicht hinter der Rückscheibe befindet, damit noch genügend Licht darauf fallen kann. Eventuell kann man mit einer Glimmlampe oder einer Schwachstromlampe etwas aufhellen. Eine solche Rückwand täuscht eine größere Tiefe der Unterwasserlandschaft vor, zumal dann, wenn sich die Hintergrunddekoration im Aquarium fortsetzt, also die gleichen Materialien in beschränkter Menge auch diesseits der hinteren Scheibe Verwendung finden.

Auf einfache Weise läßt sich der Hintergrund gestalten, indem man die Rückscheibe außen mit einer wasserunlöslichen, möglichst leicht transparenten Farbe bestreicht. Die besten Wirkungen kann man dabei erzielen, indem man unter Verzicht auf bildliche Darstellungen und unter Verwendung verschiedener Farntöne (rot, oliv, braun) ineinander übergehende Muster großflächig aufträgt. Recht dekorativ sind auch die im Handel befindlichen Farbreproduktionen eingerichteter Aquarien, die man mühelos auf die

Aquariendekoration »Teichufer« unter Verwendung von flachen Steinen und Rohr

(Rückwand ist nicht mit dargestellt, für sie wird vornehmlich Rohr verwendet)

Aquariendekoration »Uferpartie« unter Verwendung von flachen Steinen, Wurzeln und einer Kokosschale

(Rückwand ist weggelassen, für sie werden Rindenstücke, Äste und trockenes Gras verwendet)

Ausmaße des Beckens, das man abzudecken wünscht, zurecht schneiden lassen kann.

Wasserpflanzen, auf die wir später nochmals zu sprechen kommen, haben nicht nur eine große Bedeutung für die biologischen Verhältnisse im Aquarium, sondern sind ein wichtiges, vielleicht das wichtigste Mittel zur Gestaltung der Unterwasserlandschaft. Die Auswahl der richtigen Wasserpflanzen ist nicht immer ganz einfach. Wollte man alle Gesichtspunkte berücksichtigen, die biologisch »richtig« sind, so würde man in den meisten Fällen zu überhaupt keiner Lösung kommen. Am wichtigsten ist, daß die Lebensansprüche von Fisch und Pflanze einigermaßen zueinander passen, daß man also Kaltwasserfische mit Kaltwasserpflanzen, Warmwasserfische mit Warmwasserpflanzen zusammenbringt, überhaupt die beiderseitigen Ansprüche an die Temperaturen und die Wasserzusammensetzung berücksichtigt. Darüber hinaus gibt es Fische, die Pflanzen einer bestimmten Wuchsform bevorzugen, so etwa feinfiedrige, riemenförmige, breitblättrige, Oberflächen- oder Grundpflanzen usw. Die geographische Herkunft dürfte dabei ziemlich gleichgültig sein. Sie spielt nur dort eine Rolle, wo eine ganz bestimmte, heimatgebundene Tier- und Pflanzengesellschaft gezeigt werden soll. Im übrigen aber verlasse man sich auf seinen guten Geschmack und hole gegebenenfalls den Rat erfahrener Fachleute ein.

Zur *Bepflanzung* werden mit dem Finger oder einem Holz Löcher in den Sand gebohrt, und zwar derart, daß die Pflanzen, nach Sorten geordnet, in Gruppen zusammenstehen. Einige Pflanzen benötigen viel Raum zur Ausbreitung, so z. B. Cryptocorynen, andere wiederum gedeihen im Zusammenstehen mit fremden Arten nicht. Es muß also auf die Eigenarten und das Wachstum der Pflanzen Rücksicht genommen werden. Bei der Gruppierung ist darauf zu achten, daß im Vordergrund des Aquariums genügend Platz zum Ausschwimmen für die Fische gelassen wird. Vor dem Einsetzen werden die Wurzelspitzen beschnitten und die Wurzeln danach so in das Pflanzloch gebracht, daß sie senkrecht darin herabhängen. Sie dürfen keinesfalls aus dem Boden herausdrängen, ebenso muß die Ansatzstelle von Wurzeln und Blättern, der sogenannte Wurzelhals, zu sehen sein. Da manche Pflanzen, z. B. Unterwasserfarne, einen starken Auftrieb

Schema einer von außen anhängbaren Rückwand, die aus Rindenstücken, Ästen und trockenem Schilf gefertigt ist

besitzen, empfiehlt es sich, sie bis zum Anwurzeln mit Pflanzennadeln aus Glas oder mit
Steinchen festzuhalten.

Soweit nicht schon geschehen, werden nach
der Bepflanzung etwaige *Geräte in das Aquarium*
eingebracht, so z. B. Einsteckthermometer, Luftleitung mit Ausströmer und Heizer. Die Strecke
der Luftzuleitung, die auf dem Sande entlang-
läuft, wird leicht damit zugedeckt und eventuell
mit einigen kleinen Steinen beschwert. Zum
Schluß wird das Ganze mit einem Bogen starken
Packpapier abgedeckt und das Wasser, mit dem
Strahl auf das Papier treffend, eingelassen.
Manche Aquarienfreunde lassen aber auch erst
das Wasser ein, bevor sie mit dem Bepflanzen
beginnen. Sie meinen, vielleicht mit Recht, daß
es dann leichter sei, einen sofortigen Eindruck
von der Anordnung der Pflanzen zu gewinnen
und etwaige Verbesserungen vorzunehmen.
Schwieriger ist es allerdings bei dieser Methode,
die Pflanzen im Bodengrund zu befestigen. Am
besten bedient man sich hierzu einer Pflanz-
schere.

Als *Wasser* kann zunächst jedes Leitungswasser benutzt werden, vorausgesetzt, daß es
nicht zu stark gechlort ist. Chlor entweicht nach
einigen Stunden, so daß auch solches Wasser
nach entsprechender Zeit verwendet werden
kann. Im Handel gibt es aber auch Chlorent-
ferner, die das Wasser schnell chlorfrei machen.
Darüber hinaus kann sich die Notwendigkeit
ergeben, anderes, geeigneteres Wasser zu be-
sorgen. Über die damit zusammenhängenden
Fragen wollen wir später im Kapitel »Chemische
Vorgänge im Wasser« sprechen.

Das Aquarium wird knapp bis zum oberen
Rande gefüllt, nur wenn für Zuchtzwecke ein
niedrigerer Wasserrand erwünscht ist, weichen
wir von dieser Regel ab. Nach dem Einfüllen
werden die *Pflanzen mit einem Stöckchen
aufgerichtet*.

Vor dem Einbringen der Fische wird *das
Aquarium mehrere Tage bis zu einer Woche
stehengelassen*, um den Pflanzen Zeit zur Ein-
wurzelung zu geben und einen biologischen
Prozeß zu ermöglichen, über den ebenfalls an
anderer Stelle noch ausführlich gesprochen
werden soll. Keinesfalls lasse man sich dazu
verleiten, die gesamte Prozedur, einschließlich
der Besetzung mit Fischen, in einem Zuge vorzunehmen, wie es leider allzu Ungeduldige gern
tun. Sie werden an ihrem Werk nicht viel oder
keine Freude erleben.

Blickrichtung

Pflanzen
Hintergrund:
buschig,
groß

Mittelgrund:
einzeln
stehend,
klein

Vordergrund:
bleibt frei

Ist das Aquarium vollständig eingerichtet, hat
es seinen endgültigen Platz bezogen und sind die
technischen Geräte angeschlossen, so wird es *mit
Glasscheiben abgedeckt*. Diese werden bei Gestellbecken nicht direkt auf den Winkeleisen-
rahmen gelegt, da es dann nur kurze Zeit bis zur
Bildung häßlicher Rostflecke dauern würde.
Vielmehr verwenden wir *Deckscheibenhalter*.
Diese gibt es in verschiedener Form. Für Vollglasbecken kann man sie sich aus Korken selbst
zurechtschneiden, so wie sie unsere Abbildung
zeigt. Für Gestellaquarien verwendet man aus
nicht rostendem Material hergestellte Halter, die
auf den oberen Rahmen aufgesteckt werden.
Praktisch sind auch Profilbänder aus Plast, die in
ganzer Länge auf dem oberen Rand anzubringen
sind. Auf ihre Auflageflächen werden die

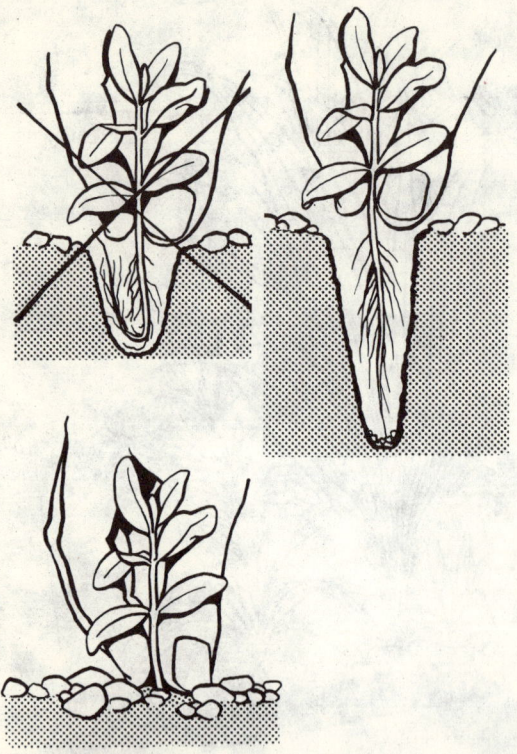

Scheiben gelegt, nicht selten sind auch Rillen vorhanden, in denen die Deckscheiben hin und her geschoben werden können. Heute werden die Auflageleisten oft schon vom Hersteller mit dem Gestellrahmen verbunden und mit diesem gemeinsam isoliert.

Bei geklebten Vollsichtaquarien kann man schmale Glasstreifen mittels Silikonkautschuk an die Innenseiten der Scheiben kleben. Leicht lassen sich auf diese Weise Gleitschienen anbringen, die ein Verschieben der Deckscheiben zulassen.

Die Deckscheiben sollen ein Verschmutzen der Wasseroberfläche und ein Herausspringen der Fische verhindern. Viele Fische sind gute Springer, die jede Gelegenheit dazu benutzen und auch den kleinsten Spalt zielsicher zu treffen wissen. Die Scheiben müssen daher lückenlos abschließen. Nur dort, wo die Zuführung der Geräte vorgesehen ist, wird eine geringe Aussparung gelassen. Dabei ist darauf zu achten, daß von den Scheiben kein Schwitzwasser auf die Zuleitungen elektrischer Geräte oder in diese selbst tropft.

Es ist zweckmäßig, die Deckscheiben etwas schräg zu lagern, damit das Schwitzwasser in das Aquarium zurücklaufen kann.

Die Pflege des Aquariums erfordert bei voller Beachtung der erteilten Ratschläge nur geringe Mühe. Ist das Becken sachgemäß eingerichtet, haben die Pflanzen Zeit gefunden, genügend einzuwurzeln und stehen Tiere und Pflanzen im richtigen zahlenmäßigen Verhältnis zueinander, so erwartet den Liebhaber nicht mehr Mühe als etwa die Pflege einer Blumenbank bereitet. Alle Handgriffe sollen sich grundsätzlich nur auf das unbedingt Notwendige beschränken. Niemals darf man glauben, aus mangelnder Sorgfalt und Ungeduld entstandene Schäden durch öfteres völliges Ausräumen des Aquariums beseitigen zu können. Schuld an dessen etwaiger Unzulänglichkeit haben weder Fische noch Pflanzen, weder Bodengrund noch Futter, sondern immer nur wir selbst!

Eingerichtete Becken, die trotz vorangegangener Dichtigkeitsprobe plötzlich zu laufen beginnen, dichten sich oft nach einiger Zeit von selbst wieder ab. Manchmal genügt es auch, wenn die laufende Stelle von Kitt frei gemacht und danach ein Dichtungsspezialmittel mit einem Messer oder Holzspan in die Lücke gepreßt wird. Haben wir freilich schlechten Kitt verwendet oder wurde das Becken unsachgemäß verglast oder verklebt, bleibt nichts anderes übrig, als die ganze Arbeit nochmals auszuführen oder ausführen zu lassen. Diesmal aber durch einen Fachmann, denn dessen Arbeit wird am Ende immer die billigste sein!

Die laufende Wartung des Aquariums besteht lediglich darin, daß etwa jede Woche einmal der angesammelte Mulm abgezogen wird. Für diesen Zweck kann man eine sogenannte *Mulmglocke* auf den Abzugsschlauch stecken, die bewirkt, daß der schwerere Sand im Becken verbleibt, während er mit dem bloßen Schlauch leicht mit herausgezogen wird. Im kleineren Aquarium ziehen wir den Mulm mit dem *Schlammheber* ab. Sehr praktisch sind die mit Luft aus der Belüftungspumpe betriebenen *Aquarium-Mulmsauger*. Diese bestehen aus einem Förderrohr, in dem mit Hilfe der eingeleiteten Luft das bodennahe Wasser samt den Mulmteilchen mit nach oben gerissen wird. Das Schmutzwasser wird in einen Filterbeutel geleitet, in dem sich der Mulm sammelt, während das Wasser durch das Gewebe hindurch in das Aquarium zurückläuft.

Nach dieser geringen Mühe putzen wir die

Sichtscheiben mit einem *Scheibenreiniger* ab, lassen aufgewirbelte Mulmteilchen setzen und reinigen dann eventuell nochmals mit Schlauch oder Mulmsauger. Der wöchentliche teilweise *Wasserwechsel* muß bei stärkerer Besetzung mit Fischen unbedingt erfolgen, um die Ansammlung von Stoffwechselprodukten aus den Ausscheidungen der Tiere zu vermeiden. Man zieht jeweils etwa $\frac{1}{5}$ des Gesamtinhalts des Aquariums ab. (Bei Verwendung eines Mulmsaugers müssen wir das natürlich gesondert tun, weil hierbei das Wasser im Becken bleibt. Wir ersetzen es durch gleichtemperiertes Frischwasser.) Wollen wir lediglich das verdunstete Wasser ergänzen, dann nehmen wir hierzu destilliertes oder voll entsalztes Wasser, um die Härtegrade des Aquariumwasser nicht nach und nach über das normale Maß hinaus ansteigen zu lassen. Bekanntlich verdunstet nur reines Wasser, während die Härtebildner zurückbleiben. Das hierfür benötigte Wasser halten wir am besten in einem dunkel stehenden Glasbehälter in Vorrat. Ein so behandeltes Aquarium kann jahrelang stehen, ohne daß eine »große Reinigung« erforderlich ist.

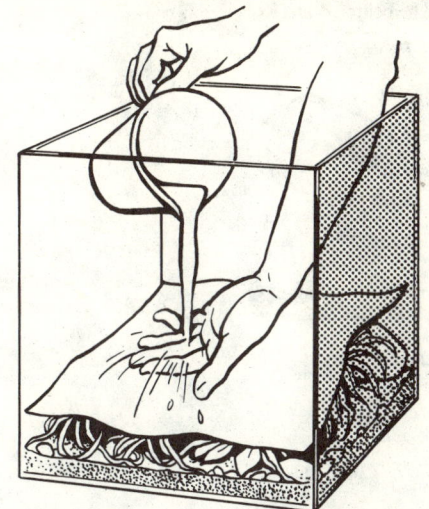

Einfüllen des Wassers

Algen im Aquarium. Die zu den niederen Pflanzen zählenden Algen sind meist ungebetene Gäste. Sie können dem Aquarienfreund viele Sorgen bereiten, mindestens, soweit es einige noch zu nennende Algengruppen betrifft. Das schließt natürlich nicht aus, daß es sich um hochinteressante Pflanzen handelt, die vor allem lohnende Objekte für den mikroskopierenden Aquarienfreund sind. Viele Algenarten zählen zu den kleinsten Lebewesen, doch finden sich unter ihnen auch einige größere oder vielzellige Formen. Unter den einzelligen Algen, die zum Teil auf der Grenze zwischen Pflanze und Tier stehen, gibt es als Vorläufer höher entwickelter, vielzelliger Lebewesen Zusammenschlüsse mehrerer Einzelzellen zu Kolonien, deren einzelne Teile spezifizierte Aufgaben erfüllen.

Nützliche Algen sind im allgemeinen die *Grünalgen*. Den an den Scheiben unter dem Einfluß von ausreichend Licht entstehenden grünen Belag kann man meist im Becken belassen, wenn das Wachstum nicht überhand nimmt. Lediglich die Sichtscheibe wird man von Zeit zu Zeit säubern müssen. Grünalgen sind gute Sauerstofferzeuger. Manchen Fischen sind sie als zusätzliche Pflanzenkost willkommen, auch bilden sie den Aufenthaltsort vieler Infusorien, die für Jungfische unentbehrlich sind. Mit gewissen

Einschränkungen kann man sagen, daß in einem Aquarium biologisch günstige Verhältnisse herrschen, wenn sich Grünalgen zeigen. Ein Überhandnehmen deutet auf zu reichliches Licht hin; durch Verminderung des Lichteinfalls kann man das übermäßige Wachstum eindämmen.

Fadenalgen können Fischen gefährlich werden, besonders wenn es sich um derbe Algenarten handelt. Sie können Verletzungen an den Kiemen oder der Schleimhaut verursachen. Bei

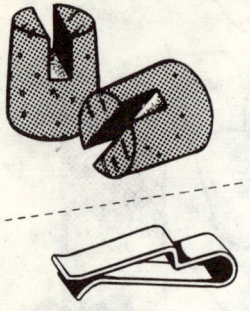

Deckscheibenträger aus Kork

Deckscheibenhalter
für Gestellaquarien

drohender Massenvermehrung wickelt man sie am besten auf ein rauhes Holzstäbchen und zieht sie damit heraus. Jedoch muß man dabei vorsichtig zu Werke gehen, um die von Fadenalgen umwucherten Wasserpflanzen nicht zu entwurzeln. Im Zuchtaquarium können Fadenalgen als Laichsubstrat dienen, doch gibt es heute für diesen Zweck so viel andere Möglichkeiten, daß man auf Algen besser ganz verzichten sollte.

Unter den langfädigen Algen sind vor allem die *Barthaar- und Pinselalgen* sehr lästig. Diese schwärzlich-grünen Algen bilden dicht beieinander stehende, zum Teil pinselförmige Kolonien, vor alle Dingen an den Blatträndern höherer Wasserpflanzen. Sie sind außerordentlich zählebig und kaum zu entfernen. Darum sollte man sie bereits beim ersten Auftreten radikal bekämpfen, indem man befallene Wasserpflanzenblätter sofort herausschneidet oder die ganzen Pflanzen vernichtet.

In zu schwach belichteten Aquarien bildet sich an Scheiben, Steinen, Pflanzen und anderen festen Unterlagen sehr häufig ein brauner Überzug, der aus Millionen sehr kleiner und verschiedenartig geformter Algen besteht. Es sind dies *Kieselalgen* oder Diatomeen, vom Aquarienfreund fälschlich Braunalgen genannt. Ist der Belag auf den Pflanzen sehr dicht, so können diese nicht mehr atmen und assimilieren und gehen ein. Kieselalgen können im allgemeinen nur durch verstärkte Belichtung bekämpft werden. Treten sie in nicht ausreichend beleuchteten Aquarien in den Wintermonaten als Folge lichtarmer Tage auf, so verschwinden sie im Frühjahr von selbst wieder.

Blaualgen sind die unangenehmsten aller Algenarten. In kurzer Zeit können sie ein Aquarium vollständig überwuchern und in eine übelriechende Pfütze verwandeln, in der kein Lebewesen mehr zu gedeihen vermag. Sie werden deshalb am besten schon in den Anfängen bekämpft, auch wenn es sich um kleinste Mengen handelt. Scheiben und Geräte werden abgeschabt oder herausgenommen und gereinigt, der Belag auf Pflanzenblättern wird vorsichtig mit den Fingern entfernt. Dann läßt man den abgestreiften Algenbelag absetzen und zieht ihn samt den am Boden wuchernden Blaualgen ab. Das muß solange geschehen, bis jede Spur beseitigt ist. Viele Blaualgenarten, aber durchaus nicht alle, lieben alkalisches Wasser. Sie sind fast immer ein Anzeichen dafür, daß in dem betreffenden Aquarium etwas nicht in Ordnung ist. Das beste Verhütungsmittel besteht deshalb darin, »gesunde« Verhältnisse herzustellen, also: sauerstoffreiches, sauberes Wasser, reicher Pflanzenwuchs, mäßiger Fischbestand und wohldosierte Fütterung, bei der keine Futterreste übrigbleiben.

Absolut sichere Bekämpfungsmaßnahmen für Blaualgen gibt es noch nicht. Neuerdings werden im Handel Mittel angeboten, die neben einigen Fischparasiten auch Blaualgen vernichten sollen. Empfindlich reagieren diese Plagegeister auf anhaltende Störungen, wenn z. B. pflanzenfressende Fische dauernd an ihnen zupfen. Ein gutes Mittel gegen zu starken Algenwuchs dürfte auch die Filterung des Aquarienwassers über Torf sein, auf die wir später noch zu sprechen kommen. Die hierdurch bedingte Enthärtung des Wassers, seine Anreicherung mit Huminsäuren und anderen Wirkstoffen und die durch die Braunfärbung des Wassers sich ändernden Lichtverhältnisse entziehen manchen Algen die Lebensgrundlage.

Algenfressende Fische können die Veralgung in gewissen Grenzen halten. Hier sind zu nennen: lebendgebärende Zahnkarpfen der Gattungen Xiphophorus, Mollienesia und Limia, die Saugschmerlen Gyrinocheilus aymonieri und Epalzeorhynchus siamensis, sowie die Saugwelse aus der Gattung Otocinclus. Alle diese Algenvertilger gehen vor allem an niedrige Algenpolster. Langfädige Algen können sie nicht fressen, vor allem nicht die sehr lästigen Barthaar- und Pinselalgen. Lediglich die Saugschmerle E. siamensis scheint hiervon eine Ausnahme zu bilden.

Durch *Schnecken* sind Algen nicht zu entfernen. Sie hinterlassen zwar auf der algenbewachsenen Scheibe Fraßspuren, doch fördern sie wegen ihres starken Stoffwechsels die Algenbildung eher noch.

Eine *milchige Wassertrübung* entsteht gewöhnlich als Folge von Pflegefehlern. Wird mehr Futter gereicht als die Fische zu fressen vermögen oder sterben Futtertiere im Aquarium ab, so kommt es infolge der Anreicherung des Wassers mit Produkten der Eiweißzersetzung zur Massenvermehrung von Bakterien und Einzellern. Eine solche Trübung geht mit Sauerstoffmangel Hand in Hand; sie kann für Fische äußerst schädlich, für Jungbruten sogar vernichtend sein. In manchen Fällen läßt sie sich beheben, wenn man so viel Kaliumpermanganat, das man zuvor in wenig Wasser löst, im Aquarium unter Umrühren verteilt, bis das Wasser eine schwachrosa Tönung annimmt. Die Behandlung ist unschädlich. Die Färbung verschwindet nach kurzer Zeit von selbst, da das Kalium von den Pflanzen als Nährstoff aufgenommen wird. Die bereits genannte Torffilterung verhindert ebenfalls die Bildung von größeren Bakterien- und Infusorienmengen im Aquarium. Endlich sind auch Präparate im Handel, die Trübungen dieser Art schnell und sicher beseitigen.

Alle diese Maßnahmen haben aber nur dann Sinn, wenn gleichzeitig durch maßvolle Fütterung und sorgfältige Pflegemaßnahmen Bakterien und Infusorien die Lebensgrundlage entzogen wird.

Die grüne Trübung oder Wasserblüte wird durch Schwebealgen hervorgerufen. Sie ist meist unschädlich, wenn sich die Fische langsam daran gewöhnen können. Wer sie schnell beseitigen will, setze mehr Daphnien ein, als von den Fischen sofort gefressen werden. Die Überlebenden räumen unter den Algen schnell auf. Die vorgenannte milchige Wassertrübung kann auf diese Weise ebenfalls beseitigt werden.

Zeitweise bildet sich an der Oberfläche eine Haut, die sogenannte *Fettschicht*. Abgesehen davon, daß sie unschön aussieht, verhindert sie auch den notwendigen Gasaustausch im Aquarium. Wird durchlüftet, so verschwindet sie schnell wieder, sonst schneide man einen Bogen Zeitungspapier in der genauen Größe der Wasseroberfläche aus, breite ihn sorgfältig darauf aus und hebe ihn sodann vorsichtig wieder ab. Die Fettschicht bleibt an dem Zeitungsbogen hängen. Eventuell muß die Maßnahme von Zeit zu Zeit wiederholt werden. Die Fettschicht besteht aus

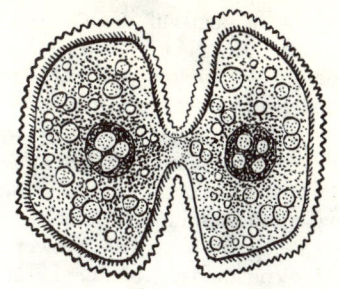
Grüne Zieralge aus dem Belag einer Aquarienscheibe stark vergrößert

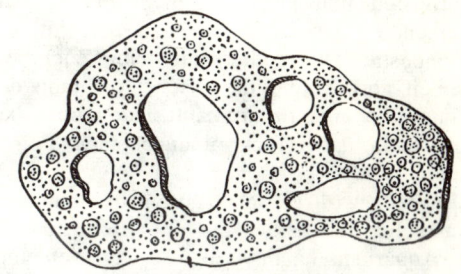
Blau- oder Schmieralge (vergrößert)

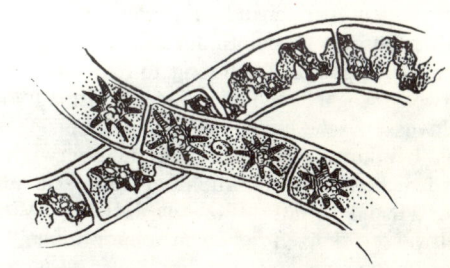
Fadenalge vergrößert

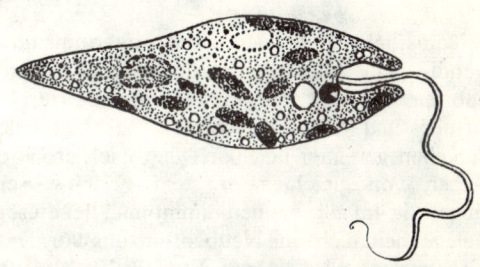
Augentierchen oder Geißelalge (auf der Grenze von Tier und Pflanze, Bildner der grünen »Wasserblüte«) stark vergrößert

Bakterien, die in dem auf der Oberfläche abgesetzten Staub ihre Nahrung finden.

Besondere *Vorbereitungsarbeiten für den Winter* sind heute im allgemeinen unnötig geworden, weil die Lebensprozesse im Aquarium bei der üblichen künstlichen Beleuchtung kaum noch unterbrochen werden. Sie sind nur dann notwendig, wenn man nicht ausreichend künstlich beleuchten kann oder will. Sie werden hier nur noch der Vollständigkeit halber beschrieben. Die besonderen Pflegemaßnahmen bestehen darin, daß die im Herbst zu dicht stehenden Pflanzen zurückgeschnitten werden. Nur die kräftigsten und gesündesten bleiben stehen. Welkende Pflanzenteile werden entfernt, der Fischbestand wird überprüft. Nur Zuchttiere bleiben zurück und die Fische, die man den Winter über auch füttern kann. Jede Übervölkerung kann dabei recht unangenehme Folgen haben.

Dagegen wird, wie schon gesagt, bei dauernder künstlicher Beleuchtung der biologische Zustand des Aquariums kaum verändert. Dennoch empfiehlt es sich, auch im Tropenaquarium die Wasserwärme in den Monaten November bis Februar etwas herabzusetzen. 22 °C dürften im allgemeinen ausreichend sein, wenn man nicht gerade besonders empfindliche Fische pflegt. Einige Pflanzen, z. B. Aponogeton-Arten, lieben zeitweise sogar noch niedrigere Wärmegrade. Kaltwasserfische und -pflanzen können ebenfalls bei künstlicher Beleuchtung überwintert werden, benötigen natürlich bei Zimmertemperatur (18 °C) keine zusätzliche Heizung. Viele Kaltwasserpflanzen ziehen im Winter unter allen Umständen ein.

Wer Fische mit besonderen Nahrungsansprüchen pflegt, sollte jetzt neue Futterkulturen anlegen oder bereits vorhandene überprüfen und gegebenenfalls in Ordnung bringen.

Frühjahrsarbeiten werden in der Regel auch bei künstlicher Beleuchtung des Aquariums notwendig sein. Man beginnt damit schon Mitte Februar. Etwaige Mängel an Heizung, Durchlüftung und Filterung werden beseitigt, die Scheiben gereinigt und nach und nach größere Gaben von gleichtemperiertem Frischwasser eingefüllt. Im allgemeinen nimmt man bei dieser Gelegenheit auch eine Neubepflanzung vor. Der Fischbestand wird ergänzt. Etwaige Zuchtpläne erfordern die Aufstellung besonderer Zuchtaquarien. Auch ist jetzt die günstigste Zeit für eine vollständige Neueinrichtung des Aquariums.

Aquarientypen

Nach Temperatur und Besetzung mit Tieren und Pflanzen können wir einige größere Gruppen von Aquarien unterscheiden, deren Benennung wir uns zweckmäßigerweise einprägen, da sie in der Fachwelt zu feststehenden Begriffen geworden sind.

Das Heimat- und Kaltwasseraquarium

Das *Heimataquarium für niedere Wassertiere* ermöglicht uns die Beobachtung der vielseitigen und interessanten Lebewelt unserer Gewässer. Wir kommen auf die Tiere, die sich zur Besetzung eignen, an anderer Stelle noch zu sprechen. Für Studienzwecke reichen schon kleine Behälter aller Art aus, Einmachgläser, kleine Vollglasbecken u. a. m. Diese sind billig und leicht zu beschaffen. Sie sollten daher auch niemals im Biologie- und Naturkundeunterricht der Schulen fehlen. Ein Bodengrund ist überflüssig, zur Bepflanzung genügen einige Ranken Tausendblatt, Wasserpest, Hornkraut oder ähnliche. Größere Becken werden für Unterrichtszwecke am besten als Sumpfaquarien (Paludarien) eingerichtet. Den Bodengrund läßt man terrassenartig nach einer hinteren Ecke zu so ansteigen, daß ein genügend großer Landteil entsteht. Die Bepflanzung erfolgt dem Wasserstand angepaßt mit Unterwasser-, Schwimm- und Uferpflanzen. Dafür baut man von vornherein vorsorglich größere Blumentöpfe oder Pflanzenschalen in den Terrassenbau ein, die später dann die kleineren bepflanzten und auswechselbaren Töpfe oder Schalen aufnehmen können. Auch lassen sich manche Pflanzen gut im Überbau des Sumpfaquariums unterbringen, wenn man hier entsprechende Vorkehrungen trifft. Viele dieser Pflanzen ziehen allerdings im Herbst ein, doch wird ein Lehraquarium seinen Zweck ohnehin nur vom Frühjahr bis zum Herbst erfüllen können. Die Besetzung mit Fischen, Lurchen oder niederen Wassertieren erfolgt nach den Erfordernissen des Lehrplanes. Ein solches Becken bietet eine ausgezeichnete Möglichkeit, biologische Vorgänge zu beobachten und kennenzulernen, die sich in unseren Gewässern abspielen.

Da viele Wasserinsekten gut fliegen können und somit jederzeit in der Lage sind, das Aquarium zu verlassen, schützen wir uns vor dieser Möglichkeit durch Aufsetzen eines teilweise verglasten, teilweise mit Gaze bespannten Überbaus, der sich je nach Erfordernis mehr oder minder kunstvoll gestalten läßt und in die Landschaft des Sumpfaquariums mit einbezogen werden kann.

Natürlich muß die Tierbesetzung wohlüberlegt sein. Den Gelbrandkäfer und seine räuberische Larve z. B., die in kurzer Zeit unser Aquarium entvölkern würden, setzen wir zur Beobachtung in gesonderte Gläser.

Das *Kaltwasseraquarium* für fremdländische Kaltwasserfische ist zur Haltung solcher Fische bestimmt, die keine besondere Heizung benötigen, sondern ohne weiteres bei Zimmertemperatur im geheizten Wohnraum überwintert werden können. Hierher gehören vor allem die nordamerikanischen Sonnenbarsche, der Hundsfisch, Katzenwels und einige andere. Bepflanzt werden diese Becken mit den entsprechenden Pflanzen, wie sie in den Pflanzentabellen genannt sind.

Sumpfaquarium

Das Warmwasseraquarium

Das Warmwasseraquarium benötigt, wenn sich Tiere und Pflanzen wohlfühlen sollen, unter allen Umständen eine Heizung. Eine Aufstellung in der Nähe eines Ofens oder auf einer Bank über der Zentralheizung kann immer nur ein Notbehelf sein. Auch hier seien einige Haupttypen genannt.

Das *Gesellschaftsaquarium* ist ein Aquarium, das ohne Rücksicht auf die landschaftliche Zusammengehörigkeit von Fischen und Pflanzen nur nach Gesichtspunkten der Ästhetik eingerichtet ist. Es wird dabei viel Wert auf Farbigkeit der Fische und auf dekorative Wirkung der Pflanzen gelegt. Es sollen aber immer nur Fische miteinander vergesellschaftet werden, die nach Charakter, Größe, Schwimmweise, Temperatur- und Nahrungsansprüchen einigermaßen zusammenpassen. Raub- und Friedfische, lebendige

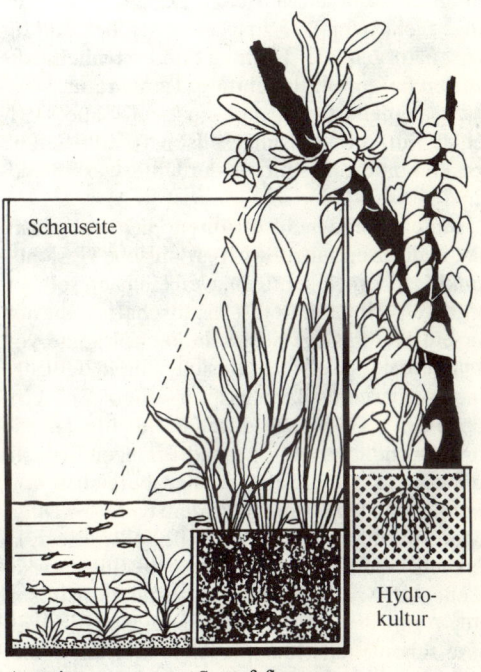

Schauseite

Aquarium   Sumpfpflanzen

Hydrokultur

und träge, sehr große und viel kleinere Tiere sollen nicht zusammengebracht werden. Futterspezialisten sind im Gesellschaftsaquarium fehl am Platze.

Grundsätzlich sei darauf hingewiesen, daß auch das Gesellschaftsbecken möglichst kein buntes Sammelsurium von allen möglichen Fischarten enthalten soll. Die Fische, die man gemeinsam pflegen möchte, müssen sorgfältig ausgewählt werden. Eine »Fischsammlung« vermag auf die Dauer nicht zu befriedigen. Jede Tierart hat ihre arteigene Weise des Verhaltens und kann durch wahlloses Zusammensperren in ihrem Wohlbefinden und ihren Lebensäußerungen gestört werden.

Das *Landschaftsaquarium* ist demgegenüber ein Aquarium, das häufig auch als Gesellschaftsaquarium anzusprechen wäre, wenn nicht auf die Landschaft der Herkunftsländer unserer Zierfische soweit als möglich Rücksicht genommen wäre. Pflanzen und Tiere stimmen in gewissen Grenzen ihrer Herkunft nach miteinander überein. Natürlich muß man sich darüber im klaren sein, daß die landschaftliche Gestaltung eines Aquariums mehr oder weniger ein Phantasieprodukt ist. Auch sollte man nicht in den Fehler verfallen, das äußere Bild, das natürlich wichtig ist, allein schon für ein lebensechtes Milieu zu halten. Was dem Menschen gefällt, muß noch lange nicht dem Tier zusagen. Entscheidend für eine naturgemäße Haltung sind vielmehr die *inneren* Faktoren: Belichtung, Temperatur, Wasserzusammensetzung und -zustand, Sauerstoffgehalt, Futter und Fischgesellschaft. Zum Schluß erst kommt die Gestaltung der Unterwasserlandschaft.

Heute ist man mehr und mehr davon abgegangen, in der Bepflanzung geographische Gesichtspunkte zu berücksichtigen, weil ein nach solchen Begriffen eingerichtetes Landschaftsaquarium nur ein Phantasiegebilde sein kann. Räume von kontinentaler Größe lassen sich nicht in der Enge eines Aquariums glaubhaft darstellen. Ein Afrikabecken z. B. besagt durchaus nicht, daß die darin befindlichen Fische und Pflanzen tatsächlich auch in den gleichen Lebensbereichen vorkommen. Näher kommt man dem Kern der Dinge schon, wenn man sich ganz eng faßt, also z. B. versucht, ein Stück der Uferpartie eines afrikanischen Urwaldflüßchens zu gestalten. Ein solches Aquarium kann die tatsächlichen Verhältnisse schon eher widerspiegeln, natürlich immer nur so, wie sich der Aquarianer eine solche Klein-

landschaft vorstellt oder wie er sie aus der Literatur zu kennen meint.

Die Gestaltung einer Kleinlandschaft findet ihre Vollendung im sogenannten *Biotopaquarium*. Hier kommt es überhaupt nicht auf die geographische Herkunft von Tieren und Pflanzen an, sondern lediglich auf die ähnlichen oder gleichen Lebensweisen und Lebensansprüche der im Aquarium gehaltenen Fische. Es wird der Versuch gemacht, alle lebenswichtigen Faktoren möglichst naturgetreu nachzuahmen. Da die Herkunft der gepflegten Organismen gleichgültig ist, können z. B. ostasiatische Fische ohne weiteres mit südamerikanischen vereinigt werden, wenn sie nur ihrer Lebensart und ihren Lebensansprüchen nach miteinander übereinstimmen.

Das *Artenaquarium* ist ein Aquarium, in dem im allgemeinen nur Fische einer Art gepflegt werden, entweder einzeln, paarweise oder auch im Schwarm. Diese Art der Zierfischpflege ist besonders dazu geeignet, das Verhalten der Pfleglinge zu beobachten, mehr, als das im Gesellschaftsbecken möglich ist. Immer wird man dabei versuchen, eine Fischart auch zur Fortpflanzung zu bringen, wobei es durchaus nicht darauf ankommt, eine möglichst große Zahl von Jungfischen großzuziehen. Der große Vorteil eines Artenaquariums besteht darin, daß der Pfleger nicht auf eine Vielzahl von verschiedenen Fischen und ihre unterschiedlichen Lebensansprüche Rücksicht nehmen muß. Er kann sich vielmehr auf die Pflege einer Art konzentrieren und kann versuchen, deren spezielle Ansprüche an Wasser, Temperatur, Ernährung und Dekoration zu erfüllen.

Das Zuchtaquarium

Ganz andere Wege als bei der Gestaltung eines lediglich für die Zierfischhaltung bestimmten Aquariums wird man gehen müssen, wenn man Fische zur Fortpflanzung bringen will. Die Art, wie ein solches Zuchtbecken einzurichten ist, hängt natürlich von den Eigenarten der betreffenden Fische ab. Hier lassen sich nur einige allgemeine Richtlinien geben.

Hauptzweck der Zierfischzucht ist die Erzielung einer gesunden Nachkommenschaft. Der Aquarienfreund, der die Zucht nicht aus Erwerbsgründen betreibt, sollte die »Produktion« von Massennachzuchten nicht in den Vorder-

Chilodus punctatus, Kopfsteher (9)

Paracheirodon innesi, Neonsalmler (44)

Nannostomus eques, Schrägsteher (37)

Megalamphodus sweglesi, Roter Phantomsalmler (—)

Copella arnoldi, Spritzsalmler (11)

Metynnis hypsauchen, Blanker Scheibensalmler (34)

Pygocentrus piraya, Piranha (49)

Neolebias ansorgei,
Breitbandsalmler (43)

Phenacogrammus interruptus,
Kongosalmler (47)

rechts: *Megalamphodus megalopterus,*
Schwarzer Phantomsalmler (—)

Brachydanio albolineatus,
Schillerbärbling (68)

rechts: *Berbus »schuberti«*, Brokatbarbe (62)

Barbus ticto subspec., Odessabarbe (65)

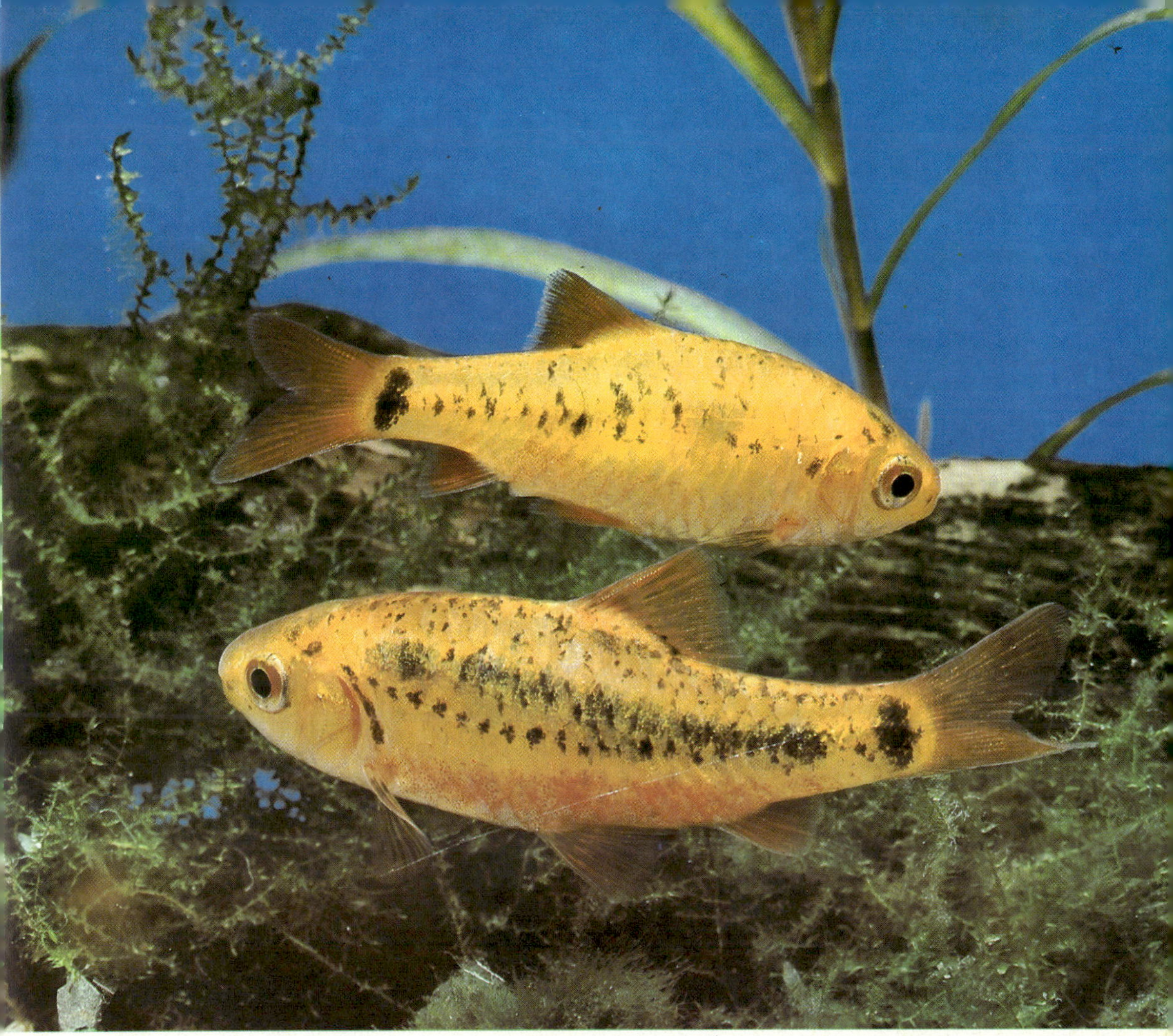

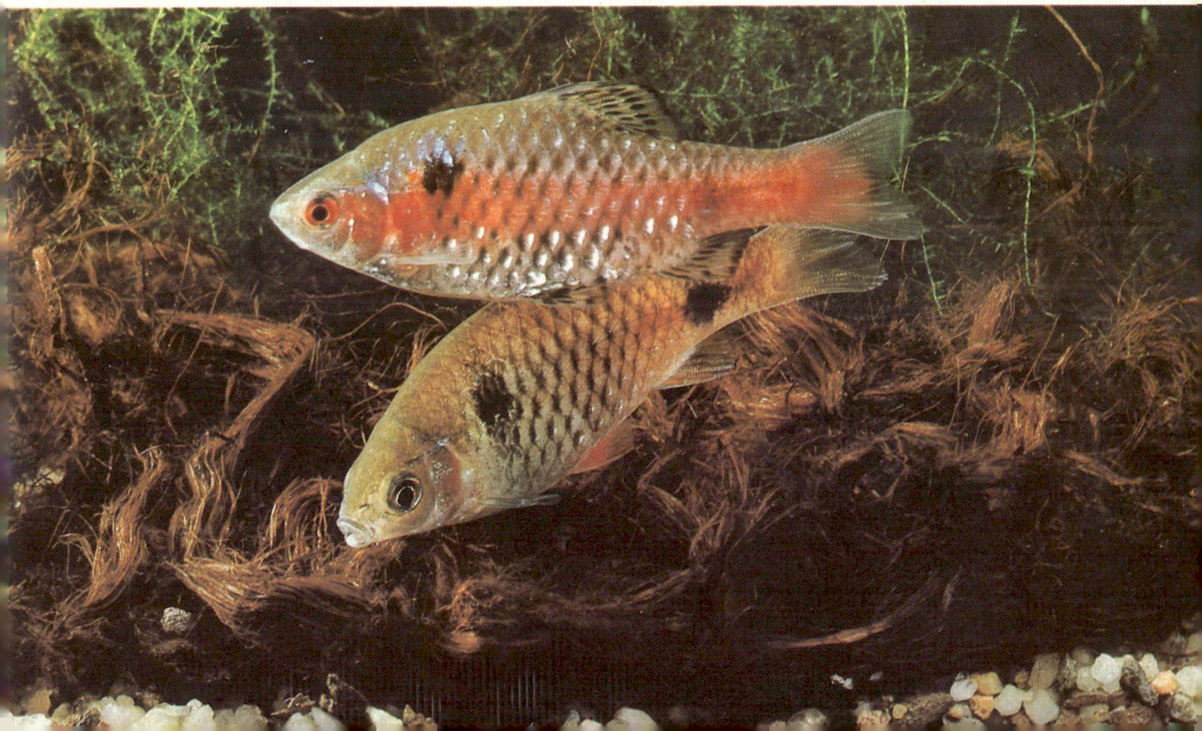

Rasbora maculata,
Zwergbärbling (80)

Rasbora heteromorpha,
Keilfleckbärbling (79)

Loricaria parva (?), Hexenwels (271)

Corydoras paleatus, Gefleckter Panzerwels (264)

Hoplosternum thoracatum,
Gefleckter Schwielenwels (269)

Kryptopterus bicirrhis, Indischer Glaswels (270)

*Nothobranchius
guentheri*
Prachtgrund-
kärpfling (—)

*Nothobranchius
korthausae,*
Korthaus-Pracht-
Grundkärpfling (—)

*Nothobranchius
rachovi,*
Rachows Pracht-
grundkärpfling (124)

oben: *Cynolebias alexandri,*
Alexanders Fächerfisch (—).

unten: *Aphyosemion striatum,*
Rotstreifenprachtkärpfling (97)

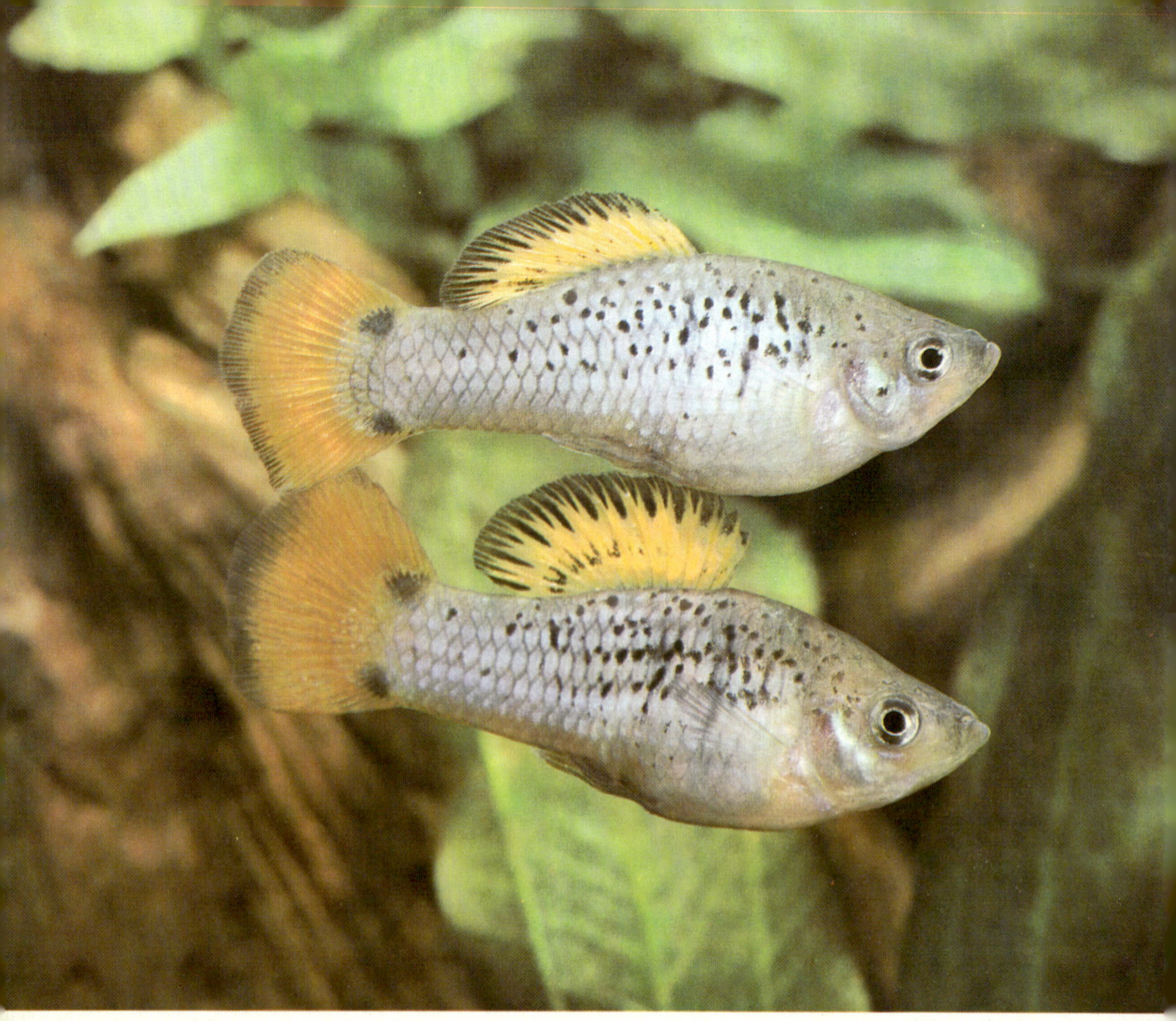

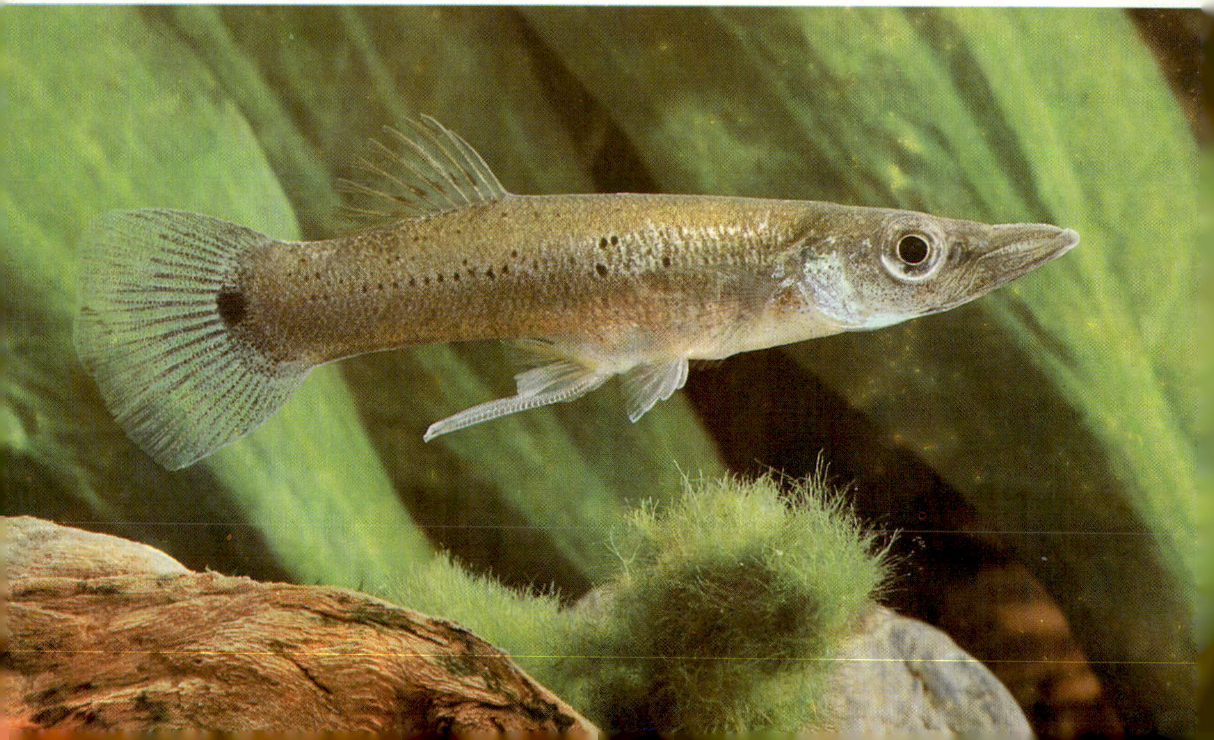

links:
Xiphophorus variatus, Papageienkärpfling,
Zuchtform (152)

Belonesox belizanus, Hechtkärpfling (136)

Colisa lalia, Zwergfadenfisch (161)

Helostoma temmincki, Küssender Gurami (164)

Macropodus opercularis, Großflosser (166)

Trichogaster trichopterus, Zuchtform »cosby« (175)
Studie des Laichverhaltens

oben:
Imponieren in Antiparallelstellung

Balz in T-Stellung, das Weibchen ist laichbereit
und berührt das Männchen mit tupfenden Lippen-
bewegungen

unten:
Vorbereitung der Umschlingungsphase, das Weibchen
schwimmt in das bereits eingekrümmte Männchen
hinein

Laichphase, das Männchen umschlingt das Weibchen,
unter leichtem Zittern werden Laich und Sperma ausgeschieden.

Cichlasoma meeki, Rotbrustbuntbarsch (193)

Apistogramma ramirezi,
Schmetterlings-
buntbarsch (185)

Apistogramma
trifasciatum,
Indio-Zwergbunt-
barsch (187)

Geophagus brasiliensis, Brasilperlmutterfisch (—)

oben:
Julidochromis marlieri,
Schachbrett-Schlankcichlide (210)

Tropheus duboisi,
Weißpunkt-Brabantbarsch, Jungfisch (239)

Lamprologus leleupi, Tanganjika-Goldcichlide (—)

Lamprologus brichardi,
»Prinzessin von Burundi« (217)

Pelmatochromis thomasi,
Afrikanischer Schmetterlingscichlide (222)

Tetraodon fluviatilis,
Grüner Kugelfisch (249)

Scatophagus argus,
Argusfisch (248)

Monocirrhus polyacanthus, Blattfisch (—)

Beispiele für zweck-
mäßig und dekorativ
bepflanzte Aquarien

grund stellen. Kommt es bei der Liebhaberzucht doch vor allem darauf an, den Fisch in seinem gesamten Lebensablauf zu beobachten, dessen Höhepunkt die Fortpflanzung bildet. Das kann bedeuten, daß der Liebhaber eine Fischart im normal eingerichteten Aquarium zu züchten versuchen wird, um den gesamten Lebensablauf zu beobachten. In diesem Zusammenhang wird auf das Kapitel »Winke für die Zucht von Aquarienfischen« in diesem Buch und auf die Zuchtangaben in den Tabellen verwiesen.

Anders wird natürlich der Berufszüchter verfahren müssen. Er muß die Mengen an Aquarienfischen »produzieren«, die der Nachfrage entsprechen. Das bedeutet zwar auch die Erfüllung bestimmter Grundvoraussetzungen, z. B. Wasserbeschaffenheit, Ernährung usw., doch wird es ihm vor allem darauf ankommen, daß er die Übersicht über seine Zuchtaquarien behält, immer leicht darin hantieren kann und Wasserwechsel, Fütterung und das Herausfangen von Zuchttieren und Jungfischen nicht auf Schwierigkeiten stößt.

Ganz allgemein betrachtet muß bei der Aufstellung jedes Zuchtaquarium bedacht werden, daß sehr häufig Eingriffe des Züchters notwendig werden. Sie sind erschwert, wenn das Becken ungünstig aufgestellt ist, vor allem, wenn der Raum darüber – z. B. in einer Stellage – zu eng ist. So muß beispielsweise das Einziehen einer Trennscheibe jederzeit ohne Schwierigkeit möglich sein. Ferner ist darauf zu achten, daß ein Zuchtaquarium, falls es auch der Aufzucht der Nachkommenschaft dienen soll, möglichst geräumig sein möchte. Selbstverständlich hängt der Raumbedarf von der Größe der Zuchtfische und der Zahl der zu erwartenden Nachkommenschaft ab. Im allgemeinen ist der Wasserstand niedriger zu halten, als es im Normalaquarium der Fall ist. Die gesamte technische Einrichtung muß Gewähr dafür bieten, daß sie störungsfrei arbeitet. Dennoch kann es trotz technischer Perfektion vorkommen, daß die elektrische Stromversorgung ausfällt. Es empfiehlt sich daher, für einen solchen Fall Aushilfsgeräte bereitzuhalten, z. B. für die Durchlüftung einen Luftkessel oder notfalls einen Autoschlauch, für die Heizung mehrere Öllämpchen. Der Ausfall von Heizung und Durchlüftung kann für eine Jungbrut unter Umständen vernichtend sein. Obwohl manche Fische durch Sonnenlicht zur Fortpflanzung angeregt werden, läßt sich eine erfolgreiche Zucht ohne weiteres mit Kunstlicht betreiben, ja,

dieses ist aus verschiedenen Gründen sogar vorteilhafter. Da brutpflegende Fische schreckhaft sein und auf plötzliche Änderungen in der Beleuchtung nervös reagieren können, ist es zweckmäßig, das Ein- und Ausschalten derselben durch Einbau eines Widerstandes stufenweise zu regeln und außerdem ein Sparlämpchen für eine schwache Nachtbeleuchtung vorzusehen.

Zuchtaquarienanlage

65

Hilfsmittel

Die moderne Technik hat auch dem Aquarienliebhaber eine Reihe von *Hilfsmitteln* in die Hand gegeben, die zum Teil unentbehrlich sind, zum Teil die laufenden Arbeiten zur Instandhaltung wesentlich vereinfachen.

Heizung

Die *Heizung* ist für das Warmwasseraquarium unbedingt erforderlich, man wird also keinesfalls auf sie verzichten können. Man lasse sich nicht dazu verleiten, tropische Zierfische »abhärten« zu wollen, denn diese sind in ihrer gesamten Konstitution auf höhere Wärmegrade tropischer Gewässer eingerichtet.

Die in früheren Jahren übliche *Bodenbeheizung* mit Öl-, Paraffin- oder Petroleumlampen sowie mit Leuchtgas ist heute ganz durch die elektrische Beheizung verdrängt worden. Sie soll hier lediglich der Vollständigkeit halber noch erwähnt sein. Ist man mangels elektrischen Anschlusses, z. B. in einem Sommerhaus, auf diese Art Heizung angewiesen, so achte man vor allem darauf, daß die verwendeten Heizgeräte absolut explosionssicher sind. Leider fehlen heute Erfahrungen mit solchen Behelfsgeräten völlig, so daß man aufs Experimentieren angewiesen ist. Früher waren hierfür Lämpchen für Petroleum, Spiritus oder Paraffin im Handel, heute wäre für Bastler evtl. an Lämpchen oder Brenner zu denken, die in Spezialgeschäften für Campingoder Wohnwagenbedarf zu haben sind. Zu erwähnen sind die geruchslosen und rußfreien Kerzennäpfchen, wie sie für Kaffeewärmer Verwendung finden, auch an Hartspiritus oder Propangas wäre zu denken. Immer ist zu prüfen, inwieweit man solche Behelfseinrichtungen sich selbst überlassen kann, ohne Brandgefahr heraufzubeschwören. Ist man auf Gasheizung angewiesen, so verwende man Sicherheitsbrenner, die die Flamme selbst bei stärkstem Luftzug vor dem Verlöschen bewahren. Eine solche Heizungsvorrichtung läßt man unter allen Umständen von einem Gasschlosser ausführen.

Heute hat sich die *elektrische Beheizung* des Aquariums wohl restlos durchgesetzt. Sie ist bei sachgemäß verlegten Anschlüssen und bei Verwendung geprüfter Geräte weitgehend gefahrlos und zuverlässig. Meist werden die Heizgeräte in das Aquarium eingehängt oder mit Hilfe von Saugern an den Scheiben befestigt.

Im allgemeinen bestehen sie aus stabförmigen Röhren aus Hartglas oder Porzellan. Sie sind an einem Ende nach Art eines Reagenzglases fest verschlossen, das andere Ende weist eine wasserdichte Schutzkappe auf, durch die die elektrische Zuleitung hindurchgeführt wird. Sie speist eine in feinen Sand gelagerte Heizspirale mit Strom. Für kleinere Becken genügen einfache Rohre, die in das Aquarium eingehängt werden, während es sich für größere Behälter empfiehlt, einen winkelförmig gebogenen Heizer zu verwenden, bei dem sich der Heizkörper unmittelbar über dem Boden in waagerechter Stellung befindet. Praktischer sind wasserdichte Heizer, die ganz untergetaucht betrieben werden können. Sie sollten waagerecht in Bodennähe angebracht werden, weil hierbei infolge der aufsteigenden Wärme der Heizeffekt am größten ist. In der Regel werden für solche Geräte Saughalter mitgeliefert, die es gestatten, sie an der Aquariumscheibe in jeder Lage festzuhalten.

Man vergewissere sich jedoch beim Einkauf, ob der Heizer garantiert wasserdicht ist. Wenn das nicht der Fall ist, darf die Abschlußkappe keinesfalls unter Wasser gelangen oder hineintropfendem Schwitzwasser ausgesetzt sein. In jedem Falle erwerbe man sicherheitsgeerdete Geräte mit Schukostecker, falls die elektrische Anlage im Hause ihre Verwendung gestattet.

Es gibt regelbare und nicht regelbare Heizkörper. Der Nachteil nicht verstellbarer Geräte besteht darin, daß sie in ihrer Heizwirkung nicht anpassungsfähig sind. Man wird also den Heizeffekt nach der Beckengröße immer erst ausprobieren müssen, wobei auch noch die Temperatur des Raumes eine Rolle spielt. Vorteilhafter, vor allem zuverlässiger und sicherer, sind *Heizer mit Wärmestufenschaltung* oder *mit automatischem Temperaturregler*.

Ältere Systeme bedienen sich eines *Kontaktthermometers*, das in Verbindung mit einem *Schaltrelais* die Wassertemperatur immer auf der gleichen Höhe hält. Kontaktthermometer werden entweder mit feststehender oder mit verstellbarer Einstellung geliefert. Ihr Nachteil besteht in ihrer relativ großen Empfindlichkeit gegen eindringende Feuchtigkeit, die sie nicht selten nach gewisser Zeit unbrauchbar macht. Bei anderen Systemen wird ein auf eine bestimmte Temperatur eingestellter *Regler* oder ein verstellbarer automatischer *Temperaturwähler* mit dem Heizer verbunden oder ist fest mit diesem gekoppelt. Man lasse sich Vor- und Nachteile der Geräte von seinem Fachhändler genau erklären. Ein Regler kann zu wesentlicher Stromersparnis führen, da unnötige Heizungsspitzen vermieden werden und die Anlage von der Unzuverlässigkeit menschlicher Wartung frei wird. Gelegentlich wird die Anwendung eines Reglers als nicht naturgemäß verworfen, da sich viele Liebhaber gerade von den tageszeitlichen Schwankungen der Temperatur einen günstigen Einfluß auf Tier und Pflanze versprechen. Das mag zutreffen, doch sind die Vorteile einer Temperaturregelung so groß, daß man ihnen zuliebe einige kleine Nachteile mit in Kauf nehmen kann. Wer ein paar Mark mehr ausgeben will, dem stehen heute Temperaturwähler zur Verfügung, die eine Tag-Nacht-Differenz automatisch steuern.

Der Heizkörper ist stets so zu wählen, daß er auch bei niedriger Zimmertemperatur das Aquariumwasser noch auf die gewünschte Temperatur bringt. Andererseits sollte die Heizleistung nicht zu hoch sein, da dann die Gefahr einer Überwärmung bei Versagen des Reglers besteht.

Wie bei allen elektrischen Geräten ist auf einwandfreie Verlegung der Zuleitungen und Anschlüsse unbedingt Wert zu legen, um sich und andere (z. B. spielende Kinder!) nicht in Gefahr zu bringen. Bei größeren Anlagen überläßt man die Arbeiten am besten dem Elektrofachmann.

Die Heizungstechnik ist in immerwährender Entwicklung begriffen. So gibt es Heizkabel, die in den Bodengrund des Aquariums eingebaut werden, dieses also von unten her erwärmen. Eine gleiche Wirkung kann bei Verwendung von Heizplanen erzielt werden. Die elektrischen Planen haben u. a. den Vorteil, daß keine stromführenden Teile mehr mit dem Aquarienwasser in Berührung kommen.

Eine Beheizung vom Boden her kann für manche Wasserpflanzen tropischer Herkunft förderlich sein, die »warme Füße« lieben. Auch sorgt die aufsteigende Wärme für eine dauernde Durchflutung des Bodengrunds. Besonders ist die Bodenheizung für Sumpf- oder Uferaquarien

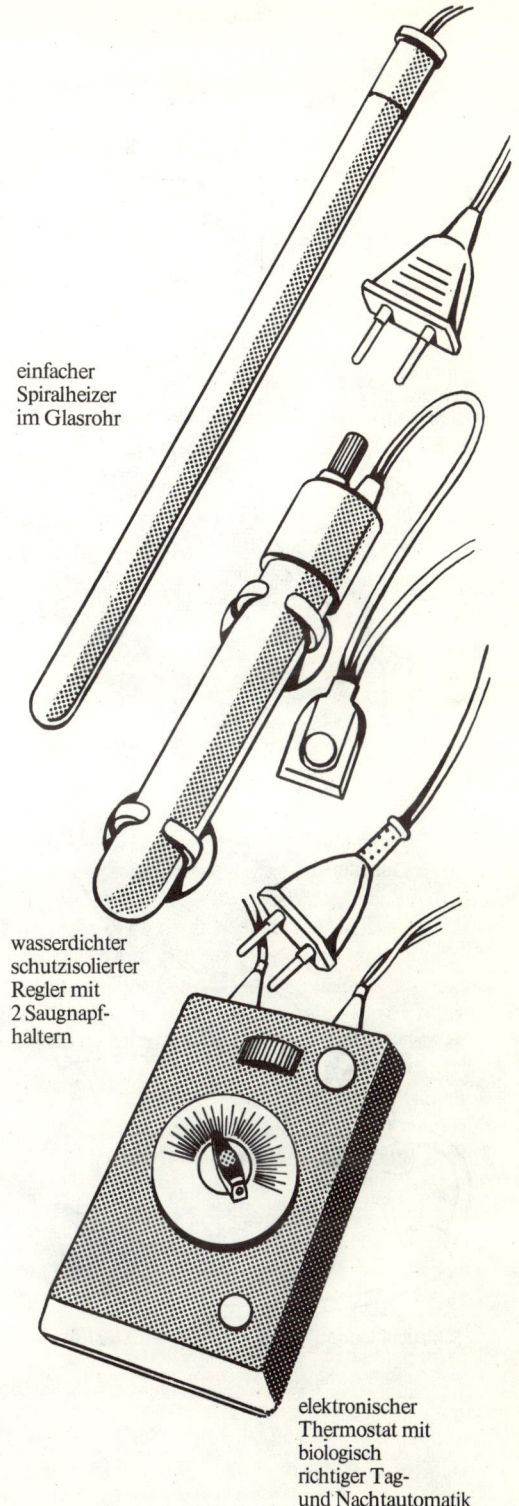

einfacher
Spiralheizer
im Glasrohr

wasserdichter
schutzisolierter
Regler mit
2 Saugnapf-
haltern

elektronischer
Thermostat mit
biologisch
richtiger Tag-
und Nachtautomatik

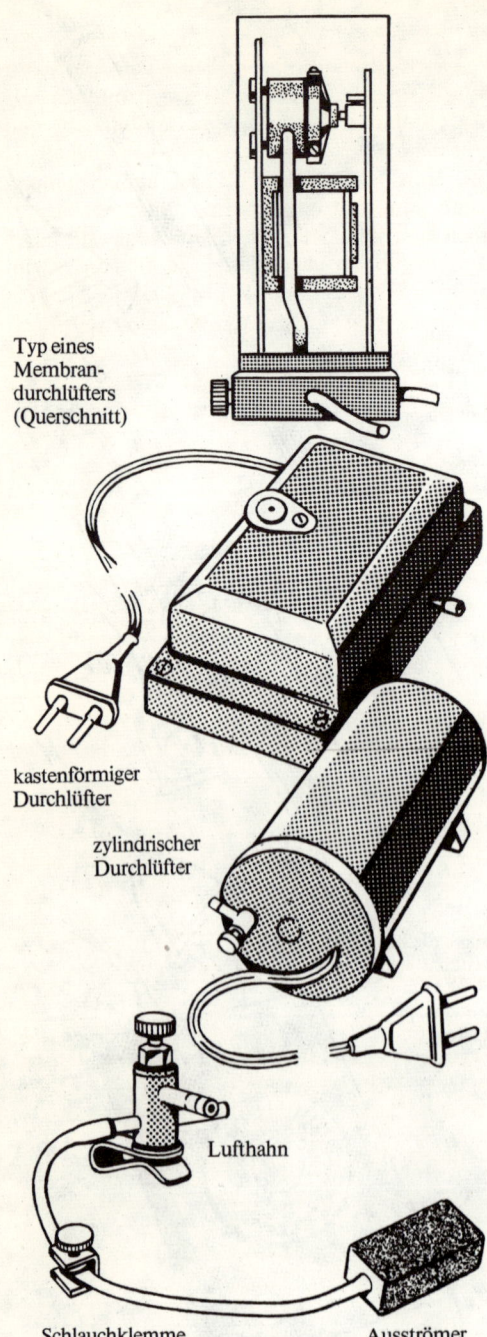

Typ eines
Membran-
durchlüfters
(Querschnitt)

kastenförmiger
Durchlüfter

zylindrischer
Durchlüfter

Lufthahn

Schlauchklemme

Ausströmer

vorteilhaft. Auf die Heizplanen kann man mehrere kleine Aquarien stellen, wenn man solche Kleinbecken z. B. für die Aufzucht und Pflege von Schleierkampffischen benötigt.

Auch sind Heizer im Handel, die nur Niederspannung von 24 Volt benötigen. Sie werden unter Zwischenschaltung eines Transformators betrieben, der die Normalspannung von 220 Volt auf 24 Volt herabdrückt. Die Verwendung solcher Niederspannungsgeräte empfiehlt sich vor allem für Schulen, Kindergärten usw., wo es auf erhöhte Sicherheit ankommt.

Durchlüftung

Wichtige Helfer des Aquariumliebhabers sind *Durchlüftung* und *Filterung*, weil sie dazu beitragen, ein Aquarium über längere Zeit hinweg in einem einwandfreien Zustand zu erhalten. Im allgemeinen genügt schon ein gut funktionierender, sauber gehaltener Filter, um das Aquarium zugleich auch mit Luft zu versorgen, doch wird man hier und da auch auf eine zusätzliche Durchlüftung zurückgreifen müssen. Das gilt vor allem dann, wenn man Zucht betreiben oder aus irgendwelchem Grunde mehr Fische im Aquarium halten muß, als dessen Größe entspricht.

Der *Zweck der Durchlüftung* besteht in erster Linie nicht darin, Tiere und Pflanzen mittels der aufsteigenden Luftblasen mit Sauerstoff zu versorgen. Viel wesentlicher ist die durch den Luftstrom erzeugte Wasserbewegung, insbesondere die Bewegung der Oberfläche, weil der meiste Sauerstoff von hier aus in das Aquariumwasser eindringt. Außerdem wirkt der Luftstrom regulierend auf die im Wasser gelösten Gase (in erster Linie Sauerstoff und Kohlendioxid) ein, indem er mithilft, Überschüsse auszutreiben. Rechnet man nun noch hinzu, daß viele Fische und Pflanzen bewegtes Wasser lieben und dabei besser gedeihen und daß im geheizten Becken die ungleichmäßig erwärmten Wasserschichten durch den Luftstrom rasch miteinander vermengt werden, so liegen die Vorteile der Durchlüftung klar auf der Hand.

Der größte Teil der Durchlüftungsgeräte und Filter wird mit Hilfe von Druckluft betrieben. Dieses Prinzip ist in der Aquaristik schon ziemlich lange bekannt, denn die ersten primitiven Hilfsmittel waren Druckluftkessel, Wassertropfgeräte und Wasserdruckapparate.

Elektrische Durchlüftungsapparate sind in verschiedenen Systemen in Gebrauch. Für wenige Aquarien genügen kleine Geräte, die nach dem Prinzip des Summers mit einer oder mehreren Membranpumpen arbeiten. Ihre Luftförderung ist verschieden. Bei den kleinsten Geräten dieser Art kann man in der Regel nicht Filter und Durchlüfter gleichzeitig betreiben, doch wird man sich bei den zugehörigen kleinen Aquarien ohnehin meistens mit der Filterung allein begnügen können. Die kleinen Membranpumpen sollte man nicht übermäßig beanspruchen, da sie dann störende Summgeräusche hervorbringen. Beim Kauf einer Luftpumpe entscheide man sich möglichst für ein Gerät, das auch einer größeren Beanspruchung gewachsen ist. Für große Aquariumanlagen benötigt man dann schon leistungsfähige Doppelmembranpumpen, Kolbenpumpen oder Kompressoren. Zu beachten ist, daß die meisten Geräte eine gewisse Mindestleistung hervorbringen müssen, wenn sie nicht Schaden leiden sollen. Hat man zu wenig Ausströmer angeschlossen, so lasse man einen Teil der Luft ungenutzt entweichen.

Die *Luftzuleitung* zum Filter oder Ausströmer kann aus Plastikschlauch bestehen. In den Aquarien selbst verwendet man am besten entsprechend zurechtgebogene Glas- oder Kunststoffröhrchen. Glasrohre lassen sich über dem Bunsenbrenner, Kunststoffröhrchen in heißem Wasser oder über Dampf leicht selbst biegen. Die Zuleitung muß sich vom Apparat her bis zu den einzelnen Luftanschlüssen stufenweise verjüngen, was mit Hilfe von Hähnchen oder Schlauchklemmen erreicht wird. Die richtige Einstellung erfordert eine gewisse Erfahrung, zumal bei größeren Anlagen.

Als *Luftverteiler* haben sich Kieselgur- und Holzausströmer bis heute bewährt. Holzausströmer erzeugen besonders feine Luftbläschen, verquellen aber leicht. Kieselgursteine sind dieser Gefahr weniger ausgesetzt. Sie lassen sich in kochendem Wasser unschwer reinigen und können dann wieder verwendet werden. Selbstverständlich sind in letzter Zeit auch Ausströmer aus Kunststoff im Fachhandel zu haben.

Neue Wege der Filtertechnik wurden mit Hilfe von *Kreiselpumpen* beschritten. Das zu filternde Wasser wird mittels einer kleinen, geräuscharmen und wartungsfreien Spezialpumpe aus dem Aquarium angesaugt, passiert eine Filterkammer und gelangt in das Aquarium zurück. Durch Sog und Ausstoß wird eine kräftige Wasserbewegung erzeugt. Bei einigen Systemen wird das zurückströmende Wasser noch durch ein Strahlrohr geleitet. Dieses wird über der Wasseroberfläche angebracht. Das gefilterte Wasser tritt durch feine Düsenöffnungen aus dem Strahlrohr aus, wird also entbündelt, und reißt beim Auftreffen auf den Wasserspiegel viel Luft mit sich. Diese Wasserumlaufpumpen haben zum Teil eine enorme Leistung. Sie ermöglichen erstmalig die Erzeugung stärkerer Strömungen im Aquarium, die für die Zucht gewisser Fischarten von Wichtigkeit sein können.

Manche dieser Umlauffilter sind mit einem Heizkörper gekoppelt, so daß ein immerwährender Strom gleichmäßig erwärmten Wassers in das Aquarium geleitet wird (Thermalfilter).

Filterung

Die *Filterung* kann wesentlich dazu beitragen, ein Aquarium über längere Zeit in tadellosem Zustand zu erhalten. Der Filter wird mit Hilfe einer Luftpumpe oder einer Wasserumlaufpumpe betrieben. Der Luftverbrauch ist relativ hoch. Um mehrere Filter gleichzeitig betreiben zu können, muß die Pumpe also schon ziemlich kräftig sein. Mit einer gut funktionierenden Filterung kann man sowohl das Wasser ständig kristallklar und völlig geruchlos erhalten als auch in bestimmtem Sinne beeinflussen, indem man es über gewisse Materialien leitet, z. B. über Torf.

Es gibt bei der Filterung zwei Systeme, nämlich Innen- und Außenfilter.

Bei den *Innenfilter* wird eine mit synthetischer Watte oder sonstigem Material gefüllte, durchlöcherte oder einseitig offene Glocke entweder in den Bodengrund versenkt, auf diesen aufgestellt oder in das Aquarium eingehängt. Als besonders aufnahmefähig für Mulmpartikel haben sich leicht auswechselbare Patronen aus porösem, wasserbeständigem Schaumstoff erwiesen.

Bei allen Innenfiltern wird ein Steigrohr mit Luftzuführung auf den eigentlichen Filterkörper aufgesteckt. Die in das Rohr eintretende Luft erzeugt einen Wasserstrom, der die im Aquarium enthaltenen Schmutzteilchen mit sich reißt, die dann in der Filtermasse hängen bleiben. Vor der Verwendung von Glaswatte für diesen Zweck muß dringend gewarnt werden, da durch den Wasserstrom losgerissene Glasteilchen Verletzungen der Fische in den inneren Organen hervorrufen können. Statt dessen ist Watte aus synthetischen Fasern im Handel erhältlich, die wasserbeständig und daher unbedenklich ist. Sie

Filter

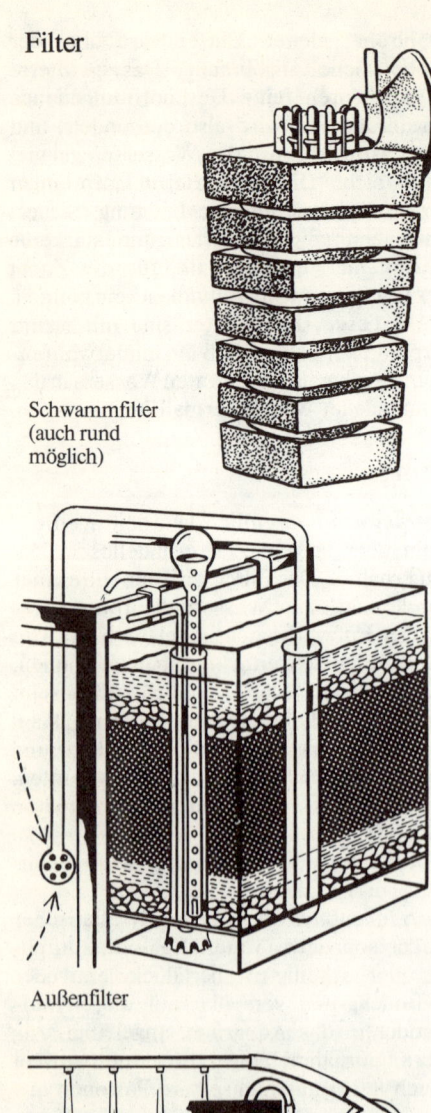

Schwammfilter
(auch rund
möglich)

Außenfilter

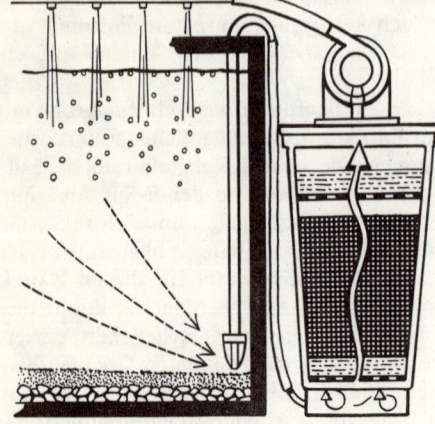

Saugfilter (System Eheim)

besitzt eine hervorragende Filterwirkung und läßt sich jederzeit leicht reinigen. Ein solcher »mechanischer Filter« entfernt ungelöste, grobe und feine Schmutzteilchen aus dem Wasser, wodurch dieses klargehalten und in gewissem Umfang der Bildung und Ansammlung von schädlichen Abbauprodukten vorgebeugt wird. Dennoch wird es ab und zu bei stärker besetzten Aquarien notwendig sein, Mulm mittels Schlauches oder Mulmsaugers aus dem Aquarium zu entfernen. Eine Absorbierung gelöster Abfallstoffe aus dem Stoffwechsel der Fische findet bei dieser Art Filterung nicht statt.

Der Bodenfilter, dessen Prinzip darauf beruht, den Bodengrund als Filtermasse zu benutzen, hat sich in der Praxis nicht recht bewährt. Es hat sich nämlich herausgestellt, daß solche Filter nur solange wirksam sind, als sie mit den Ansaugöffnungen in einer leicht durchlässigen Bodenschicht stehen. Andernfalls kann es gerade bei dieser Filterungsart zu Stockungen und Fäulnisprozessen im Boden kommen. Zudem erweist sich bei Bodenfiltern mancher Systeme die Reinigung der Filterglocke als unpraktisch. Um Schmutzstauungen zu vermeiden, werden statt einer Filterglocke häufig auch mehr oder weniger verzweigte Rohrsysteme verwendet, die die erwähnten Nachteile mindestens zum Teil vermindern.

Bei den *Außenfiltern* wird das Aquariumwasser nach dem Passieren einer Schicht synthetischer Watte über Kies oder Spezialaktivkohle geleitet und nach hier erfolgter Reinigung vermittels des Luftstromes wieder ins Becken zurückbefördert. Grobe Schmutzteilchen bleiben zunächst in der sehr oft zu reinigenden synthetischen Watte zurück.

Als bestes Filtermaterial kann nach den bisherigen Erfahrungen Kies gelten. Vor allem *Quarzkies* ist kalkfrei und infolgedessen auch für Aquarien brauchbar, die mit weichem und schwach saurem Wasser gefüllt sind. Andere Kiesarten können selbstverständlich in allen Fällen benutzt werden, in denen es auf die Wasserzusammensetzung nicht besonders ankommt. Die Kieskörner sollen einen Durchmesser von etwa 2—3 mm haben, da sich feinerer Kies zu schnell zusetzt. Der Kiesfilter bewirkt zunächst zusammen mit der Schmutzdeckschicht aus synthetischer Watte eine *mechanische* Reinigung des Wassers von gröberen, ungelösten Mulmteilchen. Später wird er zum *biologischen Filter*, wenn sich in der Kiesschicht nitrifizierende Bakterien angesiedelt haben. Er erreicht seine größte Wirksamkeit nach zwei bis drei Wochen, weil dann erst die Bakterien ihre volle Tätigkeit entfalten können.

Ein solcher biologischer Kiesfilter ist mit Aufmerksamkeit zu behandeln. Die Deckschicht aus synthetischer Watte muß sehr häufig gereinigt oder erneuert werden. Demgegenüber darf der Filterinhalt nur äußerst selten gesäubert werden, weil man durch die Reinigung die Tätigkeit der Bakterien unterbricht. Ein biologischer Filter darf nicht trockenlaufen. Muß man zur Bekämpfung von Fischkrankheiten im Aquarium Medikamente anwenden, so ist der Filter abzuhängen, darf aber nicht trockenlaufen. Vielmehr lasse man ihn seine Tätigkeit an einem Eimer mit Wasser oder einem anderen Gefäß fortsetzen, bis die Medikamente aus dem Aquarium durch Wasserwechsel entfernt sind. Andernfalls würden die Heilmittel die Bakterien im Filter abtöten.

Aquarien-Aktivkohle steht heute nicht mehr in dem hohen Ansehen von einst. Ihr Bindungsvermögen ist begrenzt. Sie entfernt aus dem Wasser nur Farbstoffe, wie sie z. B. nach Anwendung von Medikamenten ins Aquarium gelangen, ferner gewisse aus dem Stoffwechsel stammende Farbstoffe, sowie Chlor. Das mag bewirken, daß das Wasser klar und geruchlos bleibt. Belastende Produkte der Eiweißzersetzung, wie z. B. Ammoniak und Nitrat, werden nicht abgefangen. Der Wert der Kohlefilterung darf also nicht überschätzt werden. Die Kohlefüllung wirkt zwar auch mechanisch durch Ausfilterung grober Schmutzteilchen, ähnlich wie Kunstfaserwatte oder Kies. Sie setzt sich aber rasch zu und wird schnell unbrauchbar.

Zum Schluß sei noch darauf hingewiesen, daß alle Filter ununterbrochen in Betrieb sein müssen, wenn ihre Wirkung nicht ins Gegenteil verkehrt werden soll.

In der Wirkung mindestens gleichwertig sind ein regelmäßiger teilweiser Wasserwechsel – in Aquarien mit weichem, leicht saurem Wasser nicht mehr als $^1/_5$ des Gesamtinhalts – und ein gesunder Pflanzenwuchs.

Filter können zur Veränderung des Wassers auch mit anderen Füllungen versehen werden. Besonders der Torffilter hat als Innen- und Außenfilter eine weite Verbreitung gefunden. Dabei rechnet man auf 50 Liter Wasser etwa 1 Liter Torf. Am besten ist ein huminsaurer Torf geeignet, der keinerlei Düngezusätze enthalten

darf. Er wird eingeweicht, ausgedrückt und mäßig fest in den Filterbehälter eingeschichtet.

Zum Schluß sei noch darauf aufmerksam gemacht, daß die Filterung unter Umständen nur eine geringe Anreicherung des Aquariumwassers mit Sauerstoff zur Folge hat. Ist ein Filter länger in Gebrauch, so zehren die sich in der Filtersubstanz ansiedelnden Bakterien den Sauerstoff des Wassers auf. Eine Belüftungswirkung wird also nur dann erreicht, wenn vor allem die Deckschicht des Filters immer einwandfrei sauber gehalten wird. Die Wirkung kann verstärkt werden, wenn das zurückfließende Wasser-Luft-Gemisch waagerecht auf der Oberfläche dahinströmend in das Aquarium zurückgeleitet wird.

Beleuchtung

Unter den Hilfsmitteln, die stark zur Ausbreitung der Aquarienpflege beigetragen haben, steht die *künstliche Beleuchtung* mit an erster Stelle. Insbesondere befreit sie den Aquarienfreund weitgehend von den Nachteilen, die sich früher aus den jahreszeitlichen Schwankungen der Lichtverhältnisse ergaben. Sie ist schon aus diesem Grunde aus der Aquaristik nicht mehr wegzudenken. Probleme der Aufstellung erübrigen sich weitgehend, weil ein Aquarium nunmehr an jedem beliebigen Platz in der Wohnung untergebracht werden kann. Allerdings muß überall dort, wo das Tageslicht von den Fenstern her nicht mehr ausreichend hingelangen kann, das Licht täglich mindestens zwölf Stunden eingeschaltet bleiben, um einen ausreichenden Pflanzenwuchs zu ermöglichen. Die elektrische Beleuchtung gestattet es ferner, das Aquarium und seine Bewohner auch in den Abendstunden beobachten zu können. Endlich ist das Aquarium leichter in Ordnung zu halten, weil man Helligkeit und Belichtungsdauer beliebig regulieren kann. Natürlich soll der Wert natürlichen Lichts und gelegentlicher Sonnenbestrahlung keinesfalls unterschätzt werden. Vor allem gilt das für den Liebhaberzüchter und den Wasserpflanzenspezialisten. Dennoch ist die elektrische Beleuchtung auch dann von Wert, wenn ein Aquarium in Fensternähe steht und Naturlicht erhält. Lichtarme Jahres- und Tageszeiten können mit ihrer Hilfe ausgeglichen werden.

Als Lichtquellen stehen normale Glühlampen, röhren- oder kerzenförmige Glühlampen und Leuchtstofflampen zur Verfügung. Durch Kombinieren von Glühlampen und Leuchtstofflampen verschiedener Stärke und Lichtzusammensetzung hat man es in der Hand, das Wachstum der Wasserpflanzen zu fördern und gleichzeitig das Überhandnehmen der lästigen Algen weitgehend zu verhindern. Nähere Angaben über die erforderliche Beleuchtungsstärke lassen sich hier nicht machen, man muß sie in jedem einzelnen Falle durch Erprobung feststellen.

Die Farben der Fische kommen bei künstlicher Beleuchtung nicht immer voll zur Geltung, weil es sich vielfach um Lichtreflexfarben handelt. Es sei denn, man strahlt das Aquarium von vorn an, was aber praktisch kaum zu verwirklichen ist. Für kleinere Aquarien bewähren sich normale Glühlampen recht gut. Auch kann man sie zusätzlich zu Leuchtstofflampen dort verwenden, wo man bestimmte Stellen im Aquarium stärker ausleuchten möchte. Glühlampen lassen die Farben der Fische einigermaßen natürlich hervortreten und wirken günstig auf das Pflanzenwachstum ein. Sie haben jedoch den Nachteil, daß sie nur etwa 5% der Energie in Licht, den Rest aber in Wärme umsetzen. Sie sind also unwirtschaftlich. Für gelegentliche Beleuchtung eines tagsüber im natürlichen Licht stehenden Aquariums, z. B. in den Abendstunden, sind sie jedoch ausreichend. Alle Lichtquellen, das gilt für Glühlampen ebenso wie für Leuchtstofflampen, müssen in Reflektoren untergebracht werden, die möglichst die volle Länge des Aquariums haben sollten. Nur so besteht die Aussicht, daß das Aquarium ganz ausgeleuchtet wird und Lichtverluste weitgehend vermieden werden. Diese sogenannten Rinnenleuchten kann man sich selbst basteln, man kann sie aber auch käuflich mit allem Zubehör im Handel erwerben. Es ist darauf zu achten, daß sie nicht zu weit von der Wasseroberfläche entfernt untergebracht werden, da mit der Entfernung von dieser der Lichtschwund rasch zunimmt. Andererseits besteht bei zu großer Annäherung an die Deckscheiben die Gefahr, daß diese springen.

Wirtschaftlicher als normale Glühlampen sind Leuchtstofflampen. Sie setzen erheblich mehr Energie in Licht um, man kann also bei gleichem Stromverbrauch ein Aquarium beträchtlich länger künstlich beleuchten. Allerdings ist die Erstanschaffung von Leuchtstofflampen etwas teurer, weil zu ihrem Betrieb Zusatzgeräte (Glimmzünder, Drosselspulen, bei 110 Volt ein Transformator) benötigt werden. Diese Anschaffung ist einmalig, die Ersatzlampen sind dann erheblich billiger. Die Brenndauer der Leuchtstofflampen ist unterschiedlich; sie kann zwischen 1 500 und 5 000 Brennstunden liegen. Es soll aber nicht verschwiegen werden, daß die Leuchtkraft mit der Zeit nachläßt. Die Lichtzusammensetzung der Lampen ist unterschiedlich. Für aquaristische Zwecke werden bestimmte Typen im Handel angeboten. Die Auswahl der richtigen Leuchtstofflampen ist vor allem für den Aquarienfreund von Wichtigkeit, der auf Pflanzenwuchs Wert legt. Die im Fachhandel empfohlenen Typen sind auf Grund lang-

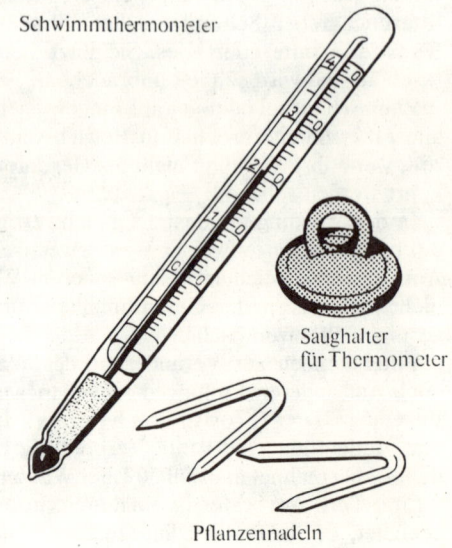

Schwimmthermometer

Saughalter für Thermometer

Pflanzennadeln

jähriger Erfahrung für aquaristische Zwecke geeignet. Es empfiehlt sich aber, nach Möglichkeit nicht nur eine Type zu verwenden, sondern mehrere Lampen verschiedener Lichtzusammensetzung zu kombinieren. Hierfür kommen die Lichtfarben »Tageslicht«, »Warmton de Luxe« und gewisse »weiße« Typen in Betracht. Ausgesprochen pflanzenwuchsfördernde Lampen, wie Grolux, Fluora u. a. sind nur in Kombination mit anderen Röhren zu empfehlen.

Sonstige Hilfsmittel

Plastikbeutel zum Transport von Fischen und Lebendfutter. Diese Beutel aus glasklarer Plastfolie haben sich mehr und mehr durchgesetzt, weil sie nicht nur fest, sondern auch leicht sind und sich in jeder Tasche oder jedem Karton verstauen lassen. Sie werden heute selbst zum Fischversand per Eisenbahn oder Flugzeug verwendet. Verständlicherweise haben sie die früher üblichen Versand- und Transportkannen verdrängt. Soweit solche noch Verwendung finden, achte man darauf, daß sie gut isoliert sind. Keinesfalls nehme man blanke Metallgefäße zum Fischtransport. Gefährlich sind Zink und Aluminium, soweit sie nicht wirksam isoliert sind.

Netze zum Fang von Lebendfutter. Soweit man sich sein Lebendfutter selbst zu fangen gedenkt, genügt bei geringen Mengen schon ein einfaches selbstgebasteltes Netz, unter Umständen sogar ein auf einen Bügel gespannter Strumpf aus synthetischem Gewebe. Bei größerem Bedarf muß man dann schon ein Fanggerät mit auswechselbaren Netzbeuteln verschiedener Maschenweite und einem zusammenlegbaren Stock haben. Solche Fangnetze werden in guter Ausführung im Fachhandel angeboten.

Futterrähmchen zum Transport von lebenden Futtertieren. Holz- oder Plastikrähmchen sind mit feiner Gaze bespannt. In diesen Rähmchen läßt sich Lebendfutter (nur feucht) ohne Verluste gut transportieren. Mehrere Rähmchen können in einem Transportkasten untergebracht werden.

Futterringe. Sie verhindern, daß sich Trockenfutter über die ganze Wasseroberfläche verbreitet. Das hat außerdem den Vorteil, daß die Fische sich an einen bestimmten Futterplatz gewöhnen. Zum Verfüttern von Tubifex und Enchyträen werden solche Schwimmringe auch mit Siebchen geliefert, durch deren Löcher die Würmer ins freie Wasser gelangen.

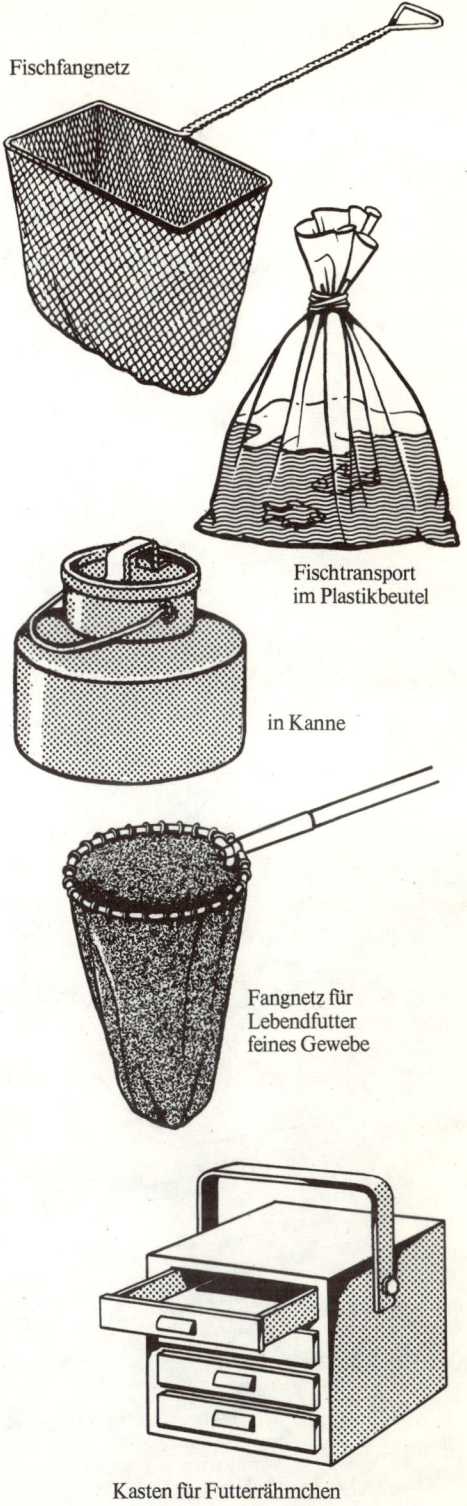

Fischfangnetz

Fischtransport im Plastikbeutel

in Kanne

Fangnetz für Lebendfutter feines Gewebe

Kasten für Futterrähmchen

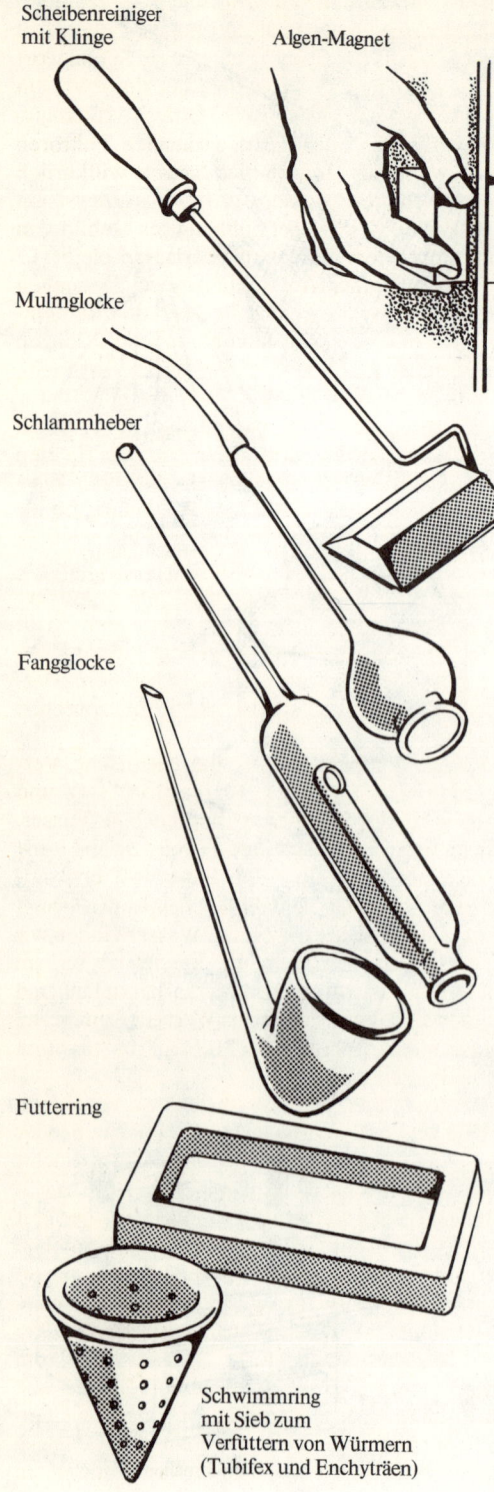

Scheibenreiniger
mit Klinge

Algen-Magnet

Mulmglocke

Schlammheber

Fangglocke

Futterring

Schwimmring
mit Sieb zum
Verfüttern von Würmern
(Tubifex und Enchyträen)

Futtersiebe. Sie sind zum Aussortieren von Lebend- und Trockenfutter der Größe nach unentbehrlich. Am praktischsten sind Siebsätze, die sich übereinander stapeln lassen.

Fischfangnetz. Ein Fangnetz gehört zum unentbehrlichen Zubehör des Aquariums. Der Netzbeutel besteht aus grobmaschigem, farblosem oder grünem Kunstfasergewebe. Man wähle stets Netze mit eckigem Bügel, weil viele Fische sich in die Ecken verkriechen, wenn man sie hinausfangen will. In größeren Aquarien fängt man Fische am sichersten, indem man entweder zwei Netze oder ein Netz und eine Fangglocke verwendet.

Fangglocken aus Plastik, Zelluloid oder Glas. Sie dienen zum Herausfangen von Jungfischen oder empfindlichen Fischarten.

Abzugsschlauch aus Plastik oder Gummi. Er dient zum Einfüllen oder Abziehen des Wassers. Die lichte Weite kann 8–15 mm betragen. In zu dünnen Schläuchen setzen sich leicht Steinchen oder Pflanzenteile fest. Es ist deshalb zweckmäßig, an das Ansaugende des Schlauches eine *Saugglocke (Mulmglocke)* aus Plastik oder Glas aufzustecken, die den Mulm von den schwereren Teilen des Bodengrundes trennt.

Schlammheber. Zum Entfernen des Mulms in kleineren Aquarien geeignet. Für größere Becken nimmt man besser einen *Mulmsauger*, der an die Luftleitung anzuschließen ist.

Scheibenreiniger. Dieser besteht im einfachsten Fall aus einer Zwinge, die an einem Stock befestigt ist und zwischen deren Backen eine Rasierklinge eingespannt wird. Solidere Geräte haben einen handlichen Griff und Metallstab. Für sie finden festere Spezialklingen Verwendung. Auch können wahlweise Filzschaber verwendet werden, die besonders für die empfindlichen Kunststoffbecken zu empfehlen sind.

Pflanzennadeln aus Glas. Viele Pflanzen haben starken Auftrieb oder entwurzeln kurz nach dem Einpflanzen leicht. Sie werden mit Hilfe der Nadeln im Boden festgehalten, bis sie aus eigener Kraft Halt finden.

Thermometer. Gehört zur Grundausrüstung jedes Aquarium. Thermometer gibt es zum Einstecken in den Boden oder frei schwimmend. Letztere werden zweckmäßigerweise mit einem Saughalter an der Scheibe festgehalten.

Notwendige Ersatzteile: Ersatzmembrane für die Luftpumpe, Luftschlauch, Lufthähnchen oder Schlauchklemmen, Filterpatronen und Filterwatte.

Chemische Vorgänge
im Wasser

Das Wasser ist das Lebenselement der Fische und Wasserpflanzen. Von seiner Qualität hängt die erfolgreiche Pflege eines Aquariums in erster Linie ab. Es wurde bereits kurz darauf hingewiesen, daß wir unser neu eingerichtetes Becken einige Tage stehen lassen müssen, bis das eingefüllte Wasser einen Umwandlungsprozeß durchgemacht hat. Erst dann ist es unseren Fischen zuträglich. Wir können daraus schließen, daß Wasser aus der Leitung oder aus dem Brunnen noch nicht ohne weiteres als Aquariumwasser anzusprechen ist.

So enthält Leitungswasser, wenn es unter hohem Druck steht, in der Regel übermäßig viel atmosphärische Luft. Diese setzt sich in zahllosen Bläschen ab und muß, ebenso wie das zur Desinfektion zugesetzte Chlor, erst ausgeschieden werden.

Im frisch eingefüllten Wasser entwickeln sich häufig zunächst große Mengen von mikroskopisch kleinen Lebewesen, Schwebealgen, Infusorien und Bakterien, deren große Zahl zu Trübungen führen kann. Die Massenvermehrung dieser Organismen ist aber zugleich die Ursache ihres Unterganges. Sie sterben aus Mangel an Sauerstoff und Nahrung ab, womit die Trübung verschwindet. Es stellt sich also in dieser Hinsicht eine Art Gleichgewicht im Aquarium ein. Eine weitere Trübung kann dadurch entstehen, daß man beim Einfüllen des Wassers nicht sorgfältig genug verfährt und die nicht völlig ausgewaschene Unterschicht des Bodengrundes aufwirbelt. Diese Trübung verschwindet nach kurzer Zeit des Abwartens von selbst.

Nach einigen Tagen hat sich das Aussehen des Wassers verändert. Hatte es zunächst einen bläulich-klaren Schimmer, so sieht es nunmehr gelblich aus: es ist zu Aquariumwasser geworden. Mit anderen Worten, die Lebensfunktionen der Wasserpflanzen und der Kleinstlebewesen beginnen sich aufeinander einzuspielen. Es ist der Zustand eingeleitet, den der Aquarianer gern als das »biologische Gleichgewicht« bezeichnet. Wir müssen uns jedoch darüber klar sein, daß dieser Begriff für unser Aquarium ein Schlagwort ist. In den freien Gewässern bildet sich zwar ein sich selbst regelndes, gegenseitiges Abhängigkeitsverhältnis aller darin wirkenden Faktoren aus — wenn der Mensch nicht gerade willkürlich störend eingreift —, aber das Aquarium ist ein vom Willen des Pflegers abhängiges Gebilde, in dem nichts dem Selbstlauf überlassen bleibt.

Erst nach einer Wartezeit von vier bis sieben Tagen werden die Fische in das Aquarium eingesetzt. In dieser Zeit haben auch die Pflanzen Gelegenheit gefunden, im Boden anzuwurzeln. Wir haben damit die erste Voraussetzung dafür geschaffen, daß sich unsere Fische wirklich wohlfühlen können. Im allgemeinen ist für den Fall, daß man sich mit der Haltung von Zierfischen begnügt, jetzt die erste Bedingung für ihr Wohlbefinden erfüllt. In diesem Fall spielt ja auch die Frage nach der chemischen Zusammensetzung des Wassers nur eine untergeordnete Rolle. Anders liegen die Dinge, wenn man Zucht betreiben will. Dann muß man dem Faktor Wasser besondere Aufmerksamkeit widmen. Darüber werden wir später noch zu sprechen haben.

Wasser ist bekanntlich eine chemische Verbindung der Elemente Wasserstoff (H) und Sauerstoff (O). In einem Grundteilchen Wasser, einem Wassermolekül, sind jeweils zwei Atome Wasserstoff und ein Atom Sauerstoff eng miteinander vereinigt, so daß die chemische Formel H_2O lautet. Dieses ganz reine Wasser finden wir in der Natur nicht vor. Wir können es uns im Laboratorium durch Destillieren herstellen und nennen es daher destilliertes Wasser. Annähernd reines Wasser läßt sich mit Hilfe von bestimmten Kunstharzen erzeugen.

In der Natur sind im Wasser verschiedene Stoffe gelöst. Den Lösungsvorgang hat sich jeder von uns schon einmal anschaulich gemacht, indem er Kochsalz (Natriumchlorid = NaCl) zum Gurgeln in einem Glase auflöste. Die mit dem Löffel in das Gefäß gebrachten Kriställchen verschwinden beim Umrühren, und zwar um so schneller, je wärmer das Wasser ist. Wir wollen es dem Leser nicht zu schwierig machen, indem wir langwierige fachliche Erklärungen vom Stapel lassen, aber soviel soll gesagt sein: das sich auflösende Kochsalz zerfällt im Wasser in kleinste Teilchen, die »Ionen« (= Wanderer). Diese wandern, je nach ihrer elektrischen Ladung, an den ihrer Ladung entgegengesetzten Pol, wenn die Kochsalzlösung mit Gleichstrom beschickt wird. Also: die elektrisch positiven Natriumionen wandern an den negativen elektrischen Pol und die negativen Chlorionen an den positiven. An den Polen kann man auf solche Weise durch die sogenannte Elektrolyse aus einer Kochsalzlösung die Elemente Chlor und Natrium rein darstellen.

Doch zurück von unserer kleinen Abschweifung! Wo ist uns denn in der Natur schon einmal aufgefallen, daß das Wasser noch verschiedene andere Stoffe enthalten muß? Das war beim Ferienaufenthalt an der See. Hier haben wir beim Schwimmen Wasser geschluckt und feststellen müssen, daß es salzig schmeckte, also Salz enthielt. Im Gegensatz dazu steht das Süßwasser, das in den Seen, Flüssen, Teichen und Bächen zu finden ist. Mit ihm wollen wir uns jetzt beschäftigen.

Auch hier finden wir chemische Stoffe gelöst, nur ist ihre Zusammensetzung und Menge (Konzentration) eine andere als im Salzwasser des Meeres. In unseren Binnengewässern, also auch im Leitungswasser, spielen die Chloride (z. B. Kochsalz) im allgemeinen nur eine ganz untergeordnete Rolle. Auch die Schwefelverbindungen (Sulfate) sind zumeist nur in geringerer Menge vertreten. Dagegen sind hier Substanzen von Bedeutung, die sich aus dem Metall Kalzium (Ca), Kohlenstoff (C) und Sauerstoff (O) zusammensetzen. Es sind dies der sogenannte kohlensaure und doppelkohlensaure Kalk, oder wie man sie fachlich bezeichnet: Kalziumkarbonat $CaCO_3$ und Kalziumbikarbonat $Ca(HCO_3)_2$. Gelöst im Wasser finden wir vor allem das Kalziumbikarbonat, während das Kalziumkarbonat nur wenig löslich ist und bei seiner Bildung »ausfällt«. So ein Ausfallen von Kristallen kann man beobachten, wenn eine Salzlösung eindampft oder eine im heißen Zustand gesättigte Lösung erkaltet.

Wir haben im Süßwasser neben anderen Stoffen vor allem eine Lösung von Kalziumbikarbonat vor uns. Ferner findet sich gelöstes Sauerstoffgas neben Kohlendioxid und anderen Bestandteilen der Luft. Das im Wasser (H_2O) gelöste Sauerstoffgas (O_2) dient den Tieren und Pflanzen zur Atmung. Eine weitere gewichtige Rolle spielt die Kohlensäure H_2CO_3, die in enger Wechselwirkung mit den Karbonaten steht.

An späterer Stelle werden wir feststellen, daß Tiere und Pflanzen nicht nur atmen, sondern infolge eines eigenartigen Ernährungsvorganges der Pflanzen, die Assimilation, in einem lebenswichtigen Wechselverhältnis zueinander stehen, indem die Tiere bei der Atmung als unverwertbar Kohlendioxid abgeben (ein wichtiger Pflanzennährstoff), während die Pflanzen ihrerseits gewissermaßen als Gegengabe Sauerstoff liefern. Nun ist aber die Assimilationstätigkeit der Pflanzen noch in einer weiteren Beziehung von großer Bedeutung: sie bewirkt die sogenannte »biogene Entkalkung des Wassers«. Nach Verbrauch der freien Kohlensäure wird durch die Tätigkeit des Blattgrüns im Licht das im Wasser gelöste Kalziumbikarbonat gespalten. Es wird Kohlensäure und Wasser freigesetzt. Kalziumkarbonat bleibt übrig und fällt zum großen Teil aus. In der Natur entstehen auf diese Weise die Seekreidebänke der stehenden Gewässer. Hier läßt sich der frisch ausgefällte Kalk auch auf den Blättern der Unterwasserpflanzen feststellen, die sich ganz rauh anfühlen. Im Aquarium wird jedoch auch der verbleibende Kalk nochmals aufgespalten, so daß keine Ablagerung beobachtet werden kann. Ein solcher Vorgang tritt vor allem dann ein, wenn das Aquarium zu stark bepflanzt oder veralgt ist und bei starker Belichtung (Sonne!) der Kohlendioxidbedarf der Pflanzen aus der Atemtätigkeit der Fische nicht befriedigt werden kann. Es kann zu äußerst gefährlichen Schwankungen in der »natürlichen Reaktion des Wassers« (pH-Wert) kommen.

Doch befassen wir uns zunächst mit der sogenannten *Wasserhärte*. Oberflächlich läßt sich diese schon danach feststellen, ob ein Wasser mehr oder weniger Seife braucht, um Schaum zu erzeugen. Beim Rasieren z. B. zeigt es sich, daß weiches Wasser stärker schäumt, während hartes Wasser erst Kalkverbindungen bildet, bevor es zu schäumen beginnt.

Die Gesamthärte (GH) setzt sich aus chemischen Verbindungen des Kalziums oder Magnesiums mit der Kohlensäure und aus salpeter-, schwefel- und salzsauren Kalzium- und Magnesiumsalzen zusammen.

Die Maßeinheit für die Wasserhärte ist international nicht einheitlich. Nach *deutscher Härte* (dH) entspricht ein Grad der Maßeinheit einer Konzentration von 10 mg/l Calciumoxid. Man bezeichnet:

0– 4 Grad dH = sehr weiches Wasser
4– 8 Grad dH = weiches Wasser
8–12 Grad dH = mäßig hartes Wasser
12–18 Grad dH = hartes Wasser

18—30 Grad dH = sehr hartes Wasser

30 und mehr Grad dH = außergewöhnlich hartes Wasser.

Die Verbindungen mit der Kohlensäure liefern die *Karbonathärte* (KH, auch vorübergehende oder temporäre Härte genannt), die übrigen die *Nichtkarbonathärte* (NKH, auch bleibende oder permanente Härte genannt). Hier herrscht der Gips (= Calciumsulfat) vor.

Die *Karbonathärte* übt im Wasser eine bedeutsame Funktion aus. Sie ist es, die das Wasser »puffert«, indem sie den pH-Wert des Wassers durch die Verbindung mit der Kohlensäure und anderen Säuren auf einem günstigen Niveau hält, dem Neutralpunkt (= pH 7).

Also: *Karbonathärte + Nichtkarbonathärte = Gesamthärte.*

Eine ausreichende Pufferung des Wassers gegen Schwankungen des pH-Wertes ist also nützlich, wenn man von Ausnahmen absehen will, die in der aquaristischen Praxis bewußt herbeigeführt werden. Die Pufferung wird auch als die *Alkalität* des Wassers oder besser noch als das *Salzsäurebindungsvermögen* (SBV) bezeichnet.

Die Karbonathärte ist der Härtebestandteil, der in normalen Wässern weit überwiegt. Infolge des engen Zusammenhanges mit dem Kohlensäuregehalt wird sie in der Zierfischpflege und -zucht zu einem maßgebenden Faktor. Deshalb kann es wichtig sein, innerhalb der Gesamthärte den Anteil der Karbonathärte zu bestimmen. Es können z. B. zwei Wässer gleichen Härtegrades in ihrer physiologischen Wirkung sehr unterschiedlich sein, je nachdem, wie hoch der Anteil der Karbonathärte im Verhältnis zu den anderen Härtebildnern ist.

Im Zoo- und Chemikalienhandel sind besondere Meßsätze zu haben, mit deren Hilfe auf einfache Weise sowohl die Gesamthärte als auch die Karbonathärte festgestellt werden können. Während man sich lange Zeit zur Bestimmung der Gesamthärte der sogenannten Seifenmethoden nach Boutron-Boudet oder nach Clark bediente, ist dieses nicht sehr zuverlässige Verfahren heute zugunsten von Farbindikatoren fast vollständig verdrängt worden. Wir werden nach wenigen Zeilen darauf noch zu sprechen kommen.

Doch zunächst noch ein paar Worte zu den Seifenmethoden. Meßflüssigkeit sind alkoholische Seifenlösungen, die mit Kalzium und Magnesium Verbindungen eingehen, die unlöslich sind. Erst nach Sättigung entsteht ein fester Seifenschaum, wenn man die Flüssigkeit, also das zu messende Wasser nebst der zugesetzten Seifenlösung, kräftig schüttelt. Aus der Menge Seifenlösung, die verbraucht wurde, kann man auf die Gesamthärte des Untersuchungswassers schließen. Beide Methoden ergeben keine sehr genauen Meßwerte. Auch sind Irrtümer leicht möglich. Immerhin mögen die Seifenmethoden im allgemeinen für Zwecke der Aquaristik ausreichend sein, zumal es bei der Feststellung der Härtegrade weniger auf die Gesamthärte als auf die Karbonathärte ankommt. Jedoch benötigt man den Meßwert, wenn man aus der Differenz zwischen Gesamthärte und Karbonathärte die Nichtkarbonathärte feststellen will.

Die *Messung der Karbonathärte* kann man mit $1/_{10}$ normaler Salzsäure und einem Farbindikator unschwer durchführen. Dazu benötigt man einen 100-ml-Meßzylinder, mit dem das zu untersuchende Wasser abgemessen wird. Dieses füllt man sodann in ein Becherglas und setzt 10 Tropfen Methylorange-Indikator zu, worauf sich das Wasser gelb färbt. Eine 5-ml-Bürette wird bis zur Nullmarke mit $1/_{10}$ normaler Salzsäure (aus der Apotheke) gefüllt. Dann gibt man die Salzsäure unter Umrühren tropfenweise dem zu untersuchenden Wasser zu, bis sich dieses orangerot färbt. 1 ml verbrauchte Salzsäure entspricht 2,8 Grad Karbonathärte. Die verbrauchte Säure kann man an der Skala der Bürette ablesen.

Man kann sich aber sowohl zur Messung der Gesamthärte als auch der Karbonathärte der wesentlich bequemeren Reagenziensätze bedienen, die in den letzten Jahren speziell für den Aquarianer entwickelt wurden. Man setzt dem zu messenden Wasser nach Vorschrift Tabletten oder Meßflüssigkeit in Tropfen zu, worauf sich dieses (gewöhnlich) gelb färbt. Werden jetzt dem Wasser abermals andere Tabletten oder Tropfen zugegeben, so erfolgt ein Farbumschlag. Die erreichte Färbung wird mit einer Farbtafel oder einer Farbscheibe verglichen, von der man die Gesamthärte oder Karbonathärte ablesen kann.

Härteres Wasser gilt im allgemeinen als »fruchtbarer« als weiches, womit gesagt ist, daß tierische und pflanzliche Kleinlebewesen in hartem Wasser bessere Lebensbedingungen vorfinden als in weichem und womöglich saurem Wasser. Jeder, der sein Lebendfutter selbst fängt, wird wissen, daß z. B. ein Torftümpel wesentlich ärmer an Kleinorganismen ist als etwa ein Dorfteich. Für die Fruchtbarkeit des Wassers sind neben den gelösten Karbonaten auch Spurenelemente wichtig. Es sind dies Metallverbindungen, die in äußerst geringen Mengen, also in Spuren, im Wasser enthalten sind.

Der Aquarianer braucht sich um die Anwesenheit dieser Stoffe im allgemeinen keine Sorgen zu machen. In unserem Aquariumwasser dürften sie fast immer in ausreichender Menge enthalten sein, wenn das Wasser nicht gerade aus einer sehr armen Gegend stammt.

Man muß aber wissen, daß Fische und Pflanzen gewisse Voraussetzungen auch in dieser Hinsicht benötigen, wenn sie sich wohlfühlen und fortpflanzen sollen. Das gilt z. B. für Eisen und Phosphor. Hier sind noch viele Zusammenhänge zu klären, die für die aquaristische Forschung von Reiz und großer Bedeutung sind.

Bestimmen des pH-Wertes des Wassers mit Indikator nach Czensny

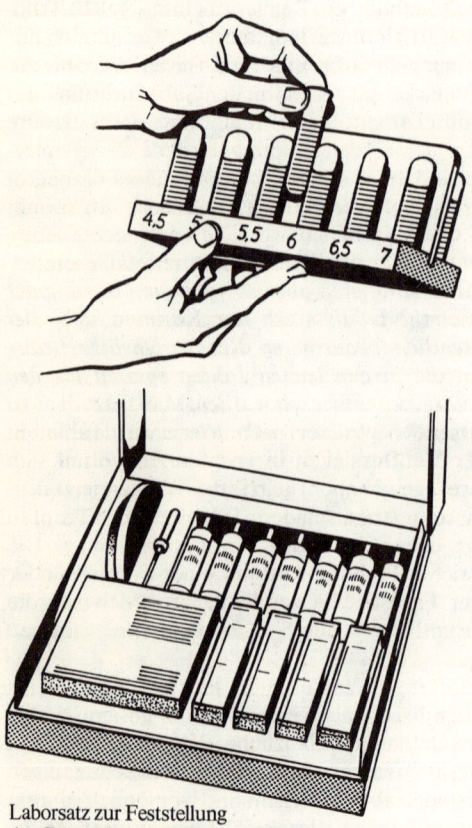

Laborsatz zur Feststellung der Gesamthärte, der Karbonathärte, des pH-Wertes und des Nitritgehaltes (NO²) des Aquariumwassers (System Tetra)

Wenn gesagt wurde, daß härteres Wasser fruchtbarer ist als weiches, so heißt das nicht, daß es für *alle* unsere Fische und Pflanzen, zumal tropischer Herkunft, geeigneter ist. Gerade die Gewässer der Tropen werden nicht selten in der Hauptsache durch Regenfälle gespeist. Sie führen dann sehr weiches Wasser, und die darin lebenden Organismen haben sich diesen Verhältnissen angepaßt. Infolgedessen kann es bei der Verwendung zu harten Wassers zu Schwierigkeiten kommen, insbesondere bei der Zucht. Oft ist schon die Befruchtungsfähigkeit herabgesetzt. Darüber hinaus ergibt sich aber auch eine Empfindlichkeit von Eiern und Brut gegen Bakterien- und Infusorienbefall. Deshalb machen sich Züchter recht heikler Fischarten aus tropischen Waldgebieten die geringere Fruchtbarkeit nicht harter Wässer zunutze, indem sie Wasser geringer Härtegrade verwenden und es leicht ansäuern.

Der Säurezustand eines Wassers läßt sich relativ leicht feststellen. Wir bezeichnen seine Eigenschaften sauer, neutral oder alkalisch als die natürliche Reaktion. Da man in der Wissenschaft alles zahlenmäßig zu erfassen versucht, hat man diese Reaktion in eine Zahlenreihe gebracht. Die wissenschaftliche Definition des Wasserzustandes, als pH-Wert bezeichnet, ist nur schwer allgemein verständlich darzustellen. Vereinfacht gesagt ist er die Konzentration der in einem Liter Wasser befindlichen freien Wasserstoff-Ionen (H^+) und der freien Hydroxyl-Ionen (OH^-). Die Wasserstoff-Ionen bewirken den Säurecharakter eines Wassers, die Hydroxyl-Ionen seine Alkalität. Je nachdem, in welchem Verhältnis beide zueinander stehen, ist das Wasser neutral (= ebenso viel H^+ wie OH^-), sauer oder alkalisch. Bei neutralem Wasser ist die Wasserstoffionenkonzentration = 10^{-7}.

Der Einfachheit halber verwendet man in der Praxis nicht die Wasserstoffionenkonzentration, sondern deren negativen dekadischen Logarithmus, den ph-Wert und sagt:

pH = 7: neutrales Wasser
pH = »kleiner« als 7: saures Wasser (pH = 1–6,9)
pH = »größer« als 7: alkalisches Wasser (pH = 7,1–14).

In der Aquaristik können wir folgende Tabellen anwenden:

pH = 1–3: sehr stark sauer, für Fischzucht ungeeignet

pH = 3–5: sauer, für Fischzucht nur an der oberen Grenze in Ausnahmefällen geeignet

pH = 5–6: schwach sauer, für Fischzucht nur bei ganz wenigen Fischarten geeignet

pH = 6–6,9: sehr schwach sauer, für die Zucht weniger »Schwarzwasserfische« geeignet

pH = 7: neutral, für die Zucht der meisten Fischarten geeignet

pH = 7,1–8: sehr schwach alkalisch, für die Zucht vieler Fischarten geeignet

pH = 8–9: schwach alkalisch, für die Zierfischzucht kaum geeignet

pH = 9–10: alkalisch, für Fischzucht ungeeignet, für die meisten Fische gesundheitsschädlich

pH = 10–14: stark alkalisch, für Fische lebensgefährlich.

Der pH-Wert kann Schwankungen ausgesetzt sein. Ist das Wasser durch Vorhandensein ausreichender Mengen von Bikarbonaten gut gepuffert, dann hält sich der pH-Wert in der Nähe des Neutralpunktes oder im sehr schwach oder schwach alkalischen Bereich und kann nicht ohne weiteres durch äußere Einflüsse stark steigen oder fallen. Einheimische Fische und viele Fische der gemäßigten Zonen sind fast immer einem pH-Wert um 7 angepaßt und vertragen größere Schwankungen nur sehr schlecht. Wie wir später noch sehen werden, besteht in dieser Hinsicht ein wesentlicher Unterschied zwischen einheimischen und gewissen tropischen Fischen. Besonders vertragen manche Arten ein Absinken des pH-Wertes in den sauren Bereich kürzere oder längere Zeit meist ohne Beschwerden. Dagegen sind zu hohe pH-Werte für alle Fische schädlich. In einem stark besonnten Aquarium mit dichtem Pflanzenbestand lassen sich im Sommer pH-Werte von pH 8–10 und darüber beobachten. Dann ist sofortige Abhilfe durch Lichtabschirmung und teilweisen Wasserwechsel notwendig. Hier liegt u. a. ein wesentlicher Vorteil der künstlichen Beleuchtung, weil man dabei vor solchen Vorkommnissen sicher ist.

Wie kann nun der Liebhaber feststellen, wie hoch der pH-Wert in seinem Aquarium liegt? Oberflächlich kann die Messung mit Hilfe von Indikatorstreifen erfolgen, doch ist dieses Verfahren zu ungenau. Ganz exakte Werte liefert die elektrische Messung, doch ist diese für die aquaristische Praxis zu teuer. Dagegen haben sich Meßsätze sehr bewährt, die sich einer flüssigen Indikatorlösung bedienen. Von dieser Anzeigerlösung werden einige Tropfen in ein Reagenzglas mit Untersuchungswasser getan und dann, nach dem Umschütteln, mit einer Farbstufenreihe verglichen. In dieser Vergleichsreihe ist jeweils für jede Farbe der zugehörige pH-Wert angegeben. Geräte und Chemikalien zur pH-Bestimmung sind im Chemie- und Zoofachhandel zu haben.

Leitungswasser ist im allgemeinen kein natürliches Oberflächenwasser mehr, da es zum Teil aus Flüssen oder unter dem Grundwasserspiegel entnommen wird. Ihm müssen zur Aufbereitung und aus hygienischen Gründen verschiedene Stoffe zugefügt werden. Wird das Wasser nur gehärtet oder enthärtet, so kann die Brauchbarkeit für die Aquarienpflege erhöht sein. Man spricht in der Wasserwirtschaft von der Schaffung »normaler« Verhältnisse. Bei Behandlung mit *Chlor*, die heute z. B. in Industriegegenden und Großstädten viel intensiver durchgeführt wird als früher, kann es nur selten als sofort brauchbar für die Zierfischhaltung gelten. Das Chlorgas z. B. kann schon geruchsmäßig wahrgenommen werden. Glücklicherweise entweicht es bald, so daß nach einigem Abstehen die Gefahr für unsere Fische beseitigt ist. Gechlortes Frischwasser sollte dagegen auf keinen Fall Verwendung finden, denn die bei Lösung von Chlorgas sich bildende unterchlorige Säure und Salzsäure sowie das aktive gelöste Chlor können erheblichen Schaden anrichten. In einem unbesetzten Aquarium, das zunächst nur mit Sand und Pflanzen beschickt ist, normalisieren sich die Verhältnisse schnell, so daß für die später eingesetzten Fische keine Schädigung zu erwarten ist. Durch Filtern über Aktivkohle kann das Chlorgas ebenfalls schnell entfernt werden. Auch gibt es im Handel wirksame Antichlormittel, die dem Leitungswasser vor dem Einfüllen zugesetzt werden können und es sofort verwendbar machen.

Aber auch das Leitungswasser, das wir in unser Aquarium eingefüllt haben, bleibt nicht in dem ursprünglichen Zustand. Wir sprachen eingangs schon davon. Es verändert sich dauernd. In der Hand des Pflegers liegt es, diese meist nachteiligen Veränderungen so zu steuern und in Grenzen zu halten, daß Tiere und Pflanzen keinen Schaden erleiden können. Besondere Aufmerksamkeit verdienen in dieser Hinsicht der *Stickstoff (N) und seine Verbindungen.* Stickstoffverbindungen entstehen im Aquarium vor allem aus Eiweißen, die auf verschiedenem Wege ins Wasser gelangen. Diese Eiweiße aus dem Futter, aus Futterresten, aus den natürlichen Ausscheidungen der Fische und aus absterbenden Organismen (auch Pflanzen!) werden durch die im Aquarium oder im Filter anwesenden Bakterien aufgespalten. Es entstehen über Ammonium und Ammoniak die Nitrite und Nitrate, die mit den derzeitigen Mitteln kaum aus dem Aquariumwasser zu entfernen sind. Wohl nehmen die Wasserpflanzen, wenn sie gut im Wuchs stehen, einen Teil der Stickstoffverbindungen als Nahrung auf, doch können sie bei weitem nicht alles verbrauchen, was ihnen bei fehlerhafter Pflege des Aquariums angeboten wird. Das ist besonders dann der Fall, wenn zu reichlich gefüttert wird und das Becken einschließlich des Filters stark verschmutzt oder übersetzt mit Fischen ist. Dann sammelt sich vor allem Nitrat als Endprodukt der Eiweißzersetzung an. Viele Fische gewöhnen sich zwar an den hohen Nitratgehalt, doch scheint festzustehen, daß Vitalität und Fortpflanzungsfreudigkeit darunter leiden. Auch besteht beim Vorliegen besonderer Umstände jederzeit die Möglichkeit, daß Reduktionsvorgänge einsetzen und sich das sehr bedenkliche Ammoniak bildet. Ammonium ist verhältnismäßig ungefährlich, so lange der pH-Wert des Wassers im sauren Bereich liegt. Hier lauert aber eine unmittelbare Gefahr. Wenn man nämlich einem Wasser saurer Reaktion alkalisches Wasser in größerer Menge zusetzt, dann wandelt sich das relativ ungefährliche Ammonium in steigendem Maße in das stark giftige Ammoniak um, je alkalischer das Wasser wird. Hierauf sind manche der unerklärlich scheinenden Massensterben unter den Aquarienfischen bei einem zu radikalen Wasserwechsel zurückzuführen. Ungefährlich ist die Situation, wenn man — falls man zu nicht saurem Wasser übergehen möchte — immer nur kleine Wassermengen (bis zu $^1/_5$ des Gesamtinhalts) auswechselt.

Da die Nitrate schwer aus dem Aquariumwasser zu entfernen sind, muß sich der Pfleger dadurch schützen, daß er eine Ansammlung von Produkten der Eiweißzersetzung vorbeugend unterbindet. Praktisch bedeutet das:
1. Jede Übersetzung des Aquariums zu vermeiden;
2. so zu füttern, daß alles Futter aufgefressen wird, also keine Reste übrigbleiben;
3. alle abgestorbenen Tiere und Pflanzen sofort zu entfernen;
4. jede Woche bis zu $^1/_3$ des Wassers (möglichst

nicht mehr!) abzuziehen und durch Frischwasser gleicher Temperatur zu ersetzen.

Übrigens besteht bei sich zersetzenden Futterresten und abgestorbenen Tieren und Pflanzen auch die Gefahr, daß sich *Schwefelwasserstoffgas* bildet. Ganz besonders entsteht dieses schwere Fischgift im Bodengrund, wenn dieser zu fest gepackt ist, oder wenn darin befindliche Tiere (Schnecken, Tubifexwürmer) absterben. Dieses Gas besitzt einen unverkennbaren Geruch nach faulen Eiern.

Alle Zersetzungsvorgänge im Aquarium sind, da sie auf die Tätigkeit sauerstoffzehrender Bakterien zurückzuführen sind, mit Sauerstoffmangel verbunden. In einem solchen Falle suchen die Fische natürlich die Wasseroberfläche auf, um das Sauerstoffdefizit zu decken. Ähnliche Erscheinungen wie Sauerstoffmangel ruft aber bei Fischen auch die Ammoniakvergiftung hervor. Selbst bei Kohlensäureüberschuß können die gleichen Symptome auftreten: An der Oberfläche nach Luft schnappende Fische, die alle Anzeichen heftiger Atemnot zeigen. Dann bringt auch die beste Durchlüftung keine Abhilfe, sondern nur ein schleuniger Wasserwechsel und daran anschließend die Schaffung und Erhaltung einwandfreier Zustände im Aquarium durch sorgfältige Pflege.

Aufbereitung von Aquariumwasser

Nicht immer ist das Wasser, das dem Aquarienfreund zur Verfügung steht, geeignet. Das gilt vor allem für die Zierfischzucht. Es ist bekannt, daß es in früheren Zeiten Aufsehen erregte, wenn in manchen Gegenden die Zucht dieser oder jener Fischart mühelos gelang, während man anderenorts trotz aller Bemühungen zu keinem Erfolg kam. Man vermutete damals schon, daß die chemische Zusammensetzung des Wassers für den Erfolg oder Mißerfolg verantwortlich war. Viele Mißerfolge in der Zucht bestimmter Aquariumfische, wie man sie früher hinnehmen mußte, blieben erst aus, nachdem man gelernt hatte, das Zuchtwasser durch verschiedene Methoden zu beeinflussen und zu verändern.

Wir müssen immer bedenken, daß alle von uns gepflegten Fische das Ergebnis einer jahrtausendealten Artenentwicklung und Anpassung an bestimmte Umweltverhältnisse sind. Hier spielt natürlich die Beschaffenheit des Wassers als Umweltfaktor eine besonders wichtige Rolle. Betrachten wir uns die Vielgestaltigkeit der Herkunftsländer unserer Pfleglinge, so werden wir schon bei oberflächlicher Überlegung zu dem Schluß kommen, daß auch ihre Lebensansprüche verschieden sein müssen. Wir werden feststellen, daß Wasser eben nicht gleich Wasser ist. Denken wir doch nach: Klare, reißende Bäche und Flüßchen, Gewässer des Gebirges, der Niederungen, des Urwaldes, der Küstenzone, Sümpfe, tote Flußarme, große Ströme, Gewässer mit ganz verschiedenen Wassertiefen, mit hohen und niedrigen Temperaturen und großen Temperaturunterschieden, vor allem aber mit ganz verschiedener Zusammensetzung des Wassers — das ist »die Heimat« unserer Aquariumfische. Wollen wir also in der Haltung und Zucht Freude und Erfolg haben, so müssen wir nach den Lebensbedingungen fragen, die die einzelnen Fischarten beanspruchen.

Freilich, sehr viele Arten sind ohne weiteres in dem Wasser zu halten und zu züchten, das wir ihnen etwa aus der Wasserleitung zu bieten haben. Sie sind entweder sehr anpassungsfähig oder aber die Zusammensetzung des Wassers entspricht in etwa ihren Ansprüchen. Bei vielen anderen Arten müssen wir uns aber schon etwas mehr Mühe geben. Einst sprach man von »Problemfischen«. Heute weiß man, daß viele tropische Fische zur Fortpflanzung ein weiches, leicht saures Wasser benötigen, und man weiß auch, daß man sich solches Wasser mit verhältnismäßig geringer Mühe herstellen kann.

Nicht selten kann man Zuchterfolge schon dann erzielen, wenn man sich mit dem zur Verfügung stehenden Wasser nicht begnügt, sondern Versuche mit Wasser aus Quellen oder anderen Gewässern macht, von dem man meint, daß es eine günstigere Zusammensetzung aufweist. Mit Hilfe der geschilderten Meßreagenzien kann man das leicht feststellen. Derartiges Wasser muß vor der Verwendung auf 70 °C erhitzt werden. Wo Versuche mit Naturwasser nicht zum Ziel führen, muß man entweder das zur Verfügung stehende Wasser chemisch verändern oder man muß sich

geeignetes Wasser selbst herstellen. Als Grundlage hierzu kann man destilliertes oder über Kunstharze teil- oder vollentsalztes Wasser verwenden. Auch reines Regenwasser kann brauchbar sein.

Bei der Verwendung von *Regenwasser* ist die heutige Luftverschmutzung zu berücksichtigen. Wenn es überhaupt benutzt werden kann, dann erst nach stundenlangen Niederschlägen, wenn sich die ersten Unreinigkeiten der Luft abgesetzt haben. Regenwasser, das über geteerte und schmutzige Dächer und Dachrinnen gelaufen ist oder aus geteerten Regenfässern stammt, ist überhaupt unbrauchbar. Man sollte versuchen, es in einer Plastik- oder Holzwanne frei aufzufangen. Durch eine aufgespannte Plastikplane kann man die Auffangfläche wirksam vergrößern.

Destilliertes Wasser ist ohne weiteres brauchbar, wenn es in Glasapparaten hergestellt wurde. Ihm muß in jedem Fall Normalwasser zugesetzt werden, weil es völlig steril ist und Fische und Pflanzen sich darin nicht halten können. Außerdem ist destilliertes Wasser zu teuer, wenn man mehrere Aquarien mit größerem Wasserinhalt besitzt.

Vorteilhafter ist dann schon die *Wasserenthärtung über Kunstharze.* Bevor wir uns mit einer solchen Aufbereitung befassen, müssen wir uns zunächst mit Hilfe unserer Reagenzien zur Härtebestimmung ein Bild von der Beschaffenheit des Wassers machen. Weitaus die meisten Wässer haben einen Karbonathärteanteil von 80 % und mehr. In diesem Falle genügt es, wenn die Karbonathärte entfernt wird, da sie allein physiologisch von Bedeutung ist (Entkarbonisierung des Wassers oder Teilentsalzung). Ist dagegen die Karbonathärte niedriger als 80 % und die Nichtkarbonathärte entsprechend höher, dann genügt die Entkarbonisierung nicht, sondern es muß das Rohwasser *vollentsalzt* werden. Über die hierfür anzuwendenden Verfahren und Gerätschaften, die man sich bei einigem Geschick selbst basteln kann, unterrichte man sich in Fachzeitschriften oder in der aquaristischen Spezialliteratur.

Auch die *Filterung über sauren Torf* kann neben einer wirksamen Enthärtung eine Ansäuerung bewirken. Torfgefiltertes Wasser ist praktisch infusorienfrei und kommt dem tropischen Schwarzwasser besonders nahe. Für den Zierfischzüchter ist es ein wertvolles Hilfsmittel, insbesondere, wenn es sich um die Zucht bakterienempfindlicher Fische handelt. Torf führt dem Wasser Huminstoffe und -säuren zu, die sich günstig auf die Tiere und gewisse Wasserpflanzen auswirken. Außerdem tritt eine Ansäuerung ein, die aber erst nach Entfernung der Karbonathärte durch die Filterung in Erscheinung tritt. Von großem Vorteil ist, daß der saure pH-Wort durch den Torf auch festgehalten wird, falls man nicht auf andere Weise (kalkhaltiger Bodengrund) wieder Härtebildner zuführt. Verfügt man über einen guten Pflanzenwuchs im Aquarium, dann sollte eine Überfärbung des Wassers mit Rücksicht auf die Lichtabschwächung vermieden werden. Hier leistet ein Aktivkohlefilter gute Dienste.

Krankheiten der Fische

»Gesund wie ein Fisch im Wasser« ist zwar ein gebräuchliches, dennoch aber kein wahres Wort. Fische sind sehr vielen Krankheiten ausgesetzt, und nur wenige sind heilbar. Mindestens aber ist ihre Heilung umständlich und manchmal auch kostspielig. Es gilt auch hier der Grundsatz:

»Vorbeugen ist besser als Heilen.«

Folgende Sätze mögen vor allen Dingen beachtet werden:

1. Halte die Fische so, daß sie sich wohlfühlen. Kräftige, gutgenährte, ausreichend warm und ihren Ansprüchen entsprechend gehaltene Tiere sind widerstandsfähiger gegen Krankheiten.

2. Beobachte neuerworbene Fische stets eine Zeitlang in einem besonderen Behälter, bevor sie zu anderen Fischen gesetzt werden. Sie können auch ohne äußere Anzeichen Krankheitsträger sein.

3. Entnimm Lebendfutter nicht solchen Teichen, die mit Fischen besetzt sind. Verfüttere keinesfalls Futtertiere frisch aus dem Fangbehälter, niemals aber mit dem Teichwasser. Laß Futter erst einige Zeit in einem besonderen Behälter stehen und ziehe die Portion, die verfüttert werden soll, mit dem Schlauch ab. Schädlinge und Krankheitskeime sitzen oft am Boden und

an den Wänden, auch sterben frei schwebende Sporen und Schwärmer der Schmarotzer meist nach wenigen Tagen oder Stunden ab, wenn sie kein Wirtstier finden.

4. Achte darauf, daß das Aquarium sachgemäß und einwandfrei hergestellt ist. Metallsalze und Kittbestandteile sind häufig Ursache von Massensterben.

5. Vermeide plötzliche Temperaturschwankungen und willkürliches Umsetzen.

6. Bei Durchlüftung achte darauf, daß keine schädlichen Gase in das Aquarium gepumpt werden (Ofengase, Abgase von Fabriken, Insektenspritzmittel).

7. Ist in einem Aquarium der gesamte Fischbestand erkrankt, so greife lieber zu radikalen Maßnahmen: Wegwerfen des Bodengrundes und der Pflanzen, Füllung des Aquariums mit einer Lösung von übermangansaurem Kali, die man einige Tage darin stehenläßt. Dabei auch sämtliche benutzten Geräte — Heizer, Ausströmer, Rohre, Kescher usw. — mit desinfizieren. Danach abbürsten und ausspülen.

8. Treten Krankheiten auf, so laß dich von einem erfahrenen Liebhaber oder Händler beraten, ob eines der im Handel befindlichen Heilmittel verwendet werden kann.

9. Isoliere kranke Fische *sofort*, damit sie nicht weitere Fische anstecken.

Allgemeine Krankheitserscheinungen

Der Liebhaber, der gewöhnt ist, seine Pfleglinge dauernd zu beobachten, wird meist mit Leichtigkeit feststellen, ob diese sich normal verhalten, also gesund sind, oder ob sie irgendwelche Symptome zeigen, die auf eine Erkrankung schließen lassen.

Jeder Fisch hat eine seiner Art entsprechende Weise, sich zu bewegen. Sonst muntere Fische, z. B. Salmler und Barben, zeigen durch eine Abnahme der Beweglichkeit an, daß sie sich irgendwie unbehaglich fühlen. Oberflächenfische, etwa eierlegende Zahnkarpfen, suchen in diesem Falle gern den Boden oder das Pflanzendickicht auf, wie es umgekehrt auf Störungen schließen läßt, wenn ausgesprochene Bodenfische, wie z. B. Welse, an der Oberfläche hängen. Ein Nachlassen der Freßlust kann bedenklich sein.

Man beobachte darum gerade bei der Fütterung seine Tiere genau. Allerdings ist dieses Anzeichen kein zuverlässiges Symptom. Bei einigen Krankheiten leidet die Freßlust keineswegs.

Ein Zeichen von Unbehagen ist in einem Anlegen oder »Klemmen« der Flossen zu erkennen. Verklebte Flossen, vor allem die Schwanzflossen, können sowohl ein Zeichen für den Befall mit Außenschmarotzern als auch mit inneren Parasiten sein, insbesondere mit parasitären Pilzen. Ein häufiges Scheuern an Steinen oder anderen festen Gegenständen läßt auf den Befall mit Haut- oder Kiemenschmarotzern schließen. Schaukelnde, hüpfende oder mühselig sprungartige Bewegungen können verschiedene Ursachen haben, sind aber immer ein Anzeichen einer Erkrankung. Sinken die Fische trotz dauernder Anstrengungen, die Wasseroberfläche zu erreichen, stets wieder zu Boden, so läßt dies auf eine Erkrankung der Schwimmblase schließen. Hocken unsere Pfleglinge längere Zeit unbeweglich auf dem Grund, so kann möglicherweise eine Verstopfung infolge zu reichlicher oder einseitiger Fütterung die Ursache sein. Wärmeliebende Fische liegen gern auf dem Heizkörper, falls sich dieser am Boden befindet, und können damit zugleich andeuten, daß sie sich unbehaglich fühlen.

Einzelne Fischarten neigen besonders dazu, in eine Art Starrkrampf zu verfallen, so z. B. Pterophyllen, Scheiben- und Diamantbarsche und andere. Ein Erschrecken aus nichtigen Anlässen kann dann dazu führen, daß die Tiere wie wild durcheinander schießen, in Krampfzustände verfallen, um endlich am Boden auf der Seite liegenzubleiben, wobei zumeist die Flossen weit gespreizt werden. Der Krampf endet in schweren Fällen mit dem Tode. Andernfalls erholen sich die Fische nach einiger Zeit wieder und kehren zu ihrer normalen Lebensweise zurück. Dieses Verhalten kann auch bei völlig eingewöhnten Tieren auftreten, die sonst monatelang jede Hantierung an ihrem Behälter mit Gleichmut hingenommen haben. Es scheint, daß die Ursachen in einer Anhäufung von Gift- und Abfallstoffen im Aquarium zu suchen sind, denn die Erscheinungen verschwinden oft bei teilweisem Wasserwechsel oder gut arbeitender Filterung wieder.

Auch mit Tieren oder Pflanzen können Giftstoffe ins Aquarium gelangen, die auf Aquarienfische schädigend oder tödlich wirken können. So sondert z. B. Limnophila indica, eine schöne tropische Wasserpflanze, einen recht wirksamen Giftstoff ab, wenn sie auf irgendeine Weise verletzt wird. Auch Schnecken können solche Stoffe ausscheiden. Bei den bisher aus den Tropen eingeführten Schnecken liegen diesbezügliche Beobachtungen noch nicht vor. Unter den einheimischen Schnecken ist es Radix peregra, die nachgewiesenermaßen Giftstoffe an das Wasser abgibt. Einheimische Schnecken sollte man überhaupt nicht mit Zierfischen zusammenbringen, da sie häufig Zwischenwirte von Fischschmarotzern sind.

Nadeln von Lebensbäumen (Thuja occidentalis) und in schwächerem Maße auch Kiefernnadeln enthalten ätherische Öle, die eine starke Giftwirkung auf Fische ausüben. Man wird also bei der Verwendung von Tümpelwasser, in welches solche Nadeln gelangen können, vorsichtig sein müssen, insbesondere aber auch von Freilandaquarien derartige Bäume fernzuhalten haben.

Auch auf Nikotinvergiftung wollen wir an dieser Stelle zu sprechen kommen. 5—10 mg Nikotin im Liter Wasser töten kleine Aquarienfische (Schuster-Woldan) bereits nach wenigen Minuten. Bei schwächerer Konzentration sind in einigen Fällen Verkrüppelungen festgestellt worden. In Fachkreisen wird angenommen, daß Aquarienfische vergiftet werden können, wenn ständig die Luft tabakraucherfüllter Räume vom Durchlüftungsapparat in das Wasser geleitet wird (nach *Schäperclaus*). Das gleiche gilt für Kohlenabgase (CO), Insektenspritzmittel und Brennspiritus. Verfaulendes, mehrere Tage im Becken liegendes Futter, gestorbene Fische und andere Wassertiere verursachen bei ihrer Zersetzung durch Bakterien einen derartigen Sauerstoffmangel bei gleichzeitiger Bildung des giftigen Schwefelwasserstoffgases (H_2S), daß alle weiteren im gleichen Aquarium befindlichen Tiere schweren Schaden erleiden können oder eingehen. Die dabei gleichfalls entstehenden Produkte der Eiweißzersetzung, besonders die mehr oder minder schädlichen bzw. giftigen Stickstoffverbindungen (Ammonium, Ammoniak, Nitrate, Nitrite), können äußerst unangenehme Folgen haben. Besonders Ammoniak ist ein schweres Fischgift, das die Ursache für die meisten Fischsterben in mangelhaft gepflegten Aquarien ist.

Vergiftungen können sich, ebenso wie manche inneren Erkrankungen, dadurch anzeigen, daß die Fische nicht mehr in der Lage sind, die normale Schwimmlage einzuhalten. Sie taumeln, drehen sich um die Körperachse, treiben mit nach oben gerichtetem Schwanzteil dahin oder hängen luftschnappend an der Wasseroberfläche.

Auf der Körperoberfläche kann man häufig Veränderungen wahrnehmen, die auf eine Erkrankung schließen lassen. Kranke Fische sind manchmal blaß, die Farben treten zurück und machen einer ungewöhnlichen Zeichnung und Bänderung Platz. Bei dauernder dunkler Färbung kann eine Augenkrankheit die Ursache sein. Erblindung eines Auges führt gelegentlich zur Dunkelfärbung einer Körperpartie, während der übrige Körper normal gefärbt bleibt. Abstehende Schuppen sind stets ein Krankeitszeichen, ebenso, wenn auf der Haut Trübungen auftreten, die man zunächst bei auffallendem Licht, später aber ohne weitere Anstrengung als schleierartige, wolkige, weißliche Beläge auf der gesamten Haut und den Flossen beobachten kann. Über die Körperoberfläche und die Flossen unregelmäßig verstreute weiße Knötchen bis zu einer Größe von 1 mm sind ein Anzeichen für Befall mit Ichthyophthirius. Es gibt aber auch andere knötchenbildende Krankheiten, die leicht mit Ichthyophthirius zu verwechseln sind. Die in der Fischhaut schmarotzenden Larven der Teichmuschel können ein ähnliches Krankheitsbild hervorrufen, doch wird nur der Liebhaber einheimischer Fische damit Bekanntschaft machen.

Blutige Flecken sind ebenfalls Anzeichen für das Vorhandensein tierischer oder pflanzlicher Parasiten, dagegen sind Bißwunden beim Fisch meist weißlich gefärbt. Man hat dann häufig den Eindruck, daß die Wunde verpilzt sei. Weiße, pelzige Beläge bestehen aus Wasserschimmel (Saprolegnien). Sie können auch die Hornhaut des Auges befallen, ferner häufig die Gegend des Maules. Gewöhnlich treten sie als Folge mechanischer Verletzungen auf. Gefährlicher und noch weitgehend unerforscht ist eine für Fische lebensbedrohende Verseuchung mit Schmarotzerpilzen. Die Pilzfäden dringen, nachdem sie die Muskulatur überwuchert haben, zwischen den Schuppen hervor. Bei Zahnkarpfen zeigen sie sich häufig am Mund und und in der Mundhöhle (Maulpilz).

Abstehende Kiemendeckel mahnen stets zu besonderer Vorsicht. Sind die Kiemen, die sich dann über die Kiemendeckelränder hinausdrängen, gelblichweiß gefärbt, sind sie geschwollen und zeigen gelbliche, oft auch blutige Flecken, so sind Kiemenschmarotzer die Ursache. Dunkelrote Kiemen zeigen eine Erstickungsgefahr an.

Erstickte Fische haben oft die Kiemendeckel weit abgespreizt.

Sinkt die Bauchgegend stark ein, so handelt es sich um ein sicheres Zeichen einer weit vorgeschrittenen Krankheit. Nahrungsmangel ist niemals die Ursache hierfür, vorausgesetzt, daß man nicht durch übermäßiges Hungernlassen eine Erkrankung herbeigeführt hat. Fische vermögen jedoch sehr lange zu hungern, ehe sich eine Abmagerung zeigt. Die Auszehrung ist meist ein Symptom für Außenschmarotzer, weniger für Darmparasiten.

Ein aufgedunsener Körper mit Schuppensträube und Hervortreten der Augen sind Erscheinungen der Wassersucht. Nimmt der Bauch eine eckige Form an, so sind häufig Würmer die Ursache. Das gleiche gilt bei buckligen Auftreibungen des Leibes.

Zwei der gefährlichsten Fischkrankheiten sind bedauerlicherweise sehr schwer und meist erst dann zu erkennen, wenn es bereits zu spät ist. Es handelt sich um die Ichthyosporidium-Krankheit (Ichthyophonus) und die Fischtuberkulose. Sie ähneln sich in ihren Symptomen sehr und sind daher vom Laien nicht mit Sicherheit auseinanderzuhalten.

Die befallenen Fische zeigen häufig Hautschäden, blutunterlaufene Stellen, Geschwüre, verklebte, ausgefaserte Flossen u. ä. Es wechseln Perioden offenbaren Unwohlseins mit solchen ganz normalen Verhaltens. Typisch ist, daß die Freßlust in der Regel bis zum Ende nicht nachläßt. Der Fischbestand erkrankt nicht seuchenhaft zu gleicher Zeit, sondern es verendet in mehr oder weniger großen Abständen ein Fisch nach dem anderen. Leider haben sich gerade bei diesen beiden Krankheiten bisher alle Behandlungsversuche als ergebnislos erwiesen. Die Tatsache, daß durch fehlerhafte Haltung geschwächte Tiere anfälliger sind, sollte Anlaß dazu sein, einer Erkrankung durch sorgfältige Pflege möglichst vorzubeugen.

Die wichtigsten Fischkrankheiten

Vorbemerkung: Im Handel werden unter den verschiedensten Bezeichnungen Heilmittel für Fischkrankheiten angeboten. Sie können in den nachstehenden Empfehlungen aus naheliegenden Gründen nicht genannt werden. Ihre Wirkung entspricht oft den hier vorgeschlagenen, althergebrachten Medikamenten oder ist nicht selten sogar wirksamer und problemloser in der

Anwendung. In jedem Fall erkundige man sich zunächst beim Fachhändler nach den neuesten und besten Präparaten.

Ansteckende Hauttrübung

Durch verschiedene Erreger verursachte, bei rechtzeitiger Behandlung leicht heilbare Reizung der Haut, Flossen und Kiemen, die bei Vernachlässigung allerdings auch tödlich verlaufen kann.

Hervorgerufen durch folgende tierische Parasiten:

1. Urtiere:

a) *Kreisförmiger Hauttrüber*
(Trichodina = Cyclochaeta).

Der Schmarotzer ist ringsum von einem Kranz feiner Häkchen umgeben. Da er sich immer in rotierender Bewegung befindet, entstehen nach und nach schwere Beschädigungen an Haut und Kiemen. Diese werden meist zuerst befallen, doch geht der Parasit von hier aus auch auf die Haut über. Diese erscheint dann bläulich-weiß getrübt. Im fortgeschrittenen Zustand entstehen blutunterlaufene Stellen. Heilbar, führt aber bei Vernachlässigung zum Tode.

Die Ansteckung erfolgt durch befallene Fische oder Einschleppen mit Lebendfutter. Der Parasit bleibt längere Zeit am Leben, auch ohne einen Wirt zu finden. Ausbreitung bei unsachgemäßer Haltung der Fische (Schwächeparasit!).

Behandlung: Bäder. Die Tiere werden in besondere Behälter (keine Metallgefäße) gebracht. Zunächst einen Fisch versuchsweise baden. Nach dem Bad etwaige Fehler in der Haltung beseitigen.

Kochsalzbad: 10–15 g Kochsalz werden in 1 Liter Wasser gelöst. Temperatur um 2 Grad erhöhen. Badedauer: 20 Minuten (Kurzbad, für die Fische sehr anstrengend) oder Formalinbad: 2–4 ml Formalin auf 10 Liter Wasser, sorgsam vermischen. Temperatur etwas höher (Dauer: 30- bis 45-Minuten-Kurzbad).

Dauerbad (möglichst nicht im Aquarium, sondern besser im besonderen Gefäß): 1 g Trypaflavin, in $\frac{1}{2}$ Liter Wasser gelöst, auf je 100 Liter Wasserinhalt gerechnet, werden in das Badegefäß oder ins Aquarium gebracht und gut verteilt. Nach etwa 4 Tagen wird das Wasser klar gefiltert. Schäden an Pflanzen, Schnecken und besonders empfindlichen Fischen sind möglich. Das empfehlenswerteste Bad!

Größere Fische können nach Schubert auch im unbepflanzten Becken bei sehr starker Wasserbewegung geheilt werden, weil sich die abgefallenen Parasiten hier nicht weiter entwickeln.

b) *Bohnenförmiger Hauttrüber* (Costia).
Ein sehr kleines Geißeltierchen, das meistens auf der Haut, weniger dagegen in den Kiemen zu finden ist. Die Trübung der Haut ist relativ schwach. Sonst sind die Folgen ähnlich wie bei Trichodina. Die Tiere scheuern sich viel und führen schaukelnde, Unbehaglichkeit anzeigende Bewegungen aus. Im Aquarium selten. Heilbar, führt bei Massenbefall und Vernachlässigung zum Tode.

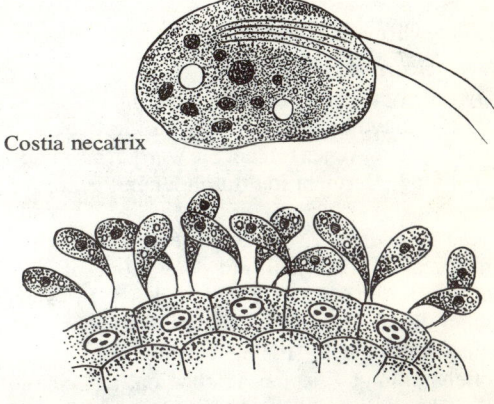

Costia necatrix

Kolonie von Costia auf der Haut eines Fisches
Stark vergrößert

c) *Herzförmiger Hauttrüber* (Chilodonella).
Ein Wimpertierchen von veränderlicher, gewöhnlich herzförmiger Gestalt, das Haut und Kiemen befällt. Die Trübung der Haut ist bläulichweiß. Es werden zunächst durch unsachgemäße Behandlung geschwächte Fische befallen. Doch geht der Parasit bald auch auf gesunde Tiere über, vor allem dann, wenn das Aquarium übersetzt ist. Die Fische reiben sich an festen Gegenständen und klemmen die Flossen. Im fortgeschrittenen Stadium treten Verdickungen der Haut auf, die sich bald darauf in Fetzen ablösen. Bei starkem Befall der Kiemen hängen die Fische an der Wasseroberfläche und schnappen nach Luft. Bei rechtzeitiger Behandlung heilbar, bei Vernachlässigung aber tödlich.

Behandlung wie bei Trichodina. Fische herausfangen und im Vollglasbecken baden. Aquarium 5–6 Tage ohne Fische stehen lassen, um die

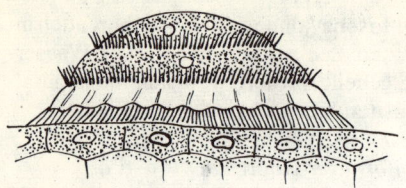

Cichlochaeta domerguei

Chilodonella cyprini

frei schwimmenden Parasiten zum Absterben zu bringen.

2. Saugwürmer

a) *Saugwürmer der Haut*
(Gyrodactylus, verschiedene Arten).
Diese Saugwürmer haben ein Vorderende mit zwei Zipfeln. Augen fehlen. Sie werden bis knapp 1 mm lang. Vermehrung durch lebend geborene Junge.

Die befallenen Fische zeigen einen weißlichen Hautbelag, in dem man mit einer Lupe die Bewegungen der Würmer erkennen kann. Bei stärkerem Befall lassen die Fische deutliches Unbehagen erkennen. Heilung ist möglich.

Behandlung: Wie bei Trichodina, am besten Formalin- oder Kochsalz-Kurzbäder. Becken ohne Fischbesatz sind nach etwa einer Woche frei von Parasiten.

b) *Saugwürmer der Kiemen*
(Dactylogyrus, verschiedene Arten).
Diese Würmer haben ein vier- oder einlappiges Vorderende. Augen sind vorhanden. Vermehrung durch Eier.

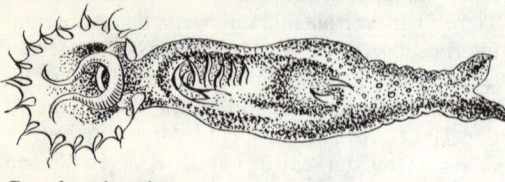

Gyrodactylus elegans

Dactylogyrus vastator

Es werden fast durchweg nur die Kiemen befallen. Die Kiemendeckel sind bei starkem Befall abgespreizt, die Fische schnappen nach Luft. Einzelne Parasiten können häufig vorhanden sein, ohne daß es zur Erkrankung kommt. Erst bei Schwächung der Wirtstiere kann eine Massenvermehrung eintreten.

Behandlung: Wie bei Trichodina und Gyrodactylus.

Ichthyophthirius-Erkrankung
(Urtiererkrankung)

Recht häufige, bei rechtzeitiger Behandlung meist (aber nicht immer), leicht heilbare Erkrankung der Haut und der Flossen.

Erreger der Krankheit ist das Wimpertierchen Ichthyophthirius multifiliis. Es ist mit bis zu 1 mm Länge verhältnismäßig groß. Der ringsum von Wimperhärchen umgebene Schmarotzer fällt unter dem Mikroskop durch seine dauernde Drehbewegung auf. Charakteristisch ist auch der hufeisenförmige, meist helle Kern.

Die Vermehrung erfolgt durch frei schwimmende Schwärmer, die nach etwa 50 Stunden einen Wirt gefunden haben müssen, andernfalls sie zugrunde gehen. Haben sie ihr Ziel erreicht, bohren sie sich in die Haut ein und wandern in dieser auch weiter. Es bilden sich nun in der Haut und auf den Flossen bis grieskorngroße, weiße Knötchen, in denen jeweils einzelne oder mehrere Parasiten sich drehend bewegen. Bei normaler Aquariumtemperatur (24–27 °C) verlassen die reifen Parasiten nach ungefähr 5–7 Tagen ihren Wirt, fallen zu Boden und kapseln sich ein. In der Kapsel erfolgt nun eine rasche Teilung, so daß nach wenigen Stunden oder Tagen 250–1 000 schwimmfähige Schwärmer die Kapsel verlassen. Sie suchen nach einem Wirt, in dessen Haut sie sich einbohren. Das ist der Zeitpunkt des eigentlichen, erkennbaren Massenbefalls.

Die Ansteckung erfolgt durch bereits befallene Fische, auch durch solche, die vereinzelte Parasiten in sich tragen. Solche latente Parasitenträger erkranken manchmal selbst nicht, sondern es kommt lediglich bei den übrigen Fischen zur Massenvermehrung. Latent vorhandene Schmarotzer können sich aber auch plötzlich stark vermehren, wenn ihr Wirt infolge unzureichender Lebensbedingungen geschwächt wird.

Die eingedrungenen Schwärmer erzeugen eine starke Reizung der Haut, die sich nach und nach zersetzt und entzündet. Die befallenen Fische

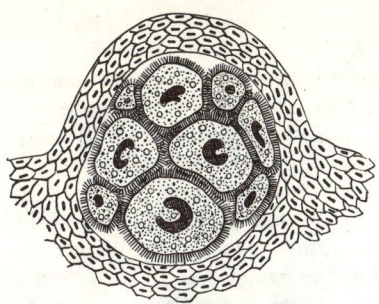

Ichthyophthirius: Zyste mit Tieren stark vergrößert

Bild eines von Ichthyophthirius befallenen Fisches. Zahlreiche weiße Knötchen sind über den ganzen Körper und die Flossen verstreut. Die Schwanzflosse wird bereits stark zusammengeklemmt getragen

versuchen deshalb, sie durch Scheuern an festen Gegenständen loszuwerden, was ihnen natürlich nur selten gelingt. Solche abgestreifte Parasiten können sich gleichfalls teilen, wenn auch in geringerem Maße. Die Fische klemmen die Flossen, werden zusehends schwächer und gehen schließlich ein.

Behandlung: Dauerbäder, durch welche die in der Haut sitzenden Erreger nicht angegriffen werden. Nur die das Wirtstier verlassenden reifen Schmarotzer werden abgetötet. Hierdurch erfolgt eine stufenweise Ausheilung. Eine Nachinfektion durch Schwärmer ist nicht mehr möglich. Erfolgt das Bad in gesonderten Behältern, was immer zu empfehlen ist, muß das Aquarium mindestens 6 Tage ohne Fische stehen bleiben.

Trypaflavinbad: Sehr wirksam, auch gegen Hauttrüber. Auf 100 Liter Wasser rechnet man 1 g. Diese Menge wird in wenig Wasser gelöst und gut im Aquarium verteilt. Schäden an Pflanzen, Schnecken und vereinzelt auch an Fischen sind möglich. Daher ist zu empfehlen, das Bad lieber im gesonderten Behälter (Vollglasbecken) statt im eingerichteten und mit Fischen besetzten Aquarium anzuwenden. Die gelblichgrüne Färbung erleichtert die Kontrolle der Konzentration. Temperatur 25—30 °C. Dauer: 7—21 Tage. Etwa

gleichzeitig vorhandene andere Hauttrüber sterben schon eher ab.

Chininbad: Schäden an Fischen und Pflanzen sind vereinzelt auch bei diesem Bad beobachtet worden. Man nimmt 1 g Chininhydrochlorid (oder anderes Chininsalz) auf 50 Liter Wasser. Im eingerichteten Aquarium tritt Schwund durch Adsorption ein; dann alle 3 bis 4 Tage 0,5 Gramm in wenig Wasser gelöstes Chinin, auf 100 Liter Wasser berechnet, zugeben.

Neon-Krankheit (Plistophorakrankheit)

Besonders beim Neonsalmer und anderen zarten Fischarten auftretende, im Anfangsstadium schwer erkennbare und unheilbare innere Erkrankung.

Erreger ist das Sporentierchen Plistophora hyphessobryconensis. Der zahlreiche Sporen bildende Parasit lebt in der Muskulatur des Neonsalmers und anderer zarter Fischarten. Die Muskeln werden zerstört, aber auch andere innere Organe nach und nach aufgelöst.

Einschleppen durch Sand und Pflanzen oder Infektion durch kranke Fische, insbesondere durch deren Exkremente. Es kann aber auch schon eine Infektion des Laiches in den Eierstöcken erkrankter Fischweibchen erfolgen.

Befund: Weiße, farblose Stellen in der Fischmuskulatur, manchmal auch Flossenzerstörungen, Abmagerung, Verkrümmung der Wirbelsäule. Teilweiser Verlust der Farben, bei Neonfischen des Leuchtstriches. Die Krankheit verläuft tödlich. Besonders anfällig sind Hyphessobrycon-, Hemigrammus- und Brachydanioarten. Die unbemerkte Ausbreitung kann zur Wertlosmachung ganzer Zuchtstämme führen.

Behandlung: Befallene Fische sofort töten, bevor andere Fische durch den Kot infiziert werden. Gesunde Fische in neue Becken bringen, die noch unbesetzt sind. Vorbeugen durch Abkochen oder Ausglühen des Sandes, vor allen Dingen bei Zuchtansätzen des Neonsalmers. Pflanzen vor dem Einbringen in das Zuchtbecken

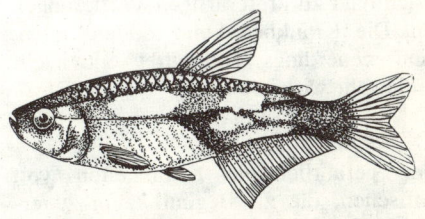

Erscheinungsbild der Neon-Krankheit

in einem schwach rotem Bad von Kaliumpermanganat desinfizieren.

Oodinium-Erkrankung (Samtkrankheit)

Ein im Erscheinungsbild stark an Ichthyophthirius erinnernder Befall der Haut und der Kiemen, der bei Vernachlässigung zu Massensterben führen kann. Besonders werden Jungfische befallen. Erreger sind bei Süßwasserfischen parasitäre Geißeltiere der Art Oodinium pillularis. Körper und Flossen sind bei starkem Befall dicht mit sehr kleinen, grauweißlichen oder schmutziggelbbraunen Knötchen überzogen. Die zerstörte Haut kann sich in Streifen ablösen. Die Fische magern ab. Die Krankheit kann sich sehr rasch ausbreiten, ganz besonders in Jungfischbeständen, wo größere Verluste eintreten können.

Behandlung: 3- bis 5%ige Kochsalzbäder (30—50 g auf 1 Liter Wasser) von 1–3 Minuten Dauer. Vorsicht! Nur im Netz in das Bad einhängen. Gefäß mit reinem Wasser bereitstellen und Fische sofort aus dem Bad nehmen, wenn sie Schwächezeichen zeigen.

Dauerbad mit Chininhydrochlorid (1,5 g auf 100 Liter Wasser) oder mit Trypaflavin (1 g auf 100 Liter Wasser) wie bei Hauttrübern, in abgedunkelten, gesonderten Behältern. Temperatur auf 30°C erhöhen.

Hexamita-Krankheit (Octomitus)

Durch parasitäre Geißeltiere hervorgerufene Erkrankung, von der vor allem Leber, Milz, Gallenblase und Nieren befallen werden. Die Krankheit wird durch den Kot infizierter Fische übertragen. Die Tiere magern stark ab, zeigen einen »Messerrücken« und dunkeln in der Färbung nach. Der Befall ist schwer erkennbar, weil er häufig mit Fischtuberkulose und Ichthyosporidium Hand in Hand geht. Eine Hexamita-Art befällt speziell Diskus-Buntbarsche.

Eine Späterscheinung der Hexamita-Infektion scheint die sogenannte Lochkrankheit der Diskusfische zu sein. Am Kopf, dem Rücken und den Seiten treten zunächst kleine Geschwüre auf, die die sich bald zu kraterartigen Vertiefungen erweitern. Die Krankheit kann tödlich enden, doch sind neuerdings Heilmittel entwickelt worden, die sehr wirksam sind.

Fischtuberkulose

Eine der gefährlichsten Krankheiten von Aquarienfischen, die zu Beginn kaum zu erkennen und unheilbar ist. Die Verwechslung mit Ichthyosporidium (Ichthyophonus) ist für Laien leicht möglich. Vielleicht sind die meisten Erkrankungen, die Ichthyosporidium zur Last gelegt werden, Fälle von Fischtuberkulose. Für Menschen nicht ansteckend.

Ursache: Durch stäbchenförmige Bakterien (Mycobacterium) hervorgerufen, die sich insbesondere bei Mangelerscheinungen infolge einseitiger Ernährung, ungeeigneter Wassertemperatur, Massenbesetzung und zu geringer Belichtung (mangelnde ultraviolette Strahlung) ausbreiten können.

Befund: Freßunlust mit Abmagerung. Die Bauchlinie fällt stark ein. Milchige Trübung der Haut, Schuppenausfall, Verblassen der Farben, Hautschäden, offene Wunden, Zerfaserung der Flossenränder, Glotzaugenbildung, Knötchenbildung (oft nur mit Lupe zu sehen) an den inneren Organen. Häufig bei Warmwasserfischen.

Behandlung: Vorbeugen durch optimale Haltung. Vorläufig noch unheilbar.

Infektiöse Bauchwassersucht (Bauchhöhlenwassersucht, B. W.)

Meist bei Nutzfischen, aber auch im Aquarium nicht selten auftretende bakterielle Erkrankung, die unheilbar ist.

Ursache: Hervorgerufen durch virulente Stämme eines normalerweise harmlosen, überall vorhandenen Wasserbakteriums (Pseudomonas punctata). Befallen werden meist Fische, die aus anderen Ursachen geschwächt sind, besonders durch einseitige Fütterung mit nachfolgender Verfettung der Leber.

Befund: Schwammig aufgetriebener Körper, insbesondere ein vorgewölbter Bauch, Schuppensträube, hervorstehende Augen (Exophthalmus). Die gleiche Krankheit, die in den verschiedensten Formen auftritt und von ganz unterschiedlichen Stämmen des Pseudomonasbakteriums hervorgerufen wird, kann auch durch

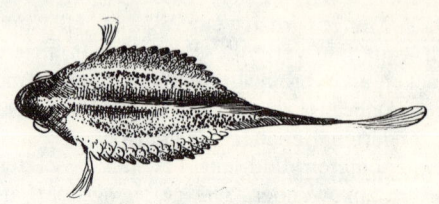

Typisches Bild von Bauchwassersucht und Schuppensträube (von oben gesehen)

Geschwüre in Erscheinung treten, die in der Regel eine helle Umrandung aufweisen. Als Spätfolge einer überstandenen Infektion treten Skelettmißbildungen auf.

Behandlung:

1. Sofortige Entfernung an Bauchwassersucht erkrankter Fische.

2. Vermeidung einer Einschleppung des Erregers durch akut an Bauchwassersucht erkrankte Fische.

3. Desinfektion verseuchter Becken vor der Neubesetzung.

4. Sorgfältige Pflege, besonders Vermeidung von Stoffwechselstörungen, Leberdegenerationen und anderen Erkrankungen, die oft Schrittmacher einer Infektion sind (nach Schäperclaus).

Ichthyosporidium-(Ichthophonus)-Erkrankung

Eine äußerst gefährliche, nicht heilbare, weil immer zu spät erkennbare Krankheit von Aquariumfischen, die sehr weit verbreitet ist. Erreger ist der Schmarotzerpilz Ichthyosporidium, der bevorzugt gewisse innere Organe befällt. Schließlich kann aber der ganze Körper von Pilzschläuchen und kugeligen Zysten durchzogen sein. Die Ansteckung erfolgt durch befallene Fische; praktisch ist kein Aquariumfisch vor der Krankheit sicher. Besonders gefährdet sind durch mangelhafte Pflege oder aus anderen Gründen geschwächte Tiere.

Die Krankheit ist leicht mit Fischtuberkulose zu verwechseln, da sich die Symptome weitgehend gleichen. Der Laie vermag deshalb keine sichere Diagnose zu stellen. Diese ist nur bei mikroskopischer Untersuchung möglich.

Befund: Blutunterlaufene Stellen am Körper, Geschwüre, taumelnde Bewegungen, schwarze Flecken auf der Haut, Abmagerung, Verlust der Schwanzflosse, Schuppensträube. Im vorgeschrittenen Stadium liegen die Fische oft am Boden und bewegen sich ruckweise vorwärts. Es fällt ihnen schwer, die normale Schwimmlage einzuhalten. Das Körperende treibt immer wieder nach oben, so daß sie sich schließlich überkugeln. Zum Schluß taumeln sie sterbend zur Wasseroberfläche. Es kommt nicht zu Massensterben, sondern die Fische werden nach und nach befallen, so daß man in Abständen immer wieder einmal einen Toten vorfindet.

Behandlung: Möglichst gewissenhafte, naturgemäße Pflege, um die Fische widerstands-

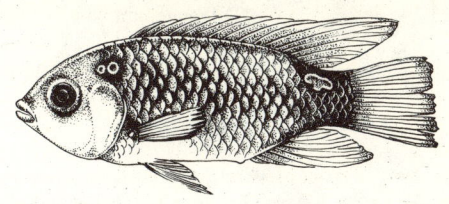

Erscheinungsbild der Ichthyophonus-Krankheit
Symptomatisch sind:
Geschwüre
verklebte Flossen
Verlust der Schwanzflosse
geschwollene Kiemen
schwarze Punkte auf der Haut
eingesunkener Bauch

fähig zu halten. Kein Massenbesatz! Die Krankheit ist unheilbar. Verendete Fische immer sofort entfernen. Bei gehäuftem Auftreten in einem Aquarium Fische und Pflanzen vernichten! Aquarium desinfizieren.

Verpilzung durch Schimmelpilze

Pilze der Gattungen Saprolegnia und Achlya bilden auf toter organischer Substanz, also auch auf abgestorbenen Teilen der Haut lebender Fische, dichte, büschelartige, weiße Rasen. Sie siedeln sich als Folge äußerer Verletzungen an allen möglichen Körperstellen an, besonders an den Flossenrändern, auf den Augen und um offene, halbverheilte Wunden herum.

Die Pilze befallen also nur beschädigte Fische. Deshalb ist es bei Verpilzung wichtig, zunächst die primäre Erkrankung anzugehen. Schubert empfiehlt ein Kaliumpermanganat-Kurzbad (1 g auf 100 Liter Wasser, 10–30 Minuten). Die Temperatur kann erhöht werden. Manchmal hilft auch Abpinseln des Fisches mit verdünnter Jodtinktur. Nicht mehr heilbar, wenn der Fischkörper vom Pilz zu sehr angegriffen ist.

Erkrankungen der Augen

Mechanische Verletzungen der Augen können, auch wenn sie verheilt sind, zu einer weißlichen Trübung der Hornhaut führen. Bisse mit völliger Zerstörung oder gar Herausreißen des Auges können den Tod der betreffenden Tiere zur Folge haben. Vor allem neigen Cichliden und Labyrinthfische dazu, sich in ihren Kämpfen Verletzungen der Augen zuzufügen. Eine verletzte Hornhaut kann leicht von Saprolegnien (Wasserschimmel) befallen werden, die dann oft einen büschelartigen Belag bilden. Die Pilze hängen

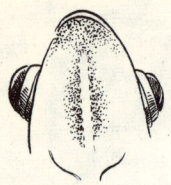
Glotzaugenkrankheit
Fischkopf von oben gesehen

sehr fest. Die Pilzwucherung kann das Auge nachträglich auch dann zerstören, wenn die Verletzung an sich nicht so stark ist.

Behandlung: Man versuche eine Vernichtung der Saprolegnien durch Aufpinselung einer 2%igen Höllensteinlösung. Diese Maßnahme ist mehrere Male zu wiederholen. Der Fisch ist jedesmal sofort nach der Bepinselung in eine 1%ige Kochsalzlösung zu setzen, um die Wirkung des Höllensteins zu neutralisieren, bevor das Auge selbst angegriffen wird.

Glotzaugen können Symptom der Wassersucht, aber auch eine eigenständige Krankheit sein. Oft sind die Ursachen schwer festzustellen. Sie treten z. B. oft bei älteren Exemplaren von Pterophyllum auf, ferner bei anderen Cichliden, wenn diese zu lange in »Altwasser« gehalten werden. Dann ist die Anhäufung von Zersetzungsstoffen im Wasser die Ursache.

Bakterielle Flossenfäule

Zerstörungen der Flossen, die oft zu ihrer völligen Auflösung führen (insbesondere die Schwanzflosse), können auf bakterielle Einwirkung zurückzuführen sein. Die Erfolge einer Behandlung sind in den meisten Fällen gering. Im Handel werden bakterienhemmende Mittel angeboten, die man vorbeugend anwenden kann.

Magen- und Darmerkrankungen

Neu erworbene Fische können gelegentlich die Annahme von Futter verweigern. Das kann besonders bei Importfischen der Fall sein, wenn diese durch den Transport geschwächt sind, oder wenn man ihre Nahrungsansprüche nicht kennt. Ein Krankheitszeichen ist darin zunächst nicht zu erblicken. Anders liegen die Dinge, wenn alteingewöhnte Fische plötzlich die Nahrung verweigern. Dann kann dies eventuell Anzeichen einer parasitären oder sonstigen Erkrankung sein. In diesem Fall versuche man, die Tiere durch Verabreichung kleinerer Portionen abwechslungsreichen Futters zum Fressen zu bewegen. Manchmal kann man das Gleiche erreichen, wenn man andere, freßlustige Fische den Nahrungsverweigerern zugesellt.

Bei einseitiger Verabreichung von Futter, das keine Hartbestandteile aufweist, kann es leicht zur Verstopfung mit anschließender Darmentzündung kommen. Man versuche die Heilung mit hartschaligem Lebendfutter, z. B. Cyclops oder schwarze Mückenlarven, weil deren Chitinhüllen die Verdauungstätigkeit anregen.

Wasserasseln, Bachflohkrebs und rote Zuckmückenlarven können Überträger von Darmschmarotzern sein. Hieraus dürften zum Teil die Verluste zu erklären sein, die hier und da nach der Verfütterung von Mückenlarven aufgetreten sind. Außerdem stammt ein großer Teil der in den Aquarienhandlungen feilgebotenen roten Zuckmückenlarven aus organisch stark verunreinigten Gewässern. Das gleiche gilt für Tubifex-Würmer. Es ist verständlich, wenn nach längerer einseitiger Fütterung mit solcher Nahrung die Fische verenden, da im Körper dieser Futtertiere allerhand Giftstoffe gespeichert sind. Den durch Bachflohkrebse usw. übertragenen Darmschmarotzern ist schwer beizukommen. Auch können sich manche der bisher genannten Parasiten im Darm ansiedeln, z. B. Plistophora, Oodinium und andere.

Umweltbedingte Krankheiten

Bei Aquariumfischen kann eine Reihe von Krankheiten auftreten, die nicht auf Befall mit Parasiten oder Krankheitskeimen zurückzuführen sind. Sie haben ihre Ursache in den besonderen Bedingungen, die die Haltung im Aquarium mit sich bringt, in fehlerhafter Pflege oder in von außen eindringenden Giftstoffen.

1. Echter oder scheinbarer Sauerstoffmangel

Sauerstoffmangel kann eintreten, wenn bei Fäulnisprozessen (Futterreste, vergammelnde tote Tiere oder Pflanzen) übermäßig viel Sauerstoff durch Bakterientätigkeit verbraucht wird, wenn ein Aquarium zu reich bepflanzt ist und die Pflanzen des Nachts Sauerstoff verbrauchen, wenn das Aquarium zu reich mit Fischen besetzt ist und der im Wasser gelöste Sauerstoff für die Atmung der Tiere nicht ausreicht, oder wenn das Wasser überheizt wird. Natürlich können Erscheinungen von Atemnot auch eintreten, wenn die Kiemen durch Parasiten oder durch ätzende Stoffe zerstört werden. In all diesen Fällen hängen die Fische an der Oberfläche und schnappen nach Luft. Sie sind ängstlich und versuchen nicht selten, aus dem Wasser herauszuspringen. Die Kiemendeckelbewegungen sind unnormal rasch. Im Tode sind die Kiemendeckel weit abgespreizt und der Mund ist geöffnet.

Ganz ähnlich sind aber auch die Erscheinungen bei *Kohlensäureüberschuß* im Wasser und bei *Ammoniakvergiftung.* Bei Kohlensäureüberschuß kann der Fisch die aus der Atmung stammende Kohlensäure nicht abstoßen und vermag infolgedessen auch keinen Sauerstoff aufzunehmen. Das Luftschnappen muß also nicht unbedingt ein Zeichen von unmittelbarem Sauerstoffmangel sein, womit zugleich gesagt ist, daß das Aufdrehen der Durchlüftung nur in einem Teil der Fälle Abhilfe schafft.

In jedem Fall liegen aber Pflegefehler vor, die schleunigst beseitigt werden müssen.

2. *Säure- und Laugenkrankheit*

Zu saures Wasser kann die sogenannte *Säurekrankheit* hervorrufen, die schwere Schäden zur Folge hat. Die Gefahr des Absinkens des pH-Wertes unter den kritischen Punkt (bei den meisten Fischen um pH 6,5, in Ausnahmefällen bei 6,0–5,5) liegt vor allem bei Wässern mit sehr geringen Härtegraden nahe. Die Haut kann trübe werden und sich entzündlich röten, die Schleimhaut sich in Fetzen ablösen. Schädigung der Kiemen führt zu Atemnot.

Ähnlich können die Erscheinungen der *Laugenkrankheit* sein. Auch hierbei kann es zu Verätzungen der Kiemen und der Haut kommen. Die Gefahr eines pH-Anstieges in gefährliche Bereiche besteht wiederum in erster Linie bei zu weichem, wenig gepuffertem Wasser, wenn die Bepflanzung zu reichlich ist und die Pflanzen bei zu hellem Licht dem Wasser die gesamte Kohlensäure entziehen.

Abhilfe durch Herstellen normaler Verhältnisse, also schrittweiser, aber doch beschleunigter Wasserwechsel, Lichtabdämpfung, Auslichten zu stark wuchernder Pflanzenbestände.

3. *Vergiftungen*

Ursachen: Mangelhaft isolierte Gestellaquarien, giftige Farben und Kitte, Einleiten von Giftstofen von außen (Insektenvertilgungsmittel, übermäßiger Tabakrauch u. ä.), Giftstoffe abscheidender Gummischlauch (besonders hellrote Qualität), nicht genügend ausgewässerter Zement, Steine mit Metalleinschlüssen und andere Ursachen mehr.

Befund: Taumelnde Bewegungen, Schreckhaftigkeit, zuckende und windende Bewegungen, sprunghaftes Schwimmen, abstehende Schuppen und Kiemendeckel, Anzeichen von Atemnot, Zersetzung der Flossen, insbesondere der Schwanzflosse.

Behandlung: Vergiftungen, die auf langanhaltender Einwirkung der Giftstoffe beruhen, sind oft nicht mehr heilbar. Sonst verschwinden die Symptome mit der Abstellung der Vergiftungsursachen.

Futtertabelle

Die Nahrungsaufnahme ist einer der lebenserhaltenden Faktoren im Dasein aller Lebewesen. Der Lebenslauf bedingt eine immerwährende Aufnahme und Abgabe von Nährstofen bzw. deren Überresten. Neue Körperzellen werden aufgebaut, abgestorbene erneuert. Für die Bewegung, die Fortpflanzung usw. wird Körpersubstanz in Kraft umgesetzt. Die hierdurch entstehenden Verluste müssen durch neu zugeführte Nahrungsstoffe ausgeglichen werden. Eiweiß, Fett und Stärke sind wichtige Aufbaustoffe, die, von der Pflanze erzeugt, der tierische Körper dringend benötigt und entweder direkt von der Pflanze oder auf dem Umweg über pflanzenfressende Nahrungstiere beziehten.

Dabei hat jedes Tier seine ihm angeborene Art, sich zu ernähren. Sie ist bedingt durch Körperbau und Charakter. In der freien Natur sucht es sich zusagende Nahrung, in der Gefangenschaft ist es dagegen ausschließlich auf die Einsicht, um nicht zu sagen die Willkür des Pflegers angewiesen. Wollen wir daher unsere Fische richtig ernähren, so müssen wir ihre Futtergewohnheiten studieren. Erst dann, wenn wir uns darüber klargeworden sind, ob wir die notwendige Nahrung auch beschaffen können, sollen wir uns zum Erwerb einer bestimmten Fischart entschließen. Es ist zwecklos, Raubfische an Trockenfutter gewöhnen zu wollen, denn entweder verweigern sie es ganz und gar, oder es bekommt ihnen nicht und führt zu Erkrankungen. Ebenso nachteilig ist es, wenn wir unsere Fische jahraus, jahrein mit immer dem gleichen Futter versorgen, denn jedes Futter hat seine bestimmten Nährsubstanzen, und nur im Wechsel der Futterarten können alle Ansprüche unserer Pfleglinge berücksichtigt werden.

Es mögen daher bei der Fütterung die folgenden Grundsätze gelten:
1. Füttere den Ansprüchen der Fische und nicht deinen Wünschen gemäß;
2. Füttere abwechslungsreich und nütze alle Möglichkeiten der Jahreszeiten hierbei aus;
3. Füttere nicht zu reichlich, aber auch nicht zu knapp, möglichst mehrere Male am Tage. Beobachte deine Tiere, ob sie freudig oder unlustig fressen.

Lebendes Futter

Wasserflöhe (Daphnia magna, Daphnia pulex und andere)

Die zu den niederen Krebsen gehörenden Wasserflöhe (Cladocera) sind für die Ernährung unserer Aquariumfische von Wichtigkeit, sind sie doch in den Gewässern unserer Heimat fast allgegenwärtig und deshalb leicht zu beschaffen. Sie können damit zur Grundnahrung der meisten Zierfischarten gezählt werden, die man diesen in Gefangenschaft anbieten kann. Wenn auch ihr Nährwert je nach Jahreszeit und Gewässer recht unterschiedlich sein kann, so ist er doch meist ausreichend, unsere Fische bei guter Gesundheit zu erhalten, besonders dann, wenn man Wasserflöhe im Wechsel mit anderen Futterarten reicht.

Der Körper der Wasserflöhe ist von einer aus zwei Hälften bestehenden, durchsichtigen Schale umgeben, die eine gute Beobachtung der inneren Organe unter dem Mikroskop ermöglicht. Man sieht das Herz in voller Tätigkeit, das pulsierende Blut, den Darm und die Eier oder Jungen im Brutraum. Die Augen sind beim voll erwachsenen Tier zu einem Stirnauge verschmolzen. Eines der Fühlerpaare ist kräftig entwickelt und an den verzweigten Enden mit Haarborsten versehen. Es dient der Fortbewegung. Beim Niederschlagen der Fühler wird der Körper vorwärts bewegt. Da er bei ihrem Hochheben wieder absinkt, entsteht die eigenartig hüpfende Bewegungsform, die den Krebschen ihren Namen »Wasserflöhe« eingetragen hat. Die übrigen 4 bis 6 Paar Beine sind unter der Schale verborgen und dienen dem Nahrungserwerb. Sie bilden bei den

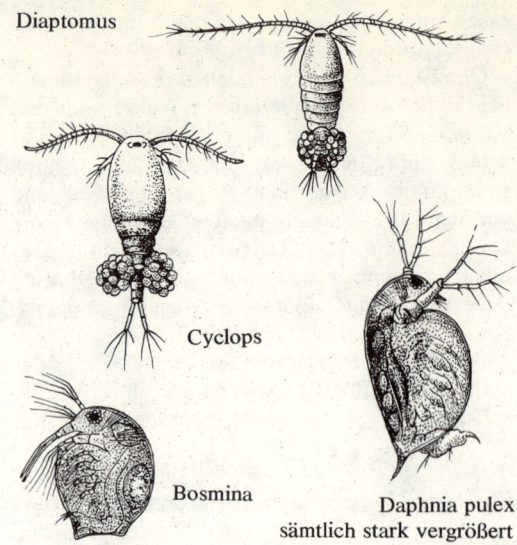

Diaptomus

Cyclops

Bosmina

Daphnia pulex
sämtlich stark vergrößert

uns hier fast ausschließlich interessierenden friedlichen Arten einen Strudel-und Filterapparat, der die aus Algen, Infusorien und allerhand organischen Abfällen bestehende Nahrung in den Körper hineinstrudelt und aussiebt.

Bemerkenswert ist die Fortpflanzung der Wasserflöhe. Jeder Aquarienfreund, der selbst auf Futterfang geht, wird über das plötzliche und meistens massenhafte Auftreten des begehrten Futters ebenso erstaunt sein wie über das schlagartige Verschwinden. Das zwingt dazu, immer neue Fangplätze aufzusuchen. So können Wasserflöhe plötzlich in Massen in Tümpeln erscheinen, die bis zum Grunde ausgefroren oder im Sommer ausgetrocknet waren. Das alles hängt mit der Fortpflanzungsweise zusammen. Wasserflöhe bringen im Herbst oder in Notzeiten Dauereier hervor, die Kälte oder Trockenheit ohne Schaden zu überdauern vermögen. Erwecken z. B. im Frühling die Schneeschmelze oder der erste warme Regen diese Eier zu neuem Leben, so entstehen daraus zunächst ausschließlich Weibchen, die unablässig weitere Weibchen erzeugen.

Betrachten wir ein solches Tier unter dem Mikroskop, so können wir in dem am Rücken liegenden Brutraum entweder Eier oder aber die zappelnden Jungen erkennen, die schon nach wenigen Tagen das Muttertier verlassen, um ihrerseits wieder Junge hervorzubringen. Die Eier entwickeln sich parthenogenetisch, das heißt ohne Zutun von Männchen. Muttertier und Junge wetteifern in der Produktion immer neuer

Generationen. Das erklärt, warum die Vermehrung der Wasserflöhe so ungeheuer stark ist. Die Massenvermehrung ist aber wiederum die Ursache für das plötzliche Verschwinden. Die Millionenzahl findet keine Nahrung mehr und es mangelt ihr an Sauerstoff. An einem schwülen Gewittertag im Sommer kann es dann geschehen, daß das Leben der Riesenscharen mit einem Schlag ausgelöscht ist. In »Vorahnung« einer solchen Katastrophe sind jedoch rechtzeitig männliche Krebschen erschienen, so daß nun befruchtete Dauereier erzeugt werden. Diese liegen als schwarze glänzende Schuppen im Brutraum und sind nach dem Absterben der Muttertiere oft in großen Mengen im flachen Uferwasser zu finden.

Arten: Großer Wasserfloh (Daphnia magna) Länge bis 6 mm,
Gemeiner Wasserfloh (Daphnia pulex), Länge bis 4 mm,
Langdorniger Wasserfloh (Daphnia longispina), Länge etwa 2 mm,
und andere mehr.

Vorkommen: Von April bis Ende Oktober (oft auch länger) in Seen, Teichen und Tümpeln. Besonders häufig in Dorfteichen, auf denen Wassergeflügel schwimmt. Erscheinen im Sommer manchmal in solchen Mengen, daß sie das Wasser rot oder graugrün färben. Beim Fang ist auf die Windrichtung zu achten: Die Tiere werden vom Wind entweder an einer Uferseite zusammengetrieben, oder sie befinden sich im Windschatten überhängender Ufer.

Verfütterung: Man gebe nicht zu große Mengen auf einmal. Vor allem im Warmwasseraquarium und im heißen Sommer sollte man lieber mehrmals am Tage kleinere Portionen verfüttern, da die Krebse im Aquarium schnell absterben und außerdem viel Sauerstoff verbrauchen. Wasserflöhe werden von allen Fischen, mit Ausnahme einiger größerer Fischarten, gern genommen.

Hälterung: Wasserflöhe halten sich in größeren Emaille- und Plastikwannen (keinesfalls metallene Gefäße verwenden!) bei kühlem, nicht sonnigem Standort auch im Sommer einige Tage, wenn man abgestandenes, zuvor kräftig durchlüftetes Wasser verwendet. Wichtig ist es, daß man die Tiere nicht schon auf dem Transport schwächt. Beste Beförderung feucht auf Gazerähmchen, die man zweckmäßig in einem Transportkasten unterbringt. Auch sollte man nie mehr Krebschen fangen als man unterbringen

kann. Das Wasser im Hälterungsgefäß muß mit der Temperatur auf dem Transport einigermaßen übereinstimmen. Zu große Wärmeunterschiede können die Krebschen sofort abtöten. Das gleiche kann eintreten, wenn man gehälterte Wasserflöhe unvermittelt aus dem kühlen Hälterungswasser ins Warmwasseraquarium bringt. Was dann nicht sofort gefressen wird, kann sehr schnell absterben und das Wasser verpesten. Eine gute Aufbewahrungsmöglichkeit sind im Sommer auch Regentonnen im Garten.

Hüpferlinge

Die Hüpferlinge bilden eine Ordnung innerhalb der artenreichen Kleinkrebsklasse der Ruderfüßer (Copepoda). Den Aquarianer interessieren als Futtertiere vornehmlich die beiden Gattungen Cyclops und Diaptomus, die sich außer durch die Schwimmweise dadurch unterscheiden, daß die Weibchen von Cyclops paarige Eiersäckchen, die von Diaptomus jedoch nur ein unpaares tragen. Die Copepoden sind getrenntgeschlechtlich, man findet also Männchen und Weibchen. Die aus den Eiern schlüpfenden Larven (Nauplien) sind ein hervorragendes Futter für Jungfische in den ersten Lebenstagen. Die Nauplien von Diaptomus werden als Aufzuchtfutter für junge Glasbarsche (Chanda ranga) sehr geschätzt, weil diese die Diaptomuslarven angeblich allem anderen vorziehen sollen.

Vorkommen: Zum Teil in den gleichen Gewässern wie die Wasserflöhe. Diaptomus findet sich aber oft in Waldtümpeln, die kühl und beschattet sind, oder in ähnlichen Wasservorkommen. Hüpferlinge treten vor allem im Frühjahr oder Herbst in größeren Mengen auf. Oft kann man sie aber auch noch im Winter unter dem Eis erbeuten.

Verfütterung: Cyclops sollte man nicht in zu großer Menge verabreichen, weil sie geschwächten Fischen und Jungfischen gefährlich werden können. Das gilt vor allem, wenn man Jungfische mit Nauplien füttert, weil diese oft schneller heranwachsen als die Fischchen.

Hälterung ähnlich wie bei Daphnien, doch sind Hüpferlinge im allgemeinen ausdauernder.

Flohkrebs (Gammarus pulex)
und *Wasserassel* (Asellus aquaticus)

Flohkrebs und Wasserassel zählen bereits zu den höheren Krebsen. Die Wasserassel wird 10–20 mm lang. Sie bewegt sich langsam kriechend zwischen Wasserpflanzen und faulenden Pflanzenteilen, vermag jedoch bei Gefahr recht gut zu schwimmen. Trockenzeiten übersteht sie tief im Schlamm verborgen. Das Weibchen trägt die Eier und die frischgeschlüpften Jungen in einem Brutsack an der Unterseite des Leibes mit sich herum. Wasserasseln kann man leicht erbeuten, wenn man ein Bündel Fadenalgen oder Wassermoose aus dem Wasser heraushebt. Meistens kann man die Tiere dann in größeren Mengen davon ablesen.

Der Flohkrebs hat seine meisten Verwandten im Meer. Unser Bachflohkrebs ist seitlich kräftig zusammengedrückt und wird bis 1 cm lang. Man findet ihn vor allem in Gräben und anderen Fließgewässern, soweit sie nicht verunreinigt sind, unter Steinen, Holzstücken und in Pflanzenpolstern. Hier bewegt er sich kriechend vorwärts, doch kann er unter kräftigen Bewegungen des Schwanzteiles sehr schnell schwimmen. Im allgemeinen nährt er sich von abgestorbenen Pflanzenteilen, kann aber jederzeit auch zu animalischer Kost übergehen. Eier und Junge werden von der Mutter ähnlich wie bei der Wasserassel eine zeitlang betreut.

Beide Krebschen sind das ganze Jahr über zu finden, auch unter dem Eis. Sie werden von allen größeren Fischen gern gefressen, können aber Überträger von Fischschmarotzern sein.

Mückenlarven

Die Larven der verschiedenen Mückenarten (Nematocera) sind ein begehrtes und nahrhaftes Fischfutter. Für manche Zierfischarten ist die Fütterung damit, ganz besonders mit den sogenannten schwarzen Mückenlarven, Voraussetzung für einen Zuchterfolg im Aquarium.

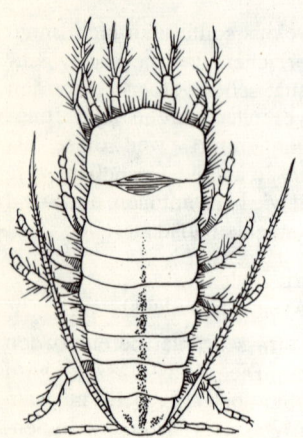

Wasserassel
(Asellus aquaticus)
vergrößert

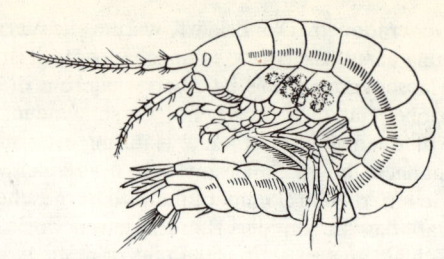

Bachflohkrebs (Gammarus pulex) vergrößert

Die Mücken bevorzugen zur Eiablage kleinere Gewässer, Tümpel, Gräben, Überschwemmungsgebiete, die Regentonnen im Garten usw. Leider dient die Tatsache, daß einige der Mücken stechen und Überträger fieberhafter Erkrankungen sein können, als Vorwand dafür, biologisch wertvolle Tümpel zuzuschütten. Es soll deshalb in diesem Zusammenhang darauf hingewiesen werden, daß die lästigsten Stechmücken Formen der Regentonnen, der Abwassergräben und überschwemmter Wiesen sind. Der Schaden, der durch sinnlose Bekämpfungsmaßnahmen in der Natur angerichtet wird, ist weit größer als der vermeintliche Nutzen.

Büschelmückenlarven. Die weißen und durchsichtigen Larven der für den Menschen harmlosen Büschelmücke (Corethra), deren Männchen an den feingefiederten Fühlern am Kopf zu erkennen sind, fallen durch ihre waagerechte Schwimmlage sofort auf. Diese wird durch zwei silberglänzende, mit dem bloßen Auge erkennbare Luftbehälter bewirkt. Durch Aufnahme und Abgabe von Luft wird die Schwebestellung je nach Wassertiefe aufrecht erhalten. Die Aufnahme von Atemluft erfolgt nicht wie bei anderen Mückenlarven an der Oberfläche, sondern durch die Haut direkt aus dem Wasser, dem der freie gelöste Sauerstoff entzogen wird.

Vorkommen: In klaren Gewässern, Teichen und Seen. In der kälteren Jahreszeit, vom Herbst bis zum Frühjahr, treten die Larven oft in großen Massen auf. Man kann sie auch unter dem Eis erbeuten.

Verfütterung: Vorsicht bei Jungfischen oder kleinen Fischarten, denn Büschelmückenlarven sind räuberisch! Sie werden aber von allen Fischen, vor allem von den größeren, gern genommen. Die Mücken stechen nicht!

Hälterung: Die weißen Mückenlarven halten sich in größeren, kühl (aber frostfrei) stehenden Gefäßen ziemlich lange.

Stechmücken (Culex und andere Gattungen). Die sogenannten schwarzen Mückenlarven sind eine besonders wertvolle Nahrung für Zierfische. Sie bilden auch in deren Heimatgebieten zeitweise die hauptsächliche Fischnahrung. Für den Liebhaberzüchter sind sie insofern von Bedeutung, als bestimmte Fischarten mit diesem Futter eher laichwillig werden als mit jedem anderen.

Vorkommen: In Tümpeln, Pfützen, Wiesengräben, Regentonnen, vom Frühjahr bis zum Herbst. Zu manchen Zeiten sind sie in großen Massen zu finden.

Verfütterung: Die Larven werden gern genommen, doch sollte man wegen der möglichen Mückenplage nicht mehr reichen, als sofort gefressen werden.

Hälterung: Im allgemeinen nicht empfehlenswert, vor allen Dingen nicht in offenen Gefäßen, Aufbewahrung evtl. in einem größeren, geschlossenen Plastikbeutel, der vor der Entnahme von Larven umgestürzt wird, um etwa geschlüpfte Mücken zu vernichten.

Zuckmückenlarven, rote (Chironomus und andere Gattungen, vorwiegend Chironomus thummi)

Vorkommen: In schlammigen Gräben, Abwässern usw. das ganze Jahr, vor allen Dingen im Winter.

Verfütterung: Nahrhaftes Futter, das sehr gern genommen wird. Bei einseitiger Fütterung mit Chironomus sind Erkrankungen beobachtet worden. Auch kann es vorkommen, daß die Fische die Annahme verweigern. Nicht zuviel auf einmal füttern, da sich die übrigbleibenden Larven im Boden verkriechen.

Hälterung: a) In flachen Schalen bei wenig Wasser; dieses täglich wechseln, das rötlich

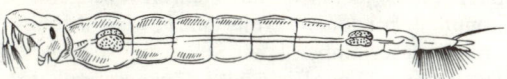

Weiße Mückenlarve (Corethra) vergrößert

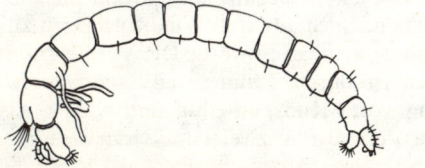

Rote Mückenlarve (Chironomus) vergrößert

gefärbte Wasser weggießen. Ohne Wasser unter feuchten Tüchern kühl, aber frostfrei aufbewahren. Abgestorbene Tiere entfernen.

b) In dauernd fließendem Wasser.

Ziemlich lange haltbar. Die fertigen Zuckmücken stechen nicht!

Regenwürmer (Lumbricus, verschiedene Arten)

Vorkommen: Im gesamten Erdreich, auch unter feuchtem Laub, das ganze Jahr über. Im Winter und bei Trockenperioden ohne Darminhalt und eng zusammengerollt in kleinen Erdhöhlen.

Verfütterung: Ein sehr nahrhaftes Futter, je nach Größe für mittlere und große Fische unentbehrlich, besonders für Cichliden. Die oben genannten, im Ruhezustand befindlichen Würmer werden besonders gern gefressen. Im Übermaß verabreicht stellen sich bei den Fischen leicht Verfettung und Unfruchtbarkeit ein. Auch sollte man große, geschlechtsreife Würmer möglichst nicht verfüttern, da hierbei schon Vergiftungserscheinungen beobachtet worden sind. Für die Entleerung des Darmes kann man dadurch sorgen, daß man die zur Verfütterung bestimmten Würmer in ein mit Gaze verschlossenes Einmachglas bringt, bis der Darm leer und der Hautschleim am Glas abgestreift ist.

Hälterung: In Kisten mit Erde; besonders bei Ernährung mit Laub, Möhren, gekochten Kartoffeln usw. nicht nur lange haltbar, sondern auch zu züchten. Hierfür bringt man etwa 20 ausgewachsene Würmer in eine flache Kiste von etwa 50 cm × 50 cm Seitenlänge und hält sie darin wie nachstehend unter »Enchyträen« geschildert. Die Erde darf nur mäßig feucht sein, zu große Nässe tötet die Tiere ab.

Enchyträen (kleine weiße Würmer, nahe Verwandte des Regenwurms)

Haltung und Zucht in flachen Holzkisten mit gut schließendem Deckel, die mit Erde gefüllt werden. Dabei achte man darauf, daß in der verwendeten Erde kein Kunstdünger enthalten ist. Auch Erde von Komposthaufen ist zu vermeiden. Am besten eignet sich Walderde oder solche von Wiesen und Äckern, die dauernd mit Naturdünger oder gar nicht gedüngt wurde. Erde von Maulwurfshaufen ist meist weitgehend frei von Ungeziefer. Zur Auflockerung kann Torfmull im Verhältnis 50:50 zugesetzt werden. Kühl und dunkel stellen, die Fütterungsstelle mit einer aufliegenden Glasplatte abdecken. Hiervon wird zwar oft abgeraten, doch hat die Abdeckung den Vorteil, daß sich die Würmer zum Teil unter der Scheibe sammeln und hier bequem entnommen werden können. Fütterung der Würmer mit angefeuchtetem Weißbrot, aber auch mit Haferflocken, gekochten Kartoffeln oder mit Speiseresten. Ein neuer Zuchtansatz braucht mindestens drei Wochen unbedingte Ruhe. Die Erde darf keinesfalls umgewühlt werden. Am besten werden von vornherein mindestens zwei, bei größerem Bedarf auch mehr Kisten angelegt, aus denen reihum Würmer entnommen werden. Die Erde in den Kulturen darf nicht zu feucht sein!

Spinnen und Kellerasseln, die sich in der Kiste ansiedeln, können darin belassen werden, da sie die schädlichen Milben vertilgen.

Die Erde kann in der Weise erneuert werden, daß man die Kästen der prallen Sonne aussetzt. Die Würmer ziehen sich dann aus der verkrusteten oberen Erdschicht auf den Boden der Kisten zurück. Die obere Kruste kann man dann leicht abheben und durch neue Erde ersetzen. Danach neue, starke Vermehrung der Enchyträen.

Vorsicht beim Verfüttern. Nicht zuviel reichen, da Verfettung, Unfruchtbarkeit und Farblosigkeit der Fische die Folge sein kann. Als gelegentliche Bereicherung des winterlichen Futterangebotes sehr zu empfehlen.

Schlammröhrenwürmer (Tubifex)

Vorkommen: In Seen, Teichen, Flüssen und Gräben mit schlammigem Untergrund. Die roten, schleimfädigen und sehr dünnen Würmer von 1—6 cm Länge stecken mit dem Kopf im Schlamm, während das Hinterende schwingende Bewegungen ausführt. Bei Wasserverschmutzung treten Tubifex in so großer Menge auf, daß der Gewässerboden eine rote Färbung annimmt. Sie sind das ganze Jahr über zu finden, auch im Winter. In dieser Zeit sind sie in der Regel das einzige Lebendfutter, das im Handel angeboten wird.

Verfütterung: Tubifex ist zwar eine beliebte, aber nicht ganz unbedenkliche Nahrung für Aquariumfische, da sie oft aus stark verschmutzten Gewässern stammen. Man verfüttert sie am besten aus einem an der Oberfläche schwimmenden Futtersieb, durch dessen Löcher die Würmer hindurchkriechen und dabei von den Fischen abgezupft werden. Sonst besteht die Gefahr, daß die nicht gefressenen Tiere sich im Boden ver-

kriechen, entweder unangenehme Trübungen hervorrufen oder beim Absterben Fäulnisprozesse im Bodengrund verursachen.

Lebendes Futter für Jungbruten

Die meisten Jungfische schlüpfen nach mehr oder weniger langer Zeit in einem larvenähnlichen Zustand aus den Eiern. Sie sind zunächst mit einem Dottersack behaftet, der ihnen in den ersten Tagen als Nahrungsquelle dient. In diesem Zustand hängen sie meist an Pflanzen oder Scheiben oder werden bei Brutpflege übenden Fischen in Nestern und Gruben bewacht. Erst wenn sie frei schwimmen, bedürfen sie der Nahrung. Es gibt Fischarten, deren Jungbrut ausschließlich lebendes Futter frißt, während andere auch staubfeines Trockenfutter, durch ein feines Tuch gedrückte Enchyträen, Daphnien, aufgeschwemmtes Eigelb oder ähnliches zu sich nehmen. Zu bemerken ist, daß lebendes Futter oft nicht zu ersetzen ist. Wo es fehlt, bleiben die Jungfische mancher Arten im Wachstum zurück oder erleiden andere körperliche Schädigungen. Sie sind dann anfällig gegen Krankheiten und holen das Versäumte oft auch später nicht ein.

Infusorien (Einzeller verschiedener Arten)

Unter der Bezeichnung »Infusorien« pflegt der Aquarienfreund alle Arten von einzelligen Lebewesen zusammenzufassen, die in der zoologischen Systematik als Geißeltierchen (Flagellata), Wurzelfüßer (Rhizopoda) und eigentliche Infusorien (Ciliata) getrennt sind. Wie schon der Name Einzeller (Protozoa) sagt, bestehen die Körper aus einer einzigen Zelle. Dennoch können sie recht kompliziert gebaut sein – die einzelnen Lebensfunktionen werden dann eben von den Teilen der *einen* Zelle ausgeübt. Es kann aber auch zu Gemeinschaften mehrerer Einzeltiere kommen, bei denen bereits eine gewisse Arbeitsteilung unter einheitlicher Steuerung stattfindet. Die Artenzahl der Einzeller ist äußerst groß, ihre Heimat die ganze Erde. Infolge ihrer Fähigkeit, sich in der Trockenheit einzukapseln und mit dem sie umgebenden Staub vom Wind forttragen zu lassen, sind sie allgegenwärtig. Die Vermehrung erfolgt meist durch Teilung, teils auch durch Ablösung von »Knospen«, hin und wieder ist auch die Vereinigung zweier Individuen zu beobachten.

Einzelne Arten können sich schnell ins Ungeheure vermehren. So führen Milliarden von Individuen Erscheinungen wie die sogenannte Wasserblüte herbei. Gewisse Einzeller, z. B. das zu den Geißeltierchen gehörige Grüne Augentierchen (Euglena viridis), sind gleich den Pflanzen mit Chlorophyll ausgerüstet und stehen auf der Grenze zwischen Tier und Pflanze. Die Lebensweise der Einzeller ist fast immer räuberisch. Entweder ernähren sie sich von Bakterien, wobei die benötigte Menge enorm ist, oder von anderen Einzellern, die sie mit Hilfe raffiniert gebauter Mundwerkzeuge überwältigen. Andere Arten fallen sogar über höhere Tiere und deren Brut her und können sie bis zur Vernichtung schädigen. Als Beispiele hierfür, die den Aquarianer interessieren, seien die laichschädigenden Infusorien der Gattung Coleps genannt, deren Mundwerkzeuge einer Kreissäge gleichen, mit denen sie die Eihüllen durchbohren, ferner der Fischverderber (Ichthyophthirius multifiliis), der allen Aquarienfreunden nur zu gut bekannt ist.

Im Aquarium kann man eine große Zahl verschiedenartigster Einzeller beobachten, zumal, wenn es alt eingerichtet ist und keine Jungfische enthält. An den Scheiben, auf der Oberfläche und am Boden treffen wir auf Wechseltierchen (Amoeba). Der Algenbelag wimmelt von Pantoffeltierchen (Paramecium), von Trompetentierchen (Stentor), den kompliziert gebauten Muscheltierchen (Stylonychia) und anderen. An den Wasserpflanzen finden wir die dichten Kolonien der reizenden Glockentierchen (Vorticella), die auf langen Stielen sitzen und sich spiralig zusammenziehen.

Vorkommen: In Gewässern jeder Art, meist vom Frühjahr bis Herbst. Zum Fang genügend feines Netz verwenden (Müllergaze XV, Dederon- oder Perlongaze 12). Da in fast allen Gewässern Infusorien vorhanden sind, ist bei erfolglosem Fang zunächst zu prüfen, ob das Netz nicht zu grobmaschig ist. Infusoriennetze müssen dem Wasser erheblichen Widerstand entgegensetzen, weshalb der Fang nur schöpfend, nicht ziehend, möglich ist.

Verfütterung: Das Futter ist mit Hilfe von Tüchern oder Sieben sorgfältig nach der Größe zu sortieren. Das Einbringen zu großer Futtertiere kann den Zuchterfolg vollständig zunichte machen. Man reiche niemals größeres Futter, als die Jungfische zu bewältigen vermögen. Andererseits achte man darauf, daß viele Jungfische nicht auf Futterjagd gehen, sondern im Futter »stehen« müssen. Fütterung im Dunkeln beim

Infusorien aus einem Aquarium

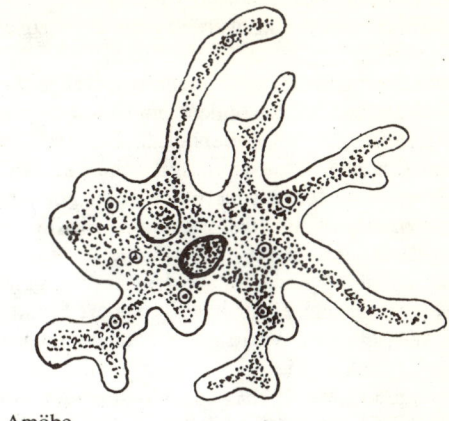

Amöbe

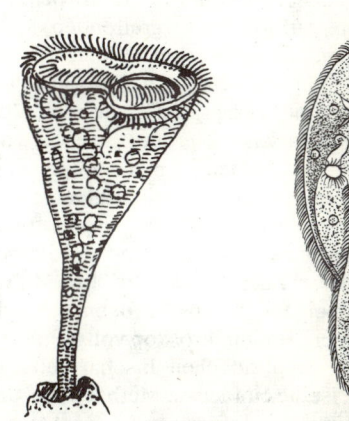

Trompetentierchen   Pantoffeltierchen

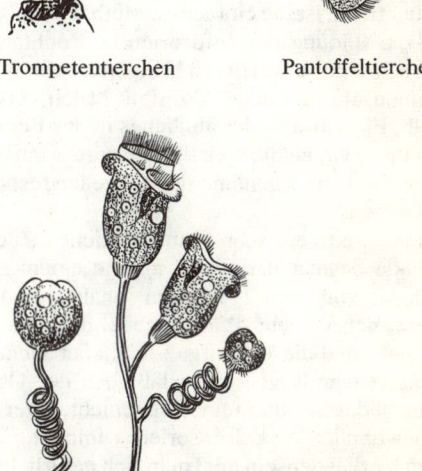

Glockentierchen

Alle stark vergrößert

Schein einer Taschenlampe erweist sich oft als zweckmäßig, da Infusorien und Jungfische vom Lichtkegel angelockt werden und dort zusammentreffen.

Beachte: Der Laich einiger tropischer Zierfischarten gilt als besonders empfindlich gegen Bakterien- und Infusorienbefall. Das trifft vor allem für die »Schwarzwasserfische« zu, die in weichem und leicht saurem Wasser gezüchtet werden. Es scheint, daß die dünne Eihülle den Angriffen laichschädigender Bakterien und Infusorien nicht genügend Widerstand entgegenzusetzen vermag. Hier bildet die saure Reaktion des Wassers (pH-Werte unter 7) einen gewissen Schutz, indem sich im sauren Milieu laichschädigende Mikrolebewesen kaum oder überhaupt nicht entwickeln können.

Bei infusorienempfindlichen Fischarten halte man das Zuchtbecken von Anfang an peinlich infusorienfrei. Auf die zu ergreifenden Maßnahmen werden wir im Kapitel »Winke für die Zucht von Aquarienfischen« näher eingehen. Hier sei nur so viel gesagt, daß man beim Verfüttern von Infusorien mit großer Sorgfalt vorgehen muß. Da man jedoch oft nicht umhin kann, die Jungfische in den ersten Lebenstagen damit zu füttern, ist es ratsam, auf den Fang in freien Gewässern lieber zu verzichten und stattdessen den Bedarf durch Zucht zu decken. Ein Mikroskop ist hierbei zur Kontrolle unentbehrlich, jedoch genügt ein Handmikroskop vollständig.

Bei weniger empfindlichen Fischarten, z. B. Anabantiden, ist die einfachste Methode die, daß man die Bildung von Infusorien im Zuchtaquarium selbst fördert. Hierzu bringt man ein Stück Bananenschale, einige Tropfen Milch, etwas Eigelb, Fleischsaft oder ähnliches in das Becken ein. (Vorsicht, nicht zu viel!) Man wird dann bald eine erhebliche Zunahme der Einzeller feststellen können.

Eine weitere, sehr gebräuchliche Zuchtmethode besteht darin, daß man in einem Einmachglas von etwa 2–3 Litern Inhalt Heu oder andere getrocknete Pflanzenteile mit Wasser übergießt und diesen Aufguß hell, aber nicht zu sonnig, einige Tage stehen läßt. An der Oberfläche bildet sich dann eine Fettschicht, unter der es gewöhnlich von Infusorien wimmelt. Von deren Vorhandensein muß man sich natürlich mit Hilfe des Handmikroskops überzeugen. Die obere Wasserschicht wird dann je nach Bedarf mit einem Löffel vorsichtig abgeschöpft, durch ein feinmaschiges Tuch oder Filterpapier ge-

gossen und verfüttert. Entnommenes Wasser wird durch neues, gleichtemperiertes ersetzt. Hierauf ist besonders zu achten, denn Infusorien dürfen genau wie anderes Lebendfutter nicht plötzlichem Temperaturwechsel ausgesetzt werden. Sie sterben dann sofort ab.

Die vorgenannten zwei Methoden haben den Nachteil, daß man in bezug auf die sich bildenden Infusorien dem Zufall ausgeliefert ist. Sie können also bei der Zucht infusorienempfindlicher Fischarten keine Anwendung finden. Besser ist hier die planmäßige Züchtung von Pantoffeltierchen (Paramecium caudatum). Diese werden in den ersten Lebenstagen von den meisten Jungbruten gern genommen und sind völlig unschädlich. Hierzu werden Kohlrüben in Würfel von 1 cm Kantenlänge geschnitten und an der Sonne oder bei schwachem Herdfeuer getrocknet. Sie können dann in diesem Zustand lange Zeit aufbewahrt werden. Bei Bedarf wird je ein Würfel in ein Einmachglas von 1 Liter Inhalt getan und mit abgestandenem Leitungswasser übergossen. Der Rübenwürfel zersetzt sich und bildet einen Belag auf dem Boden des Glases. In das Wasser kommt ein Tropfen der Flüssigkeit aus einer schon bestehenden Parameciumkultur, aus einer »Mikrokultur«, von der Oberfläche eines Heuaufgusses oder etwas Tümpelwasser. Bald wird man im Zuchtglas unter der Oberflächenhaut eine reiche Vermehrung der Pantoffeltierchen beobachten können, während andere, meist unerwünschte Infusorien aus Sauerstoffmangel absterben. Die Pantoffeltierchen bilden eine leichte Trübung und sind gegen das Licht mit dem bloßen Auge gerade noch zu erkennen. Durch ein feinstmaschiges Tuch oder Filterpapier gefiltert, bleiben sie in diesem zurück und können verfüttert werden. Dabei ist wiederum darauf zu achten, daß die Wassertemperatur des Zuchtansatzes mit dem des Aquariums übereinstimmt. Eventuell versuche man die folgende Art der Verfütterung, die in Züchterkreisen ausprobiert wurde und praktischer erscheint als die umständliche und unzuverlässige Ausfilterung. Man füllt eine Flasche bis knapp unter den oberen Rand mit der Parameciumflüssigkeit. Aus Kunstfaserwatte fertigt man sich einen von einem Fädchen durchzogenen Stopfen. Dieser wird so in den Flaschenhals hineingedrückt, daß 2–3 cm Flüssigkeit darüber stehen. Die lufthungrigen Infusorien werden sich nach einiger Zeit durch die Watte hindurchgearbeitet und im Raum oberhalb des Stopfens angesammelt haben. Zieht man diesen über dem Zuchtaquarium mit einem Ruck heraus, so werden die Pantoffeltierchen konzentriert hineingespült. Diese Maßnahme läßt sich mit einer Füllung mehrmals wiederholen.

Gebrauchsfertige Paramecien-Zuchtgeräte kann man hier und da auch im Fachhandel erwerben. Ferner werden Präparate angeboten, mit deren Hilfe man schnell den Bedarf an Infusorien decken kann. Eingetrocknete, also im Ruhezustand befindliche Infusorien werden zusammen mit den notwendigen Nährstoffen für die erste Entwicklung in Tablettenform gebracht. Wird das Präparat in Wasser gebracht, werden die Einzeller »zum Leben erweckt«.

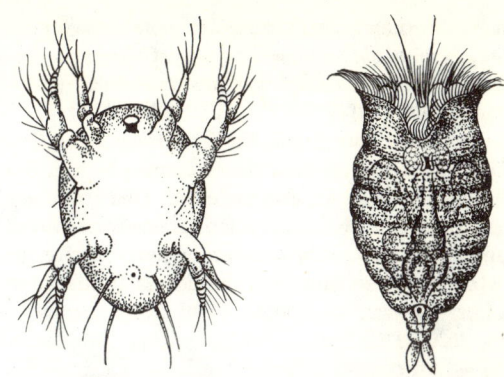

Nauplius von Cyclops (200fach vergrößert)   Schema eines Rädertierchens (stark vergrößert)

Staubfutter

Unter dem Begriff »Staubfutter« faßt der Aquarianer eine Anzahl verschiedenartiger Kleinlebewesen zusammen, die lediglich ihre geringe Größe gemeinsam haben. Diese Organismen bilden mit das wichtigste Aufzuchtfutter für Jungfische. Die Jungen vieler Fischarten nehmen Staubfutter vom ersten Tage des Freischwimmens an, andere wiederum erst nach Überwindung der Infusorienperiode, die meist etwa 3–5 Tage beträgt.

Staubfutter besteht gewöhnlich aus folgenden Tieren: Larven (Nauplien) und Jugendstadien der verschiedenen Kleinkrebse, die meist nur der Fachmann unterscheiden kann, so z. B. soeben geborene Daphnien, Nauplien von Diaptomus und Cyclops, Rüsselkrebschen (Bosmina) und nicht zuletzt die verschiedenen Arten der Rädertierchen (Rotatoria). Die Nauplien des in Kulturen erbrüteten Salzkrebschens Artemia salina können ebenfalls zum Staubfutter gezählt werden.

Cyclopsnauplien sind, wie schon an anderer Stelle gesagt, mit Vorsicht zu verfüttern. Jedenfalls reiche man immer nur so viel, wie sofort gefressen werden können, da sie oft schneller heranwachsen als die Jungfische und diese dann anfallen. Die Bosminen oder Rüsselkrebschen, die sehr klein sind, halten sich meist im freien Wasser von Teichen und Seen auf, wo oft auch der Hüpferling Diaptomus und dessen Nauplius zu finden ist. Ein hervorragendes Futter sind *Rädertierchen* (Rotatoria), die zu der Sammelgruppe der »Würmer« gerechnet werden, obwohl sie äußerlich keinerlei Ähnlichkeit mit diesen zeigen. Es sind winzige, sehr kompliziert gebaute mehrzellige Tiere, die mit einem glasig durchsichtigen Panzer ausgestattet sind, durch den

hindurch alle Organe ausgezeichnet unter dem Mikroskop beobachtet werden können. Sie sind daher auch beliebteste Forschungsobjekte des Biologen. Man kennt etwa 600 verschiedene Arten, von denen kaum eine der anderen ähnelt. Alle haben einen Kranz von Strudelborsten vor der Mundöffnung gemeinsam, dessen Bewegungen bei oberflächlicher Betrachtung der Drehung eines winzigen Rades gleichen und den Tierchen ihren Namen eingetragen haben.

Staubfutter ist gleich den Infusorien mit feinsten Netzen zu fangen, vor Verfütterung nach der Größe auszusieben und nach Angleichung der Temperatur unverzüglich zu verfüttern. Die meisten Staubfuttertiere lassen sich nur schwer hältern.

Salinenkrebse (Artemia salina L. und andere)

Die Artemia-Arten zählen wie die Kiemenfüße, denen sie ähneln, zu den schalenlosen Krebsen. Sie sind über die ganze Erde verbreitet. So kommt z. B. Artemia salina auch in unserer Heimat in einigen Salinen vor. Die bekanntesten Vorkommen, die zugleich auch wirtschaftliche Bedeutung haben, befinden sich in den USA, so z. B. im Großen Salzsee im Staate Utah oder in Kalifornien. Die Artzugehörigkeit der verschiedenen Artemien ist oft schwierig festzustellen, da Größe und Farbe je nach der Salzkonzentration wechseln können. Die Fortpflanzung dürfte in einem ähnlichen Zyklus verlaufen, wie wir ihn von anderen Schalenlosen kennen. Die bräunlichen Dauereier werden in großen Massen gewonnen und nach gründlicher Säuberung in den Handel gebracht. Sie sind bei sachgemäßer Lagerung jahrelang haltbar, können innerhalb weniger Stunden zum Schlüpfen gebracht werden und stellen somit eine jederzeit verfügbare, keimfreie und hochwertige Lebendfutterreserve für Jungbruten und kleine Fischarten dar. Allerdings kann die Qualität, d. h. die Schlupffähigkeit der Dauereier, sehr unterschiedlich sein.

Die Eier werden als ein feinkörniges braunes Pulver in geschlossenen Röhrchen im Handel angeboten. Ihre Erbrütung erfolgt in einer Kochsalzlösung von etwa 10 g Kochsalz (jodfrei) je Liter Wasser. Die beste Temperatur liegt bei 23–25°C. Die Larven schlüpfen nach ungefähr 24–48 Stunden aus den Eiern.

Zum Erbrüten kann man verschiedene Verfahren anwenden. Das einfachste, zugleich aber auch unergiebigste besteht darin, daß man in eine flache Schale die entsprechende Menge Salzlösung und eine kleine Portion Eier auf die Oberfläche streut, am besten in einen Futterring. Durchlüftung wird nicht angewandt. Dieses Verfahren liefert nur geringe Mengen von Nauplien und ist daher nur für kleinsten Bedarf zu empfehlen.

Vorteilhafter ist dann schon die Erbrütung in Einmachgläsern unter Anwendung einer starken Durchlüftung, durch die die Eier kräftig durcheinander gewirbelt werden. Stellt man die Durchlüftung nach rund 30 Stunden ab, so sammeln sich die leeren Eihüllen meist an der Oberfläche, während die geschlüpften Larven, die rötlich gefärbt sind, sich in der Nähe des Bodens aufhalten. Sie können dann leicht mittels eines dünnen Schlauches über ein feinstmaschiges Sieb abgezogen werden. Allerdings hat dieses Verfahren den Nachteil, daß die Salzlösung rasch verdunstet und verspritzt.

Am günstigsten ist die sogenannte Flaschenkultur. Hierzu kann jede glasklar-durchsichtige Weinflasche verwendet werden. Man füllt sie etwa zur reichlichen Hälfte mit der Salzlösung und drückt einen zweifach durchbohrten Gummistopfen obenauf, durch den Luftzu- und -ableitung hindurchgeführt sind. Die Luftzuleitung, die bis zum Boden der Flasche führt, wird an die Luftpumpe angeschlossen. Der Luftstrom soll so stark sein, daß die Eier kräftig durcheinander gewirbelt werden. Nicht selten wird empfohlen, die aus der Flasche ausströmende Abluft dann noch zur Belüftung eines Aquariums oder zum Betrieb eines Filters zu verwenden. Ein solches Verfahren ist nicht ganz unbedenklich, vor allem dann nicht, wenn mehrere Flaschen zu einer Batterie zusammengeschlossen sind. Die dann ausströmende Luft ist sauerstoffarm und reich an Kohlensäure.

Die erste Entnahme von Nauplien kann etwa nach 36 Stunden erfolgen. Hierzu stellt man die Luftzufuhr ab. Wenn sich nach ungefähr 4–5 Minuten die rötlichen Larven in Bodennähe gesammelt haben, wird durch das kurze, bisher der Luftableitung dienende Rohr Luft in die Flasche geblasen. Diese drückt die Flüssigkeit samt Larven durch das lange, bis zum Boden reichende Rohr aus der Flasche heraus. Wenn man den Strahl über ein feinmaschiges Sieb (Artemia-Sieb) leitet, kann man (nach Durchspülen unter der Wasserleitung) die Nauplien bequem verfüttern. Das Salzwasser wird wieder in die Flasche zurückgegossen, die Flasche verschlossen und nochmals 12 Stunden durchlüftet stehen gelassen. Dann dürften die meisten Nauplien geschlüpft sein, doch kann man auch noch einen dritten Versuch unternehmen. Es muß dann ein Neuansatz erfolgen; hierzu ist jedesmal frische Salzlösung zu verwenden.

Die Artemialarven halten sich im Süßwasser nur ungefähr 6 Stunden lebend. Man bringe also nicht zuviel ins Aquarium. Da die Larven relativ groß sind, können sie nicht von den Jungfischen aller Arten sofort gefressen werden, sondern erst nach Ablauf von meist 6 Tagen. Die Jungfische von Cichliden, lebendgebärenden und in der Regel auch eierlegenden Zahnkarpfen fressen sie vom ersten Tage des Freischwimmens ab.

»Mikrofutter«
(Essigälchen, Anguillula silusiae;
ein Fadenwurm)

Essigälchen sind sehr kleine, im Wasser lebhaft bewegliche Fadenwürmer, die gewöhnlich in der Erde leben. Für Jungfische stellen sie von der 2. oder 3. Woche an ein gutes Futter dar. Allerdings werden sie nicht von allen Jungfischen genommen, weil sich die zarteren anscheinend nicht an die sich lebhaft bewegenden Würmer heranwagen.

Man züchtet die Würmer vorzugsweise in Einmachgläsern, deren Boden nach oben durchgewölbt ist. Den tiefer gelegenen äußeren Rand des Glasbodens bestreut man mit Haferflocken und gießt etwas Milch darüber, so daß ein Brei entsteht. Der erhöhte Mittelteil des Bodens ragt dann aus der Futtermischung heraus. Wenn diese anfängt säuerlich zu riechen, bringt man einen der auch im Handel angebotenen Mikroansätze ins Glas, deckt dieses gut zu und stellt es an einen warmen Ort. Die Würmer vermehren sich schnell und beginnen bald an den Wänden des Glases emporzukriechen. Mit einem weichen Aquarellpinsel kann man sie hier leicht abstreifen. Man schwenkt den Pinsel in einem Glas Wasser gut aus, läßt die Würmchen absetzen und schüttet die trübe Flüssigkeit darüber weg. Das wiederholt man solange, bis die Würmer einwandfrei sauber sind. Essigälchen, die bei der Verfütterung zu Boden gesunken sind und nicht mehr gefressen werden, sollte man vom Boden abziehen, weil es sonst leicht zu Trübungen und Infusorienbildung im Aquarium kommt. Man kann versuchen, die Würmchen im Strom der Durchlüftung einige Zeit schweben zu lassen oder sie an der Wasseroberfläche festzuhalten, nachdem man sie mit Filterpapier trocken gelegt hat.

Grindal-Würmchen (Enchytraeus buchholtzi)

Unter dieser Bezeichnung werden im Handel Zuchtansätze einer Enchyträenart angeboten, die als ein gutes Futter für Jungfische von der 3. oder 4. Lebenswoche an geschätzt werden. Sie können genau wie ihre größeren Verwandten (s. d.) in Kulturen gezüchtet werden, bedürfen aber eines wärmeren Standortes, da sie tropischer Herkunft sind. Die zwischen 20 und 24 C liegende günstigste Temperatur muß regelmäßig mit dem Thermometer kontrolliert werden.

Die ausgewachsenen Würmer haben eine Länge vo etwa 10 mm und sind sehr dünn. Daneben sind in jeder Kultur Jugendstadien in reichlichen Mengen und in Längen zwischen 3 und 6 mm zu finden. Benötigt man noch kleinere Würmer, so kann man sie nach Nachstedt in eine Streichholzschachtel bringen und mit trockenem Sand überstreuen, der ihnen die Feuchtigkeit entzieht. Nach 1 bis 2 Tagen haben sich die Würmchen zu einem Klumpen zusammengeballt und sind bedeutend kleiner geworden.

Trockenfutter

Industriell hergestellte Trockenfutter haben sich in den letzten Jahren in der Zierfischpflege immer mehr durchgesetzt. Das ist einesteils darauf zurückzuführen, daß in den stark industrialisierten Ländern die Beschaffung von Lebendfutter von Jahr zu Jahr schwieriger wird, anderenteils aber auch darauf, daß die Qualität der Trockenfuttersorten mehr und mehr vervollkommnet wurde. Während es früher als ein Notbehelf in

Zeiten galt, da man kein lebendes Futter auftreiben konnte, sind gute Markenfutter heute eine hochwertige Fischnahrung, die alles enthalten, was Fische zu ihrem Wohlbefinden benötigen.

Es ist infolgedessen ohne weiteres möglich, zahlreiche Aquarienfische nicht längere Zeit mit solchen Futterarten am Leben zu erhalten, ohne daß sie Schaden nehmen, sondern man wird auch ein ausreichendes Wachstum bis zur Erreichung der Fortpflanzungsfähigkeit, eine zufriedenstellende Vitalität und einen guten Gesundheitszustand damit erzielen.

Neuzeitliche Trockenfutter bestehen aus einem vielseitigen Gemisch von Rohstoffen natürlicher Herkunft und werden in verschiedener Form — als körniges Pulver, Flocken, Paste oder Tabletten — angeboten. Im allgemeinen bevorzugt der Zierfischliebhaber Mischfutter, die für möglichst viele Fischarten bekömmlich sind, doch gibt es auch Spezialfutter im Handel, z. B. für Jungfische oder für pflanzenfressende Fische.

Trockenfutter wird von allen Fischen ohne weiteres genommen, die in der Natur Kleintier-, Algen- und Detritusfresser sind, nicht dagegen von solchen, die nur Selbstbewegliches als Nahrung erkennen, z. B. eine ganze Reihe von kleinen Barschen und natürlich alle ausgesprochenen Raubfische.

Ungeachtet der Bekömmlichkeit guten Trockenfutters sollte man sich nicht allein auf dieses beschränken, sondern jede sich bietende Gelegenheit nutzen, um durch Verabreichung von Lebendfutter Abwechslung zu schaffen und seinen Fischen Gelegenheit zu geben, ihre Nahrung zu erjagen.

Für Trockenfutter gilt im besonderen Maße der Grundsatz, nicht zu viel auf einmal zu reichen, vor allem aber auch die Fische nicht zu überfüttern. Es kann dann leicht zu schädlichem Fettansatz kommen. Auch führen Futterreste unweigerlich zu Fäulnisprozessen im Aquarium mit allen ihren unangenehmen Begleiterscheinungen.

Frostfutter und gefriergetrocknetes Futter

Die Einführung von Gefriergeräten (Truhen und Schränken) in die Haushalte hat es möglich gemacht, Lebendfutter verschiedener Art tiefgefroren in den Handel und bis zum Endverbraucher zu bringen. Die so behandelten Futtertiere enthalten alle Nähr- und Wirkstoffe, die auch im lebenden Futter enthalten sind. Sie haben aber zudem noch den Vorteil, daß sie niemals Krankheitskeime enthalten, eine Gefahr, die bei Verabreichung von Lebendfutter immer besteht. Es muß lediglich darauf geachtet werden, daß die Kühlkette an keiner Stelle unterbrochen wird. Einmal aufgetautes oder angetautes Frostfutter kann nicht wieder eingefroren werden. Es empfiehlt sich daher, nur in solchen Portionen einzufrieren, die nach dem Auftauen restlos verbraucht werden können. Aufgetautes Frostfutter verdirbt sehr rasch.

Eine andere Art der Futterkonservierung ist das Verfahren der *Gefriertrocknung*. Futtertiere werden bei tiefen Kältegraden eingefroren und ihnen sodann das Wasser entzogen. Dadurch verlieren sie wohl an Volumen, nicht aber an Nährwert. Gefriergetrocknetes Futter wird von vielen Fischarten gern genommen und ist sehr haltbar.

Getrocknete Wasserflöhe

sind demgegenüber wirklich nur ein Notbehelf. Trocknung möglichst nur in der Sonne an heißen Sommertagen auf Gazerahmen, die so gestellt werden müssen, daß die Luft auch von unten her Zutritt hat. Trocknet man auf dem Herd oder Ofen ab, so muß man in der gleichen Weise verfahren, achte aber darauf, daß die Wasserflöhe nicht verbrennen. Die Wärme darf nicht zu groß sein. Richtig getrocknetes Futter darf nur einen ganz schwachen, unauffälligen Geruch haben.

Außer Wasserflöhen lassen sich auch andere Futtertiere – schwarze Mückenlarven, Weißwurm usw. – trocknen.

Um Fischen, die Pflanzenkost verlangen, diese zusätzlich auch im Winter bieten zu können, empfiehlt es sich, Salat zu trocknen und zu pulverisieren. Dieser leistet auch bei der Infusorienbildung im Aquarium gute Dienste. Auch gekochte und abgespülte Haferflocken werden von vielen Fischarten gern genommen.

Ein gutes Behelfsfutter im Winter sind für viele Fischarten magerer, gekochter Schinken und frisch gehäutete Mehlwürmer.

Achtung! Nicht verfüttern: Brot, Semmeln, Kuchen, Ameisen»eier« und gekochte Kartoffeln. Dieses Material ist für Aquarienfische wertlos und gesundheitsschädlich.

Grundsatz: Niemals mehr verfüttern als auf einmal restlos gefressen werden kann, da übriggebliebenes Futter jeder Art leicht durch Fäulnis das Wasser verdirbt.

Die Haltung niederer Wassertiere im Heimataquarium

Der wirkliche Naturfreund wird an den zahlreichen Tieren, die unsere heimischen Gewässer bevölkern, nicht vorübergehen können. Kommt er doch bei Exkursionen und Futterfängen unablässig mit ihnen in Berührung. Ganz von selbst wird sich ihm die Frage nach Art und Lebensweise der mannigfaltigen Tierformen aufdrängen, die sich in seinem Netz verfangen. Er wird seine Beute mit nach Hause nehmen, um sie dort in Ruhe beobachten zu können. Und fürwahr, die geringe Mühe lohnt sich. Welch eine Fülle von interessanten Feststellungen kann er an den unscheinbaren Bewohnern der rasch aufgestellten Studiengläser treffen. Auch der erfahrenste Zierfischzüchter wird mit diesen Tieren Wunder erleben, und kein Aquarienliebhaber sollte es sich versagen, etwa der Baumeisterin Wasserspinne ein kurzes Heimatrecht in einem Glase neben seinen sonstigen Aquarien zu gewähren. Man studiere nur einmal die raffinierten Fang- und Freßwerkzeuge, mit denen viele Wasserinsekten und ihre Larven ausgerüstet sind, dazu bestimmt, ihnen den schweren Daseinskampf unter der scheinbar so friedlichen, mit Teichrosen bestandenen Oberfläche des stillen Weihers bestehen zu lassen. Denn nirgendwo ist dieser Kampf so schwer wie gerade im Wasser. Nur wenige Wassertiere sind Pflanzenfresser, d. h., sie holen sich die organischen Nährstoffe direkt von der Pflanze. Nein, die meisten müssen die Ergebnisse der lebenserhaltenden Arbeit der Pflanzenzelle auf dem Umweg über andere Tiere einheimsen, und so gibt es denn ein unaufhörliches, stilles, gegenseitiges Töten.

Ich möchte für die Pflege der niederen Tierwelt unserer Gewässer gerade in diesem Buch eintreten, in dem so viel von Exoten die Rede ist. Die Erkenntnisse, die der Aquarienliebhaber daraus schöpfen kann, sind groß, die Kosten äußerst gering – warum also auf etwas verzichten, was für den Naturfreund gewissermaßen greifbar am Wege liegt?

Auch die Schule sollte auf diese Möglichkeit, den Biologieunterricht durch die Anschauung, durch das Studium an lebenden Objekten zu unterstützen, nicht verzichten. Werft bei Ausflügen und Exkursionen einen Blick in die Tümpel, Bäche und Gräben draußen in der Natur – ein engmaschiges Fangnetz, ein Beobachtungsglas und vielleicht eine Lupe, das ist alles, was man braucht, um eine Welt voller Lebenswunder zu entdecken.

Es konnte in dem folgenden Abschnitt »Niedere Wassertiere« nur eine kleine Auswahl unter den mannigfaltigen Formen des Wassers getroffen werden. Wer sich dafür interessiert, findet in Buchhandlungen jederzeit Schriften, aus denen er sie in ihrer ganzen Vielzahl kennenlernen kann. Einige beachtenswerte Arten sind auch bereits in der »Futtertabelle« mit enthalten. Zugleich werden nachstehend solche Wassertiere behandelt, die, mindestens im Aquarium, als Schädlinge zu betrachten sind. Auf keinen Fall sollen irgendwelche einheimischen Tiere mit tropischen Zierfischen vergesellschaftet werden.

Niedere (»Wirbellose«) Wassertiere für das Heimataquarium

Süßwasserpolypen

Pelmatohydra vulgaris f. attenuata – Graue Hydra
Chlorohydra viridissima – Grüne Hydra
Pelmatohydra oligactis – Braune Hydra und andere mehr.

Vorkommen: Das ganze Jahr über in Gewässern aller Art, vor allen Dingen in stark verkrauteten Teichen, Gräben usw.

Die Hydren sind trotz ihrer einfachen Bauweise für den Naturfreund reizvolle Tiere, die bei genauerer Betrachtung eine Menge fesselnder Eigenarten zeigen. So weiß z. B. jeder Aquarianer mit langjähriger Praxis, daß sie sich bei Störungen blitzartig zu einem kugelförmigen Klümpchen zusammenziehen können. Weniger bekannt ist, daß sie den Aufenthaltsort wechseln können, indem sie sich mit Hilfe der Fangarme wie die Spannerraupen oder sich überschlagend fortbewegen oder sich an der Oberfläche treiben lassen. Gern ziehen sie dem Licht zu, wo sich auch ihre Nahrungstiere gehäuft aufhalten, wie sie überhaupt ihrer Nahrung nachwandern.

Süßwasserpolypen vermehren sich entweder durch Knospung oder durch Eier. Die Knospung ist die Regel. Es erscheinen dann am Körper der Mutter junge Polypen, die sich später loslösen, um ein selbständiges Leben zu beginnen. Es können sich aber auch regelrechte Polypenstöcke bilden, bei denen der Mutterpolyp und alle Verzweigungen einen gemeinsamen Körperschlauch besitzen. Beachtlich ist die Fähigkeit der Hydren, aus abgetrennten, selbst winzigsten Teilen des Körpers oder der Fangarme vollständige Individuen aufzubauen.

Der Körper der zu den Hohltieren (Coelenterata) zählenden Süßwasserpolypen besteht aus einem einfachen Schlauch, an dessen Ende rings um eine verschließbare Öffnung eine mehr oder weniger große Zahl fadenförmiger Fangarme (Tentakel) sitzt. Die Körperöffnung dient zugleich als Mund und als After. Die Körperwände bestehen aus zwei Schichten. Die äußere Schicht enthält Muskel-, Nerven- und Sinneszellen, während die innere die Verdauung besorgt. Daneben haben die Hydren eine Reihe nicht differenzierter Zellen »in Reserve«, aus denen je nach Bedarf die verschiedensten Funktionszellen hervorgehen können. An den Fangarmen sitzen zahlreiche Nesselkapseln. Es sind dies sinnreich gebaute Apparate, mit deren Hilfe Futtertiere ergriffen, betäubt und der Mundöffnung zugeführt werden.

Die Hydren sind interessante Pfleglinge im Kleinaquarium. Man kann sie zusammen mit Pflanzen, vor allem mit Wasserlinsen, in polypenverseuchten Gewässern einsammeln. Dabei muß man darauf achten, daß zum Fang und Transport benutzte Geräte und Gefäße hernach peinlich genau gereinigt werden.

Im mit Fischen besetzten Aquarium, ganz besonders im Zuchtaquarium, sind Hydren schädlich. Hier werden sie häufig mit Lebendfutter eingeschleppt. Infolge ihrer starken Vermehrung werden sie bald zu Nahrungskonkurrenten der Fische. Im Zuchtaquarium fangen und verzehren sie die eben schwimmfähig gewordenen Jungfischchen. Junge Fische, die sich zwar bereits von den Fangarmen wieder losreißen können, werden aber dennoch so geschädigt, daß sie eingehen.

Zur Bekämpfung der Hydren zwei Rezepte:

1. Auf je 10 Liter Wasser nehme man 0,6–3 g Ammoniumnitrat, welches in etwas Wasser gelöst und im Becken gut verteilt wird. Die Methode ist nicht ganz unbedenklich, da sich Ammonium

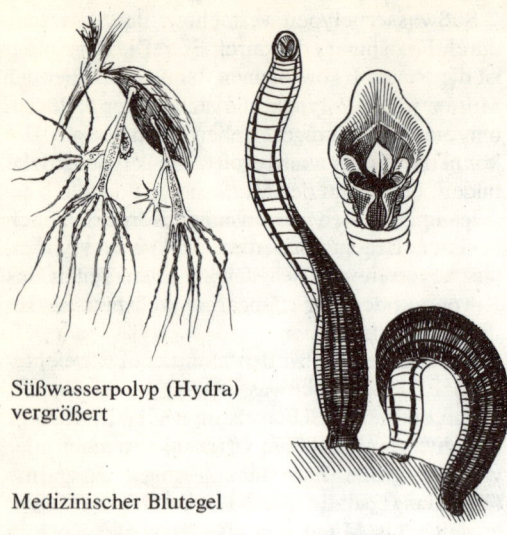

Süßwasserpolyp (Hydra)
vergrößert

Medizinischer Blutegel

mit steigendem pH-Wert (über 7) in das giftige Ammoniak umwandelt. Die Konzentration ist auf alle Fälle abhängig vom pH-Wert vorzunehmen: 0,6 g = pH 7,5 bis 8,1; 1 g = pH 6,5–7,5; 2 g = pH 6–6,3; 3 g unter pH 6,5.

Die Temperatur wird um etwa 5 Grad erhöht. Die Hydren sind etwa 8–10 Tage vorher reichlich zu füttern. Zur Zeit der Behandlung wird die Fütterung eingestellt. Danach wird man beobachten, daß die Hydren zunächst die Tentakel einziehen und schließlich absterben. Bei starkem Befall eventuell nochmals nach 2 Tagen wiederholen. Die Pflanzen können im Becken bleiben, die Fische sollten besser herausgefangen werden. Das Ammoniumnitrat wird von den Pflanzen als Nährstoff verbraucht, falls sie nicht bereits damit übersättigt sind. Nach der Vernichtung der Hydren ist ein Wasserwechsel vorzunehmen. Erst danach sind die Fische wieder einzusetzen.

2. Ein anderes bewährtes Mittel zur Bekämpfung der Hydren besteht darin, daß man an den beiden entgegengesetzten Schmalseiten des Aquariums je einen Knäuel blanken Kupferdraht einhängt. Man wird beobachten, daß die Hydren zunächst die Fangarme verlieren und nach einiger Zeit zu Boden fallen. Die Maßnahme ist von Zeit zu Zeit zu wiederholen, bis sich keine Polypen mehr zeigen. Es kommt darauf an, daß die Kupferfläche, die mit dem Wasser in Berührung kommt, möglichst groß ist, darum ist der aufgewickelte Kupferdraht besonders zweckmäßig. Für Pflanzen und Fische nach den bisherigen Beobachtungen unschädlich, doch ist anzuraten,

die Fische vor der Behandlung herauszufangen. Erst nach Vernichtung der Hydren und daran anschließendem Wasserwechsel werden sie wieder in das Aquarium eingesetzt.

Unter den Zierfischen sind unter anderem die Zucht-Formen von Trichogaster trichopterus nach einer Fastenzeit als Polypenvertilger brauchbar. Man sollte diese biologische Bekämpfungsweise jeder anderen vorziehen.

Moostierchen (Bryozoa)

Völlig harmlose, meist vielfach verzweigte Kolonien bildende Tiere, die im Aquarium oft an Scheiben, Geräten und Pflanzen zu beobachten sind. Aus den Chitinröhren ragen die winzigen Tentakelkränze der zahlreichen Einzeltiere hervor. Sie sind gegen das Licht betrachtet schon mit dem bloßen Auge sichtbar, sonst aber mit einer Lupe leicht zu erkennen. Bei Erschütterungen werden die Tentakel blitzschnell eingezogen. Moostierchen nähren sich von Einzellern und organischen Abfällen, die sie herbeistrudeln. Eine Bekämpfung ist überflüssig.

Egel (Hirudinea)

Vorkommen: In Gewässern aller Art vom Frühjahr bis Herbst.

Biologisches: Egel eignen sich für die Beobachtung im Heimataquarium recht gut. Da sie zum Teil ihre Eier auf dem Lande im Boden ablegen, wird man die betreffenden Arten im Sumpfaquarium halten müssen. Sie sind entweder Blutsauger oder mit einem kieferlosen Schlund ausgestattet und verschlingen ihre Beute. Bemerkenswert ist die Art ihrer Fortpflanzung: Egel sind Zwitter. Die Befruchtung erfolgt meist durch Selbstbegattung. Einzelne Arten üben Brutpflege.

Egel der verschiedensten Art werden gelegentlich mit Lebendfutter ins Aquarium eingeschleppt. Hier sind sie selbstverständlich sofort zu entfernen. Größeren Schaden richten sie aber im allgemeinen nicht an. Der Medizinische Blutegel (Hirudo medicinalis) ist im Freien selten geworden; er wird für medizinische Zwecke gezüchtet. Auf eine Beschreibung der einzelnen Egelarten wird hier verzichtet.

Strudelwürmer (Planaria) — Scheibenwürmer

Die von den Aquarianern im allgemeinen als »Scheibenwürmer« bezeichneten Planarien sind unangenehme Gäste im Aquarium, deren Bekämpfung manchmal gar nicht so einfach ist. Sie kommen in Gewässern aller Art vor und werden entweder mit Lebendfutter eingeschleppt oder mit Wasserpflanzen aus fremden Aquarien. Mit Fischimporten sind auch tropische Arten in unsere Becken gelangt.

Es handelt sich um nächtlich lebende, plattgedrückte Würmer mit einem deutlich abgesetzten Kopfende. Ihre Fortbewegung ist ein Gleiten mit Hilfe von Wimperhaaren. Die Mundöffnung befindet sich an der Unterseite des Kopfes und ist rüsselartig ausstülpbar. Die Würmer ernähren sich von organischen (tierischen) Abfällen, von kleinen Wassertieren und Fischlaich. Sie vermehren sich rasch; frühmorgens kann man sie manchmal in Massen an den Scheiben des Aquariums entdecken.

Bekämpfung: In Zuchtbecken, die von Planarien befallen sind, ist an das Auskommen von Fischlaich nicht zu denken. Die einzige zuverlässige Methode besteht anscheinend in der Köderung mit geschabtem Fleisch. Man bringt dieses in grobmaschigen Gazebeuteln unter, die man des Abends zwischen die Pflanzen auf den Boden des Aquariums legt. Die Würmer sammeln sich darin. Am nächsten Morgen kann man die Beutel aus dem Wasser herausnehmen, wobei man einen feinmaschigen Kescher darunter hält, damit nicht lebende Würmer wieder ins Aquarium zurückfallen. Die Beutel werden sodann in heißem Wasser überbrüht. Die Maßnahme ist an mehreren Abenden und dann auch noch nach 8 Tagen zu wiederholen, um alle Würmer und auch die aus Eiern geschlüpften Jungen zu erfassen. Wenn diese Methode nicht hilft, dann bleibt am Ende nichts anderes übrig, als das Becken völlig auszuräumen, den Sand zu überbrühen oder wegzuwerfen und das Aquarium, die Geräte und die Pflanzen 10 Minuten lang in Essigwasser zu baden. Einige Aquarienfische, z. B. Makropoden, gelten als Vertilger von Scheibenwürmern.

Krebstiere (Crustacea)

a) *Kiemenfüße:* Chirocephalus grubei, Branchipus schaefferi, Triops cancriformis, Lepidurus apus. Über das nahe verwandte Salzkrebschen Artemia salina siehe Futtertabelle.

Vorkommen: Entweder im zeitigen Frühjahr oder im Sommer in Gewässern, die zeitweise austrocknen und im Winter durchfrieren.

Biologisches: Interessante, zum Teil lebhaft, zum Teil schwarzbraun gefärbte Tiere, die recht selten geworden sind. Die im zeitigen Frühjahr auftretenden Kiemenfüße sind bei niedrigen Temperaturen und guter Durchlüftung zu halten. Meist unschädlich; Vorsicht aber bei den Kiemenfüßen Triops und Apus.

b) *Karpfenlaus* (Argulus foliaceus)
Vorkommen: Das ganze Jahr über in Fischteichen.

Biologisches: Die Karpfenlaus ist ein flaches, mit einem runden Rückenschild bedecktes Schmarotzerkrebschen, das sich von Körpersäften der Wirtsfische ernährt. Mit einem Saugrüssel wird die Fischhaut angestochen. Durch unablässige Bewegungen der Beine entstehen in der Haut Entzündungen, die sekundär meist von Pilzen befallen werden. Bei Massenbefall und bei Jungfischen können die verursachten Schäden erheblich sein. Oft führen sie zum Tode.

Bekämpfung: Ablesen vom Fischkörper mit einer Pinzette. Manchmal lösen sich die Karpfenläuse schon aus der Haut, wenn man den befallenen Fisch aus dem Wasser nimmt. Die Wundstelle ist mit Vaseline zu betupfen.

c) *Wasserasseln* (Isopoda) und *Flohkrebse* (Amphipoda) wurden bereits in der Futtertabelle behandelt.

d) *Höhere Krebse: Edelkrebs* (Astacus astacus), *Galizischer Krebs* (Astacus leptodactylus), *Nordamerikanischer Flußkrebs* (Cambarus affinis = Orconectes limosus).

Vorkommen: Fluß- und Edelkrebse bewohnen Bäche, Flüsse, Seen und Teiche mit feinerem Untergrund, der aber auch genügend Versteckmöglichkeiten in Form von Wurzel- und Steinhöhlen bieten muß. Bevorzugt werden Unterschlupfe in unterwaschenen Ufern.

Biologisches: Die Zehnfußkrebse besitzen ein starres Kopfbruststück, zwei kräftige Scheren und einen beweglichen Hinterleib. Kennzeichnend für alle Krebse ist die Notwendigkeit, sich von Zeit zu Zeit zu häuten, weil der starre Kalkpanzer nicht mitwächst. Nach der Häutung sind sie einige Tage hilflos, sogenannte »Butterkrebse«. Die Weibchen legen im Herbst einige Hundert Eier ab, die an der Unterseite des Schwanzes angeheftet werden. Die im Frühjahr schlüpfenden Jungkrebse klammern sich an den Schwimmfüßen des Weibchens fest und werden einige Zeit mit herumgetragen.

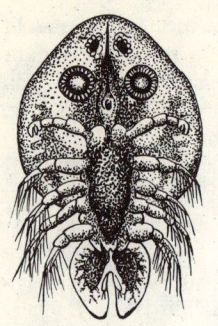

Karpfenlaus
(Argulus foliaceus L.)
vergrößert

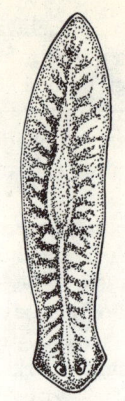

Strudelwurm
(Planaria) 8fach

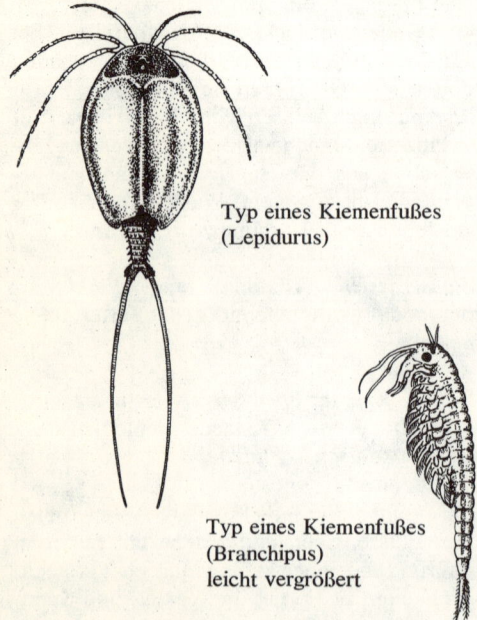

Typ eines Kiemenfußes
(Lepidurus)

Typ eines Kiemenfußes
(Branchipus)
leicht vergrößert

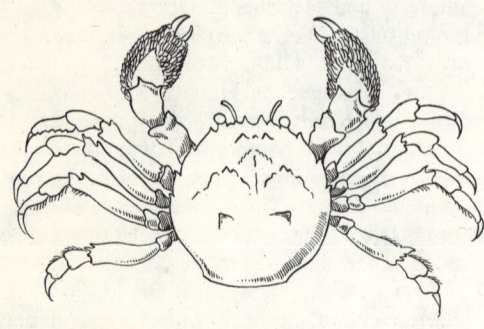

Wollhandkrabbe (Eriocheir sinensis)
¹/₂ natürlicher Größe

Im Aquarium können Krebse jahrelang ausdauern, wenn man ihnen genügend große Behälter, weichen Sand als Untergrund und einige
Steinaufbauten oder Wurzeln als Versteckplätze
bietet. Ausreichende Wasserbewegung mit Hilfe
einer Durchlüftung und Filterung ist erforderlich.
Als Allesfresser ist der Nahrungsbedarf leicht zu
befriedigen. Es werden Frosch- und Fischfleisch,
Insektenlarven, Kaulquappen, Regenwürmer,
aber auch Pflanzen und wahrscheinlich verschiedene Trockenfuttersorten genommen.

e) *Wollhandkrabbe* (Eriocheir sinensis)
Die freischwimmenden Larven der Wollhandkrabbe wurden wahrscheinlich in den Wasser-
tanks der Frachter aus China eingeschleppt und
breiteten sich von den Häfen bis in die Oberläufe
der Flüsse aus. Heute ist diese Krabbe über weite
Teile Mitteleuropas verbreitet. Noch vor wenigen Jahrzehnten trat sie in solchen Massen auf,
daß sie mancherorts zur Plage wurde.

Biologisches: Die Wollhandkrabbe ist ein
kräftiges Tier. Der Rückenpanzer wird bis 10 cm
breit, die Scheren sind mit einem dichten Haar-
pelz besetzt. Da sie in Uferböschungen und
Dämmen lange Gänge gräbt und auch gefangene
Fische in Reusen angreift, kann sie erheblichen
Schaden anrichten. Zur Fortpflanzung wandern
die Krabben in die Flußmündungen.

Die Haltung im Aquarium ist möglich, doch
benötigen die Tiere große Behälter mit einem
Landteil. Da sie gewandt klettern und über
beachtliche Kräfte verfügen, müssen ihre Behälter gut abgedeckt und die Deckscheiben beschwert werden. Die Ernährung macht keine
Schwierigkeiten, weil Wollhandkrabben Allesfresser sind. Untereinander sind die Tiere ziemlich unverträglich.

Insekten

Die Wasserinsekten sind die zahlenmäßig größte
Gruppe unter den uns interessierenden Was-
serbewohnern. Käfer und Schnabelkerfe sind
sowohl als Larven wie auch als ausgewachsene
Insekten im Wasser vertreten. Andere Insekten
verbringen lediglich ihre Larvenzeit im Wasser.

a) *Käfer* (Coleoptera)
Vorkommen: In Gewässern aller Art, besonders
in Teichen, Seen, Gräben.

106

Biologisches: Wasserkäfer leben sowohl als Larven wie auch als ausgebildete Insekten vorwiegend im Wasser. Die Anpassung an das Wasserleben ist verschieden stark ausgebildet. Larven und Käfer nehmen vermittels besonderer Organe atmosphärische Luft an der Oberfläche auf. Infolgedessen können sie auch in stark verdorbenem Wasser existieren. Die meisten Wasserkäfer, mehr noch ihre Larven, sind Räuber, die zum Teil alles angreifen, was sie nur irgendwie bewältigen können. Die Larven verpuppen sich außerhalb des Wassers im Boden. Die hauptsächlichsten Vertreter der Ordnung sind die folgenden:

Gelbrandkäfer (Dytiscus marginalis) sind als Larven die schlimmsten aller Räuber. Es sind gute Schwimmer, die ihre behaarten Ruderbeine geschickt zu gebrauchen wissen. Die Männchen sind an den Vorderbeinen mit Saugnäpfen zum Festhalten der Weibchen ausgerüstet. Die Larven besitzen zangenförmige, durchbohrte Oberkiefer, mit deren Hilfe sie ihren Opfern Verdauungsgift einspritzen, um dann nach einiger Zeit den verflüssigten Körperinhalt einzusaugen.

Weitere Vertreter der Familie sind: Der *Breitleibschwimmer* (Cybister laterimarginalis), der *Braune Schwimmkäfer* (Colymbetes fuscus) und der *Furchenschwimmer* (Acilius sulcatus), dessen Larve, besonders kenntlich an den Ruderbeinen, häufig anzutreffen ist.

Der große Kolbenwasserkäfer (Hydrous piceus) bewegt sich mit unsicheren Schritten vorwärts und kann schlecht schwimmen. Er wird bis zu 7 cm lang, ist pechschwarz und mit kolbenartig verdickten Fühlern ausgestattet. Während der Käfer sich von Pflanzen nährt, leben die Larven räuberisch, vornehmlich von Schnecken. Sie sind aber keine Außenverdauer. Die Eier werden in einen Kokon eingesponnen, der zwischen Oberflächenpflanzen so verankert wird, daß die am Kokon befindliche lange Atemröhre über den Wasserspiegel hinausragt. Wegen seiner Seltenheit steht der Kolbenwasserkäfer unter Naturschutz.

Eine weitere Art mit ähnlicher Lebensweise ist der *Kleine Kolbenwasserkäfer* (Hydrophilus caraboides).

Von besonderem Interesse sind noch die *Taumelkäfer* (Gyrinus natator), die auf der Oberfläche der Gewässer wie Schlittschuhläufer durcheinanderwirbeln, aber auch zu tauchen

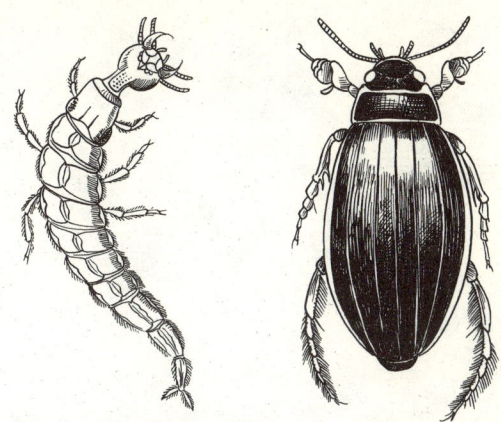

Gelbrandkäfer mit Larve (Dytiscus marginalis) leicht vergrößert

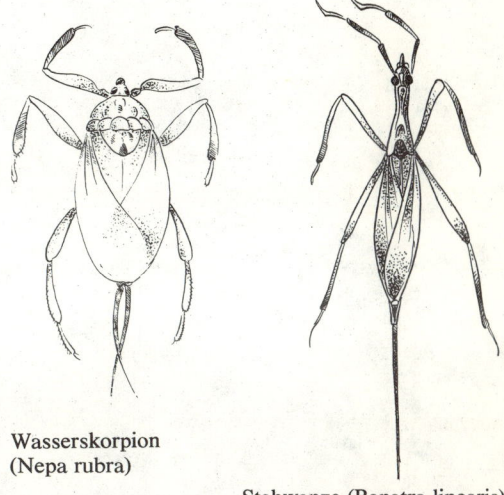

Wasserskorpion (Nepa rubra)

Stabwanze (Ranatra linearis)

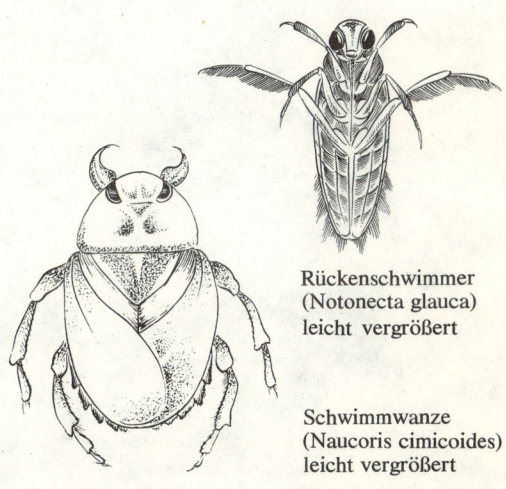

Rückenschwimmer (Notonecta glauca) leicht vergrößert

Schwimmwanze (Naucoris cimicoides) leicht vergrößert

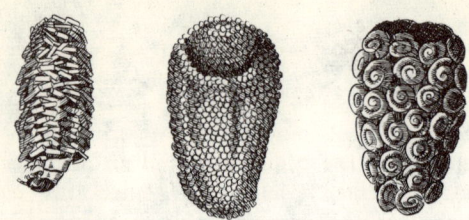

Gehäuse der Köcherfliegenlarve (das linke mit Larve)
vergrößert

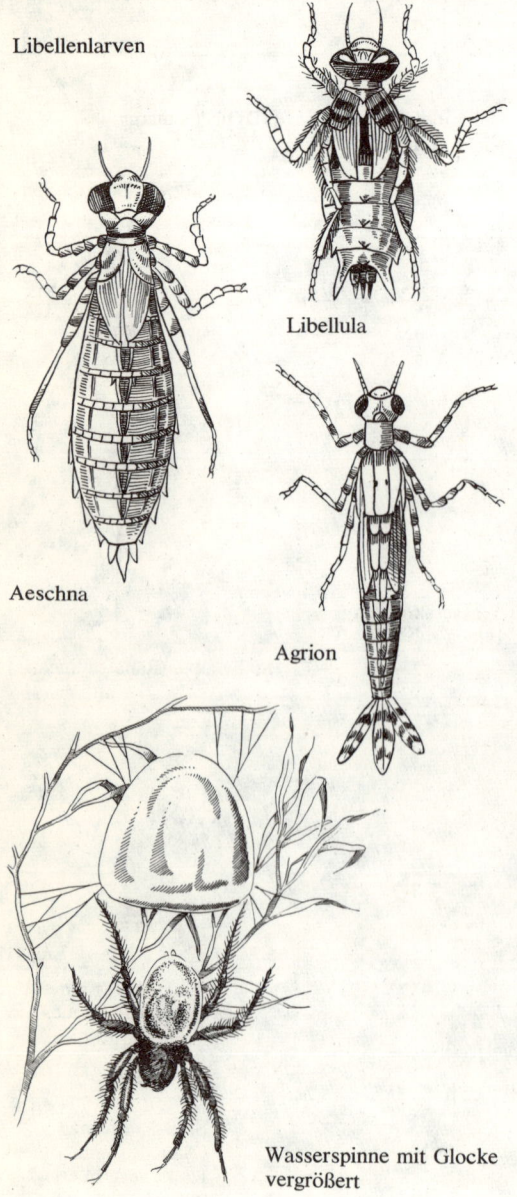

Libellenlarven

Libellula

Aeschna

Agrion

Wasserspinne mit Glocke
vergrößert

vermögen. Sie sind durch den Bau ihrer Augen bemerkenswert, die zum Sehen unter und über Wasser in zwei Hälften geteilt sind. Die Hinterbeine sind flossenartig umgestaltet. Die Larven leben räuberisch und besitzen wie die des Gelbrandkäfers durchbohrte Kiefer.

b) *Wasserwanzen* (Hydrocorisae): Rückenschwimmer (Notonecta glauca), Schwimmwanze (Naucoris cimicoides), Wasserläufer und verwandte Arten (Gerris, Hydrometra), Wasserskorpion (Nepa cinerea), Wasserstabwanze (Ranatra linearis) und andere Arten.

Vorkommen: In stehenden und langsam fließenden Gewässern.

Biologisches: Die Wasserwanzen sind teils lebhafte und gewandte Schwimmer, die sich mit Hilfe eines ruderartig verlängerten Beinpaares entweder auf dem Rücken oder in der Bauchlage schwimmend vorwärts bewegen, teils laufen sie an der Wasseroberfläche durch Ausnutzung der Oberflächenspannung stelzend vorwärts, teils kriechen sie am Boden oder zwischen den Pflanzen umher. Alle sind räuberisch und mit einem kräftigen Stechrüssel ausgestattet. Eine Larvenzeit machen sie nicht durch, wohl aber ein Jugendstadium, in dem sie noch nicht flugfähig sind. Alle Wasserwanzen sind interessante Pfleglinge im Heimataquarium. Da sie zum Teil gute Flieger sind, ist das Aquarium abzudecken. Sie sind, wie die Wasserkäfer, darauf angewiesen, atmosphärische Luft zu sich zu nehmen.

Es muß darauf geachtet werden, daß Wasserwanzen nicht mit dem Futter ins Zuchtaquarium kommen, da sie sich an den Jungfischen vergreifen.

c) Interessante Pfleglinge im Heimataquarium sind die Larven der *Köcherfliegen* (Trichopteren), die sich für ihren weichen, chitinlosen Hinterleib Hüllen aus Sandkörnchen, Holzstückchen und kleinen Schneckenhäusern bauen, in die sie sich bei Berührung zurückziehen.

d) Ebenso zu empfehlen sind die Larven der verschiedenen *Libellen*, deren Entwicklungsgang einschließlich des Schlüpfens des fertigen Insekts besonders für den Biologieunterricht in den Schulen viel Wissenswertes bietet. Die Larven leben räuberisch und sind mit einer Fangmaske ausgestattet, die sie wie ein Katapult weit vorschleudern können.

Spinnentiere (Arachnoidea)

Wasserspinne (Argyroneta aquatica)

Vorkommen: In stehenden Gewässern, oft in Waldtümpeln mit dichtem Pflanzenwuchs.

Biologisches: Sehr empfehlenswerte Pfleglinge, die zwischen Pflanzen ein taucherglockenähnliches Nest bauen. Die zum Füllen benötigte Luft holen sie von der Wasseroberfläche mit dem behaarten Hinterleib, der dann silbern umhüllt erscheint. Ernährung mit kleinem Wassergetier aller Art. Die Wasserspinne darf nicht mit verschiedenen anderen Spinnenarten verwechselt werden, die es verstehen, mit schnellen Sprüngen über die Wasseroberfläche zu eilen.

Wassermilben (Hydracarina)

Wassermilben werden oft mit dem Futter eingeschleppt, von den Fischen aber nicht gefressen. Die verschiedenen, ocker bis rot gefärbten Arten bewegen sich lebhaft rudernd und rollend durch das Wasser. Durchmesser der Schale 1 mm und weniger. Sie sterben im Warmwasseraquarium nach einiger Zeit meistens von selbst ab. Schädlich im Zuchtaquarium, da sie sich an der Fischbrut vergreifen.

Weichtiere (Mollusca)

1. Schnecken (Gastropoda)

Die zahlreichen Arten heimischer Wasserschnecken sind mehr oder minder gut für das Heimataquarium geeignet. Im Warmwasseraquarium haben sie nichts zu suchen, zumal sie häufig Überträger von Fischkrankheiten sind. Im Kaltwasseraquarium gewöhnen sich Exemplare aus stehenden, wärmeren Gewässern leicht an die veränderten Verhältnisse. Verschiedene Arten sind schlimme Pflanzenverwüster, andere wiederum lassen die Pflanzen in Ruhe und vergreifen sich selten an ihnen, falls man sie mit Nahrung versorgt. Gern genommen werden abgestandene oder kurz überbrühte Salatblätter, ferner Trockenfutter jeder Art.

Einige der meistgehaltenen Schnecken seien hier kurz genannt:

Die *lebendgebärende Sumpfdeckelschnecke* (Viviparus viviparus) ist die ansprechendste, zugleich aber auch empfindlichste unserer einheimischen Wasserschnecken.

Vorkommen: In Gräben, toten Flußarmen, Sümpfen, stark verkrauteten Teichen; das ganze Jahr über, im Winter im Schlamm.

Biologisches: Die schön geformten Gehäuse und die beachtenswerte und reizvolle Art der Fortpflanzung (die jungen Schnecken werden völlig ausgebildet mit Gehäuse geboren und sind ganz allerliebst), sichern dieser Art ihre bleibende Beliebtheit. Die Männchen sind an dem verdickten rechten Fühler zu erkennen, der als Begattungsorgan ausgebildet ist.

Die *Große Schlammschnecke* (Lymnaea stagnalis) ist die größte und zugleich gefräßigste der einheimischen Schlammschnecken. Sie ist im Gehäuse je nach Herkunft sehr wandlungsfähig. Daneben gibt es noch eine Reihe verwandter Arten verschiedener Größe und Gehäuseform. Manche Schlammschnecken scheiden Giftstoffe aus, wie z. B. Lymnaea peregra.

Vorkommen in ähnlichen Gewässern wie die Sumpfdeckelschnecke. Die Tiere sind für Liebhaberbecken kaum geeignet. Sie haben einen großen Bedarf an Pflanzennahrung und können selbst dichte Pflanzenbestände in kurzer Zeit vernichten. Wer sie dennoch halten will, sollte sie unbedingt regelmäßig mit Trockenfutter und überbrühtem Salat füttern. Allein gehalten pflanzen sie sich durch Selbstbefruchtung fort.

Die *Spitzhornschnecke* (Physa acuta) ist eine merkwürdig fahl aussehende Blasenschnecke, die aus dem Mittelmeerraum stammt. Sie vermehrt sich im Aquarium außerordentlich stark und wird bald lästig.

Die *Große Posthornschnecke* (Planorbarius corneus) ist gut für das Heimataquarium geeignet. Neben dieser ziemlich groß werdenden Schnecke gibt es noch einige kleinere Arten. Bei pigmentarmen Exemplaren leuchtet die Blutflüssigkeit rot durch die Körperwände hindurch. Solche roten Posthornschnecken werden häufig im Handel angeboten und sind besonders beliebt.

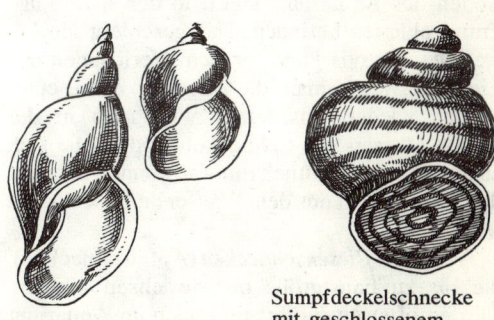

Gehäuse von Lymnaea

Sumpfdeckelschnecke mit geschlossenem Gehäuse

Die zuvor aufgezählten einheimischen Schnek-ken sind nur für das Kaltwasseraquarium oder für Studiengläser geeignet. Keinesfalls sollten sie im Warmwasseraquarium mit tropischen Zier-fischen zusammen gepflegt werden. Einmal würden sie hier rasch absterben (mit Ausnahme von Physa acuta), und zum anderen können sie Krankheitsüberträger sein. Für das Warmwas-seraquarium sollte man nur Schnecken aus süd-lichen Gebieten verwenden. Sie werden meistens seit längerer Zeit im Aquarium gezüchtet und sind deshalb mit Sicherheit parasitenfrei.

Diese Schnecken haben sich einen bescheide-nen Platz im Aquarium erobert. Man muß aber versuchen, sie kurz zu halten. Sie vermehren sich in der Regel stark und sind dann recht schwer wieder aus dem Aquarium zu entfernen. Im Zuchtaquarium dürfen Schnecken nicht geduldet werden, weil sie sich am Fischlaich und den noch nicht schwimmfähigen Fischchen vergreifen.

Sehr beliebte Arten sind: die Turmdeckel-schnecke Melanoides tuberculata, die sich meist im Bodengrund aufhält und diesen zum Vorteil der Wasserpflanzen umpflügt, die Australische Spitzhornschnecke Physastra (Isidorella) pro-teus, von der es eine hübsche rote Form gibt, und die kleine, oft ebenfalls rote Posthornschnecke Australorbis camerunensis. Alle drei Arten sind wärmebedürftig, wenn sie auch eine vorüber-gehende Abkühlung mehr oder weniger gut ver-tragen. Es empfiehlt sich, die Schnecken durch rechtzeitiges Ablesen immer kurz zu halten, da sie sich bei Massenvermehrung an den Pflanzen vergreifen. Die Turmdeckelschnecke, die in dieser Hinsicht als harmlos gilt, kann durch ihre enorme Vermehrungsfähigkeit lästig werden.

In solchem Fall kann man die Schnecken leicht ködern, indem man eine flache Schale auf den Boden des Aquariums stellt, in der sich einige Futtertabletten befinden. Das geschieht am be-sten des Abends kurz vor dem Verlöschen des Lichtes. Wenn man dieses nach etwa einer Stunde wieder einschaltet, wird man in der Schale Massen von Schnecken finden, die sich an den Tabletten gütlich tun. Sie können mitsamt der Schale leicht aus dem Wasser herausgehoben werden.

Tropische Riesenschnecken (Apfelschnecken), die bis zu Faustgröße heranwachsen können, werden öfter eingeführt und auch im Aquarium gezüchtet. Die Tiere sind sehr gefräßig. Darüber,

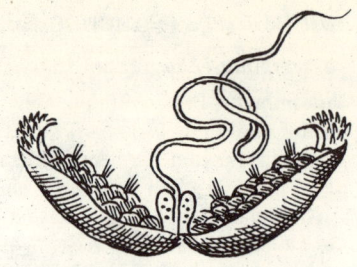

Glochidium (in Fischen schmarotzende Jugendform) einer Muschel, stark vergrößert

ob sie sich an den Wasserpflanzen vergreifen, sind die Meinungen geteilt. Auf alle Fälle ist es ratsam, Apfelschnecken immer gesondert zu füttern. Hierzu eignen sich besonders Trocken-futter der verschiedensten Art, vor allem wenn sie aus pflanzlichen Rohstoffen hergestellt sind, und überbrühte Salatblätter. Die rosa- bis orange-farbenen Eitrauben werden außerhalb des Was-sers an den oberen Scheibenrand oder an die Deckscheibe abgelegt. Deshalb sollte man ein Aquarium, das Apfelschnecken beherbergt, nie bis zum oberen Rand füllen.

2. *Muscheln* (Bivalvia)

Muscheln sind im allgemeinen nicht zur Haltung im Aquarium geeignet, weil sie nicht sehr an-regend sind. Außerdem pflügen sie bei ihrer Fortbewegung den Boden um und entwurzeln die Pflanzen. Wer an ihnen Interesse hat, sollte sie in einem gesonderten Becken unterbringen.

Der weiche, nur wenig gegliederte Körper ist von zwei harten Schalen geschützt, die durch ein elastisches Band am Rücken zusammengehalten werden. Äußerlich ist neben der gefälteten Kiemenkrause lediglich der muskulöse Fuß zu sehen, mit dessen Hilfe sich die Muschel im Bodengrund vorwärts zieht. Die Nahrung wird mit dem Atemwasser eingesogen; sie besteht aus allerlei kleinen Organismen und aus organischen Abfallstoffen.

Für die Haltung im Aquarium — wenn man z. B. Bitterlinge (Rhodeus amarus) züchten will, deren Weibchen ihre Eier mit Hilfe einer Legeröhre in das Muschelinnere hineinpraktizieren — eignen sich nur Exemplare aus stehenden Gewässern. Muscheln sterben schnell ab; man erkennt tote leicht daran, daß ihre Schalen geöffnet sind. Wer sie nicht sofort entfernt, läuft Gefahr, das ganze Aquarium ausräumen zu müssen.

Die *Malermuschel* (Unio pictorum) besitzt schmale, langgezogene Schalen mit spitzen

Enden, die der größeren *Teichmuschel* (Anodonta cygnea) sind breiter und enden stumpf. Die Larven dieser Muscheln (Glochidien) sind schwimmfähig. Sie schmarotzen in Kiemen und Haut von Fischen, fallen aber nach einigen Wochen der Entwicklung von selbst ab.

In den letzten Jahrzehnten ist aus Südeuropa die *Dreikantmuschel* (Dreissena polymorpha) bei uns eingewandert. An vielen Stellen hat sie sich zunächst massenhaft vermehrt, doch sind die Bestände später wieder stark zurückgegangen, so wie es bei vielen zuwandernden Tieren der Fall ist. Die Larven der Dreikantmuscheln erscheinen von Zeit zu Zeit im Plankton unserer Seen und Flüsse. Sie setzen sich irgendwo am Boden fest, schmarotzen aber nicht. Die Dreikantmuschel ist im Aquarium gut zu beobachten, weil sie sich nicht im Grund verborgen hält, sondern sich mit Vorliebe mittels ihrer Schleimfäden an den Glasscheiben ansiedelt. Hier kann man sehen, wie die Körperöffnungen zwischen den Schalenklappen erscheinen, die sich bei Erschütterungen schnell wieder schließen. Die Muscheln machen sich im Aquarium u. a. dadurch nützlich, daß sie durch Schwebealgen oder Infusorien trübe gewordenes Wasser filtrieren, so daß es in kurzer Zeit wieder herrlich klar ist.

Etwas über die Pflege von Wasserpflanzen im Aquarium

Die Wichtigkeit, ja Unentbehrlichkeit von Wasserpflanzen im Aquarium ist heute unbestritten. Erst die Anwesenheit von gesunden Pflanzen schafft die innere und äußere Harmonie in unserer kleinen Lebensgemeinschaft. Um uns einen gesunden Fischbestand zu erhalten, müssen wir versuchen, einen angemessenen Pflanzenwuchs zu erzielen. Das ist durchaus nicht so einfach und selbstverständlich, denn während hier und da Wasserpflanzen fast von selbst üppig gedeihen, ohne daß hierzu wesentliche Kunstgriffe angewandt werden, wollen sie an anderer Stelle trotz größter Sorgfalt und aus schwer zu klären-den Gründen nicht wachsen. Allerdings muß gesagt werden, daß die meisten Aquarienfreunde der Pflege von Wasserpflanzen nicht die gleiche Aufmerksamkeit widmen als der der Fische.

Wenn man sich heute in der Aquaristik darüber einig ist, daß der Fisch in hohem Maße von der Umwelt abhängig ist, der er sich angepaßt hat, so gilt das in noch weit höherem Maße für die Pflanze. Diese vermag *nur* unter den ihrer Art zusagenden Umweltbedingungen zu vegetieren. Man muß also auch hier nach der Herkunft einer Pflanzenart und nach den Umständen fragen, unter denen sie am besten gedeiht.

Der entscheidende Faktor im Leben aller Pflanzen, also auch der des Wassers, ist *das Licht*. Nur im Licht können die grünen Pflanzen existieren, weil von ihm der wichtigste pflanzliche Ernährungsvorgang abhängig ist, die Assimilation des Kohlendioxids. Dabei entnimmt die Wasserpflanze dem Wasser das darin gelöste Kohlendioxid (die Kohlensäure) und baut daraus mit Hilfe des Lichts und des Blattgrüns ihre Körpersubstanz auf. Es findet dabei eine Umwandlung des Kohlenstoffs in organischen Substanzen, z. B. Fett, Eiweiß und Stärke, statt. Hierbei wird Sauerstoff frei, den sowohl Pflanzen als auch Tiere zur Atmung benötigen. Beide scheiden bei der Atmung Kohlensäure aus. Die Pflanzen verbrauchen diese bei Licht allerdings sofort wieder im eigenen Körperhaushalt, während sie für die Tiere ein Abfallprodukt ist.

Damit haben wir einen für unser Aquarium wichtigen Vorgang kennengelernt. Es ist, vereinfacht gesehen, ein in sich geschlossener Kreislauf, aus dem sich für die Pflege von Fischen und Pflanzen zwei Folgerungen ergeben:

a) das Aquarium muß ausreichend Licht erhalten;

b) die Zahl der Fische und Pflanzen sollte in einem bestimmten Verhältnis zueinander stehen.

Überall dort, wo diese Forderungen nicht erfüllt sind, muß durch technische Geräte für einen Ausgleich gesorgt werden (Verlängerung der täglichen Belichtungszeit durch Kunstlicht, Durchlüftung bei ungenügendem Pflanzenwuchs und zu reichlichem Fischbesatz und bei Nacht zur Regulierung des Sauerstoff-Kohlensäure-Haushalts).

Der wichtigste Helfer bei der Assimilation der grünen Pflanzen ist also das Licht. Steht nicht genügend natürliches Licht zur Verfügung, dann bietet Kunstlicht einen vollwertigen Ersatz. Für das tropische Warmwasseraquarium ist es sogar entschieden vorzuziehen. Über die künstliche Beleuchtung wurde an anderer Stelle bereits gesprochen. Hier soll nur nochmals gesagt werden, daß mit Hilfe der künstlichen Beleuchtung die Assimilation der Pflanzen auch an trüben Tagen und im Winter ermöglicht werden kann. Sind es doch gerade diese lichtarmen Zeiten, die die schlimmsten Störungen im Aquarium herbeiführen. Die nachstehend aufgeführten Krisen werden auch nur dann eintreten, wenn keine künstliche Zusatzbeleuchtung vorgesehen ist.

An trüben Tagen, insbesondere im Herbst und Winter, assimiliert die Pflanze wenig. Deshalb ziehen viele heimische Wasserpflanzen im Herbst ganz ein. Die Lebensvorgänge sind auf ein Minimum herabgedrückt. Soweit die Pflanzen noch dahinvegetieren, atmen sie nur noch. Das heißt, sie verbrauchen wie der Fisch Sauerstoff, vermögen aber die von den Fischen erzeugte und aus der Zersetzung tierischer und pflanzlicher Abfallstoffe herrührende Kohlensäure nicht zu verwerten. Also Sauerstoffmangel und Kohlensäureüberschuß. Beachtet man diese Vorgänge nicht, so können schwere Verluste die Folge sein, z. B. das früher so gefürchtete »Herbststerben« der Fische. Gegenmaßnahmen können im Einschränken des Fischbestandes und Verminderung zu reichlichen Pflanzenwuchses bestehen. Wenn man sich von der Vielzahl seiner Fische nicht trennen will, dann durchlüfte man zur Behebung des evtl. auftretenden Sauerstoffmangels und zur Austreibung überschüssiger Kohlensäure intensiver als sonst, filtere das Wasser gut und ziehe in regelmäßigen Abständen — am besten wöchentlich — ein Viertel des Wassers ab und ersetze es durch gleichtemperiertes frisches. Ferner ist es notwendig, den Mulm mittels Schlauch oder Mulmsauger häufig zu entfernen, alle absterbenden Pflanzenteile sofort zu beseitigen und sehr sparsam ohne Hinterlassung von Resten zu füttern.

Submerse, also untergetauchte Pflanzen, benötigen im allgemeinen weniger Licht, insbesondere Sonnenlicht, als emerse oder halbemerse Sumpfpflanzen. Einheimische Wasserpflanzen sind während ihrer Hauptvegetationszeit einem langen Tag von 15 bis 18 Stunden angepaßt. Sie wachsen im lichtarmen Winter kaum, gehen zurück oder sterben ganz ab, selbst dann, wenn man ihnen ausreichend Kunstlicht bietet. Tropische Pflanzen sind dagegen auf einen relativ gleichmäßigen, kurzen Tag eingestellt, der längs

des Äquators genau 12 Stunden während des ganzen Jahres währt. Sie kennen also keine oder nur geringe jahreszeitlichen Schwankungen.

Andererseits darf man nicht annehmen, daß tropische und subtropische Pflanzen etwa immer besondere Ansprüche an die *Lichtstärke* stellen. Es ist bekannt, daß in den südlichen Gegenden unserer Erde, soweit sie genügend bewässert werden, der Pflanzenwuchs und der Konkurrenzkampf der Pflanzen untereinander so stark sind, daß sich viele Pflanzen immer mit Halbschatten oder Schatten, unter Umständen sogar mit Dämmerlicht begnügen müssen. Eine Norm wird sich hier kaum aufstellen lassen.

Aber nicht nur Belichtungsdauer und Intensität der Belichtung sind wichtig, sondern auch der Einfallswinkel des Lichtes kann wesentlich sein. Es ist bekannt, daß Oberlicht allen Wasserpflanzen am meisten zusagt, während eine hiervon abweichende Beleuchtung des Aquariums für die Pflanzen hemmend sein kann. Bei einer Aufstellung am Fenster wird man häufig gezwungen sein, den Wasserpflanzen das Sonnenlicht ganz oder zeitweise vorzuenthalten, um die schädlichen Folgen zu reichlichen Lichts zu vermeiden. Man wähle dann einen weniger hellen Standort oder decke die Lichtseite mit transparenter weißer oder grüner Folie ab. Über Torf gefiltertes oder mit Torfextrakt versetztes Wasser dämpft infolge der Lichtfilterung der bräunlichen Färbung zu reichliches Licht ebenfalls ab.

Will man künstlich beleuchten, so lassen sich bei kleinen Aquarien normale Glühlampen gut verwenden. Für größere Becken greife man lieber zu Leuchtstofflampen. Diese werden für aquaristische Zwecke in Spezialtypen oder in anderen erprobten Lichtfarben angeboten. Sie haben bei einem höheren Anschaffungspreis den großen Vorteil, daß sie billiger im Betrieb sind. Man kann also bei gleichem Strompreis höhere Lichtstärken anwenden.

Der zweitwichtigste Faktor ist der *Bodengrund*. Im allgemeinen kann gesagt werden, daß man bei den meisten Wasserpflanzen, soweit sie nicht überhaupt ihre Nahrung nur aus dem Wasser ziehen, mit einfachem Sandboden auskommt, der in den unteren Schichten noch lehmhaltig ist. *Wendt* empfiehlt für fast alle Pflanzen, überhaupt im Zimmeraquarium, eine Mischung aus mehr oder weniger grobem Sand, der mit Lehm vermischt ist. Er verwirft die Verwendung von Erdmischungen, da diese die Entwicklung von Algen fördern. Das Vorhandensein von

Nährstoffen im Boden ist aber immer wichtig, selbst bei solchen Pflanzen, die sich nur aus dem Wasser ernähren, da die Nährstoffe aus dem Bodengrund sich im Wasser lösen. Alle verwendeten Bodenstoffe sollen an der Luft möglichst trocken und unter Einwirkung der Winterkälte abgelagert sein. Sie seien auch nicht zu fein, da es sonst infolge des Luftabschlusses zu Fäulnisprozessen im Boden kommt. Zur Auflockerung kann man groben Sand und ausgekochten Torfmull beimischen. Anspruchsvolle Pflanzen kann man in Schalen setzen, einesteils, um bei gründelnden Fischen nicht das ganze Aquarium mit dem schweren Bodengrund versehen zu müssen, andernteils, um seltene Pflanzen nicht im Wachstum zu stören, wenn sich eine Reinigung des Beckens erforderlich machen sollte. Ganz anders kann man natürlich verfahren, wenn die Pflege der Pflanzen und nicht der Fische im Vordergrund des Interesses steht. Bei der Schalenkultur achte man darauf, daß der die Schale umgebende Bodengrund nicht zu dicht gepackt wird. Am besten wird dort nur grober Kies verwendet, oder die Schale wird in eine lockere Torfschicht gesetzt. Die Schalen sollen der zu erwartenden Größe der Pflanzen entsprechen, dürfen aber auch nicht zu groß sein.

Als Sand wähle man eine grobe Körnung, wenn der Fische oder Pflanzen wegen nichts anderes ausdrücklich erwünscht ist. Grubensand muß gut gewaschen und längere Zeit an der Luft gelagert werden. Hat man die letzte Waschung beendet, prüfe man das letzte Spülwasser auf seinen Härtegrad, falls man sich ein weiches Wasser im Aquarium zu erhalten wünscht. Kalkhaltiger Sand treibt natürlich die Härte wieder hoch. Am günstigsten ist in diesem Fall reiner Quarzsand mit geringer Lehmbeimischung und flüssiger Düngung der Wasserpflanzen.

Beigemischter *Lehm* muß milde und gut abgelagert sein. Besonders eignet sich solcher aus alten, abgebrochenen Bauten, aus Lehmgruben nur die oberste, etwa 2–3 cm starke Schicht unter der Erdkrume. Günstig ist es, ihn einige Monate, vor Regen geschützt, zu lagern. Er kann danach dem gewaschenen Sand in der gewünschten Menge beigemischt werden, was meist sicherer ist, als von vornherein lehmhaltigen Grubensand zu verwenden. *Wendt* empfiehlt von Zeit zu Zeit vorzunehmende Düngung mit an der Sonne hart getrockneten, 1–2 cm großen Lehmkugeln, die in der Nähe der Pflanzen mit den Fingern unter die Deckschicht des Bodengrundes geschoben

werden. Eine Trübung wird vermieden, wenn man die Maßnahme schnell genug ausführt.

Licht und Bodengrund sind zwei Faktoren, die sich gegenseitig ergänzen und aufeinander abgestimmt sein müssen. Es ist z. B. falsch, bei ungenügender Belichtung die auftretenden Mängel durch einen fetten Bodengrund ausgleichen zu wollen. Wir dürfen den Pflanzen keinesfalls mehr Nährstoffe anbieten, als sie den Lichtverhältnissen nach verarbeiten können.

In enger Beziehung stehen auch Bodengrund und *Wasser*. Seine qualitative Zusammensetzung ist ausschlaggebend für sehr viele Wasserpflanzen. In der Natur wird die Gewässerflora mit an erster Stelle durch die Wasserbeschaffenheit bestimmt. Diese hängt außer von den Einschwemmungen und einigen anderen Faktoren in hohem Maße vom Bodengrund ab. Für das Wachstum kann auch das schwer kontrollierbare Vorhandensein von Spurenelementen in Wasser und Boden bestimmend sein. Manche Tropenpflanzen lieben ein weiches und leicht saures Wasser, andere wiederum benötigen einen mehr oder weniger großen Kalkgehalt zum Aufbau ihres Organismus.

Wir sehen also, daß einer bunten Mischung der verschiedensten Pflanzenarten infolge ihrer ungleichmäßigen Lebensansprüche gewisse Grenzen gezogen sind und daß niemals alle zugleich gedeihen können. Diese Grenzen werden noch enger gesteckt, wenn es gilt, außerdem die Ansprüche der Fische mit denen der Pflanzen abzustimmen. Daraus ergibt sich, daß die oft geforderte geographische Übereinstimmung zwischen Bepflanzung und Fischbesatz wohl theoretisch propagiert werden kann, praktisch aber meistens gar nicht durchführbar ist, weil man dann gewisse »Landschaftsbecken« überhaupt nicht bepflanzen könnte. Zudem scheint es so, als ob sich einige Wasserpflanzen durch Abscheiden von Hemmstoffen gegenseitig im Wachstum behindern. Hierüber besteht noch keine völlige Klarheit. Vielleicht wird sich diese Erscheinung durch die verschiedenen Lebensansprüche zusammen kultivierter Pflanzen erklären lassen, so z. B. durch die Tatsache, daß die eine Wasserpflanze ein stärkerer Nährstoffverzehrer sein kann als die andere. Es liegt am Geschick und der Erfahrung des Aquarienfreundes, durch eine Abwägung der verschiedensten Faktoren Tieren und Pflanzen gleichermaßen gerecht zu werden. Und ein klein wenig Glück ist gerade in der Wasserpflanzenpflege auch mit im Spiel!

Pflanzentabelle

Erläuterungen zur Pflanzentabelle

Die Tabelle berücksichtigt nur die hauptsächlichsten Pflanzen für das Zimmeraquarium. Die Eignung für das Zimmer-Sumpfaquarium (Paludarium) und für den Gartenteich oder das Freilandaquarium, im Text kurz Freiland genannt, wird hier und da erwähnt. Die Beschreibung der Pflanzen zählt nur die wichtigsten Merkmale auf. Sie wird zum Teil durch Abbildungen ergänzt, ermöglicht aber keine botanische Bestimmung.

Die Tabelle ist in zwei große Gruppen geordnet: 1. die untergetauchten und die untergetaucht kultivierten amphibischen Pflanzen, 2. die schwimmenden Pflanzen. Innerhalb der beiden Gruppen sind die Pflanzen nach Familien geordnet. Dadurch wird die Auffindung der einzelnen Arten zunächst etwas erschwert. Den Einzelbeschreibungen ist darum ein alphabetisches Verzeichnis der Pflanzenarten vorangestellt, in dem auf die laufenden Nummern verwiesen wird, unter denen die Pflanzen in der Tabelle zu finden sind. Unter der bei den Einzelbeschreibungen stehenden laufenden Nummer befindet sich ein Hinweis auf die Tafeln A—Q mit den Abbildungen.

Synonyme werden nur so weit genannt, als sie in den letzten Jahren Gültigkeit hatten und somit vielen Aquarienfreunden geläufig sind. Die Autorennamen wurden in dieser Auflage nicht wieder genannt, weil sie für den Leserkreis, an den sich dieses Buch wendet, ohne größere Bedeutung sind.

Die Symbole weisen auf die Wärmeansprüche der einzelnen Pflanzen hin. Sie besagen:

▶ verwendbar für das ungeheizte Kaltwasser-Aquarium,

● verwendbar für das mäßig geheizte, im Sommer wohl auch ungeheizte Aquarium,

■ verwendbar für das ständig geheizte Tropen-Aquarium.

Nachstehend folgt die Erläuterung einiger Fachausdrücke:

achselständig	am Blattgrunde sitzend.
Adventiv	-wurzeln, -pflanzen, -knospen entwickeln sich aus der bereits voll ausgebildeten Pflanze heraus.
amphibisch	im Wasser, halb im Wasser oder auf dem Lande lebende Pflanzen, die dann meist verschiedene Formen ausbilden.
ausdauernd	(mehrjährig), Pflanzen, die viele Jahre leben können, wobei oft die unterirdischen Teile ungünstige Jahreszeiten überstehen.
einjährig	Pflanzen, die nur von Frühjahr bis Herbst vegetieren und dann unter Hinterlassung von Samen, manchmal auch von Brutknospen, absterben.
einhäusig	Pflanzen, die männliche und weibliche Blüten zugleich tragen.
emers	aufgetaucht lebend.
gegenständig	Blätter, die sich am Stengel gegenüberstehen.
grundständig	Blätter, die von der Wurzel, vom Grunde aus nach oben streben.
Habitus	Aussehen, äußere Erscheinung.
Kultur	Haltung und Pflege von Pflanzen (kultivieren).
mehrjährig	ausdauernd.
Paludarium	Sumpfaquarium.
Rhizoid	wurzelähnliche, meist haarfeine Fäden, an Stelle echter Wurzeln.
Rhizom	Wurzelstock.
sitzend	ohne Stiel direkt auf dem Stengel aufsitzend.
Spore	Samen der blütenlosen Pflanzen.
Steckling	abgeschnittener Pflanzenteil, der Wurzeln treibt und in die Erde gesteckt eine neue Pflanze entwickelt.
submers	untergetaucht.
Synonym	gleichbedeutender Name, den die betreffende Art zu früherer Zeit getragen hat, der jedoch keine Gültigkeit mehr hat.
Thallus	ungegliederter Körper niederer Pflanzen.
wechselständig	abwechselnd am Stengel stehende Blätter, im Gegensatz zu gegenständig.

zweihäusig Pflanzen, von denen die eine nur männliche, die andere nur weibliche Blüten trägt.

Verzeichnis der in der Pflanzentabelle enthaltenen Familien, Gattungen und Arten

Familien und Gattungen

Acanthaceae (Hygrophila, Nomaphila, Synnema)
Alismataceae (Alisma Echinodorus, Sagittaria)
Amarantaceae (Alternanthera)
Aponogetonaceae (Aponogeton)
Araceae (Acorus, Cryptocoryne, Pistia)
Callitrichaceae (Callitriche)
Ceratophyllaceae (Ceratophyllum)
Characeae (Chara, Nitella)
Cruciferae (Cardamine)
Cyperaceae (Heleocharis)
Elatinaceae (Elatine)
Fontinalaceae (Fontinalis, Vesicularia)
Gentianaceae (Nymphoides)
Halorrhagaceae (Myriophyllum)
Hydrocharitaceae (Elodea, Hydrilla, Hydrocharis, Lagarosiphon, Limnobium, Stratiotes, Vallisneria)
Lentibulariaceae (Utricularia)
Lythraceae (Peplis)
Marsileaceae (Marsilea)
Najadaceae (Najas)
Nymphaeaceae (Barclaya, Cabomba, Nuphar, Nymphaea)
Oenotheraceae (Ludwigia)
Parkeriaceae (Ceratopteris)
Polypodeaceae (Bolbitis, Microsorium)
Pontederiaceae (Eichhornia, Heteranthera)
Potamogetonaceae (Potamogeton)
Primulaceae (Lysimachia)
Ranunculaceae
Ricciaceae (Riccia)
Salviniaceae (Azolla, Salvinia)
Scrophulariaceae (Bacopa, Limnophila)
Umbelliferae (Hydrocotyle)

Arten

Acorus gramineus	29	Ceratopteris cornuta	110	Echinodorus amazonicus	4
Alisma plantago-aquatica	19	– thalictroides	92	– aschersonianus	5
Alternanthera reineckii	104	Chara foetida	52	– bleheri	6
– spec. »lilacina«	104	– fragilis	53	– cordifolius	7
– spec. »rosafolia«	106	Cryptocoryne affinis	30	– horizontalis	8
Aponogeton crispus	22	– balansae	31	– latifolius	9
– distachyus	23	– beckettii	32	– major	10
– elongatus	24	– blassii	33	– osiris	11
– longiplumulosus	25	– ciliata	34	– parviflorus	12
– madagascariensis	26	– cordata	35	– tenellus	13
– ulvaceus	27	– griffithii	36	Egeria densa	74
– undulatus	28	– lingua	37	Eichhornia azurea	95
Azolla caroliniana	114	– lucens	38	– crassipes	111
Bacopa amplexicaulis	99	– minima	39	Elatine macropoda	57
– monniera	100	– nevillii	40	Elodea canadensis	75
Barclaya longifolia	82	– parva	41	Fontinalis antipyretica	58
Bolbitis heudelotii	93	– petchii	42	Heleocharis acicularis	56
Cabomba aquatica	83	– purpurea	43	Heteranthera zosteraefolia	96
– caroliniana	84	– siamensis	44	Hydrilla verticillata	73
Callitriche stagnalis	49	– tonkinensis	45	Hydrocharis morsus-ranae	108
Cardamine lyrata	55	– usteriana	46	Hydrocotyle verticillata	103
Ceratophyllum demersum	50	– wendtii	47	Hygrophila corymbosa	2
– subersum	51	– willisii	48	– difformis	3

— polysperma	1	Najas microdon	81	— filiformis	15
Lagarosiphon muscoides var.		Nitella flexilis	54	— montevidensis	20
major	72	Nomaphila stricta	2	— platyphylla	16
Limnobium stoloniferum	109	Nuphar pumilum	85	— sagittifolia	21
Limnophila aquatica	101	— sagittifolium	86	— subulata	17
— sessiliflora	102	— japonicum	87	— teres	18
Ludwigia arcuata	90	Nymphaea daubenyana		Salvinia auriculata	113
— palustris x repens	91	hort.	88	Stratiotes aloides	76
Lysimachia nummularia	98	— lotus	89	Synnema triflorum	3
Marsilea crenata	80	Nymphoides humboldtiana	60	Utricularia gibba	77
Microsorium pteropus	94	— indica	61	— vulgaris	78
Myriophyllum brasiliense	62	Peplis diandra	79	Vallisneria americana	68
— elatinoides	63	Pistia stratiotes	107	Vallisneria gigantea	69
— hippuroides	64	Potamogeton gayi	97	— neotropicalis	70
— pinnatum	65	Riccia fluitans	112	— spiralis	71
— spicatum	66	Sagittaria eatonii	14	Vesicularia dubyana	59
— verticillatum	67				

Pflanzengruppen

Die nachstehend aufgeführten Pflanzengruppen sind Vorschläge zur Auswahl geeigneter Wasserpflanzen für bestimmte Fischgruppen. Sie erscheinen in den Zierfischtabellen am Schluß dieses Buches unter der Bezeichnung Pgr..... und sollen die Zusammenstellung von Pflanzengesellschaften erleichtern. Im Gegensatz zu früheren Auflagen wurden in dieser Ausgabe hierbei geographische Gesichtspunkte nicht berücksichtigt. Nach wie vor ist aber auf die Übereinstimmung der Temperaturansprüche von Fischen und Pflanzen zu achten.

1. Pflanzen für Labyrinthfische: Aponogeton-Arten (22, 24, 25, 27, 28) — Cabomba-Arten (83, 84) — Ceratopteris (92) — Cryptocorynen (30—48) — Hygrophila-Arten (1—3) — Limnophila-Arten (101, 102) — Microsorium (94) — Vesicularia (59) — Schwimmpflanzen: Ceratopteris (110) — Salvinia (113)

2. Pflanzen für gründelnde Barben und Bärblinge: Acorus (29) — Marsilea (80) — Bacopa-Arten (99, 100) — Echinodorus-Arten (4—13) — Hygrophila-Arten (1—3) — Vallisneria-Arten (68 bis 71) — Sagittaria-Arten (14—18) — Nuphar- und Nymphaea-Arten (85—87 und 88, 89)

3. Pflanzen für nicht gründelnde Barben und Bärblinge: Wie in Gruppe 2, dazu Pflanzen mit fein zerteilten Blättern, z.B. Ceratopteris (Sumatraform, 92) — Limnophila-Arten (101, 102) — Cabomba-Arten (83, 84) — Vesicularia (59) — Aponogeton-Arten (22, 24, 25, 27, 28) — Cryptocorynen (30—48) — Potamogeton (97)

4. Pflanzen für Eierlegende Zahnkarpfen: Aponogeton-Arten (22, 24, 25, 27, 28) — Barclaya (82) — Cabomba-Arten (83, 84) — Ceratopteris (92) — Cryptocorynen (30—48) — Echinodorus-Arten (4—13) — Heteranthera (96) — Hygrophila-Arten (1—3) — Limnophila-Arten (101, 102) — Microsorium (94) — Nuphar- und Nymphaea-Arten (85—87 und 88, 89) — Vesicularia (59) — Schwimmpflanzen: Ceratopteris (110) — Salvinia (113) — Riccia (112) — Limnobium (109) — Ultricularia (77)

5. Pflanzen für Lebendgebärende Zahnkarpfen: Cabomba-Arten (83, 84) — Egeria (74) — Heleocharis (56) — Hygrophila-Arten (1—3) — Limnophila-Arten (101, 102) — Najas (81) — Peplis (79) — Vesicularia (59) — Microsorium (94) — Vallisneria-Arten (68—71) — Sagittaria-Arten (14—18) — Echinodorus-Arten (4—13) — Schwimmpflanzen: Riccia (112) — Utricularia (77) — Ceratopteris (110) — Salvinia (113)

6. Pflanzen für verschiedene Fischarten aus beschatteten tropischen Waldgewässern: Acorus (29) — Cryptocorynen (30—48) — Sagittaria-Arten (14—18) — Echinodorus latifolius (9) — Marsilea (80) — Schwimmpflanzen: Ceratopteris (110)

7. Pflanzen für Salmler: Cabomba-Arten (83, 84) – Echinodorus-Arten (4–13) – Egeria (74) – Heteranthera (96) – Hydrilla (73) – Najas (81) – Hydrocotyle (103) – Myriophyllum (62) – Peplis (79) – Nuphar- und Nyphaea-Arten (85–87 und 88, 89) – Sagittaria-Arten (14–18) – Vallisneria-Arten (68–71) – Heleocharis (56) – Vesicularia (59) – Hygrophila-Arten (1–3)

8. Pflanzen für kleine, nicht oder kaum wühlende Cichliden und andere kleine Barscharten: Echinodorus-Arten (4–13) – Heteranthera (96) – Cryptocorynen (30–48) – Hygrophila-Arten (1–3) – Microsorium (94) – Ceratopteris (92) – Nuphar- und Nymphaea-Arten (85–87 und 88, 89), – Vallisneria-Arten (68–71)

9. Pflanzen für Pterophyllum, Symphysodon und ähnliche, nicht wühlende Großcichliden: Vallisneria-Arten (69, 70) – Echinodorus-Arten (4–13) – Sagittaria-Arten (14–18) – Microsorium (94) – Hygrophila-Arten (1–3) – Cryptocorynen (30–48) – Schwimmpflanzen: Ceratopteris (110)

10. Pflanzen für stärker wühlende Großcichliden: Starke und harte Pflanzen in Schalen – Acorus (29) – Echinodorus-Arten (6, 7) – frei schwimmende Ranken von Egeria (74) – Schwimmpflanzen: Ceratopteris (110) – evtl. Luftwurzeln von Monstera (Fensterblatt) ins Wasser hängen lassen.

11. Pflanzen für Barsche und andere nicht wühlende Fische mit geringen Wärmeansprüchen: Acorus (29) – Ceratophyllum (50, 51) – Elatine (57) – Elodea (75) – Fontinalis (58) – Lagarosiphon (72) – Ludwigia-Arten (90, 91) – Lysimachia (98) – Marsilea (80) – Myriophyllum-Arten (63–67) – Nuphar (85) – Sagittaria-Arten (14, 15, 18) – Vallisneria (71)

11a. Pflanzen für stärker wühlende Fische mit geringen Wärmeansprüchen: Wie unter 11, doch sind die Pflanzen 50, 51, 54, 55, 57, 58, 63–67 wegzulassen.

12. Pflanzen für Fische, die gelegentlich auch Teile von Wasserpflanzen verzehren: Acorus (29) – Cryptocorynen (30–48) – Echinodorus-Arten (4–8, 11, 12) – Microsorium (94) – Sagittaria-Arten (14–18) – Vallisneria (69)

A. Untergetauchte (submerse) oder im Aquarium meist submers kultivierte (in der Natur aber amphibisch lebende) Pflanzen, sowie im Boden wurzelnde Pflanzen mit Schwimmblättern

Familie: **Acanthaceae**
(Bärenklaugewächse)

●■ *Hygrophila polysperma* – Indischer Wasserfreund, Indischer Wasserstern (A) 1
Heimat: Südostasien, in Sümpfen und flachen Gewässern, an Uferrändern usw., häufig emers.
Kultur: Die schönen hellgrünen Blätter sitzen kreuzweise gegenständig um den mehr oder weniger verzweigten Stengel. Wird meist submers kultiviert, wächst bei dichten Beständen oder niedrigem Wasserstand leicht über die Oberfläche hinaus. Sehr anspruchslose Pflanze. Als Bodengrund genügt ungewaschener Sand, bei Lehmbeimischung werden die Blätter aber größer. Vermehrung durch Stecklinge, selbst aus Stengel und Blatteilen bilden sich neue Pflanzen.
Licht: Hell, etwas Sonne günstig.
Wärme: Verträgt jede Temperatur zwischen 18–30°C.
Wasser: Keine besonderen Ansprüche.

●■ *Nomaphila stricta* –
Indischer Riesenwasserstern (H) 2
Neuerdings als *Hygrophila corymbosa* bezeichnet.

Heimat: Südostasien, weit verbreitet; zuerst aus Thailand eingeführt.
Kultur: Eine krautartige Pflanze. Die sich derb anfühlenden Blätter sind schmal- bis breitlanzettlich und zugespitzt. Sie stehen gegenständig an kurzen Stielen an dem etwas zerbrechlichen Stengel. Die Blattrippen treten an der Unterseite deutlich hervor. Die Blätter sind frischgrün, unterseits etwas heller und variieren leicht in Form und Größe. Der Riesenwasserstern ist eigentlich eine amphibisch lebende Sumpfpflanze, die zwar submers kultiviert werden kann, sich dieser Lebensweise auf die Dauer aber nicht immer anpaßt. Die Pflanzen werfen dann oft die unteren Blätter ab. In niedrigen Aquarien wachsen die Triebe gern über die Oberfläche

hinaus. Vermehrung durch Einpflanzen von Seitentrieben.
Licht: Hell, etwas Sonne günstig.
Wärme: 10–25°C.
Wasser: Möglichst nicht zu hart.

● *Synnema triflorum* –
Indischer Wasserwedel (H) 3

Neuerdings als *Hygrophila difformis* bezeichnet.
Heimat: Südostasien, in Sümpfen, an Gewässerrändern und in den Reisfeldern; zuerst aus Thailand eingeführt.
Kultur: Kräftige, große Büsche bildende Pflanze von außerordentlicher Wuchsfreudigkeit. Unterwasserblätter besitzen in der Regel unregelmäßig eingeschnittene Blattränder. Primärblätter und die Blätter emerser Pflanzen sind ganzrandig. Die hellgrünen Blattrosetten sind ein hervorragender Schmuck größerer Aquarien; in kleineren Bekken muß man die Pflanzen kurz halten, da sie leicht über die Wasseroberfläche hinauswachsen. Bodengrund: Sand mit Lehmzusatz.
Licht: Hell, etwas Sonne günstig.
Wärme: 20–25°C.
Wasser: Keine besonderen Ansprüche, Wasser wenn möglich nicht zu hart, 8–15 dH.

Familie: **Alismataceae**
(Froschlöffelgewächse)

Die Froschlöffelgewächse sind ausdauernde, über die gemäßigten, subtropischen und tropischen Gebiete der Erde weit verbreitete Pflanzen. Die hier aufgeführten Arten der Gattung Echinodorus und der Gattung Sagittaria leben teils dauernd submers, teils sind es zwar amphibische Sumpfpflanzen, werden aber im Aquarium fast ausschließlich submers kultiviert.
Gattung Echinodorus: Die hierher gehörenden Arten haben einen kurzen, gedrungenen Wurzelstock, von dem die grasartig-linealen bis lanzettlichen, manchmal auch breit eiförmigen Blätter ausgehen. Sie sind entweder grundständig oder mehr oder weniger lang gestielt. Bei einigen Arten sind die Blätter sichelförmig gebogen. Die Blattrippen treten auf der Unterseite der Blätter deutlich hervor. Manche der Echinodorus-Arten zeigen das Bestreben, über die Wasseroberfläche hinauszuwachsen. Insbesondere ist das bei nährstoffreichem Bodengrund und niedrigem Wasserstand der Fall.

Die kleineren, dauernd submers lebenden Arten bilden Ausläufer und können dadurch vermehrt werden. Bei den größeren Arten bildet sich submers der langgestielte Blütenstand oft um und bringt am Blütenstiel Adventivpflanzen hervor. Diese können auf den Bodengrund herabgedrückt und mit Glasnadeln verankert werden. Sind sie angewurzelt, trennt man sie ab.
Gattung Sagittaria: Die hier beschriebenen Sagittarien ähneln der Vallisneria. Die Blätter sind schmal bandförmig und in der Regel sichelförmig gebogen. Einige Arten bilden auch langgestielte Schwimmblätter aus (9–12). Die unter 14 genannten Pfeilkräuter sind dagegen echte Sumpfpflanzen. Die Blütenstände der submersen Pfeilkräuter erheben sich an langen Stielen über die Wasseroberfläche. Die Vermehrung erfolgt aber im allgemeinen durch die reichlich sprossenden Ausläufer.
Alle Froschlöffelgewächse stellen keine besonderen Ansprüche. Sie lieben nicht zu weiches Wasser. Als Bodengrund gibt man – um zu kräftiges Wachstum zu vermeiden – am besten ungewaschenen Sand, dem man etwas verwitterten Lehm beimischen kann.

■ *Echinodorus amazonicus* –
Schmalblättrige Amazonaspflanze (F) 4

Früher als *E. brevipedicellatus* bekannt.
Heimat: Brasilien, in flachen Gewässern, in Sümpfen, an Uferrändern und feuchten Stellen, submers oder emers.
Kultur: Die bis 25 cm lang werdenden Blätter sind in der Breite etwas gerollt und in der Länge sichelartig gebogen. Farbe frischgrün mit heller hervortretenden Blattrippen. Vermehrung durch die sich an den Blütenstielen reichlich bildenden Adventivpflanzen.
Diese Schwertpflanze wird im Aquarium ausschließlich submers kultiviert. Bei zusagenden Bedingungen ist sie außerordentlich wuchsfreudig; sie ist deshalb für zu kleine Becken nicht geeignet. Bei zu kühler Haltung bleiben die Blätter klein.
Licht: Hell.
Wärme: 18–30°C, am besten 20–25°C.
Wasser: Mäßig hartes, aber auch nicht zu weiches Wasser.

■ *Echinodorus aschersonianus* –
Löffelblättrige Amazonaspflanze (M) 5

Heimat: Südliches Südamerika.
Kultur: Eine nur lichtbedürftige, sonst an-

spruchslose mittelgroße Pflanze mit zugespitzt-eiförmigen bis rundlichen (Langtag) oder zugespitzt löffelförmigen bis breit lanzettlichen Blättern (Kurztag). Wächst nur bei sehr flachem Wasserstand im Langtag über die Oberfläche hinaus. Bildet lange, bogig aufsteigende, sich selbst absenkende Blütenstände mit höchstens drei Wirbeln, an denen einwurzelnde Jungpflanzen entstehen. Erst ablösen, wenn mindestens fünf Blätter gebildet wurden.

Licht: Recht hell.
Wärme: 18–30°C, am besten um 24°C.
Wasser: Mäßig hart bis hart.

■ *Echindorus bleheri* –
Große Amazonaspflanze (H) 6

Früher als *E. paniculatus* bezeichnet.
Eine sehr groß werdende Pflanze mit rosettenartig angeordneten Blättern. Für geräumige Becken die dekorativste Schwertpflanze.
Heimat: Tropisches Südamerika. An ähnlichen Standorten wie die übrigen Schwertpflanzen.
Kultur: Bei zusagenden Bedingungen können die schönen, lebhaft grünen Blätter bis 35 cm lang und 8 cm breit werden. Die Blattstiele sind relativ kurz. Da jede einzelne Pflanze einen breiten Busch bildet, duldet sie keine weiteren Pflanzen ihrer Umgebung.
Kultivierung wie bei 4 angegeben. Vermehrung durch Tochterpflanzen, die sich manchmal am Wurzelstock bilden, oder durch Adventivpflanzen am Blütenstiel.
Licht: Hell.
Wärme: 22–30°C.
Wasser: Keine besonderen Ansprüche, nicht zu weich.

● *Echinodorus cordifolius* –
Wasserwegerich (I) 7
Früher als *E. radicans* bezeichnet.
Heimat: Südliche USA und Mexiko.
Kultur: Eine sehr groß werdende Pflanze mit breiten, eiförmigen Blättern von frischgrüner Farbe. An der Blattunterseite treten die Rippen deutlich hervor. Die Blätter sind ziemlich derb. Vermehrung durch Jungpflanzen, die sich am Blütenstand bilden.
    Der Wasserwegerich ist nur für sehr große Aquarien geeignet. Er muß bei submerser Haltung ständig zurückgeschnitten werden, damit er nicht über die Wasseroberfläche hinauswächst. Um ein zu üppiges Wachstum zu vermeiden, sollte man keinen nährstoffreichen Bodengrund verwenden.

Licht: Hell.
Wärme: 20–28 °C.
Wasser: Mäßig hart.

■ *Echinodorus horizontalis* –
Herzblättrige Amazonaspflanze (M) 8
Heimat: Zentrales Amazonasgebiet.
Kultur: Die waagerecht stehenden, herzförmigen Blattspreiten machen diese Pflanze zu einer gesuchten Besonderheit für jedes gutbepflanzte Aquarium. Da sie nur mäßig lichtbedürftig ist, gut beleuchtet aber besser gedeiht, ist sie für jedes Aquarium geeignet. Die Blütenstauden wachsen steif nach oben. Die an den Wirteln entspringenden Jungpflanzen müssen sehr kräftige Wurzeln haben, ehe sie abgelöst und eingepflanzt werden können.
Licht: Mäßig hell bis hell.
Wärme: 20–30 °C.
Wasser: Mäßig hart bis hart.

● *Echinodorus latifolius* –
Zwerg-Amazonaspflanze (K) 9

Auch als *E. magdalenensis*, *E. intermedius* und *E. grisebachii* im Handel.
Heimat: Mittel- und Südamerika, wahrscheinlich an den gleichen Standorten wie die übrigen Froschlöffelgewächse.
Kultur: Sehr schöne Pflanze, auch für kleinere Aquarien geeignet. Überwuchert bei richtiger Haltung durch Ausläufer den Bodengrund völlig. Bei schattigem Stand werden die Blätter größer. Durch sofortiges Ausschneiden der sich bildenden Ausläufer erzielt man größere und buschige Pflanzen.
Licht: Paßt sich verschiedenen Lichtverhältnissen an.
Wärme: Bei 15–20 °C ist das Wachstum gehemmt, verträgt aber vorübergehend auch tiefere Temperaturen. Am günstigsten 25–30 °C.
Wasser: Keine besonderen Ansprüche.

■ *Echinodorus major* – Gewelltblättrige oder Riesen-Amazonaspflanze (H) 10

Früher als *E. martii* bezeichnet.
Heimat: Brasilien.
Kultur: Eine dekorative, groß werdende Pflanze. Die lanzettförmigen Blätter besitzen kurze Stiele und können bei einer Breite von 5–10 cm 30–50 cm lang werden. Farbe lichtgrün. Die Blattränder sind auffallend gewellt oder leicht gekräuselt, die Blattnerven sind deutlich sicht-

bar. Vermehrung durch Adventivpflanzen. Besonders für geräumige Becken geeignet.
Licht: Liebt helles Licht.
Wärme: 22–30 °C.
Wasser: Weicheres, aber nicht zu weiches Wasser.

● *Echinodorus osiris* –
Rotblättrige Amazonaspflanze (M) 11
Auch als *E. »rubra«* im Handel.
Heimat: Ostbrasilien.
Kultur: Großwüchsige, sehr dekorative Pflanze mit kräftig grünen, bei guten Lichtbedingungen rötlich bis rotbraun eingefärbten Blättern. Die nur von kräftigen Pflanzen gebildeten Blütenstände müssen unter Wasser gehalten werden. Sie besetzen sich mit zahlreichen Jungpflanzen, die nicht zu früh abgelöst werden dürfen. Häufig bilden sich auch Tochterpflanzen aus dem Rhizom der Mutterpflanze.
Licht: Hell bis sehr hell.
Wärme: 15–30 °C.
Wasser: Mäßig hart bis hart.

■ *Echinodorus parviflorus* –
Schwarze Amazonaspflanze (M) 12
Auch als *E. peruensis* oder *E. tocanthins* im Handel.
Heimat: Vermutlich Westbrasilien, Peru und Bolivien.
Kultur: Reich beblätterte, mittelgroße, kräftig dunkelgrüne Pflanze, die unter allen Aquarienbedingungen dankbar wächst. Blütenstände nur im Kurztag. Jungpflanzen erst von den Wirteln ablösen, wenn kräftiges Wurzelwerk vorhanden ist.
Licht: Mäßig hell bis hell.
Wärme: 18–30 °C.
Wasser: Mäßig hart bis hart.

■ *E. tenellus* – Grasartige Schwertpflanze (F) 13
Heimat: Gemäßigte und tropische Gebiete des amerikanischen Kontinents. Auf feinen Böden am Rande der Gewässer.
Kultur: Eine kleine Schwertpflanze mit schmalen, linealen, grasartigen Blättern.
Bei uns wird nur die tropische Form kultiviert, meist bei submerser Haltung. Beansprucht einen weichen Boden aus feinem Sand, mit Lehm, Mulm und gesiebtem Torf untermischt. Bildet viele Ausläufer, so daß ein dichter Rasen entsteht. Wird nur 10 cm hoch.
Licht: Hell, etwas Sonne nicht ungünstig.

Wärme: Nicht unter 20 °C.
Wasser: Gedeiht in jedem Wasser, wenn es nicht zu hart ist.

▶ *Sagittaria eatonii* – Eatons Pfeilkraut 14
Heimat: Nordöstliche USA.
Kultur: Eine anspruchslose Pflanze mit grasartigen Blättern, die zwar langsam wächst, mit der Zeit aber durch Ausläufer dichte Rasen bildet. Der Blütenstand erhebt sich bei sonnigem Standort über die Wasseroberfläche und bildet dann manchmal keimfähige Samen aus. Die Aussaat ist möglich, indem man den Boden eines Vollglasbeckens mit einer 5 cm hohen Schicht feinen Sand bedeckt und Wasser bis 5 cm Höhe einfüllt. Die Samen werden dann einfach auf die Oberfläche gestreut. Sie sinken bald zu Boden und keimen bei 20–25 °C schnell.
Licht: Hell mit Halbschatten, zum Blühen Sonne.
Wärme: 18–22 °C am günstigsten.
Wasser: Keine besonderen Ansprüche.

● *S. filiformis* – Fadendünnes Pfeilkraut 15
Heimat: Süden der USA. Bildet in ruhigen Gewässern am Grunde dichte Rasen.
Kultur: Dieses Pfeilkraut besitzt ganz schmale, fast fadenförmige Blätter. Es ist eine sehr zierliche Art, die sich durch Ausläufer vermehrt. Schwimmblätter rundlich. Der Blütenstand erhebt sich nicht über die Wasseroberfläche. Sonst wie die vorige Art, verträgt aber etwas mehr Wärme.

● *S. platyphylla* –
Breitblättriges Pfeilkraut (F) 16
Heimat: Südliches Nordamerika, Mississippi-Gebiet.
Kultur: Stattliche, breitblättrige Pflanzen, kräftige Exemplare benötigen den gleichen Wuchsraum wie Echinodorus-Arten. Ausläufer- und Knollenvermehrung möglich.
Licht: Hell, sonst Kümmerformen.
Wärme: 15–30 °C.
Wasser: Keine besonderen Ansprüche.

● *S. subulata* – Schwimmendes Pfeilkraut 17
Ist allgemein als *S. natans* bekannt mit den drei Formen *natans, pusilla* und *gracillima*.
Heimat: Östliche USA, in stehenden oder langsam fließenden Gewässern, an flachen Stellen.
Kultur: Eine anspruchslose Pflanze, die Vallisnera spiralis sehr ähnlich ist. Sie unterscheidet

sich von dieser durch die geringere Zahl der Blattrippen und dadurch, daß sie Schwimmblätter bildet. Außerdem ist sie weniger lichtbedürftig als Vallisneria. Der Stiel des Blütenstandes erhebt sich nicht über die Wasseroberfläche, sondern liegt lang darunter. Schwimmblätter lineal oder elliptisch. Ein Zusatz von etwas verwittertem Lehm zum Sand macht die Pflanzen kräftiger. Die Art ist schnellwüchsig. Die Form pusilla ist für kleinste Aquarien geeignet.

Licht: Liebt Helligkeit, gedeiht aber auch bei geringerer Beleuchtung.

Wärme: 15–20 °C, vorübergehend auch weniger.

Wasser: Keine besonderen Ansprüche.

▶ ● *S. teres* – Rundblättriges Pfeilkraut   18

Heimat: Östliche USA.

Kultur: Wie bei den vorigen Arten. Eine sehr beliebte kleinere und zierliche Art, die leicht mit S. eatonii zu verwechseln ist. Sie besitzt jedoch weiße Blüten und wird auch nicht so groß.

▶ *Alisma plantago-aquatica* –
Gemeiner Froschlöffel   19

▶ ● *Sagittaria montevidensis* –
Argentinisches Pfeilkraut   20

▶ *S. sagittifolia* – Gewöhnliches Pfeilkraut   21

Diese als Sumpfpflanzen emers oder halb-emers zu kultivierenden Froschlöffel und Pfeilkräuter sind über weite Teile der Erde verbreitet. Es sind krautartige, im allgemeinen recht groß werdende Pflanzen, die sich besonders für größere Sumpfaquarien, feuchte Terrarien und für Gartenteiche eignen. Der Wurzelstock ist häufig verdickt und bildet rundliche Überwinterungsknollen. Die grundständigen Blätter wachsen über die Wasseroberfläche hinaus. Sie sind herz-, spieß- oder pfeilförmig. Die weißen oder rosa Blüten bilden an einem hohen, gleichfalls sich über die Oberfläche erhebenden Schaft vielzählige Quirle.

Familie: **Aponogetonaceae**
(Wasserährengewächse)

Die Wasserähren sind schöne Aquarienpflanzen aus den tropischen und subtropischen Gebieten Afrikas, Südostasiens, Australiens und Madagas-

kars. Sie besitzen ein kräftiges, kugel- bis walzenförmiges Rhizom, von dem aus die Blätter und Blütenstände senkrecht nach oben streben. Die Blätter sind verschieden geformt, lineal bis länglich oval. Sie sind häufig gewellt bis gekräuselt, lebhaft grün bis rötlichgrün. Einige Arten entwickeln auch Schwimmblätter. Die Längsnerven sind in der Regel durch deutlich sichtbare Queradern miteinander verbunden. Oft fehlt zwischen dem hierdurch entstehenden Netzgitter das Blattgewebe teilweise oder ganz. Die Blattstiele sind mehr oder weniger lang. Die einfachen oder mehrteiligen Blütenstände erheben sich an langen Stielen über die Wasseroberfläche. Die dicht beieinander sitzenden winzigen Blüten sind weiß, gelblich oder rosa.

Da das Rhizom sich meistens nicht teilen läßt und selten Tochterpflanzen hervorbringt, empfiehlt sich die Vermehrung durch Aussaat. Zur Samenerzeugung muß mittels eines weichen Pinsels künstlich bestäubt werden. Die Bestäubung ist mehrmals zu wiederholen, da die an der Ähre sitzenden Blüten erst nach und nach aufblühen. Das Aquarium sollte mit einer gut sitzenden Deckscheibe abgeschlossen werden, um die Blüten vor Zugluft zu bewahren, außerdem ist die fruchtende Ähre in Mull einzubinden. Nach wenigen Tagen fallen die Früchte in den Mullbeutel. Ihre Aussaat erfolgt am besten im besonderen Anzuchtbecken, das im Boden einen 2 cm hohen Belag aus einer Mischung von feinem lehmhaltigen Sand mit ausgekochtem Torfmull erhält. Mit dem stumpfen Ende eines Bleistifts werden nun in 3 cm Abstand wechselständige Reihen von 5 mm tiefen Löchern in den Bodengrund gedrückt und je ein Samenkorn in jedes Loch gelegt. Dann läßt man durch Tropfenfall Wasser ein, bis der Grund 1 cm hoch damit bedeckt ist. Temperatur 20–25 °C, Standort hell, aber nicht sonnig. Der Wasserstand wird entsprechend dem Wachstum nach und nach durch Tropfenfall erhöht. Wenn sich die Pflänzchen gegenseitig bedrängen, werden sie an ihren endgültigen Standort im Aquarium verpflanzt (Kulturanweisung nach Wendt).

Die meisten Wasserähren gedeihen am besten in weichem Wasser. Auf alle Fälle muß es algenfrei und frei von schwebenden Mulmpartikeln sein, da solche sich keinesfalls auf den Blättern ablagern dürfen. Als Bodengrund verwende man eine Mischung aus 7 Teilen grobem Sand mit 1 Teil verwittertem Lehm. Beimischung von etwas Filterkohle ist günstig. Wendt empfiehlt eine Düngung mit Lehmkugeln, wenn die Pflanzen fest eingewurzelt sind.

● ■ A. crispus – Krause Wasserähre   (G) 22

Fälschlich oft als A. undulatus im Handel, meist mit anderen Arten bastardiert.

Heimat: Sri Lanka (Ceylon), in seichten, klaren Gewässern.

Kultur: Hohe, schlanke Pflanze mit schmalen, gewellten und zudem noch gekräuselten Blättern. Im reinen Sand sind die Blätter maigrün und dünn, bei Lehmzusatz werden sie kräftiger und dunkler. Das Blattgewebe ist vollständig.

Licht, Wärme, Wasser: Verträgt etwas mehr Sonne als Nr. 13. Weiches Wasser ist nicht unbedingt nötig.

▶ ● A. distachyus – Zweireihige Wasserähre 23

Heimat: Südafrika, in Peru und Südfrankreich verwildert. In stehenden und träge fließenden Gewässern; zieht beim Austrocknen derselben bis auf die Knolle ein.

Kultur: Diese Wasserähre bildet fast nur Schwimmblätter aus. Sie ist speziell für den Gartenteich geeignet. Wird der Wurzelstock vor Kälte geschützt, ist sie in günstigen Lagen winterhart. Im Zimmeraquarium benötigt sie reichlich Oberlicht, vor allem Sonne. Vermehrung wie in der Familienbeschreibung angegeben.

Licht: Sehr hell, am besten Sonne.

Wärme: Im Winter 5–10 °C, sonst 18–21 °C, zur Blüte 25 °C.

Wasser: Keine besonderen Ansprüche.

● ■ A. elongatus – Langblättrige Wasserähre 24

Oft verwechselt mit A. undulatus.

Heimat: Australien, in flachen Buchten der Flüsse.

Kultur: Kräftige Wasserähre mit breiten bandförmigen, olivgrünen Blättern, die am Rande leicht gewellt sind. Das Blattgewebe ist vollständig. Schwimmblätter werden nur selten gebildet. Für mittelgroße Aquarien geeignet. Ist bei richtiger Pflege schnellwüchsig, blüht reichlich und ist nicht sehr empfindlich.

Licht: Nicht zu hell, da Gefahr der Veralgung.

Wärme: Liebt keine plötzlichen Temperaturschwankungen. Überwinterung bei 18 bis 20 °C, sonst bis 26 °C.

Wasser: Weiches Wasser bevorzugt, gedeiht aber auch bei mäßig hartem Wasser noch zufriedenstellend.

● ■ A. longiplumulosus –
Lederblättrige Wasserähre   25

Heimat: NW-Madagaskar.

Kultur: Kräftige Wasserähre mit breiten transparent braungrünen Blättern, die je nach Kulturzustand auch stärker vom Rande her gewellt sein können. Kommt nur in großen Aquarien zur Geltung. Blüht reichlich, zwar gelingt die Selbstbestäubung, erfolgreicher ist es aber, Pollen von einem anderen Exemplar zu übertragen.

Licht: Mäßig hell bis hell.

Wärme: Ruhepausen 18–20 °C, sonst über 25 °C.

Wasser: Gedeiht in härterem Wasser besser als in zu weichem.

● A. madagascariensis (= A. fenestralis) –
Gitterpflanze   26

Heimat: Madagaskar, in langsam fließenden Gewässern, im tiefen Schatten überhängender Bäume.

Kultur: Eine heikle Pflanze mit länglich-eiförmigen Blättern von dunkel- bis rötlichgrüner Farbe. Zwischen den Nerven fehlt das Blattgewebe vollständig.

Die Gitterpflanze ist gegen Algenbefall und Altwasser besonders empfindlich. Das Wasser muß deshalb öfters teilweise erneuert werden. Bei Aufstellung des Aquariums in Fensternähe ist Nordseite zu bevorzugen, sonst ist die Lichtseite mit Transparentpapier abzudunkeln, bei Kunstlicht die Oberfläche mit Schwimmpflanzen abzudecken. Wenn nötig, algenfressende Fische einbringen. Direkte Sonne ist schädlich. Vermehrung durch Abtrennen der Sproßpflanzen oder Teilen des Rhizoms. Auch Anzucht aus Sämlingen ist möglich. Dann ist so zu verfahren, wie es in der Familienbeschreibung angegeben ist. Die Keimlinge müssen alle 3–7 Tage frisches, gleichtemperiertes Wasser erhalten.

Licht: Gedämpft, Halbschatten, keine Sonne.

Wärme: Nicht zu warm, im Sommer 18–22 °C, Ruhepause von Januar bis März bei 15–18 °C.

Wasser: Weiches Wasser, leicht angesäuert. Öfterer teilweiser Wasserwechsel notwendig.

● ■ A. ulvaceus – Ulvablättrige Wasserähre 27

Heimat: Madagaskar, an ruhigen Stellen von Flüssen.

Kultur: Eine große, kräftige Art, deren lange bandförmigen Blätter manchmal bis zur Mittelrippe stark gewellt sind. Nur für geräumige Aquarien geeignet. Im Sommer sehr schnellwüchsig; blüht zweimal im Jahr. Pflege wie in der Familienbeschreibung angegeben. Manche Exemplare gedeihen auch bei härterem Wasser zufriedenstellend.

● ■ *A. undulatus* –
Gewelltblättrige Wasserähre   (N) 28
Heimat: Indien und Hinterindien.
Kultur: Kleiner bleibende Art mit sehr ansprechend gemusterten dunkelgrünen Blättern, in die unregelmäßig transparente Felder eingelagert sind. In zu hohen Becken neigt der Wuchs zu sehr langen Blattstielen. Vermehrung durch allerdings nur wenige Jungpflanzen, die einem Blütenstand ähnlichen Trieb aufsitzen und die erst abgelöst werden sollten, wenn außer einer kleinen Knolle auch mehrere Wurzeln gebildet wurden. Von allen Arten der Gattung mit den geringsten Pflegeansprüchen.
Licht: Mäßig hell bis hell.
Wärme: Ruhepausen 16–18 °C, sonst 20–25 °C.
Wasser: Mittelhart bis hart.

Familie: **Araceae** (Aronstabgewächse)

Von den nachstehend beschriebenen Gattungen Acorus und Cryptocoryne stellt die letztere die beliebtesten Aquarienpflanzen. Sie sind zwar etwas heikel, können aber bei zusagenden Lebensbedingungen in ihrer dekorativen Wirkung kaum von anderen Wasserpflanzen übertroffen werden.

▶ ● *Acorus gramineus* – Graskalmus   (I) 29
Neben der Stammform sind auch einige Varietäten im Handel. Besonders hübsch ist die zwergförmige Variante *A. pusillus*. Eine weißgrün gestreifte Zuchtform ist besonders für den Gartenteich geeignet.
Heimat: Gemäßigte Gebiete von Ostasien. In flachen Überschwemmungszonen, an sumpfigen Stellen, aber auch ganz als Landpflanze.
Kultur: Die grasartige, steife, lebhaft grüne Pflanze, deren grundständige Blätter fächerartig geordnet sind, besitzt einen kräftig kriechenden Wurzelstock. Sie ist hart und anspruchslos. Submers ist sie für das kalte und mäßig warme Aquarium, halb-emers für das Sumpfaquarium geeignet. Bodengrund: ungewaschener Sand mit etwas Lehmzusatz. Wächst submers gehalten sehr langsam. Vermehrung durch Teilen des Wurzelstocks.

Licht: Keine hohen Ansprüche, wächst aber dunkel stehend noch langsamer als sonst.
Wärme: 15–21 °C, geht bei zu hohen Wärmegraden zurück.
Wasser: Keine besonderen Ansprüche.

Gattung Cryptocoryne: Aus dem starken, kriechenden und oft verzweigten Wurzelstock entspringen die grundständigen, rosettenartig angeordneten Blätter und der Blütenstand. Die ganzrandigen Blätter sind von verschiedener Gestalt: lineal, elliptisch, gestreckt bis breit eiförmig. Farbe hell- bis dunkelgrün, oft auch bräunlich, zuweilen mit dunkler Maserung. Die Blattunterseite ist häufig rötlich oder rot gemasert. Nicht selten sind die Blattränder gewellt oder gekräuselt.

Der Blütenstand ist für alle Cryptocorynen typisch. Er besteht von unten nach oben aus dem Stiel, dem Kessel, in dem sich die eigentlichen Blütenorgane befinden, dem langen Blütenscheidenrohr und der meist lebhaft gefärbten Blütenscheidenspreite. Diese fällt dem Beschauer am meisten auf und wird deshalb in der Regel als die eigentliche Blüte angesprochen. Die meisten Cryptocorynen blühen bei emerser Lebensweise, einige aber auch submers. Dabei erhebt sich die Blütenscheide in der Regel über den Wasserspiegel, bleibt aber manchmal auch darunter.

Die nachstehend gegebenen Hinweise zum Habitus der einzelnen Arten und ihrer Kultivierung im Aquarium beziehen sich hauptsächlich auf submers gepflegte Pflanzen.

Alle Cryptocorynen sind Warmwasserpflanzen. Die meisten können sowohl submers als auch emers kultiviert werden. Als Bodengrund genügt grober, lehmhaltiger Sand, dem etwas Torf zur Auflockerung beigemischt ist. Die Bodenschicht soll hoch genug sein (8–15 cm), auch lieben diese Pflanzen einen durchwärmten Grund. Störungen durch Umsetzen oder durch Veränderung der Lichtintensität sollten möglichst vermieden werden. Die Pflanzen wachsen nicht nur sehr zögernd an, sondern sie neigen auch dazu, plötzlich innerhalb weniger Stunden oder Tage in sich zusammenzufallen. Will man submerse Exemplare an das Landleben gewöhnen, so muß die Umstellung schrittweise erfolgen. Die Vermehrung ist fast ausschließlich durch Abtrennen der Ausläuferpflanzen möglich, die in mehr oder minder großer Zahl aus dem Wurzelstock hervorgehen.

An das Licht stellen die meisten Arten keine hohen Ansprüche, doch gedeihen sie fast alle besser, wenn sie nicht zu dunkel stehen. Manche schätzen sogar gelegentlich etwas Sonne. Mäßig weiches, ab und zu auch leicht angesäuertes Wasser ist für die Entwicklung günstig, ist aber durchaus nicht immer die Voraussetzung dazu. Selbst Exemplare der gleichen Art verhalten sich in dieser Hinsicht sehr unterschiedlich. Wassertemperatur zwischen 24 und 30°C, kurzzeitig auch darunter!

■ *Cryptocoryne affinis* –
Härtelscher Wasserkelch   (C) 30

War lange Zeit als *Cr. haerteliana* im Handel.
Heimat: Malaiische Halbinsel.
Kultur: Die länglichen Blätter sind dunkelgrün mit seidigem Glanz, unterseits rötlich bis lebhaft rot. Die Blattadern treten auf der Oberseite hell hervor. Es bestehen zwei Wuchsformen: die eine mit senkrecht nach oben strebenden, die andere mit auf dem Boden aufliegenden Blättern. Dieser Wasserkelch ist außerordentlich wuchsfreudig und bildet zahlreiche Ausläufer. Unter zusagenden Bedingungen können die Pflanzen den gesamten Bodengrund überwuchern. Blüht bei niedrigem Wasserstand. Blütenscheidenspreite dunkelrot, lang geschwänzt.
Licht: Benötigt von allen Cryptocorynen das wenigste Licht, wird aber bei normaler Helligkeit kräftiger.
Wärme: Am besten um 24°C.
Wasser: Keine übersteigerten Ansprüche; nicht zu hartes Wasser.

■ *C. balansae* – Somphongs Wasserkelch   31

(Händlername: *C. somphongsi*)
Heimat: Thailand, Nordvietnam.
Kultur: Diese Pflanze besitzt bis 30 cm lang werdende, schmale, riemenförmige Blätter von sattgrüner Farbe. Die Blattspreite ist gewellt und gekräuselt. Schnellwüchsig; vermehrt sich unter günstigen Bedingungen rasch durch Ausläufer, die vor der Abtrennung gut im Boden verwurzelt sein müssen. Benötigt hohen Bodengrund mit Lehmzusatz und liebt weiches, leicht angesäuertes Wasser.
Licht: Mäßig hell.
Wärme: 22–30°C.

■ *C. beckettii* – Becketts Wasserkelch   (C) 32

Heimat: Sri Lanka.
Kultur: Diese Art ist sehr variabel. Die einzelnen

Varietäten besitzen im Habitus wenig Ähnlichkeit miteinander, lediglich die Blüte beweist ihre Zusammengehörigkeit.
Die bekannteste Form besitzt submers längliche, zugespitzte und am Rande leicht gewellte Blätter. Färbung bräunlichgrün, unterseits meist etwas rötlich, Farbe matt glänzend. Länge der Blätter bis 12 cm, 4 cm breit.
Eine andere Form besitzt schmalere Blätter, die bis 8 cm lang und 2,5 cm breit werden. Farbe hell- bis olivgrün, Unterseite kräftig purpurrot. Die Art blüht submers kaum. Sie ist gut für emerse Haltung geeignet.
Licht: Wenig lichthungrig, gedeiht im Halbschatten.
Wärme: Zwischen 20 und 30°C, am besten um 24°C.
Wasser: Weiches Wasser bevorzugt, wächst aber bei härterem Wasser noch zufriedenstellend.

■ *C. blassii* – Blass'scher Wasserkelch   (I) 33

Heimat: Südl. Thailand, in stehenden oder langsam fließenden Gewässern, anscheinend besonders im Halbschatten.
Kultur: Eine stattliche Art, die sich im Aquarium reich entfaltet, wenn man ihr genügend Platz bietet.
Blätter oval zugespitzt, Basis herzförmig, von unterschiedlicher Größe. Bei gut im Wuchs stehenden Exemplaren können sie bis 15 cm lang und 6 cm breit sein. An der Blattoberseite zahlreiche Gruben. Farbe glänzend graugrün, unterseits dunkel weinrot. Benötigt viel Raum und einen nährstoffreichen Bodengrund.
Licht: Am besten Halbschatten, keine Sonne.
Wärme: 22–25°C.
Wasser: Mäßig weich bis hart.

■ *C. ciliata* – Bewimperter Wasserkelch (N) 34

Heimat: Indien, Thailand, Malaiische Halbinsel, Indonesien; auch im Brackwassergebiet.
Kultur: Für größere Becken oder für Sumpfaquarien geeignet. Bleibt nur bei hohem Wasserstand unter der Wasseroberfläche. Blätter schmal bis breit lanzettlich, am Ende oft etwas abgestumpft. Oberseits sind sie bei submerser Lebensweise hellgrün, bei emerser Haltung etwas dunkler. Die Unterseite ist stets heller. Die Blütenscheidenspreite ist in der Mitte gelb, nach dem Rande zu purpurrot und mit Fransen besetzt. Vermehrung durch Ausläufer, aber auch durch »lebend geborene« Jungpflanzen, die nach Selbstbefruchtung entstehen.

Die Art ist großwüchsig und benötigt deshalb große Becken, möglichst mit Landteil. Submers läßt sie sich wohl längere Zeit halten, wächst aber dann nur sehr langsam.
Licht: Hell.
Wärme: 20–30 °C.
Wasser: Verträgt hartes und sogar brackiges Wasser.

■ *C. cordata* – Herzblättriger Wasserkelch 35
Heimat: Malaia, Indonesien.
Kultur: Die großen und breiten Blätter sind an der Basis herzförmig, am Ende leicht zugespitzt. Oberseits dunkelgrün, unterseits machmal rötlich. Blütenscheidenspreite purpurfarben, nach innen gelb. Die gelbe Farbe kann zeitweise auf die gesamte Spreite übergreifen. Kultivierung wie bei den übrigen Arten. Vermehrung durch Ausläufer.

■ *C. griffithii* – Griffiths Wasserkelch (B) 36
Heimat: Malaiische Halbinsel (Malakka).
Kultur: Diese nur selten in den Aquarien anzutreffende Art ähnelt der kaum noch gepflegten *C. cordata*. Beide unterscheiden sich durch einige geringe Abweichungen in der Blattform und durch die Gestalt der Blütenscheidenspreite, die bei *C. griffithii* in einen schmalen schwanzartigen Zipfel ausläuft.
Hält sich nach *De Wit* im Aquarium auf die Dauer nur schlecht.

■ *C. lingua* – Zungen-Wasserkelch (I) 37
Heimat: Kalimantan (Borneo).
Kultur: Eine kleine Pflanze mit derben fleischigen Blättern und kurzen Stielen. Gesamthöhe bis 12 cm.
Blätter bis 5 cm lang und 2,5 cm breit. Lebhaft grün mit dunkleren Zeichnungen an der Blattunterseite. Oberes Ende leicht zugespitzt, oft fast stumpf, Basis ebenfalls stumpf.
Wächst emers und submers ziemlich langsam. Bodengrund nährstoffreicher grober Sand.
Licht: Gedämpft, keine Sonne.
Wärme: 22–28 °C.
Wasser: Keine besonderen Ansprüche.

■ *C. lucens* – Glänzender Wasserkelch (B) 38
Heimat: Vermutlich Sri Lanka.
Kultur: Ähnlich *C. nevillii*, wird aber wesentlich größer, vor allem besitzt sie längere Blattstiele. Typisch sind die glänzenden Blattspreiten.

Wächst problemlos und viel schneller als *C. nevillii*, neigt aber bei zu dichtem Stand zu verlängertem, oft unansehnlichem Wuchs. Bis 20 cm hoch, Vermehrung durch zahlreiche Ausläufer.

■ *C. minima* – Zwergwasserkelch 39
Heimat: Malaiische Halbinsel, auch Borneo.
Kultur: Kleines Gewächs mit eirunden, oben zugespitzten Blättern, das recht viel Licht benötigt, um größere Flächen rasenartig zu überziehen. Wächst emers besser. Nur 10 cm hoch.

■ *C. nevillii* – Nevills Wasserkelch (B) 40
Heimat: Sri Lanka.
Kultur: Die kleinsten der Cryptocorynen. Die derben, sattgrünen, leichtgewölbten Blätter sind von verschiedener Breite. Die Blütenscheidenspreite ist schwarz-purpur gefärbt. Wachstum sehr langsam, wenn nicht ein nährstoffreicher Bodengrund geboten wird. Vor zu grellem Licht bewahren, aber auch nicht zu dunkel halten. *C. nevillii* entwickelt unterschiedliche Wuchsformen, so z. B. eine Zwergform.
Unter zusagenden Bedingungen, wenn sie vor allem längere Zeit ungestört bleibt, kann die Art aber auch wuchsfreudig sein. Sie bildet dann durch Ausläufer dichte Rasen. Besonders gut zur Bepflanzung des Vordergrunds geeignet.
Licht: Mäßig hell.
Wärme: 22–30 °C.

■ *C. parva* – Rasenbildender Wasserkelch 41
Heimat: Vermutlich Sri Lanka.
Kultur: Sehr kleine Pflanze, die von manchen Bearbeitern als Wuchsform von *C. nevillii* angesehen wurde. Ideale Vordergrundpflanze, die aber sehr viel Licht braucht, um dichte Rasen zu bilden. Mit *C. lucens* und *C. nevillii* nahe verwandt. Höhe unter 10 cm.

■ *C. petchii* – Petchs Wasserkelch (N) 42
Heimat: Sri Lanka.
Kultur: *C. beckettii* recht ähnliche Pflanze mit olivbraunen Blättern, deren Unterseite rötlich eingefärbt ist. Bildet attraktive Büsche, die durch Ausläufer verstärkt werden. Kultur wie *C. affinis*. Um 20 cm hoch.

■ *C. purpurea* – Purpurblütiger Wasserkelch 43
Heimat: Malaiische Halbinsel.
Kultur: In ihrem Artstatus umstrittene Pflanze, die von *C. cordata*, *C. griffithii* und einigen an-

deren Arten schwer unterschieden werden kann. Kultur wie C. cordata.

■ *C. siamensis* – Siam-Wasserkelch   44
Heimat: Hinterindien.
Kultur: Wuchsform ähnlich C. blassii, Blätter aber schmaler und oberseits grün (C. blassii grau überhaucht), unterseits rotbraun bis tief kaffeebraun. Neuerdings wird C. blassii als Form von C. siamensis aufgefaßt. Kultur wie C. blassii.

■ *C. tonkinensis* –
Schmalblättriger Wasserkelch   (N) 45
Heimat: Indien und Hinterindien.
Kultur: Vom Typ der Wasserkelche stark abweichende Pflanze mit sehr schmalen, langen, olivbraungrünen Blättern, mit z. T. sehr ausgeprägter Wellung. Kann 60 cm Höhe erreichen. Kultur wie C. affinis.

■ *C. usteriana* –
Noppenblättriger Wasserkelch   (I) 46
Früher als *C. aponogetifolia* bezeichnet.
Heimat: Philippinen.
Kultur: Sehr große, attraktive Pflanze mit hellgrünen, breiten, stark genoppten Blättern von 50 cm Länge. Benötigt viel Licht, vermehrt sich dankbar durch kräftige Ausläufer. Durch die an der Oberfläche liegenden Blätter besteht allerdings die Gefahr einer Beschattung anderer Pflanzen.

■ *C. wendtii* – Wendts Wasserkelch   (O) 47
Heimat: Hinterindien.
Kultur: Mit C. affinis die weitest verbreitete Art der Gattung, da sie im Aquarium problemlos wächst und sich dankbar vermehrt. Viele unterschiedliche Wuchsformen und Färbungsvarianten, aber stets erkennbar durch eine an der Blattoberseite unübersehbare V-ähnliche graue Musterung, die selbst bei den rotbraunen Varianten (C. »rubella«) durchscheint. Meist blaß olivgrün an der Oberseite, unterseits rosa bis rötlich.

■ *C. willisii* –
Gewelltblättriger Wasserkelch   (K) 48
Heimat: Sri Lanka.
Kultur: Neben dem Namen C. undulata neuerdings auch als C. axelrodi beschrieben. Recht verbreitete Pflanze, deren schmale, bräunliche Blätter durch ihren Wellenwuchs viel Anklang finden. Bei unzureichendem Licht »klettert« die Pflanze, indem der rosettige Wuchs durch starke Streckung der Rhizomabschnitte abgelöst wird und wirkt dadurch unansehnlich. Sonst wie C. affinis.

Familie: **Callitrichaceae**
(Wassersterngewächse)

Wassersterne sind zarte, im Aquarium nicht sehr haltbare Wasserpflanzen. Blätter lineal oder spatelförmig. Sie stehen gegenständig oder kreuzweise gegenständig um den vielfach verzweigten, zerbrechlichen Stengel. Die Wassersterne sind anspruchslos, bleiben auch im Winter in Vegetation, können aber nicht mit unruhigen Fischen zusammen gepflegt werden. Bodengrund lehmhaltiger Sand. Vermehrung durch Stecklinge.

▶ *Callitriche stagnalis* – Teichwasserstern (D) 49
Heimat: Europa, Nord- und Mittelasien bis Vorderindien, Nordafrika, in fließenden und stehenden Gewässern.
Kultur: Wie zuvor angegeben. Bildet an der Oberfläche kleine Rosetten.
Licht: Hell.
Wärme: 15–18 °C.
Wasser: Keine besonderen Ansprüche.

Familie: **Ceratophyllaceae**
(Hornblattgewächse)

Die Hornblätter sind rankende, wurzellose, etwas zerbrechliche Gewächse. Die fein gefiederten, steifen und mit kleinen Dornen besetzten Blätter sind zu einem vielgliedrigen Quirl um den Stengel geordnet. Die Pflanzen stellen keinerlei besondere Ansprüche. Man verankert die Triebe entweder mit Glasnadeln im Boden oder läßt sie frei schwimmend treiben. Kürzung zu langer Ranken am Stengelende, da das Abspitzen nicht immer zum Erfolg führt. Einheimische Hornblätter ziehen im Herbst ein und bilden Winterknospen. Aus wärmeren Gegenden stammende Exemplare sind im Handel wohl kaum zu haben. Sie sollen auch über Winter in Vegetation bleiben. Vermehrung durch Teilen der Triebe.

► *Ceratophyllum demersum* —
Rauhes Hornblatt   (E) 50

Heimat: Ist zwar fast über die ganze Erde verbreitet, doch sind derzeit ausschließlich einheimische Exemplare in den Aquarien zu finden.
Kultur: Wie oben angegeben. Veralgt leicht.
Licht: Hell, aber nicht zuviel Sonne.
Wärme: 14–22 °C, zeitweise auch etwas mehr.
Wasser: Nicht zu kalkarm.

► *C. submersum* — Glattes Hornblatt   51

Heimat und Kultivierung wie in der Familienbeschreibung und bei der vorigen Art angegeben. In Mitteleuropa relativ selten. Feiner, zierlicher und noch zerbrechlicher.

Familie: **Characeae**
(Armleuchtergewächse)

Algengewächse ohne Wurzeln oder mit dünnen Wurzelfäden. Die hier beschriebenen Arten tragen um den 30–40 cm langen Stengel die im Quirl stehenden nadelförmigen »Blätter«. Meist etwas zerbrechlich, mehr oder weniger mit einer Kalkkruste überzogen (inkrustiert). Ein- oder mehrjährig, meist letzteres. Einhäusige Pflanzen, deren Fruchtorgane einzeln oder zu mehreren in den Blattquirlen stehen. Vermehrung im Aquarium vegetativ. Die einheimischen Chara-Arten werden heute kaum noch gepflegt. Dagegen sind die kosmopolitischen Nitellen hier und da noch in Kultur. Sie eignen sich vor allem als Laichsubstrat für freilaichende oder in Pflanzendickichte laichende Fische. Die einzelnen Arten sind für den Laien kaum zu unterscheiden.

► *Chara foetida* — Stinkender Armleuchter (G) 52

Heimat: Über die ganze Erde verbreitet, in kleinen Gewässern, an flachen und ruhigen Stellen.
Kultur: Pflanzen aus wärmeren Gewässern nehmen. Wenn nicht zu stark inkrustiert, als Ablaichpflanze geeignet.
Licht: Nicht zuviel Sonne.
Wärme: Kaltwasser.
Wasser: Keine besonderen Ansprüche.

►● *Ch. fragilis* — Zerbrechlicher Armleuchter 53
Heimat: Wie vor, auch im Brackwasser und in der östlichen Ostsee.

Kultur: Wie vor, wird auch im Handel öfter angeboten. Licht, Wärme, Wasser wie vor, verträgt aber mehr Wärme.

►● *Nitella flexilis* — Biegsames Nixkraut (G) 54

Heimat: Europa, Asien, Nordamerika, besonders in kleineren Gewässern mit Schlammgrund.
Kultur: Pflanzen aus wärmeren Gewässern eignen sich auch für temperierte Aquarien. Veralgt leicht bei zuviel Sonne. Für Dekorationszwecke Wurzelfäden im Boden verankern, als Ablaichpflanze lose in Bündeln. Guter Schutz für Jungfische.
Licht: Hell, aber nicht zuviel Sonne.
Wärme: Verträgt auch höhere Wärme, aber nicht dauernd über 25 °C.
Wasser: Keine besonderen Ansprüche.

Familie: **Cruciferae**
(Kreuzblütler)

►● *Cardamine lyrata* —
Japanisches Schaumkraut   (N) 55

Heimat: Ostsibirien, Nord- und Ostchina, Korea, Japan. In ähnlichen Vorkommen wie unser Pfennigkraut, emers, zeitweise auch submers.
Kultur: Eine ausdauernde, im Aquarium fast nur submers kultivierte, empfindliche und zarte Pflanze. Von dem kriechenden, verzweigten Wurzelstock streben die zerbrechlichen Stengel, die an langen Stielen rundliche Blättchen tragen, senkrecht nach oben. Die submersen Pflanzen blühen nicht; Vermehrung durch Teilung des Wurzelstocks oder durch Stecklinge. Gut für den Gartenteich geeignet; gedeiht hier vor allem emers. Die zarten Blätter müssen vor Schneckenfraß geschützt werden.
Licht: Hell, im Gartenteich Sonne.
Wärme: 15–20 °C, wird bei zu hoher Wärme sperrig.
Wasser: Keine besonderen Ansprüche, doch werden die Blätter bei nicht zu hartem Wasser größer.

Familie: **Cyperaceae**
(Zyperngräser)

►● *Eleocharis acicularis* — Nadelsimse   (E) 56
Heimat: Europa, Asien, Australien, Amerika.

In stehenden Gewässern, besonders in Ufernähe.

■ Kultur: Anspruchslose, ausdauernde Pflanze mit hellgrünen, steifen, nadelförmigen Blättern. Von dem kriechenden Wurzelstock ausgehend können die Triebe bald den ganzen Boden überziehen. Solche dichte Bestände bieten einen guten Schutz für die Eier frei laichender, Laich fressender Fische. Die submerse Form blüht nicht. Vermehrung durch Sprosse und durch Teilung des Wurzelstocks.
Licht: Hell.
Wärme: Einheimische Exemplare bei Zimmertemperatur.
Wasser: Keine besonderen Ansprüche.

Familie: **Elatinaceae**
(Tännelgewächse)

Die Arten der Gattung Elatine, von denen hier *E. macropoda* beschrieben ist, sind einjährige bis ausdauernde Sumpfpflanzen. Sie sind an zeitweise überschwemmten Uferformen submers, halb-emers oder als Landpflanzen zu finden. Auf dem kriechenden Stengel stehen die senkrecht nach oben strebenden Blättchen oder Abzweigungen. Heute sind die hübschen Pflanzen kaum noch in den Aquarien zu finden.

▶● *Elatine macropoda* –
Großwurzeliger Tännel   (E) 57
Als *E. macropoda forma submersa* ist eine Kulturform im Handel.
Heimat: Frankreich, Spanien, Nordafrika, Malta, Sizilien.
Kultur: Als Bodengrund genügt eine Mischung von ungewaschenem, feinem Sand mit verwittertem Lehm. Die Pflänzchen benötigen während des Anwachsens Ruhe. Insbesondere dürfen in dieser Zeit keine algenfressenden Fische eingesetzt werden, da diese die Setzlinge herauszupfen würden. Beim Einpflanzen nehme man bereits eine Verteilung über den ganzen Boden vor, weil hierdurch die Bildung eines dichten Rasens erleichtert wird. Diese Art der Bepflanzung bietet zu Boden sinkenden Eiern von Fischen einen sicheren Schutz vor dem Gefressenwerden.
Licht: Liebt Helligkeit; das Licht muß bis zum Boden durchdringen.

Wärme: Am besten 18–21 °C, auch mehr oder weniger.
Wasser: Keine besonderen Ansprüche.

Familie: **Fontinalaceae**
(Quellmoose und Wassermoose aus anderen Familien)

Wassermoose sind fast über die ganze Erde verbreitet. Oft vermögen sogar Arten unter Wasser zu leben, die an sich gar keine Wassermoose sind. Die Anpassungsfähigkeit ist sehr groß, wobei in der Regel von den Umweltverhältnissen abhängige Änderungen der Wuchsform auftreten. Die kleinen schuppenartigen Blättchen sind verschieden grün bis bräunlich oder rötlich. Der Stengel ist rund oder kantig und mehr oder weniger reich verzweigt. Er haftet mit wurzelähnlichen Fäden, den Rhizoiden, auf festen Unterlagen, z. B. Hölzern oder Steinen, doch können Wassermoose auch sehr gut frei schwimmend gedeihen.

▶ *Fontinalis antipyretica* – Quellmoos   (G) 58
Für das Warmwasseraquarium stehen heute Wassermoose tropischer Herkunft zur Verfügung.
Heimat: Europa, nördliches Asien, Nordamerika, Nordafrika. In klaren, fließenden oder stehenden Gewässern.
Kultur: Für die Haltung im Kaltwasseraquarium eignen sich vor allem Quellmoose aus wärmeren Gewässern der Ebene, weil sie sich leichter an die veränderten Verhältnisse gewöhnen. Man nehme möglichst Pflanzen, die auf einem kleinen Stein festsitzen. Als Laichsubstrat im losen Büschel hält sich Quellmoos auch im Warmwasser einige Zeit. Im Kaltwasseraquarium bleibt es während des Winters grün. Vermehrung durch Sprossung.
Licht: Nicht zu hell, da die Veralgungsgefahr groß ist.
Wärme: Möglichst nicht längere Zeit über 18–20 °C.
Wasser: Liebt klares, sauberes Wasser.

■ *Vesicularia dubyana* – Javamoos   59
Zierliches, reich verzweigtes Moos aus der Familie der Schlafmoose (Hypnaceae).
Heimat: Indonesien, Malaya und Philippinen. Wächst hier meist emers an feuchten Uferrändern, ist aber infolge der großen Anpassungs-

fähigkeit in der Lage, lange Zeit submers zu gedeihen.

Kultur: Die Pflanze bringt untergetaucht kleine, zarte, lebhaft grüne Blättchen hervor. Die reich verzweigten Sprosse wuchern nach allen Seiten weiter, wenn sie sich einmal an einer Unterlage (Steine, Wurzeln, Aquariumscheiben) festgesetzt haben. Das Moos gedeiht aber auch frei schwebend. Vermehrung durch abgetrennte Sprosse. Empfindlich gegen Veralgen und Verschmutzen durch gründelnde Fische.

Licht: Nicht zu helles Licht, da Veralgungsgefahr.

Wärme: 16–26 °C.

Wasser: Keine speziellen Ansprüche.

Familie: **Gentianaceae** (Enziangewächse)

Die beiden hier beschriebenen Nymphoides-Arten bilden Schwimmblätter, die an sehr langen, eigenartigen Blattstielen sitzen, aus denen auch Adventivsprosse und Blütenstände hervorgehen. Die Blüten stehen im Bündel, sind weiß und mit vielen Fransen versehen. Die Pflanzen gedeihen im Zimmer nur in sehr hell stehenden Aquarien. Als Bodengrund gebe man groben Sand, mit verwittertem Lehm und etwas Torf beigemischt. Die Überwinterung ist schwierig. Hierzu schon im Sommer einige kräftige Pflanzen in Töpfe mit Torfmoos-Lehm-Füllung geben, langsam an niedrigen Wasserstand gewöhnen und dann bei sehr hellem Stand und 15–18 °C im überdeckten Glas überwintern.

● *Nymphoides humboldtiana* –
Humboldts Seekanne   (B) 60

Oft als *Villarsia humboldtiana* oder *Limnathemum humboldtianum* im Handel.

Heimat: Tropisches Südamerika, in seichten Gewässern.

Kultur: Sehr schöne, aber anspruchsvolle Pflanze. Im Freiland etwas empfindlich gegen kühlere Witterungsperioden. Vermehrung durch Einpflanzen der abgeschnittenen, bewurzelten Adventivpflanzen oder durch Aussaat.

Licht: Sehr hell, Sonne.

Wärme: 20–30 °C, auch Luftwärme, zur Überwinterung 15–18 °C.

Wasser: Gedeiht besser im weichen Wasser, bei zu großer Härte kümmerlich.

Im allgemeinen ist die Pflege der Seekannen im Zimmeraquarium etwa problematisch, weshalb

sie auch heute nur noch selten gepflegt werden. In den USA ist *N. aquatica* als »Bananenpflanze« recht beliebt. Aus einem Bündel von dicht beieinanderstehenden Nährkörpern, die Dahlienknollen ähneln, entspriessen hübsche, kreisrunde, herzförmig eingekerbte Schwimmblätter von hellgrüner bis purpurroter Farbe. Auch diese Pflanze ist nur für sehr geräumige Becken geeignet.

● *N. indica* – Indische Seekanne   61

Heimat: Indien, China, Japan, Australien, Fidschi-Inseln.

Kultur: Wie bei der vorigen Art.

Familie: **Halorrhagaceae**
(Meerbeerengewächse)

Die hier beschriebenen Arten der Gattung Myriophyllum sind vorwiegend submers wachsende ausdauernde Pflanzen. Sie besitzen einen manchmal am Boden kriechenden Wurzelstock mit fein verzweigten Wurzeln. Die lebhaft grünen, dunkelgrünen bis rötlichen Blätter sind gefiedert. Sie stehen meist in Quirlen, seltener sind sie gegen- oder wechselständig. Zur Blütezeit erheben sich die Sprosse mit Luftblättern über die Oberfläche, in deren Achseln die kleinen, manchmal zwittrigen Blüten sitzen. Vermehrung gewöhnlich durch Stecklinge.

Die M. sind anspruchslose und dekorative Aquarienpflanzen. Als Bodengrund genügt ungewaschener Sand, der etwas lehmhaltig sein möchte. Die meisten Arten stellen keine besonderen Ansprüche an die Temperatur, sind im Gegenteil empfindlich gegen zu hohe Wärmegrade. Sie dürfen nicht mit stark gründelnden Fischen zusammen oder unter Durchlüftung gehalten werden, da der aufgewirbelte Mulm sich auf die Blätter setzt, diese unansehnlich macht und erstickt. Sich ansammelnder Mulm ist nach Möglichkeit regelmäßig zu entfernen.

●■ *Myriophyllum brasiliense* –
Brasilianisches Tausendblatt,
Chilenisches Tausendblatt   (D) 62

Im Handel bisher als *M. proserpinacoides* bezeichnet.

Heimat: Südamerika und Südstaaten der USA.

Kultur: Zartgrüne, feingefiederte Pflanze, wächst gern über Oberfläche hinaus, entartet leicht. Keine besonderen Ansprüche an den

Bodengrund, klarer Sand ohne Mulm. Gute Ablaichpflanze wie alle Tausendblattarten.
Licht: Hell bis sehr hell.
Wärme: 18–25 °C.
Wasser: Keine besonderen Ansprüche.

▶ **M. elationoides** –
Tannenähnliches Tausendblatt   63

Heimat: Süd- und Mittelamerika, in kalten Süßwasserseen.
Kultur: Pflanze für das Kaltwasser-Aquarium, die ein klares, sauberes Wasser liebt und besonders bei hohem Wasserstand, bei dem sie sich frei entfalten kann, zur Wirkung kommt.
Licht: Liebt Helligkeit, aber starke Sonne wegen der Gefahr der Veralgung vermeiden.
Wärme: 15–20 °C und weniger.
Wasser: Nicht zu hartes Wasser.

▶ **M. hippuroides** –
Tannenwedelähnliches Tausendblatt   64

Als *M. scabratum, mexicanum* und *affinis elatinoides* im Handel.
Heimat: Nordamerika bis Mexiko, im klaren Wasser.
Kultur: Wie bei der vorigen Art, gedeiht aber auch im harten Wasser. Zeichnet sich durch regelmäßig ausgebildete Blattquirle aus.

● **M. pinnatum** – Zierliches Tausendblatt   65

Als *M. eggelingi, tritoni, scabratum* und *nitschei* im Handel
Heimat: Östliches Nordamerika und Mexiko, Kuba, in klaren, nicht zu tiefen Gewässern. Bildet sich bei fallendem Wasserstand emers aus.
Kultur: Benötigt etwas mehr Wärme als die übrigen Arten. Ist infolge ihres verzweigten und unregelmäßigen Wuchses besonders zur Büschelbildung in Zuchtaquarien geeignet. Als Steckling kann jedes Teilstück verwendet werden, das Adventivwurzeln trägt. Blätter unregelmäßig gegen- und wechselständig, seltener normale Quirle. Kultur wie bei den vorigen Arten, aber im Winter 15–18 °C, im Sommer bis 25 °C.

▶ **M. spicatum** –
Ährenblütiges Tausendblatt   66

Heimat: Fast über die ganze Erde verbreitet, mit Ausnahme von Mittel- und Südamerika, Zentralafrika und Australien. In klaren, ruhigen Gewässern, auch im Brackwasser.

Kultur: Wie bei den übrigen Arten. Um buschige Stöcke zu erreichen, die dann auch während des Winters in Vegetation bleiben, schon im Sommer die Pflanzen regelmäßig entspitzen. Diese Art ist für das Aquarium von geringerem Wert. Kultur wie bei den vorigen Arten, gedeiht nur in Kaltwasser, recht gut auch in hartem Wasser.

▶ **M. verticillatum** –
Quirlblättriges Tausendblatt   67

Heimat: Europa, Kanada, Teile von Asien und Afrika, besonders im kalkarmen Wasser.
Kultur: Wie bei den übrigen Arten. Bleibt, nicht zu warm gehalten, bis in den Winter hinein grün. Vermehrung auch durch Aufzucht aus Winterknospen. Meidet hartes Wasser.

Familie: **Hydrocharitaceae**
(Froschbißgewächse)

Gewächse von recht unterschiedlichen Aussehen, von denen einzelne zum ständigen Bestand der Aquariumpflanzen gehören. Besonders interessant sind die Befruchtungsvorgänge. Meistens schwimmen die weiblichen Blüten, durch einen fadendünnen Stiel mit der Mutterpflanze verbunden, an der Wasseroberfläche. Die männlichen Blüten sitzen am Fuß der männlichen Pflanzen, lösen sich zu gegebener Zeit los, steigen zur Oberfläche empor und werden durch Wind und Wellen an die weiblichen Blüten herangetrieben.

● *Vallisneria americana* – Schrauben-Vallisnerie,
Amerikanische Vallisnerie   68

Häufig als *V. torta* in Handel.
Heimat: Süden der USA; Kalifornien und Nevada.
Kultur: Diese Vallisnerie bleibt etwas kleiner als die Normalform. Die bandförmigen Blätter sind spiralig gewunden. Blattrand ganz fein gezähnelt. Etwas wärmebedürftiger; zu kalt gehaltene Exemplare bleiben kleiner und ihre Blätter sind weniger eng gedreht.

■ *Vallisneria gigantea* – Riesensumpfschraube
(F) 69

Im Handel werden oft Bastarde zwischen dieser und *V. spiralis* angeboten.
Eine als »Rötliche Riesenvallisnerie« bekannt gewordene Art ist *V. neotropicalis.* Sie ist *V.*

gigantea sehr ähnlich, hat aber schwach rot angelaufene Blätter und kann mit über 2 m Länge der Riemenblätter noch größer als diese werden.

Heimat: Neu-Guinea, Philippinen und andere tropische Gebiete Südostasiens; in stehenden und fließenden Gewässern.

Kultur: Eine stattliche Pflanze mit breiten, riemenförmigen Blättern, die weit über einen Meter lang werden können. Die echte Riesenvallisnerie weist zu jeder Seite der Mittelrippe drei Rippen auf. Vermehrung durch die reichlich sprossenden Ausläufer. Die Mutterpflanzen sterben gewöhnlich im zweiten Jahr ab. Benötigt einen nährstoffreichen Boden: $^1/_2$ grober Sand, $^1/_2$ verwitterter Lehm.

Licht: Hell.

Wärme: 25 bis über 30 °C, nicht unter 18 °C.

Wasser: Nicht zu weiches Wasser.

■ **V. neotropicalis** – Rote oder Amerikanische Riesensumpfschraube   70

Heimat: Florida, Kuba.

Kultur: Zu behandeln wie V. gigantea. Die intensive Rotfärbung wird durch hohe Beleuchtungswerte erreicht, bei unzureichender Lichtdosierung blaßbraun.

● ■ **V. spiralis** – Sumpfschraube   (F) 71

Heimat: Südliche Gebiete der gemäßigten Zonen und Subtropen, fast über die ganze Erde verbreitet. Bildet in fließenden und stehenden Gewässern dichte Rasen.

Kultur: Die riemenförmigen Blätter werden bis 30 cm lang und 1 cm breit. Eine sehr anspruchslose Pflanze, die zudem recht dekorativ wirkt. Bodengrund ungewaschener Sand, wird mit etwas Lehmzusatz kräftiger. Vermehrung durch Ausläufer, die sich bei zusagenden Bedingungen reichlich bilden.

Licht: Sehr hell, wird bei nicht ausreichender Beleuchtung blaß und geht zurück.

Wärme: 17–24 °C, aber nicht längere Zeit unter 15 °C. Wird bei zu warmer Haltung etwas dürftig.

Wasser: Zu weiches Wasser hemmt das Wachstum.

► ● **Lagarosiphon muscoides var. major** – Krause Wasserpest   72

Viele Jahre als *Elodea crispa* im Handel.
Heimat: Südafrika, in klaren Gewässern.

Kultur: Ähnelt sehr den Elodea-Arten, doch sind die Blättchen, die dicht um den Stengel sitzen, scharf nach unten und innen eingerollt. Die Pflanzen sind ausdauernd. Man kann sie frei schwimmend kultivieren, aber auch mit Pflanzennadeln im Boden verankern. Die Nahrung wird ausschließlich durch die Blätter aufgenommen. Guter Sauerstofferzeuger.

Licht: Hell.

Wärme: 18–23 °C, am besten um 20 °C.

► ● **Hydrilla verticillata** – Grundnessel   73

Heimat: Nordost-Europa, Süd- und Ostasien, Australien, Madagaskar und Westafrika. In stehenden und fließenden Gewässern; bevorzugt schlammige Böden.

Kultur: Eine ausdauernde, wasserpestähnliche Pflanze. Die Blattränder sind jedoch deutlich gezähnt, die Mittelrippe ist rötlich. Einheimische Arten können im Kaltwasseraquarium gehalten werden, ziehen aber im Winter ein und bilden Dauerknospen. Pflege wie bei den Elodea-Arten.

● ■ **Egeria densa** – Argentinische oder Dichtblättrige Wasserpest   (E) 74

Heimat: Südliche USA, Mittel- und Südamerika. In Wasservorkommen der verschiedensten Art, besonders in stehenden Gewässern oder in den ruhigen Außenstellen von Flüssen.

Kultur: Wie bei *Elodea canadensis* angegeben. Benötigt etwas mehr Wärme. Bei zusagenden Bedingungen ist die frischgrüne Pflanze mit ihren langen, dichtstehenden Blättern außerordentlich dekorativ. Gedeiht im Sommer auch gut im Gartenteich.

Licht: Hell.

Wärme: 15–24 °C, wird bei zu hohen Wärmegraden leicht unansehnlich.

Wasser: Keine speziellen Ansprüche, aber nicht zu weich.

► **Elodea canadensis** – Kanadische Wasserpest   75

Die Gattung Elodea wird häufig auch als Helodea, Egeria oder Anacharis bezeichnet.

Heimat: Nordamerika, Kanada. Von hier aus verwildert und über die gemäßigten Gebiete fast der ganzen Erde verbreitet. Bildet am Grunde nicht zu tiefer Gewässer dichte Bestände.

Kultur: Eine rankende Pflanze mit kleinen, lanzettlichen Blättchen, die zu dreien oder vieren um den Stengel sitzen.

Die anspruchslose Pflanze gedeiht nur im kühlen Wasser. Bei zu hohen Temperaturen wird sie schnell spillerig. Die Ranken können frei schwimmend kultiviert werden, lassen sich mit Glasnadeln aber auch im Boden verankern. Bei zusagenden Bedingungen sehr schnellwüchsig. Vermehrung durch einfache Teilung der Triebe. Eine gute Sauerstofferzeugerin.
Licht: Hell.
Wärme: 5—21 °C, am besten um 18 °C.
Wasser: Keine besonderen Ansprüche.

▶ *Stratiotes aloides* – Krebsschere   (C) 76
Heimat: Europa, Nordasien, in stehenden Gewässern, entweder submers im Boden verwurzelt oder frei schwimmend, den Jahreszeiten entsprechend auch zwischen diesen Vegetationsformen wechselnd.
Kultur: Die aloë-ähnliche Pflanze ist nur für das Kaltwasser-Aquarium geeignet. Ihre Anzucht erfolgt am besten aus Winterknospen, die im Herbst eingesammelt, kühl überwintert und im Frühjahr angetrieben werden.
Licht: Hell und Sonne.
Wärme: Nur in Kaltwasser.
Wasser: Keine besonderen Ansprüche.

Familie: **Lentibulariaceae**
(Wasserschlauchgewächse)

Die hier beschriebenen beiden Arten sind ausdauernde, submerse Pflanzen. Es sind teils im Boden wurzelnde Ranken mit fein zerteilten Blättern, deren Blütenstand sich über die Wasseroberfläche erhebt, teils frei schwimmende, dichte Polster bildende Stengeltriebe mit kleinen, haarfeinen Blättchen. Bemerkenswert ist, daß die Wasserschlauchgewächse sich nicht allein nach Art anderer Pflanzen ernähren, sondern daß sie fleischfressend sind. Mit Hilfe sinnreich konstruierter Fangblasen, der sogenannten Utrikel, fangen und verdauen sie allerlei Kleintiere des Wassers.

●▶ *Utricularia gibba* – Zwergwasserschlauch 77
Auch als *U. eroleta* oder fälschlich als *U. minor* im Handel.
Heimat: Portugal, Afrika, tropisches und subtropisches Asien und Australien. In Gewässern aller Art, wo die Pflanzen an warmen, ruhigen Stellen dichte Polster bilden.

Kultur: Pflanze mit fadenfünnen Stengeln und winzigen Blättchen. An jedem der Blätter sitzen 1—2 Fangblasen, die wegen ihrer Kleinheit nur Einzeller aufnehmen können. Beim Fehlen tierischer Nahrung bilden sich die Bläschen zurück, und die Pflanzen werden im allgemeinen noch zarter und dünner. Die regellos wachsenden Triebe schwimmen frei unter der Wasseroberfläche und bilden mit der Zeit dichte Pflanzenknäuel. Die Vermehrung erfolgt durch Stengelbruchstücke, die sich schnell zu neuen Pflanzen auswachsen. Der Zwergwasserschlauch ist ein vorzügliches Laichsubstrat für Oberflächenlaicher oder eine Zufluchtstätte für kleinste Jungfische.
Licht: Nicht zu hell, da sonst die Veralgungsgefahr zu groß ist.
Wärme: Nicht unter 18 °C; verträgt darüber jede Wärme.
Wasser: Gedeiht in weichem Wasser besser, sofern es nicht zu infusorienarm ist.

▶ *U. vulgaris* – Gemeiner Wasserschlauch (D) 78
Heimat: Europa, Nordafrika, in Gewässern mit klarem, weichem Wasser.
Kultur: Die hellgrünen, fein zerteilten Blätter stehen wechselständig an einem langen Stengel. An jedem Blatt befinden sich je nach Größe 10—200 Fangblasen, die auch größere Planktontiere fangen können. Eine sehr schöne und zarte Kaltwasserpflanze. Kann frei schwimmend oder in ungewaschenen Sand eingepflanzt kultiviert werden, wo man sie mit Glasnadeln festhält. Fleischfressend. Vermehrung durch Stecklinge oder Anzucht aus den im Herbst gesammelten und kühl überwinterten Winterknospen. Für Fischbrut gefährlich.
Algungsgefahr.
Wärme: 15—20 °C, entartet bei höheren Graden rasch.
Wasser: Liebt weiches, etwas saures Wasser.

Familie: **Lythraceae**
(Blutweiderichgewächse)

● *Peplis diandra (= Didiplis diandra)* – Amerik. Sumpfportulak   (K) 79
Heimat: Südöstliches Nordamerika.
Kultur: Eine Sumpfpflanze, die gut submers zu kultivieren ist, wenn sie auch das Bestreben zeigt, über die Wasseroberfläche hinauszuwachsen.

Sie ähnelt im Habitus etwas den Wasserpest-
arten, doch stehen die schmalen Blättchen viel
dichter um den Stengel. Dieser kann sich reich
verzweigen, so daß sich dichte Bestände bilden.
Die Triebe können je nach Wasserstand bis 40 cm
lang werden. Vermehrung durch Teilen der
Pflanzen.
Licht: Liebt reichliches Licht.
Wärme: 15–25 °C.
Wasser: Keine speziellen Ansprüche, nicht zu
weich.

Familie: Marsileaceae
(Pillenfruchtfarne)

Die hier beschriebenen Arten der Gattung
Marsilea besitzen einen langen, kriechenden
Wurzelstock. Die Blätter sind kleeartig, vierteilig
und sitzen an langen, senkrecht nach oben
strebenden Stielen. Sie können sich auch auf die
Wasseroberfläche legen oder sich über diese
erheben. Die Farne wachsen sowohl submers als
auch emers oder sie bilden Schwimmblätter. Die
Sporenfrüchte sitzen am Grunde der Blattstiele,
submers bleiben die Pflanzen steril. Die Kultur
ist einfach. Als Bodengrund genügt lehmhaltiger
Sand. Die Kleefarne sind gut für das Sumpfaquarium geeignet. Vermehrung durch Teilung
der Rhizome.

● ■ *Marsilea crenata* – Australischer Kleefarn
(D) 80

Im Handel oft mit *M. quadrifolia* verwechselt.
Heimat: Zentral- und Südaustralien, in schlam-
migen, zeitweise austrocknenden Gewässern.
Kultur: Harte und widerstandsfähige Pflanze, die
nicht zu warm stehen will. Bei ausschließlich
submerser Haltung kümmert sie leicht und geht
zurück.
Licht: Mäßig hell, aber auch nicht zu dunkel.
Wärme: Am besten bei 18–22 °C.
Wasser: Keine besonderen Ansprüche.

Familie: Najadaceae
(Nixkrautgewächse)

Die hier beschriebene Art ist nach Herkunft einjährig oder ausdauernd. Sie hat fein verzweigte
Wurzeln. Die sattgrünen, an den Rändern mit
winzigen Dornen besetzten Blätter sind gegenständig und bilden um den bis 1 m langen Stengel

oft Scheinquirle. Die unscheinbaren Blüten sitzen in den Blattwinkeln.

● ■ *Najas microdon* (= *N. guadelupensis*) –
Kleinzähniges Nixkraut (G) 81

Wird im Handel oft als *N. flexilis* oder fälschlich
als *Elodea callitrichoides* angeboten.
Heimat: Gemäßigte und tropische Gebiete des
amerikanischen Gesamtkontinents. Bildet' auf
dem Grund der Gewässer dichte Rasen.
Kultur: Eine schöne, lichtgrüne Pflanze, die
dichte Büsche bildet. Haltung einfach. Bodengrund nicht zu grober Sand, mit etwas Lehm
vermischt. Bei ausreichend Licht gehen die
Bestände auch im Winter nicht zurück, doch
führt die Verwechslung mit *Elodea callitrichoides* infolge zu kühler Haltung gelegentlich zu Verlusten. Die Vermehrung erfolgt durch
Stecklinge, die man so in den Sand steckt, daß die
beiden untersten Blattansätze bedeckt sind. Sät
sich im Aquarium mitunter selbst aus.
Licht: Hell.
Wärme: Nicht unter 20 °C, am besten um 24 °C.
Wasser: Nicht zu weiches Wasser, am besten um
8–10 °dH.

Familie: Nymphaeaceae
(Seerosengewächse)

Aus dieser Familie werden hier einige submers
wachsende Arten der Gattungen Barclaya und
Cabomba beschrieben, sowie Jugendformen der
Gattung Nuphar und Nymphaea, die sich längere
Zeit submers kultivieren lassen.

■ *Barclaya longifolia* –
Langblättrige Barclaya (K) 82

Heimat: Hinterindien (Burma, Thailand, Viet-
nam. An schattigen Stellen der Uferzone).
Kultur: Die sehr langen, bandförmigen Blätter,
die nach oben hin langsam schmaler werden, sind
oberseits grünlichbraun, unterseits rötlich. Sie
sind sehr zart und durchsichtig. Die Blattnerven
sind deutlich zu sehen. Vermehrung durch Stecklinge oder Samen. Die Pflanzen können bis 30 cm
hoch werden; sie benötigen daher hohe Behälter.
Sehr zart und gegen Schneckenfraß empfindlich.
Bodengrund nährstoffreich, Lehmzusatz ist zu
empfehlen.
Licht: Nicht zu hell, am besten an schattigen
Stellen dicht bepflanzter Aquarien.
Wärme: 20–28 °C, keinesfalls unter 20 °C.

Wasser: Keine speziellen Ansprüche, aber nicht zu hart.

Cabomba: Die Arten dieser Gattung sind ausdauernde Pflanzen mit gegenständigen, fächer- bis nierenförmigen Blättern. Diese sind feingegliedert. Zur Blütezeit werden — im Aquarium nur selten — ganzrandige Schwimmblätter gebildet, die die an einem kurzen Stiel über die Wasseroberfläche hinausragenden Blüten tragen. Die Unterwassertriebe können sehr lang werden. Die Blätter sind hell- bis lebhaft grün, können aber unter Lichteinfluß die Färbung auch ändern.

Empfindliche, aber auch schöne Pflanzen, die sorgsame Pflege benötigen. Möglichst in Schalen pflanzen. Der Bodengrund soll am besten aus einer Mischung von grobem Sand und Lehm im Verhältnis 1:1 bestehen. Vermehrung durch Stecklinge. Gegen Verschmutzung und Algenbefall sehr empfindlich.

■ *Cabomba aquatica —*
Buschige Haarnixe   83

Heimat: Mexiko im Norden bis Mittelbrasilien, im Süden in kleineren, stehenden Gewässern, in Seitenarmen der Flüsse usw.
Kultur: Wie oben angegeben.
Die sehr langen Girlanden treiben unter der Oberfläche und bringen dort gelegentlich auch Schwimmblätter hervor.
Licht: Sommer und Winter helles Licht, starke Sonne wegen Gefahr der Veralgung nicht ratsam.
Wärme: Im Winter nicht unter 18 °C, im Sommer um 25 °C.
Wasser: Am besten weiches Wasser, möglichst nicht über 6 °dH. Bei solchem Wasser ist auch die Algenbildung geringer, gegen die die Pflanze sehr empfindlich ist.

● *C. caroliniana —* Karolinasche Haarnixe (E) 84

Heimat: In den gleichen Gebieten wie die vorige Art, geht aber weiter nach Norden und Süden.
Kultur: Wie bei der vorigen Art, aber nicht so wärmebedürftig. Eine rotblättrige Form behält diese Farbe nur dann, wenn ihr genügend Oberlicht im Sommer und Winter geboten wird. Kann kälter gehalten werden: im Winter 15—18 °C, im Sommer 18—22 °C.
Außer den beiden oben genannten Arten sind noch eine Reihe anderer Haarnixen im Handel, die zum Teil rötliche Stiele, Blattunterseiten oder Triebspitzen zeigen.

Nuphar: Die submersen Teichrosen der Gattung sind entweder Jugendformen oder Formen aus dem tieferen Wasser, die zum Teil keine Schwimmblätter entwickeln. Sie alle benötigen einen nährstoffreichen Bodengrund. Zum Anwachsen setzt man den Wurzelstock am besten in einen Topf mit guter Erde und bringt die Pflanzen erst dann an den endgültigen Standort, wenn sie bereits hinreichend Blätter entwickelt haben. Die aus Wasserpflanzengärtnereien stammenden Exemplare sind in der Regel aus Samen gezogen und besonders haltbar. Alle Teichrosen benötigen gutes Licht.

▶● *Nuphar pumilum —* Zwergteichrose   85
Heimat: Europa, westliches Sibirien.
Kultur: Die salatähnlichen, rundlichen, relativ großen Unterwasserblätter sind zart hellgrün und durchsichtig. Die Pflanzen sind dekorativ und halten sich selbst bei höheren Temperaturen erstaunlich lange, wenn sie auch nur langsam wachsen.

●● *N. sagittifolium —* Carolina-Teichrose   86
Heimat: Süd-Carolina.
Kultur: Die Blätter sind lang, pfeilförmig und am Rande gewellt. Sie sind schön hellgrün und stehen an langen Stielen. Schwimmblätter werden nicht entwickelt. Pflege wie obenstehend angegeben.

●■ *N. japonicum —*
Japanische Teichrose   87
Heimat: Japan.
Kultur: Eine schöne Pflanze, deren submerse Wuchsform dekorative, unten breite und tief eingeschnittene, pfeilförmige Blätter besitzt. Farbe leuchtendgrün, eine Abart auch rötlichbraun.

Nymphaea: Zwei Arten haben sich als im Warmwasseraquarium dauerhaft kultivierbar erwiesen. Jedoch beschatten die Schwimmblätter, deren reichliche Entwicklung Voraussetzung für die Blütenbildung ist, die Unterwasserpflanzen eines Aquariums beträchtlich.

●● *Nymphaea daubenyana hort. —*
Daubenys Seerose   (L) 88
Zuchtform, die durch Bastardierung von *N. micrantha* und *N. caerulea* entstand.
Kultur: Die Pflanze bildet zunächst recht dekorative Unterwasserblätter von zarter Beschaffenheit, die aber zurückgehen, wenn die

ersten Schwimmblätter getrieben werden, denen die Blüten folgen. Je lehmhaltiger der Bodengrund, desto kräftiger der Wuchs. Vermehrung durch Adventivpflanzen aus der Blattspreitenbasis. Die Blüten sind steril.

■ *Nymphaea lotus* – Tiger-Seerose   (L) 89
Heimat: Westafrika
Kultur: Die Pflanze ist in drei Farbformen im Handel, mit grünen, blaßrotvioletten und tiefroten Blättern, die jeweils mit dunklen Flecken übersät sind. Die Unterwasserblätter sind sehr breit, leicht gewellt und wirken ausgesprochen dekorativ. Schwimmblatt- und Blütenbildung im Aquarium selten, Vermehrung durch Ausläufer, die erst nach guter Bewurzelung abgetrennt werden sollten.

Familie: **Onagraceae**
(Nachtkerzengewächse)

Die hier aufgeführten zwei Ludwigia-Arten sind gut für submerse Haltung im kalten und halbwarmen Zimmeraquarium, emers für das Sumpfaquarium und den Gartenteich geeignet. Es sind ausdauernde Pflanzen. Die Blätter sind breit lanzettlich und an beiden Enden zugespitzt. Sie stehen wechsel- oder gegenständig um den mehr oder weniger verzweigten Stengel. Oberseits sind sie satt- bis bräunlichgrün, unterseits rötlich. Die Pflanzen neigen dazu, über die Wasseroberfläche hinauszuwachsen. Will man das vermeiden, muß man sie regelmäßig zurückschneiden. Die kleinen Blüten erscheinen nur bei emerser Kultur.

▶● *L. arcuata* – Schmalblättrige Ludwigie   90
Heimat: Südosten der USA (Virginia, Carolina).
Kultur: Wie oben angegeben. Hält sich submers sehr gut und bildet dichte Büsche. Blätter schmal-lanzettlich, ziemlich lang.
Licht: Hell.
Wärme: 18–22 °C, verträgt auch höhere Wärmegrade.
Wasser: Keine besonderen Ansprüche.

▶●■ *Ludwigia polustris* × *repens* –
Bastard-Ludwigie   (B) 91
Auch als *L. natans*, *L. palustris* oder *L. mullertii* im Handel.
Ludwigia palustris ist über Europa, Sibirien und das Mittelmeergebiet verbreitet. Hält sich gut bei submerser Kultur, verträgt aber höhere Wärmegrade nur schlecht.
Synonym: *L. repens*, dieser Name kommt einer Art zu, die im Südwesten der USA beheimatet ist. Diese Art entwickelt eine Reihe recht unterschiedlicher Wuchsformen, abhängig von Licht und Bodengrund. Verträgt auch höhere Temperaturen bis 30 °C. Häufig werden Bastarde zwischen *L. palustris* und *L. repens* im Handel unter einem der beiden Namen angeboten.
Kultur: Sehr dekorative Stengelpflanze mit oberseits kräftig grünen, unterseits roten Blättern, die außer hellem Licht keine nennenswerten Bedingungen stellt. Vermehrung durch Stecklinge, die rasch einwurzeln. Rechtzeitig einkürzen, da die Stengel stets über die Oberfläche hinauswachsen sollen.

Familie: **Parkeriaceae**
(Hornfarne)

Eine Art dieser Familie ist mit mehreren Variationen über die tropischen Gebiete der ganzen Erde verbreitet, wo sie sowohl als Landform wie auch submers und halb-emers vorkommt. Der bekannte Schwimmfarn aus der gleichen Gattung mit breiten, gelappten Schwimmblättern wird heute häufig als Vertreter einer gesonderten Art (*Ceratopteris cornuta*) angesehen. Der Unterwasserfarn ist als Wildpflanze einjährig.
Die recht groß werdenden Blätter sind grundständig, je nach Herkunft und Standort breit mit eingelappten Rändern bis feinfiedrig oder geweihartig, wobei bei den Luftblättern der emersen Wuchsform das Blattgewebe ganz wegfallen kann. Das Gewebe, vor allem der Blattrippen und Stiele, ist leicht verletzlich und von fast schaumiger Beschaffenheit.

An den Blättern bilden sich zahlreiche Adventivpflanzen. Aus ihnen lassen sich jederzeit neue Exemplare heranziehen. Sporen erscheinen nur an den Blättern emers lebender Pflanzen.

■ *Ceratopteris thalictroides* –
Hornfarn   (C) 92
Eine Form mit feinen zerteilten Blättern ist als Filigran- oder Sumatrafarn im Handel.
Heimat: Tropische Gebiete der Erde. In Sümpfen, an Uferrändern oder in Überschwemmungszonen, wo sich je nach Wasserstand die verschiedensten Vegetationsformen entwickeln.

Kultur: Die submers kultivierten Farne können ziemlich groß werden und benötigen dann viel Raum. Man kann sie einpflanzen, wobei man darauf achten muß, daß sie einen sehr starken Auftrieb besitzen, oder sie auch an Wurzeln usw. festbinden. Bodengrund: Grober Sand mit verwittertem Lehm vermischt. Die Tochterpflanzen sollte man erst abnehmen, nachdem sich Wurzeln zeigen. Überwintern in flachen, bedeckten Schalen bei 18–20 °C als Sumpfpflanzen.
Licht: Möglichst hell.
Wärme: Nicht unter 24 °C.
Wasser: Liebt weiches Wasser, zum guten Gedeihen nicht mehr als 10 °dH.

Familie: **Polypodeaceae**
(Tüpfelfarne)

Bisher haben sich aus dieser Familie nur zwei Arten als gut geeignet für die Kultivierung im Aquarium erwiesen. Es handelt sich um in der freien Natur an feuchten Stellen, Flußufern usw. wachsende Sumpffarne, die im Aquarium ganz gut dauernd submers kultiviert werden können, obwohl sie für das Aquaterrarium oder das Sumpfaquarium besser geeignet sind.

■ *Bolbitis heudelotii* –
Heudelots Wasserfarn (O) 93
Heimat: Tropisches Westafrika von Guinea bis Angola.
Kultur: Dekorativer Farn mit Fliederblättern, der recht viel Licht benötigt und erst nach einer recht langen Eingewöhnungszeit zu einer kräftigen Pflanze heranwächst. Rhizomteilungen sollen nicht zu früh erfolgen, da sonst beide Teilstücke sehr lange kümmern.
Licht: Sehr hell.
Wärme: 18–28 °C.
Wasser: Kommt in mittelhartem, auch in hartem Wasser besser fort als in weichem.

■ *Microsorium pteropus* – Flügelfarn (L) 94
Heimat: Über das tropische Südostasien weit verbreitet.
Kultur: Die Blätter sind lanzettförmig, lebhaft grün bis dunkelgrün und stehen hintereinander auf einem kriechenden Wurzelstock. Sie können im Aquarium bis 20 cm lang werden, bleiben aber meist kleiner. Es empfiehlt sich, die Pflanzen auf Moorkienwurzeln festzubinden, bis sie sich mit ihren Wurzelfäden angeklammert haben. Ver-

mehrung durch Teilen des Rhizoms oder durch Jungpflanzen, die sich an den Blättern bilden. Unter Umständen wuchsfreudig, kann aber bei nicht zusagenden Bedingungen stagnieren und langsam zurückgehen.
Licht: Gedeiht unter verschiedensten Lichtverhältnissen.
Wärme: 22–26 °C.
Wasser: Anscheinend keine speziellen Ansprüche, aber nicht zu hartes Wasser.

Familie: **Pontederiaceae**

■ *Eichhornia azurea* –
Azurblaue Eichhornia (O) 95
Heimat: Tropisches und subtropisches Amerika. Am Boden verwurzelt an den Ufern der Gewässer oder in Überschwemmungsgebieten.
Kultur: Die submerse Form weicht im Aussehen erheblich von der emersen ab. Submers kultivierte Exemplare zeigen zweizeilig am Stengel sitzende, schmal-bandförmige, hellgrüne Blätter. Die unteren Blätter werden leicht abgeworfen. Bevor die Pflanzen die Wasseroberfläche erreichen, müssen sie abgeschnitten und die Triebspitzen in den Boden gesteckt werden, wo sie rasch anwurzeln. Emerse Exemplare tragen auf schwach verdickten Stengeln oval-rundliche, glänzende Blätter. Der schöne Blütenstand ist hyazinthenähnlich.
Licht: Hell, zur Blütezeit bei emerser Kultur auch Sonne.
Wärme: 22–28 °C.
Wasser: Keine besonderen Ansprüche.

●■ *Heteranthera zosteraefolia* –
Seegrasblättriges Trugkölbchen (B) 96
Heimat: Brasilien, Bolivien. In Sümpfen und Überschwemmungsgebieten.
Kultur: Eine schöne Wasser- und Sumpfpflanze mit schmal-lanzettlichen, hellgrünen Blättern, die wechselständig an dem spröden Stengel sitzen. Die Pflanze wird im allgemeinen submers kultiviert, eignet sich aber auch zur emersen Pflege im Sumpfaquarium. Als Bodengrund genügt ungewaschener Sand. Kann bei zusagenden Bedingungen sehr schnellwüchsig sein. Die Triebspitzen kann man abschneiden, bevor sie die Wasseroberfläche erreichen, und in den Boden stecken. Auf diese Weise erzielt man schnell dichte Bestände.
Licht: Hell, aber nicht zuviel Sonne.

Wärme: 18–30 °C, am besten um 22–24 °C.
Wasser: Liebt Wasser mäßiger Härte, am besten um 8–10 °dH.

Familie: **Potamogetonaceae**
(Laichkrautgewächse)

Die P. sind ausdauernde, über die ganze Erde verbreitete Wasserpflanzen mit Unterwasser- und Schwimmblättern verschiedenster Form, die mit über dem Wasser stehenden, ährenförmigen Blütenständen blühen. Sie besitzen einen langen, am oder im Boden kriechenden Wurzelstock. Einige Arten bilden Winterknospen. Für die Haltung im Zimmeraquarium sind nur wenige tropische Arten geeignet. Die einheimischen Laichkrautgewächse gedeihen höchstens im Gartenteich, hier aber ab und zu ganz gut.

■ *Potamogeton gayi* –
Gays Laichkraut (L) 97
Heimat: Über das tropische und subtropische Südamerika weit verbreitet.
Kultur: Die ausschließlich submers lebende Pflanze besitzt sehr lange, dünne Stengel mit schmalen, olivgrünen bis bräunlichen Blättern. Der Blütenstand ist nur wenige Zentimeter lang und erhebt sich über den Wasserspiegel. Die Triebe können sich unter der Oberfläche so dicht verzweigen, daß sie ein regelrechtes Dickicht bilden. (Günstig für Zuchtzwecke.) Vermehrung durch abgekniffene Stengelteile. Bodengrund ungewaschener Sand.
Licht: Liebt helles Licht.
Wärme: 20–25 °C.
Wasser: Gedeiht besser in nicht zu hartem Wasser.

Familie: **Primulaceae**
(Primelgewächse)

Lysimachia nummularia – Pfennigkraut (A) 98
Heimat: Europa, östliches Nordamerika, Japan, meist als emerse Pflanze an feuchten Stellen, Uferrändern usw.
Kultur: An dem kriechenden oder aufrecht stehenden Stengel stehen die rundlichen, hellgrünen und zarten Blätter an kurzen Stielen kreuzweise gegenständig. Blüht nur emers, kann aber auch vollständig submers gehalten und langsam an höhere Wärme gewöhnt werden.

Familie: **Ranunculaceae**
(Hahnenfußgewächse)

Die Wasser- und Sumpfpflanzen dieser Familie eignen sich für das Zimmer-Aquarium nicht besonders gut, mindestens dauern sie nicht lange aus. Im Freiland sind es aber sehr dankbare Pflanzen. Die Blätter sind fein gefiedert und ähneln denen der Cabomba. Die meist weißen Blüten, die über die Oberfläche hinausragen, sind Zwitter.

Familie: **Scrophulariaceae**
(Rachenblütler)

Die hier aufgeführten Bacopa-Arten tragen an einem etwas steifen Stengel, der recht zerbrechlich ist, dickfleischige, meist eiförmige Blätter. Die kleinen Blüten sitzen in den Blattwinkeln der emersen Blätter. Können submers und emers kultiviert werden.

▶ *Bacopa amplexicaulis* –
Stengelumfassendes Fettblatt (A) 99
Heimat: Südliches und mittleres Nordamerika, in Sümpfen und Überschwemmungsgebieten, meist emers.
Kultur: Sumpfpflanze, für das ungeheizte Zimmeraquarium oder Paludarium. Als Bodengrund genügt ungewaschener Sand, eventuell mit etwas Lehmzusatz. Zu warm gehalten entartet sie leicht.
Licht: Hell und etwas sonnig.
Wärme: 18–20 °C, verträgt im Sommer auch etwas mehr.
Wasser: Gedeiht besser im weichen Wasser.

● *Bacopa monniera* –
Kleinblättriges Fettblatt (P) 100
Heimat: Subtropische und tropische Gebiete Afrikas, Asiens, Australiens und Amerikas, in den gleichen Standorten wie die vorige Art.
Kultur: Unterscheidet sich durch die kleineren Blätter von der vorigen. Verträgt mehr Wärme.
Die beiden nachstehend beschriebenen Arten der Gattung Limnophila sind mehrjährige, submerse Wasserpflanzen, die oberflächlich betrachtet den Cabomba-Arten recht ähnlich sind. Die Blätter sind gefiedert und stehen in Quirlen rings um den Stengel. Zu Beginn der Blütezeit wachsen die Pflanzen über die Wasseroberfläche hinaus und

entwickeln Luftblätter, in deren Achseln die kleinen Blüten stehen.

Beide Arten sind anspruchslos. Als Bodengrund genügt ungewaschener Sand, eventuell mit einer Beimischung von etwas Lehm. Eine stark laufende Durchlüftung ist nicht angebracht, weil sich der aufgewirbelte Mulm in den Blattfiedern festsetzt und diese erstickt. Auch gründelnde Fische sind für ein Aquarium nicht geeignet, in dem sich Limnophila-Arten befinden. Die Vermehrung erfolgt durch Stecklinge, die rasch anwurzeln. Bei künstlicher Beleuchtung bleiben die Pflanzen das ganze Jahr über in Wuchs, sonst muß man sie in gesonderten kleinen Aquarien bei 20°C, dicht am Fenster stehend, überwintern.

Die Gattung war früher unter dem Synonym *Ambulia* bekannt.

●● ■ *Limophila aquatica* –
Riesen-Sumpffreund   101

Heimat: Tropisches Südostasien.
Kultur: Die um 10 cm im Durchmesser erreichenden dekorativen hellgrünen säulenartigen Wasserpflanzen benötigen viel Licht und regelmäßige Frischwassergaben. Kümmerformen der nachstehenden Art ähnlich. Vermehrung durch Stecklinge.

●● ■ *L. sessiliflora* –
Blütenstielloser Sumpffreund   102

Heimat: Indien, Japan, Sri Lanka, Indonesien.-In den gleichen Vorkommen wie die vorige Art.
Kultur: Wie vorstehend angegeben. Die Art ist nicht giftig, wie z.B. L. indica, ist aber auch nicht so schön und schnellwüchsig. Stengel fein flaumhaarig.

Familie **Umbelliferae**
(Doldenblütler)

▶● *Hydrocotyle verticillata* –
Amerikanischer Wassernabel   (L) 103

Heimat: Nord- und Mittelamerika, Westindien.
Kultur: Eine Sumpfpflanze, die normalerweise an feuchten Uferrändern wächst. Gut für den Gartenteich geeignet, hält aber auch submers kultiviert ganz gut aus. Von einem kriechenden Wurzelstock aus streben an mehr oder minder langen Stielen sitzende, kreisrunde Blätter senkrecht nach oben. Sie ähneln kleinen Regenschir-

men und sind hell- bis sattgrün. Durchmesser der Blätter bis 4 cm, Pflanzenhöhe 5–15 cm. Bei niedrigem Wasserstand liegen die Blätter auf der Wasseroberfläche oder wachsen über diese hinaus.
Licht: Liebt reichlich Licht.
Wärme: 10–24°C.
Wasser: Keine speziellen Ansprüche.

Familie **Amaranthaceae**
(Fuchsschwanzgewächse)

In neuerer Zeit sind mehrere Arten amphibischer Pflanzen dieser Familie aus Südamerika eingeführt worden, von denen sich zwei, mit Einschränkungen drei, für die Kultur im Aquarium als geeignet erwiesen. Viel Licht und mit Torf versetzter Bodengrund führen zu guten Wuchsformen dieser farblich sehr attraktiven Pflanzen. Das Wachstum ist recht langsam.

■ *Alternanthera reineckii* –
Kleines Papageienblatt   (P) 104

Heimat: Tropisches Südamerika.
Kultur: Wie die Ludwigia-Arten, aber wärmer. Vermehrung durch Stecklinge, die lange zum Einwurzeln brauchen.

■ *A. spec. »lilacina«* –
Großes Papageienblatt   105

Heimat: Tropisches Südamerika.
Kultur: wie A. reineckii.

■ *A. spec. »rosafolia«* –   (P) 106
Rosablättriges Papageienblatt

Heimat: Unbekannt, vermutlich tropisches Südamerika.
Kultur: Wie *A. reineckii*, etwas schnellwüchsiger als die vorhergehenden Arten.

B. Schwimmpflanzen, nicht oder nur selten im Boden verwurzelt

Familie **Araceae**
(Aronstabgewächse)   (K) 107
■ *Pistia stratiotes* – Muschelblume
Heimat: Tropische und subtropische Gebiete großer Teile der Erde.
Kultur: Die samtartigen, graugrünen Blätter stehen wie zu einer Schale geordnet im Kreise.

Die Wurzeln sind dicht gefiedert, weißlich bis bläulich. Die winzigen Blüten stehen in den Blattachseln. Hält sich im Zimmeraquarium sehr schlecht und geht im Winter meist ein. Überwinterung als Sumpfpflanze im Topf mit Sand-Torf-Mischung. Verlangt ausreichende, feuchtwarme Luft, ist empfindlich gegen Schwitzwasser. Vermehrung durch Ausläufer.

Licht: Sehr hell, Sonne.
Wärme: 20–28 °C.
Wasser: Liebt weiches Wasser.

Familie: **Hydrocharitaceae**
(Froschbißgewächse)

▶ *Hydrocharis morsus ranae* –
Froschbiß (A) 108

Heimat: Europa, Asien, Australien, Nordafrika, in stehenden, flachen Gewässern, an Uferrändern von Teichen und Seen, oft auch zwischen dem Rohrgelege, bei niedrigem Wasserstand auch im Boden verwurzelt.

Kultur: Die kreisrunden Blätter stehen an mehr oder weniger langen Stielen rosettenartig um den Stengelknoten. Die weißen Blüten ragen über die Oberfläche hinaus. Die Pflanze ähnelt einer Zwergteichrose. Zieht im Herbst ein und bildet Winterknospen. Hält während des Sommers auch im Zimmer-Aquarium aus, soll aber nicht zu dunkel und nicht zu warm stehen, da sie dann leicht entartet. Besonders für das Freiland geeignet. Wildpflanzen müssen sorgfältig gereinigt werden, werden überhaupt leicht von Schädlingen befallen, so zum Beispiel von Schnecken. Vermehrung im Sommer durch Ausläufer. Anzucht aus Winterknospen, die man in einem Glas Wasser kühl überwintert.

Licht: Hell, Sonne.
Wärme: 18–20 °C, im Sommer auch etwas mehr.
Wasser: Keine besonderen Ansprüche.

■ *Limnobium stoloniferum* –
Südamerikanischer Froschbiß (A) 109

Als *Trianea bogotensis* im Handel.

Heimat: Tropische und subtropische Gebiete von Amerika, auf der Oberfläche stehender Gewässer oder Gewässerteile.

Kultur: Ist im Aquarium vor praller Sonne zu schützen. Hell gehalten, geht sie auch im Winter wenig zurück. Hält in warmen Sommern auch im Freiland aus. Vermehrung durch Ausläufer.

Licht: Hell, etwas Sonne.
Wärme: 22–28 °C.
Wasser: Liebt weiches Wasser.

Familie: **Parkeriaceae**
(Hornfarne)

■ *Ceratopteris cornuta* –
Schwimmfarn, Hornfarn (D) 110

Dieser Farn wird von einigen Botanikern als eigenständige Art, von anderen als Schwimmform von *C. thalictroides* betrachtet.

Heimat: Über die Tropen der ganzen Erde verbreitet.

Kultur: Die recht groß werdenden Schwimmblätter sind breitflächig, an den Rändern tief eingeschnitten. Blattstiele und Blattrippen von schwammiger Beschaffenheit, sehr zerbrechlich. Farbe hellgrün. Die reich verzweigten Wurzeln bilden »Bärte«. Haltung unter der Deckscheibe, aber so, daß kein Schwitzwasser auf die Blätter tropfen kann (Scheiben schräg lagern!). Der Farn ist vorzüglich für solche Fische geeignet, die sich gern unter der Wasseroberfläche aufhalten, ferner für Schaumnestbauer und zur Beschattung des Aquariums.

Licht: Hell, aber nicht zu viel Sonne.
Wärme: 22–30 °C.
Wasser: Nicht zu hart.

Familie: **Pontederiaceae**

■ *Eichhornia crassipes* –
Wasserhyazinthe (P) 111

Heimat: Über die Tropen fast der ganzen Erde verbreitet. Bildet dichte Pflanzenteppiche, die oft sogar die Schiffahrt behindern.

Kultur: Die glänzendgrünen, herzförmigen Blätter stehen auf kugelig aufgeblähten Stielen, die von schwammigem Gewebe erfüllt sind. Die schwarzblauen Wurzeln sind sehr dicht und behaart. Bei niedrigem Wasserstand verankern sie die Pflanzen im Schlamm. Der schöne Blütenstand ist hyazinthenähnlich.

Die Wasserhyazinthe hält sich im Zimmeraquarium schlecht, dagegen sehr gut im tropischen Sumpfaquarium, wo sie mit den Wurzeln den Bodengrund erreichen kann. In warmen Sommern hält sie auch gut im Gartenteich aus, doch bleiben die Pflanzen dort gedrungener. Will man sie zum Blühen bringen, kneife man rechtzeitig die Seitentriebe ab. Überwinterung bei Kunstlicht auf dem Wasser schwimmend. Bei Tageslicht im Blumentopf auf Torfmoos im gesonderten Vollglasbecken. Wasser langsam entziehen; Temperatur 16–20 °C.

Licht: Sehr hell, zum Blühen auch Sonne.
Wärme: 20–25 °C, auch Lufttemperatur.
Wasser: Keine besonderen Ansprüche.

Familie: **Ricciaceae**
(Wasser-Lebermoose)

► ● *Riccia fluitans* – Schwimmende Riccia
(G) 112

Heimat: Fast über die ganze Erde verbreitet, in den gemäßigten und warmen Gebieten, vor allem in moorigen, flachen Gewässern.
Kultur: Die wurzellosen, hellgrünen, geweihartig verzweigten Pflänzchen schwimmen meist in dichten Polstern unter der Oberfläche. Sie werden durch Lufträume im Thallus schwimmend erhalten, können aber auch im tieferen Wasser, zwischen Steinen oder Wurzeln verankert, kultiviert werden. Gute Ablaich- und Schutzpflanze, auch zur Beschattung bei zuviel Sonne geeignet. Vermehrung während des ganzen Jahres durch Sprossung.
Licht: Sehr hell, auch Sonne.
Wärme: 15–25 °C, auch mehr oder weniger.
Wasser: Keine besonderen Ansprüche, bei weichem Wasser aber üppiger.

Familie: **Salviniaceae**
(Schwimmfarne)

● *Salvinia auriculata* –
Kleinohriger Büschelfarn
(A) 113

Heimat: Tropisches Südamerika. Bildet auf der Oberfläche von Buchten und Seitenarmen der Flüsse oder Seen oft dicke Polster.
Kultur: Mehr oder minder kleine Blättchen liegen in einer Reihe paarig-gegenständig auf der Wasseroberfläche auf. Ihre Oberseite ist dicht behaart und wasserabweisend. Zu jedem Schwimmblattpaar gehört ein gefiedertes, wurzelähnliches Unterwasserblatt, an dessen Basis die Sporenkapseln in einem Knäuel sitzen.
Der Büschelfarn liebt frische, warme und etwas feuchte Luft. Die notwendige Deckscheibe über dem Aquarium ist aber so zu legen, daß kein Schwitzwasser auf die Pflanzen tropfen kann. Bei ungenügender Beleuchtung gehen die Farne schnell zurück. Sie sind gut als Abschirmung gegen zu starkes Licht, als Schutz für Jungfische und als Stütze für die Schaumnester der Anabantiden geeignet. Die Vermehrung erfolgt durch Sprossung.
Licht: Hell.
Wärme: 18–28 °C.
Wasser: Keine besonderen Ansprüche, aber nicht zu hart.

● *Azolla caroliniana* –
Karolinischer Moosfarn
114

Heimat: Tropische und subtropische Gebiete von Amerika, im gleichen Vorkommen wie Salvinia.
Kultur: Ältere Pflänzchen sind geweihartig verzweigt. Die kleinen, graugrünen Blättchen liegen schuppenartig übereinander. Die Wurzelfäden sind lang und nicht gefiedert. Der Moosfarn wächst gut im Gartenteich, während er bei längerer Haltung im Zimmeraquarium nach und nach verkümmert. Überwinterung schwierig; auf Schlamm in flacher, abgedeckter Schale bei 12–15 °C.
Licht: Hell.
Wärme: 18–25 °C.
Wasser: Liebt weiches Wasser.

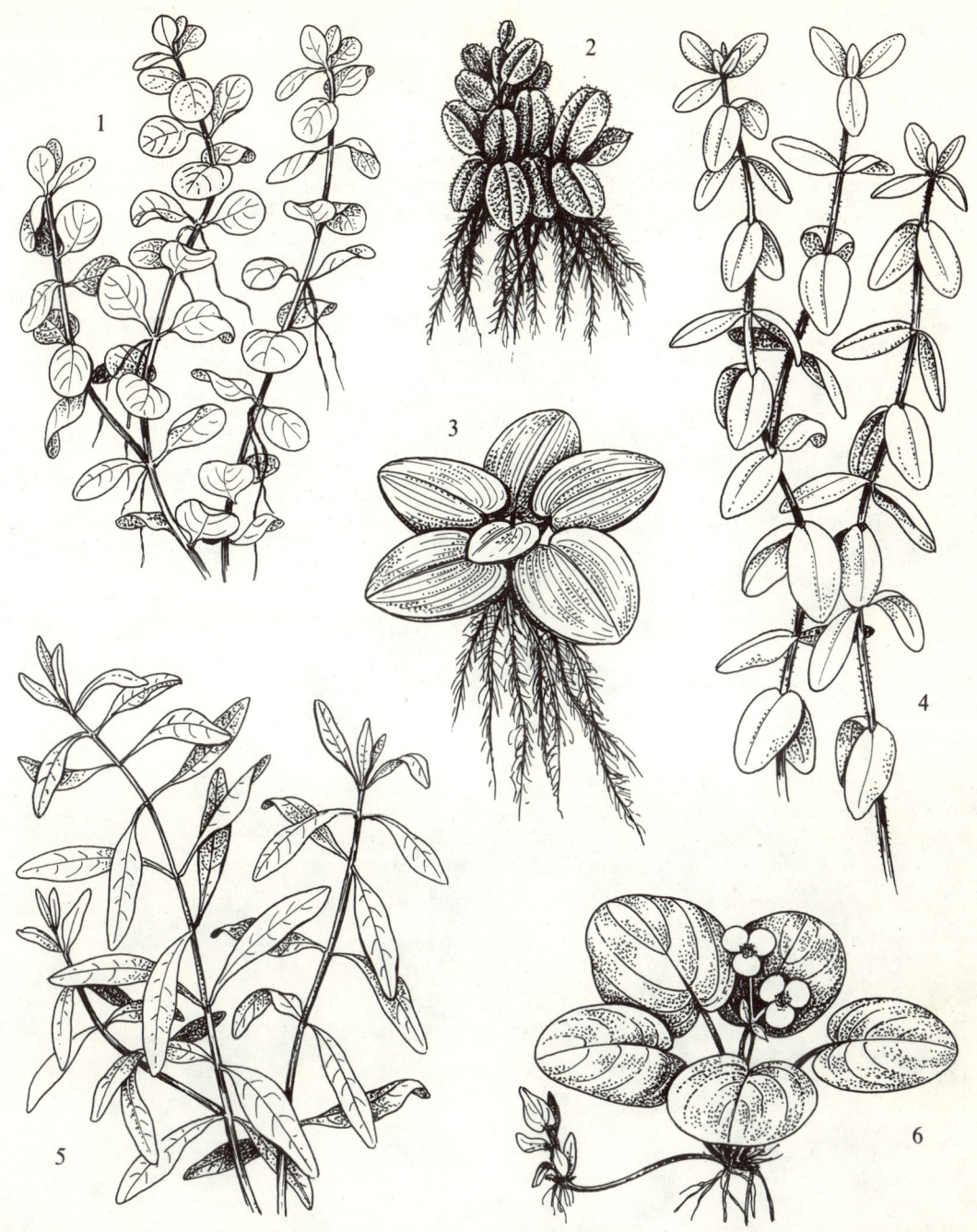

Tafel A

1 Lysimachia nummularia (98)   2 Salvinia auriculata (113)   3 Limnobium stoloniferum (109)   4 Bacopa amplexicaulis (99)   5 Hygrophila polysperma (1)   6 Hydrocharis morsus ranae (108)

Tafel B

1 Heteranthera zosteraefolia (96)   2 Cryptocoryne griffithii (36)   3 Nymphoides humboldtiana (60)   4 Cryptocoryne nevillii (40)   5 Cryptocoryne lucens (38)   6 Ludwigia palustris x repens (91)

142

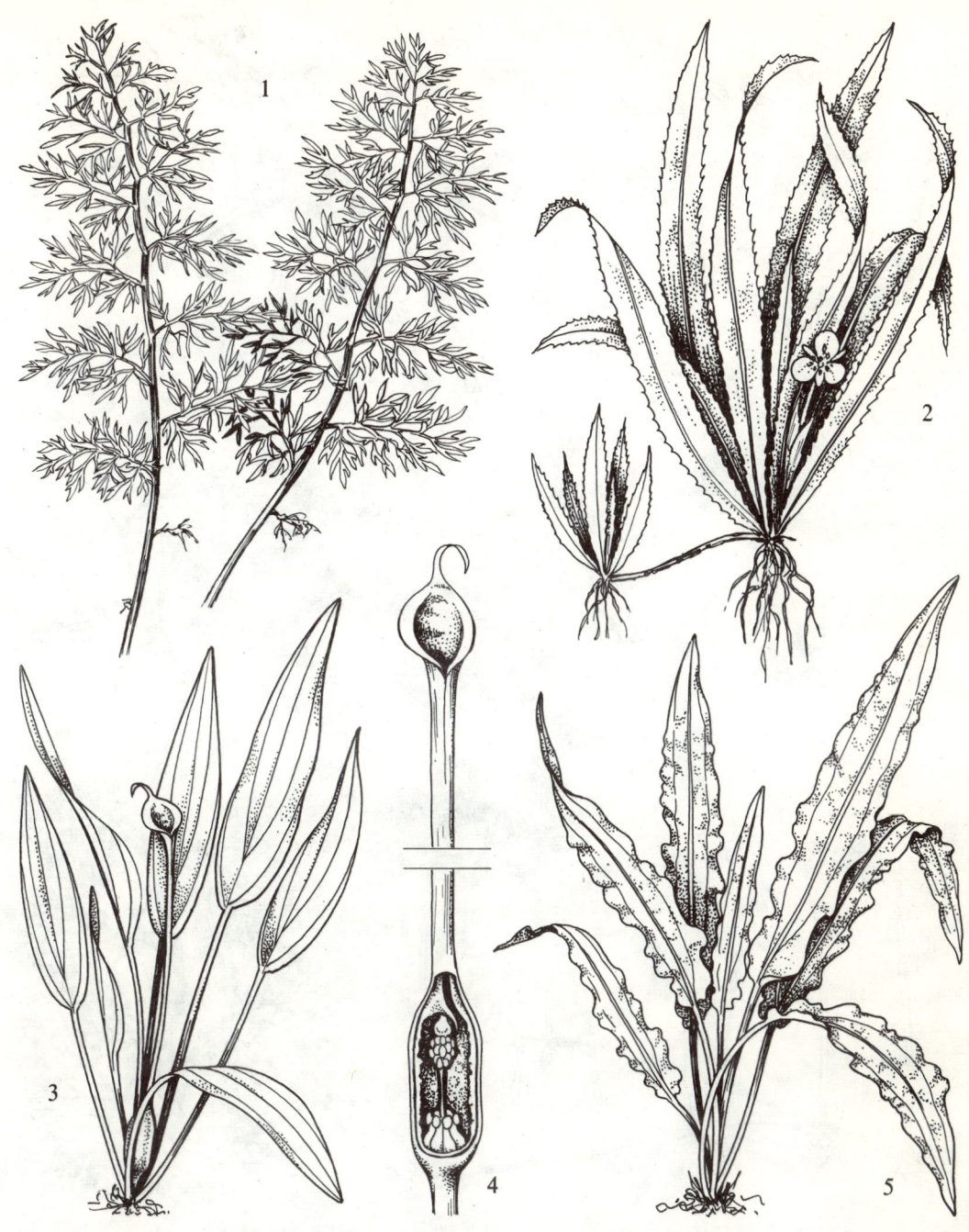

Tafel C

1 Ceratopteris thalictroides (92) 2 Stratiotes aloides (76) 3 Cryptocoryne affinis (30) 4 Blütenstand einer Cryptocoryne 5 Cryptocoryne beckettii (32)

143

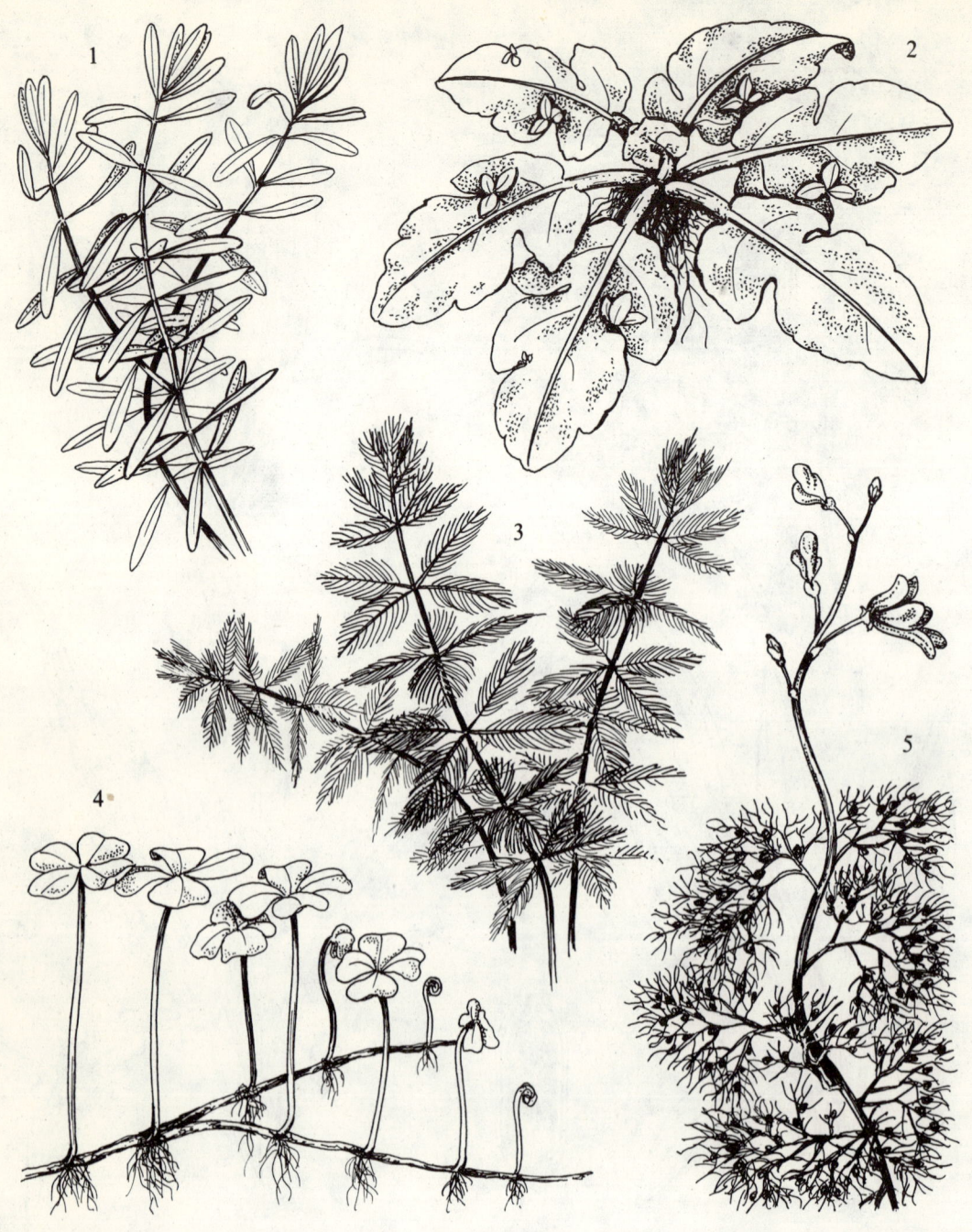

Tafel D

1 Callitriche stagnalis (49)　2 Ceratopteris cornuta (110)　3 Myriophyllum brasiliense (62)　4 Marsilea crenata (80)　5 Utricularia vulgaris (78)

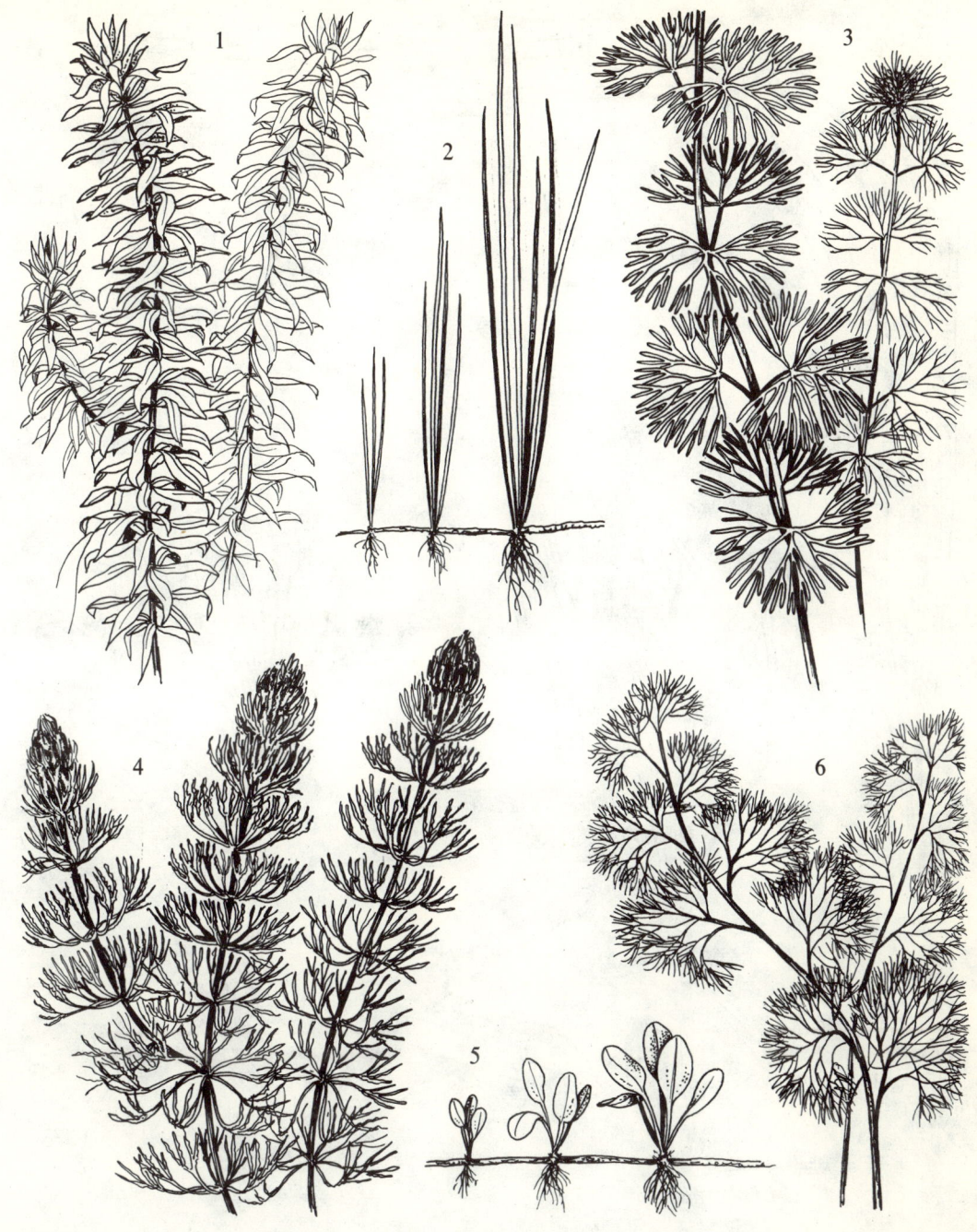

Tafel E

1 Egeria densa (74)   2 Heleocharis acicularis (56)   3 Cabomba caroliniana (84)   4 Ceratophyllum demersum
(50)   5 Elatine macropoda (57)   6 Ranunculus aquatilis, Wasserhahnenfuß (—)

Tafel F

1 Vallisneria gigantea (69)   2 Vallisneria spiralis (71)   3 Echinodorus amazonicus (4)   4 Echinodorus tenellus (13)   5 Sagittaria platyphylla (16)

146

Tafel G

1 Chara foetida (52)   2 Nitella flexilis (54)   3 Fontinalis antipyretica (58)   4 Aponogeton crispus (22)   5 Riccia fluitans (112)   6 Najas microdon (81)

Tafel H

1 Nomaphila stricta (2)   2 Synnema triflorum (3)   3 Echinodorus maior (10)   4 Echinodorus bleheri (6)

Tafel I

1 Acorus gramineus, Zwergform (29)   2 Echinodorus cordifolius (7)   3 Cryptocoryne usteriana (46)   4 Cryptocoryne lingua (37)   5 Cryptocoryne blassii (33)

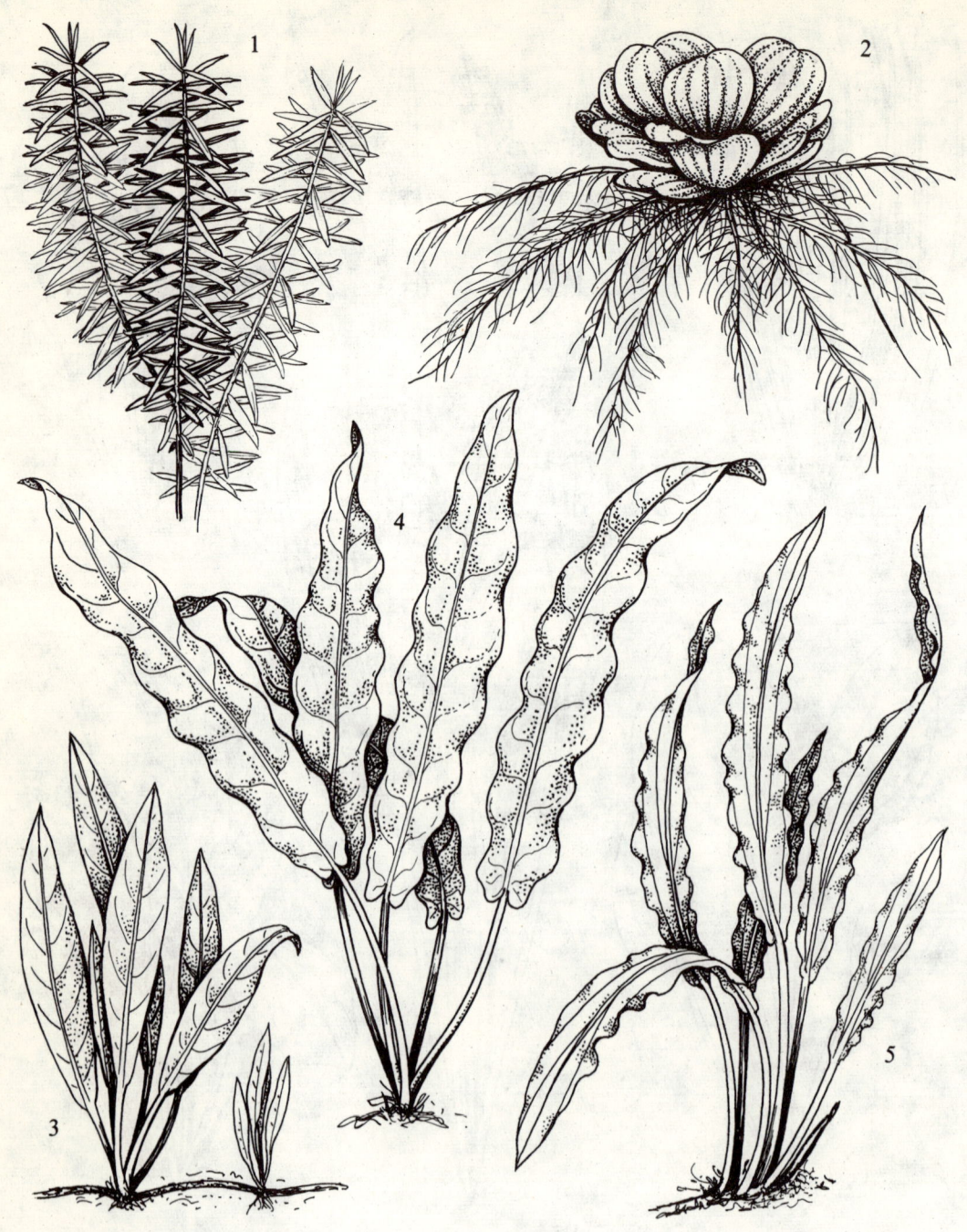

Tafel K

1 Peplis diandra (79) 2 Pistia stratiotes (107) 3 Echinodorus latifolius (9) 4 Barclaya longifolia (82)
5 Cryptocoryne willisii (48)

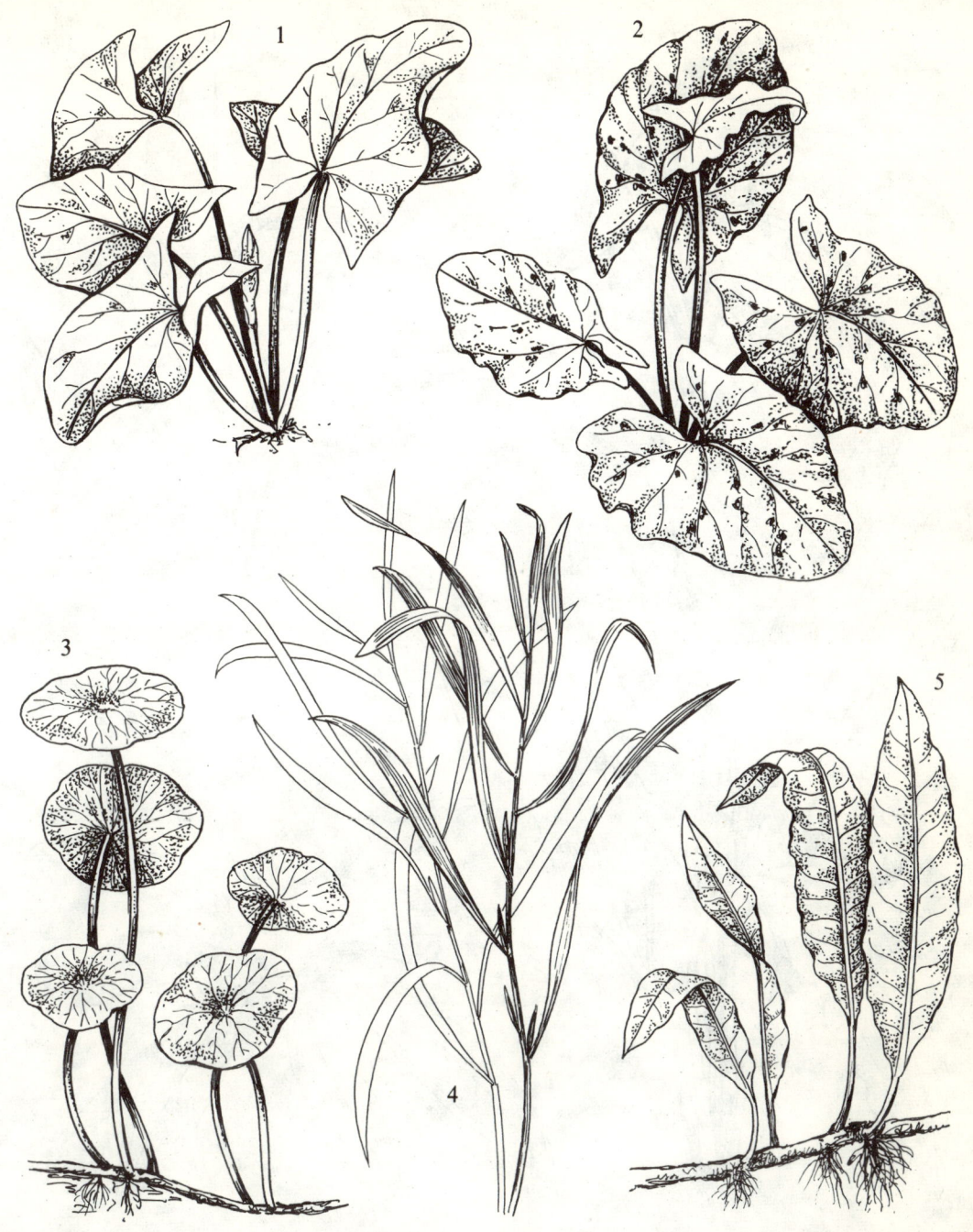

Tafel L

1 Nymphaea daubenyana (88)   2 Nymphaea lotus (89)   3 Hydrocotyle verticillata (103)   4 Potamogeton gayi (97)   5 Microsorium pteropus (94)

Tafel M

1 Echinodorus horizontalis (8)   2 Echinodorus aschersonianus (5)   3 Echinodorus osiris (11)   4 Echinodorus parviflorus (12)

Tafel N

1 Aponogeton undulatus (28)   2 Cryptocoryne ciliata (34)   3 Cryptocoryne tonkinensis (45)   4 Cryptocoryne petchii (42)   5 Cardamine lyrata (55)

Tafel O

1 Cryptocoryne wendtii (47)   2 Bolbitis heudelotii (93)   3 Vesicularia dubyana (59)   4 Eichhornia azurea, Unterwasserform (95)   5 Eichhornia azurea, Überwasserform (95)

Tafel P

1 Bacopa monniera (100) 2 Eichhornia crassipes (111) 3 Alternanthera spec. »lilacina« (104) 4 Alternanthera spec. »rosafolia« (106)

Die Fische

Einiges zur Biologie der Fische

Körperbau, Formen und Farben

Die Fische sind ein altes Geschlecht. Es steht am Beginn der langen Reihe der Wirbeltiere. Aus ihm sind letztlich die heutigen Landtiere hervorgegangen, und auch heute noch führt der Weg des Fischgeschlechts hier und da aus dem Wasser auf das feste Land. Einzelne Fischarten haben die Organe entwickelt, die hierzu notwendig sind.

Die »normale« Fischgestalt ist spindelförmig, entweder im Querschnitt kreisrund oder seitlich zusammengedrückt. Die Spindelform können wir bei den meisten Fischen wiederfinden, und sei es auch nur in der Betrachtung von oben her. Das Leben in Bodennähe, im stark strömenden Wasser oder an der Oberfläche hat aber auch andere Formen hervorgebracht. Die Fischgestalt ist das Ergebnis einer sich über Jahrmillionen erstreckenden Anpassung an das Leben im Wasser, aber diese Anpassung hat durchaus nicht zur Gleichförmigkeit geführt. Dennoch haben aber gewisse Gewässertypen und -bezirke »ihre« Fische. So also, wie wir bei der Betrachtung eines Gewässers Rückschlüsse auf die vielleicht darin zu findenden Fischformen ziehen können, so läßt sich aus der Gestalt unserer Pfleglinge schließen, welcher Art die Gewässer sein könnten, in denen sie in der freien Natur leben. Das ist für die Pflege im Aquarium nicht unwichtig, sind wir doch in bezug auf die Lebensansprüche unserer Aquariumfische nicht selten ausschließlich auf Vermutungen angewiesen.

Die meisten unserer kleinen Aquarienfische stammen aus stehenden oder schwach fließenden Gewässern, aus der Uferzone, aus Seitenarmen und Außenständen der Flüsse, aus flachen Überschwemmungsgebieten oder Seen, Teichen, Tümpeln oder Gräben, zum Teil mit mehr oder weniger Pflanzenwuchs. In diesen Kleinbezirken entfaltet sich die ganze Mannigfaltigkeit der Fischarten, die wir so treffend als Zierfische bezeichnen, hier können sie sich den Luxus größerer Flossen und auffallender, abwechslungsreicher Farbmuster leisten. Alle diese Fischgestalten lassen aber immer noch die Spindelform erkennen.

Die größten Abwandlungen der Gestalt finden wir bei den Fischen, deren vorzugsweiser Aufenthaltsort der Grund der Gewässer ist. In der Nähe der Bodenzone lebende Arten besitzen eine gerade verlaufende Bauchlinie. Der Mund ist unterständig und oft von Barteln umgeben, mit deren Hilfe die Nahrung aufgespürt wird. Fische, die auf dem Grund aufliegen, sind auf der Unterseite abgeplattet. Oft ist auch der Körper von oben nach unten zusammengedrückt. Solche Gestalten kann man in vielen Fischfamilien antreffen, ganz besonders natürlich unter den grundbewohnenden Welsen. Am weitesten haben es in dieser Hinsicht die Plattfische gebracht, von denen es in den Tropen auch einige kleinere, für das Süßwasseraquarium geeignete Arten gibt. Fische, die sich zeitweise in den Grund einwühlen, besitzen oft eine band-, wurm- oder schlangenartige Gestalt.

Die Mehrzahl der Aquarienfische gehört zu den Knochenfischen. (Knorpelfische, also Haie oder Rochen, findet man nur als Schaustücke in Aquarienhäusern der Zoologischen Gärten.) Sie besitzen also ein weitgehend verknöchertes Skelett. Die Wirbelsäule als bewegliche zentrale Achse schützt nicht nur das empfindliche Rückenmark, sondern verleiht dem Körper Festigkeit und Halt. Eine allzu starke Stützung des Körpers ist unnötig, weil das Wasser eine tragende Funktion ausübt. Von der Wirbelsäule gehen die Rippen aus, die die Leibeshöhle schützend umgeben. Daneben sind auch noch frei in der Muskulatur sitzende gabelförmige Gräten und knöcherne Stützen für die Flossen vorhanden. Der Schädel umhüllt als eine stark verknöcherte Kapsel die wichtigsten Sinnesorgane. Kinnladen, Lippen, Schlund, Zunge und andere Teile des Mundes können Zähne oder zahnähnliche Horn- oder Knochenplatten tragen.

Rumpf und Schwanzteil sind zwar im allgemeinen einigermaßen sichtbar voneinander abgegrenzt, doch fehlen deutliche Körpereinschnürungen, wie wir sie von anderen Wirbeltieren kennen. Der Rumpf endet meistens bei der Afteröffnung. Doch kann die Leibeshöhle gelegentlich sehr weit nach vorn gerückt sein, sich aber andererseits auch bis weit in den Schwanzabschnitt hineinziehen. Der Kopf geht ebenso wie der Schwanz ohne deutlichen Absatz in den Rumpf über. Sein Ende wird am augenfälligsten durch den hinteren Rand der Kiemendeckel markiert.

Die Muskulatur der Fische ist verhältnismäßig kräftig. Ihre Gliederung in einzelne Segmente, die tütenartig ineinander stecken, ermöglicht die geschmeidige Beweglichkeit des Körpers. Die Muskeln dienen der Durchführung der oft großen Kraftaufwand erfordernden Schwimmbewegungen, der Bewegung der Freßwerkzeuge und der Flossen. Diese bestehen aus knöchernen bzw. knorpeligen Stacheln und Strahlen, die meistens durch weiche Häute miteinander verbunden sind. Die Schwanzflosse ist fast immer weichstrahlig. Rücken- und Afterflosse können weichstrahlig, zum Teil aber auch stachelig sein. So sind z. B. bei allen Barschförmigen die vorderen Teile hart-, die hinteren weichstrahlig. Bei manchen Fischen sind die Rückenflossenstachel und die starken Stützstachel der Brustflossen scharf zugespitzt. Bei den Stichlingen stehen sie isoliert, also ohne Verbindung durch Flossenhäute, hintereinander. Die Flossenstachel können wirksame Verteidigungswaffen sein. Nicht selten werden sie durch Sperrgelenke in aufrechter Stellung festgehalten, so daß hierfür keine dauernde Muskelkraft aufgewendet werden muß. Hier und da bilden die unpaaren Flossen einen Saum vom Rücken um das Körperende herum bis zum After. Die Stellung der Bauchflossen am Körper kann unterschiedlich sein. Sie sind entweder in Bauchmitte (bauchständig), unterhalb der Brustflossen (brustständig) oder unmittelbar hinter der Kehle (kehlständig) angesetzt. Bei den Panzerwelsen dienen sie als Hilfsorgane der Fortpflanzung, bei den Grundeln können sie zu einer Saugscheibe zusammengewachsen sein und

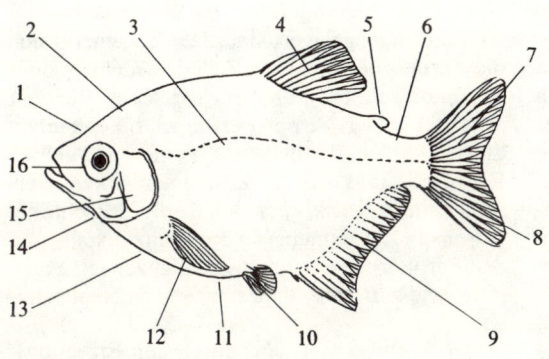

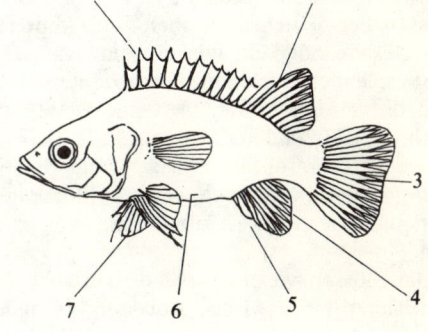

Körperschema eines Salmlers

1 Stirn	9 Afterflosse (Anale)
2 Nacken	10 Bauchflossen
3 Seitenlinie	(Ventrales) paarig
4 Rückenflosse	11 Bauch
(Dorsale)	12 Brustflossen
5 Fettflosse (Adipose)	(Pectorales) paarig
6 Schwanzstiel	13 Brust
7 Schwanzflosse	14 Kehle
(Caudale)	15 Kiemendeckel
8 Schwanzwurzel	16 Kopf

Flossenschema eines Nanderbarsches

1 Harter Teil } Rückenflosse (Dorsale)
2 Weicher Teil
3 Schwanzflosse (Caudale)
4 Weicher Teil } Afterflosse (Anale)
5 Harter Teil
6 Brustflossen (Pectorales) paarig
7 Bauchflossen (Ventrales) paarig

bei manchen Labyrinthfischen sind sie faden-förmig verlängert und dienen als Tast- und Ge-schmacksorgane. Die Afterflosse der Männchen lebendgebärender Zahnkarpfen ist zu einem Begattungsorgan umgebildet, dem Gonopodium, mit dessen Hilfe die Besamung der Weibchen erfolgt. Die Ausbildung der Brustflossen kann ebenfalls unterschiedlich sein. Normalerweise dienen sie als Steuer- und Balancierorgane. Schnelle Schwimmer besitzen oft kräftige Brust-flossen. Bei einigen Oberflächenfischen sind sie flügelartig verlängert und ermöglichen mehr oder weniger lange Sprünge und »Flüge« über die Wasseroberfläche hinaus, so z. B. bei den in-dischen Flugbarben und den südamerikanischen Beilbäuchen. Grundfischen dienen sie als Stüt-zen. Hier können sie unter Umständen sogar beinähnliche Formen annehmen und Fortbewe-gungsfunktionen ausüben. Bei den Salmoniden, den meisten Salmlern und zahlreichen Welsen finden wir zwischen Rücken- und Schwanzflosse ein häutiges Gebilde auf dem Rückenfirst, das in den meisten Fällen keinerlei Stützstrahlen auf-weist: die Fettflosse.

Die Flossen dienen zunächst der Fortbewe-gung der Fische. Diese erfolgt durch Hin- und Herschlagen der Schwanzflosse, wobei der ganze hintere Körperteil, der sogenannte Schwanzstiel, mitarbeitet. Die übrigen Flossen dienen meist der Steuerung und der Aufrechterhaltung des Gleich-gewichts. So führt die Aufrichtung der Bauch-flossen bei manchen Fischen zum Abbremsen der Geschwindigkeit, wie es beim Kampffisch Betta splendens recht gut zu beobachten ist. Hier und da werden sanfte, gleitende Bewegungen auch mit Hilfe anderer Flossen als der Schwanz-flosse herbeigeführt, so z. B., wenn die Nan-nastomus-Arten, mit den weichen Flossenteilen wedelnd, wie Stücke Holz durchs Wasser trei-ben.

Die Flossen vieler Fische dienen auch dazu, den Tieren bei gewissen Anlässen ein anderes äußeres Aussehen zu geben. Als Droh- und Schreckmittel können sie gespreizt werden. Oft sind die Flossen im Liebesspiel der schönste Schmuck der brünstigen Männchen. Sie können dann, breit entfaltet, mit der Farbenpracht des Körpers wetteifern. Solche Prunkflossen sind die Behänge des Kampffisches, des Makro-poden und anderer Anabantiden, die Fahnen der Aphyosemion-Arten, die Hochflossen der Mollienesien oder die verlängerten Strahlen von Apistogramma und Telmatherina.

Die Haut der Fische besteht aus zwei Schich-ten: der schleimigen und durchsichtigen Ober-haut und der darunter liegenden Lederhaut mit Farbzellen, Blutgefäßen und Schuppen. Die Schuppen sind Blättchen aus Kalksubstanz. Je nach Beschaffenheit unterscheidet man Rund- und Kammschuppen. Dem Wissenschaftler ist es möglich, nach den Jahresringen der Schuppen das Alter eines Fisches zu bestimmen. Die Schuppen erhalten ihren Glanz durch Kristalle, die aus Guanin bestehen und maßgebend an den Reflexfarben der Fische beteiligt sind. Der Schuppenglanz der Schwarmfische des freien Wassers, wie er bei zahlreichen einheimischen und exotischen »Weißfischen« zu finden ist, kann als eine Schutzfärbung gelten. In Verbindung mit dem von der Wasseroberfläche her einfallenden Licht löst er die Körper der Fische in glitzernde Lichtpunkte auf und erschwert es damit an-greifenden Räubern, einzelne Exemplare ins Auge zu fassen, zumal, wenn solche Fische in Schwärmen auftreten.

Die Farben der Fische entstehen auf zweierlei Art. Einmal brechen die Guaninkristalle in der Haut auf verschiedene Weise das Licht. Der Silberglanz kann je nach Lichteinfall grünlich, bläulich oder perlmutterartig aufleuchten. Diese Reflexfarben sind also vom Licht abhängig. Die eigentliche Färbung der Fische wird aber durch Farbkörper hervorgerufen, die in besondere Pig-mentzellen eingelagert sind. Je nachdem, ob sich die Farbkörper in diesen Zellen ausdehnen oder zusammenziehen, kann ein oft recht kräftiger Wechsel in der Färbung erfolgen. So entstehen die schwarzen, die blauen, die roten und gelben Farbtöne, und durch Zusammenwirken ver-schiedener Farbkörper auch die Mischtöne. Durch ein Zusammenspiel der Glanzkristalle und der Farbkörper entstehen die glänzenden Farb-töne, wie z. B. der Glanzstreifen des Neonsalm-lers.

Der Farbwechsel wird durch den Erregungs-zustand oder die Stimmung eines Fisches her-vorgerufen. Er ist nicht selten so intensiv, daß man meinen könnte, einen ganz anderen Fisch vor sich zu haben.

Auch das Milieu hat Einfluß auf die Färbung. So wissen die meisten Aquarienfreunde aus Erfahrung, daß viele Fische auf dunklem Unter-grund lebhaftere Farben zeigen als auf hellem, wie sie überhaupt bei zu starkem Lichteinfall in der Regel verblassen. Sexuelle Erregung führt ebenfalls in den meisten Fällen zu einer Intensivierung der Farben. So sind die Eifersüchteleien der Fischmännchen und das Liebeswerben um die Weibchen fast immer von einem lebhaften Farbenspiel begleitet. Tritt während der Laichzeit eine besonders kräftige und andauernde Farbveränderung auf, dann spricht man von einem »Hochzeitskleid«.

Ein völliges Fehlen der Farbstoffe, insbesondere der schwarzen Pigmente, ruft den sogenannten Albinismus hervor. Hierbei sehen die Augen rot aus, weil der blutgefäßreiche Augenhintergrund durchschimmert. Ein Überwiegen der schwarzen Pigmente verursacht den Melanismus, ein solches der gelben oder rötlichen Pigmente den Xanthorismus, die Goldfärbung.

Die Bedeutung der Fischfarben ist nicht immer eindeutig klar. Es scheint, daß sie durchaus auf andere Fische, z. B. den Geschlechtspartner, nicht die Wirkung hervorrufen, die der Aquarienfreund gern annehmen möchte. Vor allen Dingen sind die roten Töne bereits in geringer Wassertiefe nicht mehr als solche erkennbar. Es ist also möglich, daß die Farb*wirkung* geringer ist, als wir es annehmen möchten und daß die oft prächtige Färbung mehr der äußere Ausdruck eines inneren Zustandes ist.

Innere Organe, Sinnesorgane und Sinnesfunktionen

Fische sind wechselwarme Tiere. Sie nehmen also dieselbe Temperatur an, die das Wasser besitzt, das sie umgibt. Kaltes Wasser verlangsamt, warmes beschleunigt im allgemeinen ihre Lebensfunktionen. Mindestens trifft das auf unsere subtropischen und tropischen Zierfische zu. Die einzelnen Fischarten sind ihrer Herkunft nach auf bestimmte Durchschnittstemperaturen eingerichtet. Daraus ergibt sich, daß man Fische der gemäßigten Zonen nicht zu warm, tropische Fische nicht zu kalt halten darf. Innerhalb des durchschnittlichen Bereichs gibt es eine optimale Wasserwärme, bei der sich eine Fischart am wohlsten fühlt. Das muß durchaus nicht immer die Höchsttemperatur sein. Die Abhängigkeit der Körpertemperatur von der Temperatur der Umgebung bedingt Vorsicht gegenüber zu raschem Wechsel der Wärme. Dieser kann zu Erkrankungen oder gar zum Tode führen.

Der Atmung dienen in erster Linie die Kiemen. Sie liegen zu beiden Seiten des Kopfes hinter schützenden, knöchernen Kiemendeckeln und bestehen aus den Kiemenbögen, an denen die feinen und blutgefäßreichen Kiemenblättchen sitzen. Hier nimmt das Blut den im vorbeiströmenden Wasser gelösten Sauerstoff auf und gibt die unverwertbare Kohlensäure ab. Das zur Atmung benötigte Wasser strömt ständig in den Mund ein und wird nach Passieren der Kiemen durch die Kiemendeckel wieder ausgeschieden. Die Atmung erfolgt in einem bestimmten Rhythmus, der deutlich zu erkennen ist. Von Plankton lebende Fische können die beim Fressen oder mit dem Atemwasser in die Mundhöhle gelangten Planktonten mittels der Kiemenreuse von den empfindlichen Kiemen fernhalten. Neben der Kiemenatmung besitzen manche Fischarten noch eine zusätzliche (akzessorische) Atmung. Sie können atmosphärische Luft von der Wasseroberfläche holen und sie entweder im Darm (Schmerlen, Welse), in lungenähnlichen Säcken (Lungenfische) oder in anderen, mit der Mundhöhle in Verbindung stehenden Organen (Labyrinthfische) veratmen. Solche Fische sind dann gelegentlich befähigt, sich längere Zeit im austrocknenden Schlamm verborgen zu halten, im sauerstoffarmen Wasser auszuharren oder das Wasser für begrenzte Zeit zu verlassen.

Der Orientierung der Fische im Wasser dienen in erster Linie die Organe der Seitenlinie, die Schwimmblase und die Gleichgewichtsorgane im inneren Ohr.

Die Seitenlinie ist für den aufmerksamen Beobachter als eine Reihe feiner Punkte erkennbar, die sich mehr oder weniger weit über die Flanken des Fisches hin erstreckt. Der Eindruck einer Linie wird dadurch hervorgerufen, daß die

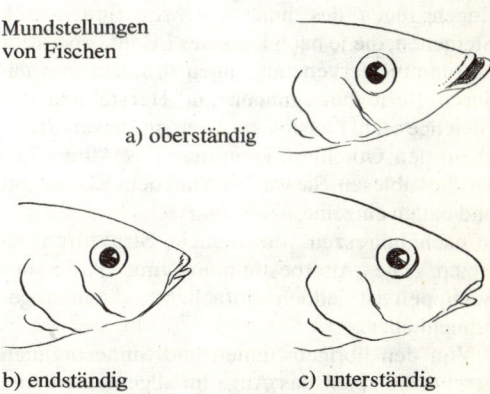

Mundstellungen von Fischen

a) oberständig

b) endständig

c) unterständig

Schuppen einer Längsreihe durchbrochen sind. In den dahinter befindlichen Höhlungen sitzen Sinnesorgane, die der Wahrnehmung von Erschütterungen, Strömungen und Bewegungen dienen. Ähnliche Sinnesporen befinden sich gehäuft auch am Kopf, vereinzelt außerdem an anderen Körperteilen. Die Seitenlinie kann unterbrochen oder nur kurz sein, manchmal fehlt sie auch ganz. Die Sinneszellen sind außerordentlich empfindlich und machen die Fische weitgehend von den im Wasser nicht immer sehr leistungsfähigen Augen unabhängig. So wurde z. B. beim Blinden Höhlensalmler (Anoptichthys jordani) festgestellt, daß sich dieser mit Hilfe der Seitenorgane ausreichend orientieren und sogar Fische der eigenen Art sehr wohl von anderen Fischen unterscheiden kann.

Die Schwimmblase bewirkt eine Angleichung des spezifischen Körpergewichts an den Wasserdruck. Ihre Regulierung kann sowohl durch Gasaustausch über den Darm als auch mit Unterstützung durch den Blutkreislauf erfolgen. Jungfische müssen die Schwimmblase in den ersten Lebenstagen erst füllen und damit funktionsfähig machen. Das geschieht zum Teil durch Luftaufnahme an der Wasseroberfläche. Aus diesem Grunde ist es notwendig, im Zuchtaquarium den Wasserstand so niedrig wie möglich zu halten. Manche Fische verfügen über eine Verbindung der Schwimmblase mit dem Gleichgewichtsorgan. Solche Fische reagieren stark auf Luftdruckschwankungen. Das ist z. B. beim Schlammpeizker der Fall. Bei manchen Fischarten, vornehmlich bei Grundfischen, ist die Schwimmblase überflüssig. Sie ist dann rückgebildet oder fehlt ganz.

Als Gleichgewichtsorgan dient das Ohrlabyrinth, das mit dem Atmungshilfsorgan der Labyrinthfische nicht zu verwechseln ist. In den Bogengängen des inneren Ohres finden sich Steinchen, die je nach Lage des Fischkörpers auf bestimmte Nervenendigungen drücken und dadurch Reflexbewegungen zur Herstellung des Gleichgewichts auslösen. Auch an diesen Steinchen, den Otolithen, kann man das Alter eines Fisches ablesen. Sie wachsen mit dem Körper mit und bauen einzelne Wachstumsschichten auf, die je nach Jahreszeit verschiedene Strukturen besitzen. Die Alterbestimmung mit Hilfe der Schuppen ist jedoch einfacher und daher gebräuchlicher.

Von den übrigen Sinnen und Sinnesorganen der Fische spielt das Auge im allgemeinen eine gewichtige, wenn auch für die Orientierung im Wasser nicht die entscheidende Rolle. Erwiesen ist, daß viele Fische mit Hilfe der Augen Farben, Formen und Bewegungen hinreichend wahrnehmen können. Die Augenlinse kann nicht durch Veränderung der Pupille reguliert werden, wohl aber kann sie in Blickrichtung verschoben werden. Mit dem Sehvermögen ist ferner die Fähigkeit vieler Fische verknüpft, ihre Färbung der Umgebung anzupassen. Erblindete Fische bleiben meist gleichmäßig dunkel gefärbt.

Der Geruchs- und Geschmackssinn sind hinreichend gut, zum Teil sogar hervorragend ausgebildet. So können im Wasser gelöste Stoffe schon auf relativ große Entfernungen wahrgenommen werden. Dieses Witterungsvermögen spielt beim Aufspüren der Nahrung eine erhebliche Rolle. Die sogenannten Schreckstoffe, die verletzte oder tote Exemplare mancher Fischarten ausscheiden, werden vermutlich vom Geruchsinn aufgenommen. Elritzen z. B. werden durch diese Stoffe vor Gefahren gewarnt. Sitz der Riechnerven sind die Nasenhöhlen oder Riechgruben. Sie haben mit der Atmung nichts zu tun und stehen in den meisten Fällen nicht mit der Mundhöhle in Verbindung. Der Geschmackssinn ist nicht auf bestimmte Körperstellen allein konzentriert. Natürlich finden sich Geschmacksnerven vor allem in der Mundhöhle und in der Umgebung des Mundes, z. B. in Barteln und Lippen. Sie lassen sich vereinzelt aber auch am Bauch, den Bauchflossen und an anderen Körperteilen feststellen.

Noch nicht völlig geklärt ist das Vorhandensein eines Gehörsinnes, weil anscheinend auch andere Sinnesfunktionen an der Wahrnehmung von Geräuschen beteiligt sind. Da aber viele Fische Töne hervorbringen, die nicht selten eine biologische Bedeutung zu haben scheinen, ist die Fähigkeit zum Aufnehmen solcher Geräusche als wahrscheinlich anzunehmen.

»Geistige Fähigkeiten« und Verhalten

Die geistigen Fähigkeiten der Fische, also etwa ihr Gedächtnis und ihre Befähigung zum Auswerten von Erfahrungen, sind je nach Art oder auch individuell unterschiedlich entwickelt. Die Meinung, daß Fische in dieser Hinsicht nur wenig begabt seien und im wesentlichen nur Instinkten und Automatismen folgen, hat sich durch auf-

Tafel I   Salmlerähnliche, *Characoidea*

1 *Aphyocharax rubropinnis*, Rotflosser (4)   **2** *Prochilodus insignis*, Nachtsalmler (–)   **3** *Gymnocorymbus ternetzi*, Trauermantelsalmler (15)
4 *Hyphessobrycon ornatus*, Schmucksalmler (30)   **5** *Hyphessobrycon flammeus*, Roter von Rio (25)   **6** *Pyrrhulina rachoviana*, Augenstrichsalm-
ler (–)   **7** *Hemigrammus nanus*, Kupfersalmler (19)   **8** *Paracheirodon innesi*, Neonsalmler (44)   **9** *Hemigrammus ocellifer*, Leuchtfleckensalmler (20)
10 *Pristella riddlei*, Sternflecksalmler (48)   **11** *Hyphessobrycon pulchripinnis*, Zitronensalmler (31)   **12** *Copella arnoldi*, Spritzsalmler (11)   **13** *Peti-
tella georgiae*, Rotkopfsalmler (45, siehe auch 22)   **14** *Hemigrammus caudovittatus*, Rautenflecksalmler (–)   **15** *Hemigrammus pulcher*, Karfunkel-
salmler (21)   **16** *Hemigrammus erythrozonus*, Glühlichtsalmler (16)   **17** *Hyphessobrycon heterorhabdus*, Dreibandsalmler (29)   **18** *Hyphessobrycon
callistus*, Blutsalmler (24)   **19** *Copeina guttata*, Forellensalmler (10)

Tafel II Salmlerähnliche, *Characoidea*

1 *Pterodiscus levis*, Scheibenbauchsalmler (−) 1a von vorn **2** *Chalcinus elongatus*, Kropfsalmler (−) **3** *Chalceus macrolepidotus* (−) **4** *Corynopoma riisei*, Zwergdrachenflosser (12) **5** *Nannostomus beckfordi beckfordi*, Längsbandziersalmler (−) **6** *Nannostomus marginatus*, Ziersalmler (40) **7** *Nannostomus beckfordi aripirangensis*, Roter Längsbandziersalmler (38) **8** *Nannostomus trifasciatus*, Dreiband-Ziersalmler (41) **9** *Thayeria boehlkei*, Schräg- od. Schwanzstreifensalmler (50) **10** *Moenkhausia pittieri*, Brillantsalmler (35) **11** *Pseudocorynopoma doriae*, Drachenflosser (−) **12** *Ctenobrycon spilurus*, Talerfisch (13) **13** *Nannostomus eques*, Schrägsteher (37)

Tafel III   Salmlerähnliche, Characoidea und Ährenfische, *Atherinidae*

1 *Chilodus punctatus*, Punktierter Kopfsteher (9)   **2** *Leporinus affinis*, Schwarzringsalmler (–)   **3** *Anostomus anostomus*, Prachtkopfsteher (3)
4 *Abramites hypselonotus*, Brachsensalmler (1)   **5** *Telmatherina ladigesi*, Sonnenstrahlfisch (255)   **6** *Nematocentris maccullochi*, Kleiner Regenbogenfisch (252)   **7** *Metynnis hypsauchen*, Blanker Scheibensalmler (34)   **8** *Metynnis roosevelti*, Roosevelts Scheibensalmler (–)

Tafel IV   Karpfenartige, *Cyprinidae*

1 *Danio devario*, Devariobärbling (74)   **2** *Brachydanio rerio*, Zebrabärbling (72)   **3** *Brachydanio albolineatus* (68)   **4** *Brachydanio nigrofasciatus*, Tüpfelbärbling (71)   **5** *Rasbora einthoveni*, Längsbandbärbling (–)   **6** *Barbus everetti*, Clownbarbe (53)   **7** *Barbus semifasciolatus*, Messingbarbe (61) **8** *Barbus titteya*, Bitterlingsbarbe (66)   **9** *Rasbora maculata*, Zwergrasbora (80)   **10** *Rasbora heteromorpha*, Keilfleckbärbling (79)   **11** *Danio aequipinnatus*, Malabarbärbling (73)   **12** *Esomus lineatus*, Streifenflugbarbe (–)   **13** *Barbus terio*, Goldfleckbarbe (–)   **14** *Barbus phutunio*, Zwergbarbe (–)   **15** *Barbus fasciatus*, Linienbarbe (–)   **16** *Barbus »schuberti«*, Brokatbarbe (62)   **17** *Barbus tetrazona*, Viergürtel- oder Sumatrabarbe (63)

Tafel V   Karpfenartige, *Cyprinidae*

1 *Barbus ticto*, Zweipunktbarbe (—) **2** *Barbus cumingi*, Ceylonbarbe (—) **3** *Barbus oligolepis*, Eilandbarbe (59) **4** *Tanichthys albonubes*, Kardinalfisch (83) **5** *Barbus conchonius*, Prachtbarbe (52) **6** *Barbus nigrofasciatus*, Purpurkopfbarbe (58) **7a–c** *Zuchtformen von Carassius auratus*, Goldfisch (67)

Tafel VI Eierlegende Zahnkarpfen, *Cyprinodontidae*

1 *Aphyosemion sjoestedti*, Blauer Prachtkärpfling (96) 2 *Aphyosemion gulare*, Gelber Prachtkärpfling (92) 3 *Aphyosemion bivittatum* (»multicolor«), Gebänderter Prachtkärpfling (85) 4 *Pachypanchax playfairi*, Tüpfelhechtling (125) 5 *Aphanius dispar*, Perlmutterkärpfling (–) 6 *Aplocheilus panchax*, Gemeiner Hechtling (104) 7 *Aplocheilus lineatus*, Streifenhechtling (103) 8 *Aphyosemion bivittatum*, Gebänderter Prachtkärpfling (85) 9 *Aplocheilichthys macrophthalmus*, Roter Leuchtaugenfisch (99) 10 *Jordanella floridae*, Floridakärpfling (121) 11 *Nothobranchius rachovi*, Rachows Prachtgrundkärpfling (124) 12 *Roloffia occidentalis*, Goldfasan-Prachtkärpfling (135) 13 *Aphyosemion cognatum*, Roter Prachtkärpfling (siehe 88) 14 *Aphyosemion australe*, »Kap Lopez« (84) 15 *Aphyosemion calliurum*, Rotsaumprachtkärpfling (87) 16 *Aplocheilus blocki*, Madrashechtling (101) 17 *Cubanichthys cubensis*, Kubakärpfling (–)

Tafel VII Eierlegende Zahnkarpfen, *Cyprinodontidae* und Lebendgebärende Zahnkarpfen, *Poeciliidae*

1 *Cynolebias bellotti*, Blauer Fächerfisch (107)   **2** *Rivulus cylindraceus*, Kubabachling (129)   **3** *Epiplatys dageti monroviae*, Querbandhechtling (115)
4 *Poecilia (Mollienesia) sphenops*, Spitzmaulkärpfling, ♂ der schwarzen, »Black Molly«, ♀ der gescheckten Form (145)   **5** *Phalloceros caudimaculatus*, Einfleckkärpfling u. Zuchtform, ♂/♀ (148)   **6** *Poecilia (Limia) vittata*, Bänderkärpfling, ♂ (143)   **7** *Poecilia (Limia) melanogaster*, Stahlblauer Kärpfling, ♂/♀ (141) **8** *Epiplatys chevalieri* (114)   **9** *Rivulus urophthalmus*, Roter Rivulus (—)   **10** *Poecilia (Mollienesia) velifera*, Segelkärpfling, ♂ (146)   **11** *Phallichthys amates*, Guatemalakärpfling ♂/♀ (147)   **12** *Girardinus metallicus*, Metallkärpfling, ♂/♀ (138)   **13** *Heterandria formosa*, Zwergkärpfling, ♂/♀ (139)

Tafel VIII   Lebendgebärende Zahnkarpfen, *Poeciliidae*

1 *Cnesterodon decemmaculatus,* Zehnfleckkärpfling, ♂/♀ (–)   **2** *Gambusia puncticulata,* Punktgambuse, ♂/♀ (–)   **3** *Belonesox belizanus,* Hecht-kärpfling, ♂ (136)   **4** *Poecilia (Lebistes) reticulata,* Guppy, ♂♂/♀ (140)   **5** *Xiphophorus variatus,* Papageienkärpfling, ♂ (152)   **6a—c** *Xiphophorus maculatus,* Spiegelkärpfling, Zuchtformen, ♂♂ (150)   **7** *Xiphophorus helleri,* Schwertträger, ♂ der grünen Wildform (149)   **7a—c** Zuchtformen und Kreuzungen der Gattung *Xiphophorus* (149—152)

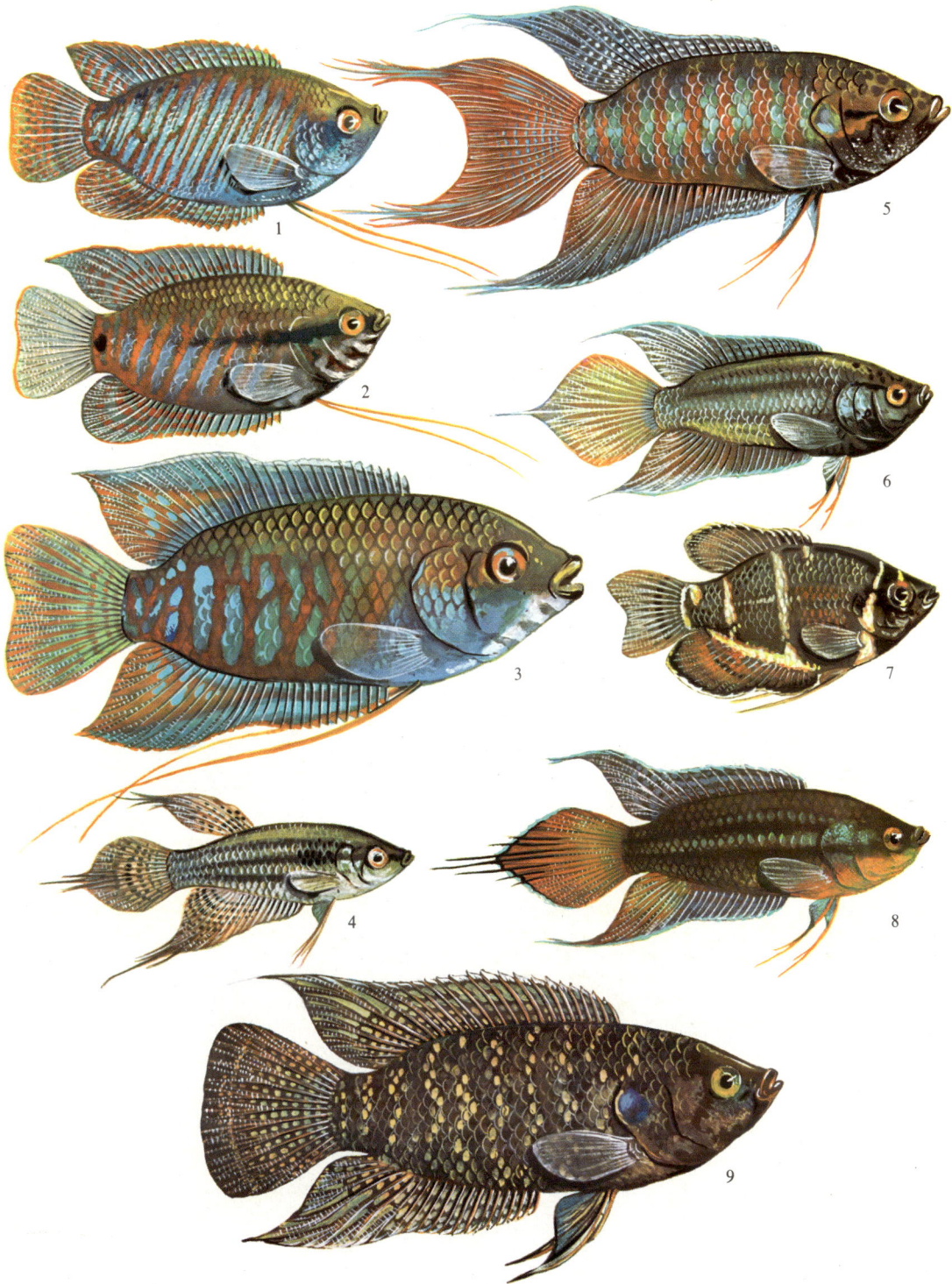

Tafel IX   Labyrinthfische, *Anabantoidea*

1 *Colisa lalia*, Zwergfadenfisch (161)   2 *Colisa labiosa*, Dicklippiger Fadenfisch (160)   3 *Colisa fasciata*, Gestreifter Fadenfisch (159)   4 *Trichopsis vittatus*, Knurrender Gurami (177)   5 *Macropodus opercularis*, Großflosser (166)   6 *Pseudosphromenus cupanus*, Spitzschwanzmakropode (169) 7 *Sphaerichthys osphromenoides*, Schokoladengurami (171)   8 *Pseudosphrmenus cupanus dayi*, Roter Spitzschwanzmakropode (170)   9 *Ctenopoma fasciolatum*, Gebänderter Buschfisch (162)

Tafel X   Labyrinthfische, *Anabantoidea*

1 *Trichogaster trichopterus sumatranus*, Blauer Fadenfisch (175)   2 *Trichogaster t. trichopterus*, Punktierter Fadenfisch (175)   3 *Trichogaster leeri*, Mosaik-Fadenfisch (172)   4 *Betta splendens*, Kampffisch, Wildform (157)   5 *Helostoma temmincki*, Küssender Gurami (164)   6a–b *Betta splendens*, Schleierkampffische, Zuchtformen (157)

Tafel XI   Buntbarsche, *Cichlidae*

1 *Cichlasoma facetum*, Chanchito (191)   **2** *Cichlasoma severum*, Augenfleckbuntbarsch (196)   **3** *Pseudocrenilabrus multicolor*, Kleiner Maulbrüter, ♂ (226)   **4** *Nannacara anomala*, Glänzender Zwergbuntbarsch, ♂/♀ (220)   **5** *»Apistogramma ramirezi«*, Schmetterlingsbuntbarsch, ♂ (185)
6 *Etroplus maculatus*, Indischer Buntbarsch (200)   **7** *Apistogramma agassizi*, Amazonas-Zwergbuntbarsch, ♂/♀ (183)

Tafel XII   Buntbarsche, *Cichlidae*

1 *Cichlasoma festivum*, Flaggenbuntbarsch (192)   2 *Crenicichla lepidota*, Pfauenaugen-Hechtbarsch (199)   3 *Sarotherodon mossambicus*, Natal-barsch (233)   4 *Pelvicachromis pulcher*, Purpurprachtbarsch (223)   5 *Geophagus acuticeps*, Spitzkopf-Erdfresser (siehe unter 202)

Tafel XIII Buntbarsche, *Cichlidae*

1 *Cichlasoma meeki*, Rotbrustbuntbarsch (193) **2** *Pterophyllum scalare*, Segelflosser (232) **3** *Apistogramma reitzigi*, Gelber Zwergbuntbarsch, ♂/♀ (186) **4** *Aequidens pulcher*, Blaupunktbuntbarsch (182) **5** *Symphysodon aequifasciata axelrodi*, Brauner Diskusbuntbarsch (235)

Tafel XIV Barschförmige, *Perciformes*

1 *Aequidens curviceps*, Tüpfelbuntbarsch (178) 2 *Elassoma evergladei*, Zwergsonnenbarsch (243) 3 *Chanda ranga*, Indischer Glasbarsch (242)
4 *Aequidens maronii*, Maronibuntbarsch (180) 5 *Cichlasoma octofasciatum*, Zweipunktbuntbarsch (195) 6 *Scatophagus argus* »rubrifrons«,
Rotstirn-Argusfisch (248) 7 *Hemichromis bimaculatus*, Roter Cichlide (206) 8 *Badis badis*, Blaubarsch (240) 9 *Astronotus ocellatus*, Pfauenaugen-
buntbarsch (188)

Tafel XV Barschförmige, *Perciformes*

1 *Polycentrus schomburgki*, Schomburgks Vielstachler (247) 2 *Enneacanthus obesus*, Diamantbarsch (244) 3 *Mesogonistius chaetodon*, Scheiben-barsch (245) 4 *Periophthalmus barberus*, Schlammspringer (287) 5 *Brachygobius spec.*, Goldringelgrundel (283) 6 *Monocirrhus polyacanthus*, Blattfisch (—) 7 *Toxotes jaculatrix*, Schützenfisch (250) 8 *Eleotris marmorata*, Marmorgrundel (285) 9 *Mogurnd mogurnda*, Tüpfelgrundel (—)

Tafel XVI Schmerlen, *Cobitidae* und Welse, *Siluriformes*

1 *Botia macracantha*, Prachtschmerle (280) **2** *Plecostomus spec.*, Schilder-Saugwels (274) **3** *Loricaria parva* (?), Hexenwels (271) **4** *Acanthodoras spinosissimus*, Stachliger Dornwels (256) **5** *Callichthys callichthys*, Schwielenwels (259) **6** *Acanthophthalmus semicinctus*, Dornauge (277) **7** *Kryptopterus bicirrhis*, Indischer Glaswels (270) **8** *Corydoras paleatus*, Gesprenkelter Panzerwels (264) **9** *Corydoras punctatus julii*, Leopard-Panzerwels (265) **10** *Bunocephalus spec.*, Bratpfannenwels (258) schlußreiche wissenschaftliche Versuche eindeutig widerlegen lassen.

Im allgemeinen kann man nach Beobachtungen im Aquarium sagen, daß die genannten Fähigkeiten bei Schwarmfischen am schwächsten entwickelt sind, weil hier die Massenreaktion individuelle Eigenarten weitgehend überflüssig macht. So nehmen Schwarmfische durchweg nur wenig Notiz von der Person ihres Pflegers, wenn sie auch ein Gedächtnis für Futterzeiten und Futterplätze bewahren. Anders können die Dinge bei Fischen liegen, die als Einzelgänger, in ehe-ähnlichen Verbindungen oder in kleineren Gemeinschaften leben. Als besonders intelligent gelten beispielsweise Buntbarsche (Cichliden). Es verblüfft immer wieder, mit welcher Aufmerksamkeit diese Fische Vorgänge außerhalb ihres Aquariums zu verfolgen scheinen. Man hat oft den Eindruck, daß sie sogar die Person ihres Pflegers kennenlernen. Freilich mag das auch damit zusammenhängen, daß die Tiere sich gewisse Bewegungen bei der Fütterung und Wartung merken, die dem betreffenden Pfleger eigentümlich sind. Es handelt sich dabei um eine Dressur oder um eine Selbstdressur. Es ist experimentell erwiesen, daß das Gedächtnis mancher Fische recht gut entwickelt sein kann und auch ein ausgesprochenes Unterscheidungsvermögen für Formen und Farben besteht. Besonders für brutpflegende Fische sind solche Fähigkeiten notwendig, müssen sie doch in der freien Natur den Brutplatz auch dann wiederfinden, wenn sie sich weit davon entfernt haben. Auch in Gefangenschaft werden markante Punkte zur Begrenzung der Reviere oder des Brutplatzes ausgewählt. Brutpflegende Fische können spürbar beunruhigt sein, wenn man diese Merkmale entfernt oder verrückt. Überhaupt scheint das Ortsgedächtnis vieler Fische gut entwickelt zu sein.

Aquariumfische, die z.B. aus einem zu reinigenden Becken ausquartiert werden, finden sich darin sofort wieder zurecht, wenn der alte Zustand einigermaßen hergestellt wird. Sie beziehen dann sofort wieder die gewohnten Plätze. Aus Erfahrungen lernen Fische ziemlich schnell. So reagieren Kampffischmännchen auf das Vexierbild im vorgehaltenen Spiegel nur so lange, bis sie »begriffen« haben, daß der vermeintliche Kampfpartner ihnen unerreichbar bleibt. Nach einiger Zeit sind sie durch den Spiegel nicht einmal mehr zum Aufstehen aus der Ruhelage zu bewegen. Pterophyllen, die über mehrere

Laichakte hinweg eine bestimmte breitblättrige Pflanze zum Ablaichen benutzt hatten, mieden diese in der Folgezeit, nachdem ihnen die Blätter mit dem Eigelege mehrmals zur künstlichen Aufzucht weggenommen worden waren. Ein dem Verfasser bekannter Aquarienfreund stand mit seinen Cichliden in einem so »guten Verhältnis«, daß sich die Tiere von ihm über den Rücken streichen und sogar aus dem Wasser herausnehmen ließen. Sie lagen dann still und bewegungslos und ohne jede Unruhe in seiner Hand.

Allerdings muß man sich davor hüten, die Handlungen der Fische, etwa in der Brutzeit, auf eine Denktätigkeit zurückzuführen und ihnen gar menschliche Beweggründe unterzuschieben. Das Verhalten, auch in der Fortpflanzung und Brutpflege, beruht auf angeborenen Instinkthandlungen, deren einzelne Phasen durch äußere Eindrücke und Reize vorbereitet und durch Hormone ausgelöst werden.

Die Instinkte sind in unvorstellbar langen Zeiträumen erworben und schreiben auch dem „unerfahrenen", eben geborenen Jungfisch sein Verhalten vor. Diese erblich fixierten Vorstellungen können sehr weit gehen. So bringen beispielsweise junge Maulbrüter ein feststehendes »inneres« Bild des mütterlichen Kopfes und eine Vorstellung von der Bedeutung bestimmter Bewegungen mit, die bei den jungen Tieren den Reflex »Flucht ins Maul« auslösen. Andererseits möchte es vermieden werden, den Begriff Instinkt allzu mechanisch aufzufassen. Aquarianer lassen sich zu einer solchen Betrachtungsweise nur schwer bekehren. Sie sind auf Grund ihrer Erfahrungen und Eindrücke geneigt, ihren Fischen (freilich nicht beweisbare) »Gefühle« zuzuschreiben, die ihre verschiedenen Lebensäußerungen begleiten. Das mag eine sich von der Freundschaft mit den Fischen herleitende Überzeugung sein, aber man wird sie den Aquarianern sicherlich verzeihen.

Individuelle Veranlagungen und Erfahrungen mit einer nie gleichförmigen Umwelt spielen eine große Rolle, wie sich die Instinkte entwickeln und wie die sich daraus rekrutierenden Handlungen vollzogen werden. Fische, die starken Verfolgungen ausgesetzt sind, werden auf Grund ihrer Erfahrungen weit vorsichtiger sein, als solche Artgenossen, die in ihrem Wohngewässer derartige Erfahrungen nicht machten. Auch Beispiele für individuelle Unterschiede lassen sich aus der aquaristischen Praxis immer wieder anführen. Es gibt unter Individuen der gleichen Art solche, die die Vorbereitungen zur Brut und die Brutpflege selbst mit großer Sorgfalt ausführen, während andere höchst nachlässig sind. Charakterliche Verschiedenheiten treten häufig zutage. So können Makropoden außerordentlich rauflustig und rücksichtslos gegenüber ihren Weibchen sein, während andere Individuen genau die gegenteilige Charakterveranlagung aufweisen. Hiervon ist in gewissem Umfang anscheinend auch die Gattenwahl abhängig. Selbst Schwarmfische laichen nicht mit jedem Vertreter des anderen Geschlechts ab. Nicht alle solche Aquariumbeobachtungen mögen zuverlässig sein, auch werden die Verhältnisse der Gefangenschaft so manche Abweichung im Verhalten bewirken. Dennoch scheint festzustehen, daß sich Partner, die einmal zusammen abgelaicht haben, immer erneut zusammenfinden. Man weiß nicht genau, ob es in der freien Natur Brutehen zwischen Fischen gibt, die über längere Zeit bestehen bleiben. Im Aquarium jedenfalls gibt es solche Dauerehen auch dort, wo die Fische die Wahl unter mehreren Partnern haben.

Hüten wir uns also vor Verallgemeinerungen und vor vorschnell gebildeten Urteilen. Gern nehmen Aquarienfreunde die Lehren und Erkenntnisse der wissenschaftlichen Forschung an, der die Aquaristik seit Anfang an so viel zu verdanken hat. Ebenso gern lassen sie sich aber ein Hintertürchen unbefangen menschlicher Betrachtungweise offen. Und sei es auch nur, weil es ihnen Freude macht!

Sieben Grundsätze für die Haltung von Zierfischen

1. Oberstes Gesetz ist das Wohlbefinden der Fische. Fischzahl und Wassermenge sollen in einem vernünftigen Verhältnis zueinander stehen. Als Faustregel kann gelten: Auf 1 Liter Wasser rechne man etwa 1 cm Fischlänge, bei kleineren Fischen mehr, bei größeren weniger. In übervölkerten Aquarien entsteht leicht Sauer-stoffmangel, und sie sind auf die Dauer nicht in hygienisch einwandfreiem Zustand zu erhalten. Niemals dürfen die Fische infolge übermäßiger Besetzung an der Wasseroberfläche hängen und nach Luft schnappen.

2. Die Wassertemperatur soll möglichst nicht das Maß unter- oder überschreiten, das der Herkunft und den Ansprüchen der Fische entspricht. Bei einheimischen Fischen soll das Thermometer nur in Ausnahmefällen über 20—21°C ansteigen, kann aber im Winter bis auf 4°C heruntergehen. Andererseits versuche man nicht, Warmwasserfische abzuhärten. Wer die für ihre Pflege notwendige Wasserwärme nicht bieten kann, sollte auf die Haltung tropischer Fische verzichten. Es gibt eine Reihe sehr hübscher Kaltwasserfische! Des Nachts und während einer künstlich geschaffenen längeren Ruhepause, am besten während des Winters, kann die Temperatur auch im Tropenaquarium ruhig um einige Grade absinken. Das entspricht in etwa auch den Verhältnissen in der freien Natur.

3. Man bringe niemals Fische plötzlich aus kaltem Wasser in warmes und umgekehrt. Die Fische als wechselwarme Tiere müssen den Temperaturwechsel mitmachen und können Schaden nehmen. Vor dem Einbringen ins Aquarium ist stets die Wasserwärme des Transportbehälters der Wärme des Aquariumwassers anzugleichen. Am besten hängt man diesen so lange in das Aquarium, bis die Temperatur übereinstimmt.

4. Fische, die man zusammen pflegen will, müssen sich in ihrem Charakter und den Lebensansprüchen einigermaßen entsprechen. Insbesondere gehören Futterspezialisten nicht in ein Gesellschaftsaquarium.

5. Jede unnötige Beunruhigung ist zu vermeiden. Alle überflüssigen Hantierungen sollten unterlassen werden. Man beschränke die Reinigung so lange als möglich auf das unbedingt notwendige Maß: Abziehen des Mulms mit Schlauch oder Mulmsauger und Abputzen der Sichtscheibe mit einem Scheibenreiniger. Man mache es sich zur Gewohnheit, einmal wöchentlich $1/5$ des Wassers aus dem Aquarium abzuziehen und es durch gleichtemperiertes Frischwasser zu ersetzen. Laßt Tier und Pflanze so weit als irgend möglich in Ruhe; sie werden es durch Kraft, Gesundheit und Wachstum danken.

6. Man füttere regelmäßig, aber überfüttere nicht. Zuviel Trockenfutter, auch wenn es normalerweise nicht trübt, verdirbt das Wasser. Lebendes Futter, z. B. Wasserflöhe, reiche man nur in der Menge, die innerhalb weniger Stunden verzehrt werden kann. Die nicht gefressenen Futtertiere entziehen dem Wasser den Sauerstoff, die abgestorbenen führen schnell zu Fäulnisprozessen. Man füttere abwechslungsreich und immer das, was den Ansprüchen der Fische entspricht.

7. Man denke immer daran, daß Fischkrankheiten in vielen Fällen nur schwer, manchmal auch überhaupt nicht zu heilen sind. Vorbeugen ist besser als Heilen. Die beste Vorbeugung sind eine naturgemäße Haltung und peinliche Sauberkeit.

Winke für die Zucht von Aquarienfischen

Einzelangaben zur Zucht von Zierfischen werden in den nachstehenden Tabellen gebracht. An dieser Stelle seien lediglich einige allgemeine Regeln aufgeführt.

1. Eine sachgemäße Haltung, wie sie in den vorstehenden »Sieben Grundsätzen« gefordert wird, ist die Voraussetzung für das Wohlbefinden der Fische und damit ihrer Fortpflanzung im Aquarium.

2. Wer Zucht betreiben will, beschaffe sich möglichst einige Jungfische und ziehe sie groß. Dann kann man sie genügend lange beobachten und wird bald merken, welche Tiere sich von selbst zueinander finden. Sie eignen sich besser zur Zucht als erwachsene, erprobte Zuchttiere. Ältere Fische sind meistens schwerer einzugewöhnen als junge. In der Regel wird sich der Verkäufer auch nicht von seinen besten Zuchtpaaren trennen.

3. Verwende zur Zucht nur kräftige, gesunde und in Form und Farbe einwandfreie Fische.

4. Richte die Zuchtaquarien stets einige Zeit vor dem Beginn der beabsichtigten Zucht ein. Die Art der Einrichtung richtet sich nach den Lebensansprüchen der Fische und dem Zuchtziel. Einzelangaben hierzu werden in den »Tabellen« gebracht. Ob die Fische bereits Wochen vorher in das Zuchtaquarium überführt werden oder erst wenige Tage und Stunden zuvor, richtet sich ebenfalls nach der betreffenden Fischart. Meist wird es sich empfehlen, die Zuchttiere nach der Eingewöhnung und bei vollendeter Laichreife durch teilweisen oder völligen Wasserwechsel bei gleicher Temperatur und ähnlicher, manchmal auch konträrer Wasserzusammensetzung zum Ablaichen zu veranlassen.

5. Halte aus den Zuchtbecken Schädlinge aller Art fern. Als solche können gelten: Schnecken, Scheibenwürmer, Wasserinsekten und Kleinkrebse, vor allen Dingen Zyklops und Wassermilben, Süßwasserpolypen und ein Übermaß von Infusorien.

6. Wer Gelegenheitszucht betreiben will, wem es also nicht auf die Anzahl der Jungfische ankommt, kann das im voll eingerichteten Aquarium tun. Sonst muß man die Fische »zur Zucht ansetzen«. In diesem Fall verzichtet man meistens ganz auf den Bodengrund. Man verwendet ein Laichsubstrat, das für die betreffende Fischart empfehlenswert ist. Verwendet man Sand oder Kies, so sollte er überbrüht werden, um ihn möglichst keimfrei zu machen.

7. Schwer zu züchtende Fische sind meist solche, deren Laichgewohnheiten in der freien Natur man nicht kennt oder die an das Wasser, den pH-Wert oder die Nahrung spezielle Ansprüche stellen. Besonders Importfische sind nicht immer ohne weiteres zur Fortpflanzung zu bringen. Manchmal kann man die Erfahrungen mit ähnlichen Fischen zum Vergleich heranziehen. Tropische Urwaldfische lassen sich oft durch weiches Wasser (etwa bis 4 dH), verbunden mit einem niederen pH-Wert (etwa 6,5), durch Torffilterung und naturgemäße Futtersorten (z. B. schwarze Mückenlarven) zum Ablaichen anregen.

Bei infusorienempfindlichen Arten halte man das Zuchtbecken von Anfang an peinlich infusorienfrei. Alle Behälter, Geräte und Pflanzen sind entsprechend zu behandeln, erstere heiß abzuwaschen und auszuspülen, die Pflanzen in einem Bad von einem gehäuften Teelöffel Alaun auf 1 Liter Wasser 5 Minuten zu baden und danach in abgekochtem und ausgekühltem Leitungswasser gut abzuspülen. Eventuell kann das Bad auch in einer schwachrosa Lösung von übermangansaurem Kali erfolgen, wobei die Badedauer etwa eine halbe Stunde beträgt und das Bad nach dem Abspülen einige Male zu wiederholen ist. Weiterhin muß alles vermieden werden, was zur »Impfung« des Zuchtwassers mit Infusorien beitragen kann. Zum Beispiel sind die Zuchtfische mit Hilfe einer gutgereinigten Fangglocke aus Glas in das Zuchtbecken zu überführen, wobei das Wasser daraus abgelassen wird, also »trockenes« umsetzen. Auch die Deckscheiben müssen peinlich sauber sein.

Zuchtaquarien für infusorienempfindliche Fische lasse man mit eingefülltem Wasser grundsätzlich immer erst einige Tage im Halbdunkel stehen und verwende das Wasser nur dann, wenn es keinerlei Spur einer Trübung zeigt. Es sei aber darauf hingewiesen, daß durchaus nicht alle Fische gegen Infusorienbefall des Laiches und der Jungbrut anfällig sind. Diese Anweisung gilt demgemäß nur für die infusorienempfindlichen Arten. Wasser aus freien Gewässern ist zunächst grundsätzlich auf 70°C zu erwärmen. Jedes Wasser, auch Regen- und destilliertes Wasser, hält sich in Glasballons mit gutem Verschluß bei dunkler und kühler Aufstellung (frostfrei!) sehr lang und bleibt infusorienfrei.

Einige Fischarten, die zur Fortpflanzung weiches Wasser beanspruchen, sollten in nicht zu hartem Wasser aufgezogen werden, falls man später mit den Tieren züchten will. Eine feste Regel läßt sich hierfür jedoch nicht aufstellen, weil es manchmal gerade der Wechsel in der Wasserzusammensetzung ist, der zum Ablaichen anregt. Häufig tritt im Laufe der Generationsfolge bei Aquarienfischen auch eine Gewöhnung an härteres Wasser ein. Auf alle Fälle ist aber ein allzu unvermitteltes Umsetzen in Wässer mit anderen Härtegraden zu vermeiden. Der Übergang sollte wenigstens einige Stunden in Anspruch nehmen.

Es soll an dieser Stelle nochmals ausdrücklich darauf hingewiesen werden, daß sich durchaus nicht *alle* Zierfische bei weichem, salzarmen Wasser (0,5–4°dH) und pH-Werten unter 7 wohlfühlen. Man hüte sich also davor, zu verallgemeinern, sondern versuche vielmehr, soweit als möglich mit dem vorhandenen Wasser auszukommen.

Der pH-Wert spielt u. a. eine mittelbare Rolle insofern, als viele Infusorien und Bakterien, unter ihnen die laichschädigenden, bei pH-Werten unter 7 nicht recht gedeihen können. Es ist bekannt, daß mit steigender alkalischen Reaktion die »Fruchtbarkeit« des Wassers, also auch die Vermehrung der Kleinlebewesen, zunimmt, während saure Wässer arm an solchen Organismen sind.

8. Die Zuchttiere sind vor dem Ablaichen zwar ausreichend, aber doch so zu füttern, daß keine Futterreste übrigbleiben. Besonders ist vor der Verfütterung von Zyklops mit Eiersäckchen zu warnen!

9. Nach dem Laichakt sind die Zuchttiere kräftig zu füttern. Fischen, die Brutpflege üben, gebe man Trockenfutter (wenn es Trockenfutterfresser sind) oder solches Lebendfutter, das im Zuchtbecken keine Schäden an Eiern oder Jungfischlarven verursachen kann, so z. B. Enchyträen oder Regenwürmer. Die Zuchttiere bedürfen nach dem Ablaichen meistens der Ruhe. Sie werden daher am besten getrennt, falls es sich nicht um Fische handelt, die gemeinsame Brutpflege ausüben.

10. Man ziehe nur gesunde und einwandfreie Jungfische auf. Verkrüppelte Jungfische, sogenannte Bauchrutscher und offensichtlich kranke Tiere unter der Nachkommenschaft versuche man nicht, durch besondere Sorgfalt am Leben zu erhalten.

Die Fortpflanzung ist auch im Dasein der Aquarienfische der Höhepunkt des Lebens und damit zugleich der Zierfischpflege. Erst im Liebesspiel, in der Vorbereitung zur Laichablage, in der Paarung und gegebenenfalls in der Brutpflege lernen wir alle Wesenszüge unserer Pfleglinge kennen. Wer also wirklich Freude an diesen haben will, sollte auf alle Fälle versuchen, sie zur Fortpflanzung zu bringen. Und sei es auch nur mit bescheidenstem Erfolg!

Man kann zwei Hauptgruppen von Zuchtbestrebungen in der Aquaristik unterscheiden. Sie haben beide ihre Berechtigung, auch gehen die Grenzen oft genug ineinander über. Die erste Gruppe setzt sich zum Ziel, den Bedarf an Zierfischen durch Züchtung im großen Maßstab zu decken. Sie bedient sich dabei aller möglichen züchterischen Kniffe. Mit dem, was der Liebhaber als »naturgemäße Haltung« ansieht, scheint diese Art der Zucht auf den ersten Blick nicht viel zu tun zu haben. Doch muß auch die Erwerbszucht die hauptsächlichsten Lebensansprüche der verschiedenen Fischarten erfüllen, wenn der Erfolg sich einstellen soll.

Die zweite Gruppe ist die sogenannte Liebhaberzucht. Sie knüpft an bestimmte Vorstellungen von einer »biologisch richtigen« Haltung an und will versuchen, die Fische sich so weit als möglich im natürlichen Milieu fortpflanzen zu lassen. Es kommt dem Liebhaberzüchter im allgemeinen weniger auf die Zahl der aufgezogenen Jungfische als auf die Beobachtung des interessanten Fortpflanzungsverhaltens an. Oft genug mischen sich auch Wißbegierde mit einer Art von sportlichem Ehrgeiz, der gerade den Liebhaberzüchter beachtenswerte Erfolge in der Zucht schwierig zu züchtender Fischarten oder neu eingeführter Fische erringen läßt.

Leider ist in der Zucht von Aquarienfischen bisher recht wenig nach wissenschaftlich begründeten Grundsätzen verfahren worden, wenn man von der Sortenzucht, z. B. bei manchen lebendgebärenden Zahnkarpfen, absieht. Das hat zur Folge, daß die Fischbestände immer wieder Gefahr laufen zu degenerieren. Es sollte aber an jeden, der sich mit der Zucht von Zierfischen befaßt, die Forderung gestellt werden, nur einwandfreies Zuchtmaterial zu verwenden und aus den Nachzuchten nur diejenigen Jungfische weiterzugeben, die gesund sind und dem Arttyp voll entsprechen.

Erläuterung zu den Tabellen

Die Tabellen bringen eine Auswahl der am häufigsten gehaltenen oder besonders bemerkenswerten Aquarienfische mit Angaben über Namen, Herkunftsländer, Größe, Charakter, Geschlechtsunterschiede, Haltung, Zucht und Futter. Die Angaben über Haltung und Zucht beruhen auf eigenen und fremden Erfahrungen

und schließen nicht aus, daß von anderer Seite abweichende Beobachtungen gemacht wurden. Sie sollen also keine bindenden Gebrauchsanweisungen sein.

Der größte Teil der in den Tabellen aufgeführten Zierfische ist abgebildet. Alle Arten sind mit einer laufenden Nummer versehen. Von den Abbildungen ausgehend, findet man mit dieser Nummer zu den Tabellen. Auf den Tafeln dargestellte, aber zur Zeit vom Handel nicht geführte und deshalb im Text nicht behandelte Fische, sind mit (−) gekennzeichnet. Auf den Farbfototeil wird mit einem * verwiesen.

Die Einordnung in die Tabellen erfolgte nach Familien, bzw. Unterordnungen in einem Falle nach dem Biotop (Grundfische). Innerhalb der Tabellen folgen die Arten dem Alphabet, geordnet nach den wissenschaftlichen Namen. Auf die Zusammenstellung nach Unterfamilien und Gattungen wurde verzichtet, da eine solche für den Liebhaber keinen praktischen Wert hätte, doch stehen die Gattungen bei der alphabetischen Reihenfolge ohnehin beieinander.

Die wissenschaftlichen Namen der Fische wurden vorangestellt, da man auf sie nicht verzichten kann. Die deutschen Namen können für eine sichere Bezeichnung der einzelnen Arten nicht herangezogen werden, da sie oft stark voneinander abweichen und niemals einheitlich durchzusetzen sind. Die wissenschaftliche Bezeichnung besteht aus zwei Teilen; der erste nennt die Gattung, der zweite die Art, z. B. Brachydanio (Gattung) − rerio (Art). Der Name des Wissenschaftlers, der die betreffende Art erstmals beschrieben hat, wurde in diesem Buch weggelassen, um Irrtümer bei unkundigen Lesern zu vermeiden.

Die Wissenschaft bedient sich für die Namensgebung der lateinischen Sprache, da diese neutral ist und damit internationale Bedeutung hat. Worte anderssprachiger Herkunft werden dem Charakter der lateinischen Sprache angepaßt. Die Betonung richtet sich im allgemeinen nach den Regeln des Lateinischen. Zweisilbige Worte werden stets auf der ersten Silbe betont, mehrsilbige in der Regel auf der vorletzten oder drittletzten. Die Bedeutung der gebräuchlichsten wissenschaftlichen Namen ist im Sachregister unter dem entsprechenden Stichwort zu finden.

Es wird jedoch ausdrücklich darauf aufmerksam gemacht, daß hierbei nicht auf eine wörtliche Übersetzung, sondern vielmehr auf eine Sinndeutung des wissenschaftlichen Namens Wert gelegt wurde.

Bei der Wahl der deutschen Namen wurde im allgemeinen der Namensgebung gefolgt, die sich in deutschen Liebhaberkreisen in den letzten Jahren einigermaßen durchgesetzt hat bzw. in der Fachliteratur angewandt wird.

Abkürzungen in den Tabellen

Die Temperaturen sind Durchschnittswerte in °Celsius.

MT.	Mindesttemperatur, die vorübergehend möglich ist.
♂	Männchen.
♀	Weibchen.
–/–	Zuchtansatz, Vor dem / Männchen, dahinter Weibchen.
Pgr. 1–12	Pflanzengruppen (siehe S. 116).
Bgr.	Beckengröße I = Kleinste Becken, 15–20 cm Länge
II	Kleine Becken, 20–30 cm Länge
III	Mittlere Becken, 30–50 cm Länge
IV	Mittelgroße Becken, 50–80 cm Länge
V	Große Becken, 100 cm und mehr
VI	Große Spezialbecken.
pH	pH-Wert.
dH	Deutsche Härte.

Exotische Zierfische

Salmlerähnliche (Characoidea)

Die Unterordnung der Salmlerähnlichen in der Ordnung der Karpfenförmigen oder Cypriniformes umschließt eine Anzahl von Fischfamilien, die der Aquarienliebhaber unter den Sammelbegriff »Salmler« zusammenzufassen pflegt. Diese Familien, die in den Süßgewässern Afrikas, Süd- und Mittelamerikas sowie des südlichsten Teils der USA beheimatet sind, umfassen kleine bis mittelgroße Fische der verschiedensten Gestalt und Lebensweise. Den gemeinsamen deutschen Namen erhielten sie nach der vielen Arten eigenen Fettflosse, die ihnen eine gewisse äußerliche Ähnlichkeit mit den Lachsfischen (Salmoniden) gibt, die gleichfalls eine solche Flosse besitzen. Da sie außerdem auch den Karpfenfischen ähnlich sind, werden sie in den englischsprechenden Ländern auch als »Karpfenlachse« bezeichnet. Sie stehen tatsächlich in verwandtschaftlichen Beziehungen zu den Karpfenfischen, von denen sie aber der Mangel von Barteln, die Fettflosse und auch die meistens gut ausgebildete Bezahnung unterscheidet. Auf letztere nimmt der wissenschaftliche Name Bezug. Die meisten Arten besitzen kleine Zähne verschiedener Ausbildung, wobei die Größe hier relativ zu werten ist. Einige Salmler verfügen über ein gefährliches messerscharfes, zum Zerreißen der Beute fähiges Gebiß oder über nadelspitze Fangzähne.

I. *Die Eigentlichen Salmler, Familie Characidae,* sind in der Mehrzahl gewandte Schwimmer, die sich gern zu Schwärmen zusammenschließen. Manche Arten halten sich im freien, stehenden oder fließenden Wasser auf, andere bevorzugen pflanzenbestandene Bereiche. In der Regel sind es Bewohner der mittleren und oberen Wasserschichten. Ausgesprochene Grundfische fehlen fast ganz.

Dem großen Verbreitungsgebiet entsprechend – Characiden finden sich sowohl in Afrika als auch in Amerika – ist die Gestalt mannigfaltig abgewandelt. Sie reicht von der schlankesten Spindelform bis zur fast kreisförmigen Figur. Oft ist die Kehlpartie vorgewölbt, so daß der Vorderteil des Körpers stärker belastet erscheint. Die verhältnismäßig kleinen Flossen sind nur bei einzelnen Arten mehr oder weniger vergrößert, lappenartig verlängert oder spitz ausgezogen. Die Kropfsalmer und Drachenflosser besitzen stark verlängerte Brustflossen.

Kräftige Farben sind in der gesamten Familie selten oder sind als Leuchtpunkte, -flecken oder -striche auf einzelne Körperteile konzentriert. Bei den Schwarmsalmern des freien Wassers zeigt sich der bekannte Schuppenglanz, der nicht selten mit verschiedenen Farbtönen gekoppelt ist.

Im Aquarium lieben die meisten Salmler helles Licht neben schattigen Stellen, klares Wasser und eine gute Bepflanzung, die aber auch genügend Platz zum Ausschwimmen bieten muß.

Dunkler Bodengrund erhöht die Farbigkeit. Man findet in der Familie jede Ernährungsart vom Pflanzenfresser bis zum Raubfisch. Die meisten Arten sind anspruchslos und nehmen neben Lebend- auch Trockenfutter. Unterschiedlich sind die Temperaturansprüche. Die meisten Arten sind allerdings mit Temperaturen zwischen 22 und 24 °C zufrieden, ja einige Arten wünschen sogar niedrigere Wärmegrade von 20–22 °C zu ihrem Wohlbefinden.

Die Zucht ist teils recht leicht, teils erfordert sie einige Sorgfalt, teils ist sie ausgesprochen schwierig. Die meisten Arten sind Freilaicher, die ihre Geschlechtsprodukte im freien Wasser oder zwischen und über Pflanzen abgeben. Die Paarungen erfolgen aus dem Schwimmen heraus, wobei sich die Paare aneinander schmiegen. Nicht selten kommt es vor, daß sich die Tiere auf die Seite legen oder sich ganz und gar auf den Rücken drehen. Die Männchen einiger Salmlerarten besitzen feine Häkchen in der Afterflosse, die den Zusammenhalt während der Paarung, bei der sogleich auch die Befruchtung der Eier erfolgt, erleichtern. Jede Laichabgabe besteht aus vielen Einzelpaarungen, bei denen jeweils 10–30 Eier abgegeben werden. Die Gesamtzahl derselben ist nach Art und Konstitution verschieden.

Zur Zucht sollte man möglichst jüngere Tiere verwenden, weil man mit älteren gelegentlich Schwierigkeiten haben kann. Vor allem ältere Weibchen geben nicht selten nicht entwicklungsfähige Eier ab. Die Geschlechter sind in der Regel unschwer zu unterscheiden. Die Männchen sind schlanker und kleiner, häufig auch farbiger, ihre Flossen sind bei vielen Arten größer und zu Spitzen ausgezogen oder sie bleiben mit den Häkchen der Afterflosse im Fangnetz hängen. Außerdem kann der Geübte die Geschlechter am verschiedenen Bau der durchscheinenden inneren Organe erkennen.

Eine Gruppe von Salmlern besitzt eine Vorratsbesamung. Das heißt, die Spermien sind von einem Häutchen umgeben und gelangen während der Balz auf nicht immer geklärte Weise durch die Geschlechtsöffnung der Weibchen in eine Tasche, wo sie längere oder kürzere Zeit aufbewahrt werden. Die Weibchen dieser Arten benötigen zum Ablaichen keine Männchen, da eine innere Befruchtung stattfindet. Sie können also allein zur Zucht angesetzt werden. Der Samenvorrat reicht im allgemeinen für mehrere Laichabgaben aus.

Brutpflege wird nur selten ausgeübt. Bei einigen *Pyrrhulina*-Arten werden die Eier auf breiten Wasserpflanzenblättern, auf Steinen oder in Gruben abgelegt. Besonders bemerkenswert ist der Spritzsalmler *Copella arnoldi*, der zur Laichablage unter Umschlingung aus dem Wasser springt und die Eier auf Gegenstände außerhalb desselben anheftet. Durch Schläge mit der Schwanzflosse bespritzt das Männchen das Gelege in regelmäßigen Abständen, bis die Jungfische geschlüpft sind und ins Wasser gespült werden.

Die Jungen kommen meist nach 18–36 Stunden aus. Sie streben entweder zur Wasseroberfläche oder hängen als feine Strichel an Pflanzen, den Glasscheiben oder anderen Gegenständen. Ihre Aufzucht erfolgt mit feinstem Lebendfutter oder staubfeinem Trockenfutter.

Bescheidene Zuchterfolge kann man im volleingerichteten Aquarium, gelegentlich sogar im Gesellschaftsbecken erzielen. Wer rationelle Zucht betreiben will, muß die Fische zur Zucht gesondert ansetzen. Zur Zucht im Ansatz (in den Tabellen mit Z bezeichnet) folgen nachstehend einige allgemeine Angaben.

Z 1: Frei laichende Salmler ohne besondere Wasseransprüche

Ansatz im gut gereinigten Vollglas-, Kunststoff- oder Gestellaquarium ohne Bodengrund und ohne eingewurzelte Wasserpflanzen. Inhalt der Becken je nach Größe und voraussichtlicher Zahl der Nachkommenschaft verschieden. Der Boden kann zum Schutze der Eier vor dem Gefressenwerden (viele Salmler sind Laichfresser) mit einer Schicht Kieselsteine von Murmelgröße ausgelegt werden. Auch feinfiedrige Pflanzen, die man mit Glasstäbchen am Boden festhält oder ein großmaschiger Kunststoffrost erfüllen den gleichen Zweck. Es kann jedes Wasser gleich welchen Härtegrades verwendet werden. Eine Ansäuerung ist unnötig, da die Eier und Jungen im allgemeinen kaum bakterien- oder infusorienempfindlich sind. Das Verhalten der Zuchttiere gegenüber dem Licht ist verschieden. Einige Arten lieben zum Ablaichen helles Licht und laichen sogar gern bei Sonnenbestrahlung (Morgensonne!), andere wiederum lieben gedämpftes Licht. Im allgemeinen wird man bessere Erfahrung mit leicht abgeschirmtem Licht machen. Nach dem Ablaichen kann man normal beleuchten, da Eier und Jungfische nicht lichtempfindlich sind.

Die Zuchtpaare laichen in nicht immer klar erkennbaren Laichperioden ab. Mindestens ist zu empfehlen, solche der Ruhe dienenden Laichzeiten künstlich zu schaffen. In den Laichperioden kann man die Fische in Abständen von 1–3 Wochen zur Zucht ansetzen. Längere Abstände, während welcher man die Zuchtpaare am besten trennt, liefern auf die Dauer bessere Zuchtergebnisse als zu kurze. Manche Salmler laichen unmittelbar nach dem Ansetzen ab, wenn man den richtigen Zeitpunkt der vollen Laichreife erkennt, manche benötigen auch einige Tage, bis sie die Vollreife erreichen. Sie müssen dann unter Umständen wieder zurückgesetzt und später nochmals angesetzt werden.

Die Jungfische schlüpfen nach 15–40 Stunden. Sie wachsen gewissermaßen aus den Eihüllen heraus, die sich nach und nach auflösen. Ist die Zahl sehr groß, so empfiehlt sich die Zugabe eines bakterienhemmenden Mittels (handelsübliches Tonikum oder Trypaflavin) in sehr schwacher Dosierung. Anfütterung mit Pantoffeltierchen, Rädertierchen, staubfeinem Trockenfutter, Cyclops-Nauplien (Vorsicht!) und etwas später frisch geschlüpften Artemien. Manche Jungfische fressen auch sofort Artemien.

Zur Gruppe Z 1 gehören die Tabellen-Nummern 5, 13, 15, 18, 20, 23, 25, 27, 32, 35, 36, 48, 50.

Z 2: Frei laichende Salmler mit besonderen Wasseransprüchen

a) Ansatz im gut gereinigten, evtl. mit Kaliumpermanganatlösung sterilisierten Vollglasbecken oder (bei Arten höherer Produktivität) Gestellaquarium. Wasserhärte zwischen 2 und 5° dH, Wasser über Torf gefiltert und leicht angesäuert (pH 6,5 oder etwas weniger). Geräte und Pflanzen gut abspülen bzw. sterilisieren, da Eier und Jungfische in der Regel empfindlich gegen Bakterien- und Infusorienbefall sind (siehe auch »Winke für die Zucht von Aquarienfischen«, S. 179). Kein Bodengrund. Feinfiedrige Pflanzen werden mit Glasstäbchen am Grund festgehalten, evtl. kann auch ein Laichrost aus Glasstäbchen oder aus grobmaschigem Kunststoff verwendet werden. Das Zuchtaquarium ist sowohl zum Ablaichen als auch in den ersten Tagen nach dem Schlüpfen leicht abzudunkeln. Eier und Junge können lichtempfindlich sein. Erst nach dem Freischwimmen wird die Abdunklung aufgehoben. Die Zuchtpaare sollen während des Ablaichens wegen der Gefahr der Infusorienbildung

nicht gefüttert werden. Haben sie einige Tage nach dem Ansatz noch nicht gelaicht, muß man diesen nach einiger Zeit erneut versuchen.

Zur Gruppe Z 2a gehören die Tabellen-Nummern 16, 17, 19, 21, 22, 24, 26, 28, 31, 33, 44.

b) *Die sogenannten Kongosalmler* stellen besondere Ansprüche an die Wasserzusammensetzung und die Nahrung. Ansatz in geräumigen Gestellaquarien ohne Bodengrund. Der Boden kann mit Wassermoosen ausgelegt werden, doch sind diese Fische im allgemeinen keine Laichfresser. Wasser unter 3° dH, über Torf gefiltert. Ablaichen am besten in gleichartiger oder artähnlicher Gesellschaft. Fütterung mit Insekten und deren Larven, z. B. schwarzen Mückenlarven, Fliegen, frischen Ameisenpuppen, Mehlwürmern, Spinnen usw. Nur bei solcher Nahrung setzen die Fische Laich an.

Zur Gruppe Z 2b gehören 2, 5, 47.

Z 3: Salmler mit Vorratsbesamung

Im Normalaquarium, in dem diese Fische zu mehreren Paaren oder 1 ♂/3 ♀ gehalten werden, sind die Weibchen fast immer befruchtet. Haben sie deutlich sichtbar Laich angesetzt, so werden sie in ein Aquarium ohne Bodengrund gebracht, das so zu behandeln ist, wie unter Z 1 angegeben. Feinfiedrige Pflanzen als Laichsubstrat. Einige Arten heften die Eier auch an breite Wasserpflanzenblätter an.

Zur Gruppe Z 3 gehört Tabellen-Nr. 12.

II. *Die Kopfsteher, Familie Anostomidae,* sind in Südamerika beheimatet.

Es sind eigentümliche Fische. Sie besitzen einen mäßig hochrückigen bis gestreckten, manchmal auch zylindrisch-spindelförmigen Körperbau. Einige von ihnen weisen dicke, wulstige Lippen auf, die mit feinen Zähnchen zum Abraspeln des Aufwuchses an Pflanzen und anderen festen Gegenständen versehen sind. Ihren deutschen Namen verdankt die Familie der Tatsache, daß einige Arten für gewöhnlich mit dem Kopf zum Boden geneigt stehen oder schwimmen. Sie geben diese Haltung nur für kurze Zeit auf, z. B. auf der Flucht. Einige Kopfsteher sind schön gefärbte oder doch wenigstens auffallend gezeichnete Fische. Gewisse Arten werden im Handel ziemlich hoch bewertet, da sie in ihren Heimatländern selten sind oder sich schwer fangen lassen. Zudem ist bisher erst eine Art im Aquarium gezüchtet worden, so daß man ausschließlich auf Importe angewiesen ist. Es ist wohl hier und da einmal im Aquarium zur Eiablage gekommen, doch konnten mit der genannten Ausnahme (Chilodus punctatus) keine Erfolge bei der Aufzucht der Jungen erzielt werden. Die Nahrung besteht im Aquarium aus Bodenfutter jeder Art, z. B. auf dem Grunde liegendem Trockenfutter, roten Mückenlarven, Pflanzenteile, Algen, Kleinkrebse usw. Über das Freileben dieser Fische ist nicht viel bekannt. Man weiß nur, daß einzelne Arten zur Laichzeit mehr oder weniger lange Wanderungen ausführen, um in bestimmte Laichgebiete zu gelangen. Hieraus mögen sich auch die Schwierigkeiten in der Zucht erklären.

III. *Die Beilbauchfische, Familie Gasteropelecidae*, sind durch Körperbau und Lebensweise gleichermaßen bemerkenswert. Es sind verhältnismäßig kurze, seitlich sehr stark zusammengedrückte Fische, deren Rückenlinie fast gerade ist, während sich die Bauchlinie in einem Bogen nach vorn und unten wölbt, wodurch der Körper eine bootsähnliche Form erhält. Die Brustflossen sind flügelartig verlängert. Meistens halten sich diese Fische dicht unter der Oberfläche auf, wo sie nach anfliegenden Insekten Jagd machen. Auf der Flucht gleiten sie auf dem Wasserspiegel dahin, wobei sie sich, mit den Brustflossen kräftig schlagend, auf diesem rasch vorwärts bewegen. Für kürzere Strecken vermögen sie sich sogar ganz von der Oberfläche zu lösen, gehören also zu den sogenannten »fliegenden« Fischen.

Ihre Haltung im Aquarium, mehr noch ihre Zucht, sind recht problematisch. Einige Arten sind empfindlich und anfällig. Bei *Carnegiella* ist die Zucht bereits gelungen, der Laichakt unterschied sich wenig von dem anderer Salmler. In bezug auf die Ernährung sind diese Fische nicht besonders anspruchsvoll, solange das Futter auf der Oberfläche angeboten wird oder sich doch wenigstens frei schwimmend in den mittleren Wasserschichten bewegt.

IV. *Die Halbzähner, Familie Hemiodontidae*, sind nur noch mit relativ wenig Arten im Aquarium vertreten, denn neuerdings ist diese Familie in mehrere Familien aufgeteilt worden. Dabei wurden die sogenannten »Bleistiftfische« (Nannostomus, Poecilobrycon und andere) den Spritzsalmlerverwandten (Lebiasinidae) zugeteilt.

In ihren südamerikanischen Heimatgebieten leben diese zierlichen Fische vornehmlich an den Uferrändern und in Überschwemmungszonen. Sie halten sich besonders zwischen den Pflanzenbeständen oder dort auf, wo das Wasser über dem Ufergras steht. Hier stehen oder schwimmen sie gegen die leichte Strömung.

Zur Familie gehören fast durchweg schlanke, seitlich mäßig zusammengedrückte Arten von pfriemförmigen Körperbau mit einem sehr kleinen Mäulchen. Die Angehörigen der Gattungen Nannostomus und Poecilobrycon schwimmen teils in der normalen Lage, teils als Schrägsteher mit dem Kopf nach oben. Die Ernährung bereitet keine Schwierigkeiten, denn die Fische nehmen sowohl Lebend- als auch Trockenfutter. Allerdings muß das Futter wegen der kleinen Mundöffnung sehr fein sein. Die Schrägsteher nehmen keine Nahrung vom Boden auf.

Die Zucht ist zum Teil etwas schwierig, mindestens erfordert sie Sorgfalt, wenn man einen Erfolg erzielen will. Die Fische sind Freilaicher oder Haftlaicher. Die Zucht erfolgt am besten im Ansatz. Hierzu einige allgemeine Angaben.

Z 4: Ansatz wie bei Z 1 im Vollglasbecken. Es genügen kleine Behälter von etwa 10 Liter Inhalt. Das Wasser kann mäßig weich sein. In dieser Hinsicht werden im allgemeinen keine übertriebenen Anforderungen gestellt. 6–12° dH reichen aus, doch sind die Ansprüche nach Art oder manchmal auch individuell verschieden. Ansäuerung ist unnötig. Dagegen muß das Wasser einwandfrei sauber und klar sein. Gegen Infusorien sind Eier und Jungfische empfindlich.

Da die Fische arge Laichräuber sind, muß der Boden mit einem Laichrost versehen werden, auf den man zudem noch feinfiedrige Pflanzen ausbreiten und mit Glasstäbchen festhalten sollte. In der Mitte des Beckens kann man einen Busch Pflanzen aufrecht stehend anbringen, für Poecilobrycon kann man eine breitblättrige Pflanze (Cryptocoryne) bieten. In allen Fällen muß das Licht etwas gedämpft werden.

Die Zahl der Nachkommen ist nicht besonders hoch. Im Durchschnitt kann man 50 Jungfische schon als ein gutes Resultat betrachten. Während der Laichperioden kann man die Fische alle 8–14 Tage zur Zucht ansetzen. Sonst wie bei Z 1 und Z 2.

V. *Die Geradsalmler (Familie Citharinidae)* sind ausschließlich auf Afrika beschränkt. Es handelt sich um Fische von sehr verschiedenartiger Gestalt. Einige Arten sind hochrückig und seitlich kräftig zusammengedrückt, andere sind gestreckt und spindelförmig, während die im Aquarium meist gepflegten Angehörigen der Gattungen Nannaethiops und Neolebias eher kleinen Karpfenfischen ähneln als Salmlern.

Es sind kleine, bewegungslustige und friedliche Fische. Sie sind anderen Fischen gegenüber etwas ängstlich und werden am besten in arteigener oder artähnlicher Gesellschaft gehalten. Die Ernährung kann insofern manchmal etwas schwieriger sein, als vor allem die Neolebias-Arten nur kleinstes Futter nehmen und zudem Lebendfutter eindeutig bevorzugen. Wem die Beschaffung von lebenden Futtertieren Schwierigkeiten macht, kann sich aber mit Artemia und Grindalwürmchen ganz gut helfen.

Die Zucht der Nannaethiops-Arten entspricht dem, was unter Z 1 gesagt wurde, während für

Nr.	Wissenschaftlicher Name	Deutscher Name	Heimat	Größe cm	Charakter	Geschlechtsunterschiede
1	*Abramites hypselonotus* (früher *A. microcephalus*)	Brachsensalmler	Amazonasgebiet und Guayana	12	Eigenartiger, nicht immer ganz friedlicher Fisch, der oft auch in normaler Körperlage schwimmt	♂ dunkler und mit starken gerandeten Flossen
2	*Alestes longipinnis*	Langflossensalmler	Tropisches Westafrika (im fließenden Wasser)	10–12	Lebhafter Schwarmfisch, springt gern. Eignet sich für Gesellschaft anderer Kongosalmler	Strahlen der Rückenflosse beim ♂ fadenförmig verlängert. Flossen z. T. rötlich, beim ♀ gelblich
3	*Anostomus anostomus*	Prachtkopfsteher	Amazonasgebiet, Guayana, in pflanzenreichen Gewässern	15	Typischer Kopfsteher, schwimmt nur bei Erregung und auf der Flucht in normaler Lage. Im allgemeinen ruhig und friedlich. In zu kleinen Becken manchmal etwas aggressiv, vor allem Artgenossen gegenüber	Unbekannt
4	*Aphyocharax rubropinnis*	Rotflossensalmler	Argentinien, La Plata-Gebiet	4,5	Lebhaft, verträglicher Schwarmfisch	♂ schlanker, Flossen intensiver rot. Bleibt beim Herausfangen mit den Häkchen der Afterflosse im Kescher hängen
5	*Arnoldichthys spilopterus*	Afrikanischer Großschuppensalmler	Tropisches Westafrika	10	Lebhaft, springt gern. Eignet sich für Gesellschaft anderer afr. größerer Salmler	♂ lebhafter gefärbt, auffallende schwarzrote Bindenzeichnung in der Afterflosse

Neolebias eher die Anweisungen unter Z 2 Anhaltspunkte geben. Allerdings benötigen diese Fische nicht so weiches Wasser.

Anmerkung zur Systematik der Salmler:

Die Ansichten der Experten über die Stellung der hier beschriebenen Arten im System ändern sich im Gefolge neuer wissenschaftlicher Erkenntnisse in schnellem Maße. Andererseits ist die Gültigkeit solcher taxonomischer Änderungen oft nur von kurzer Dauer. In der aquaristischen Fachliteratur kann man aus technischen Gründen dieser Entwicklung nicht immer folgen. Wir berücksichtigen sie erst dann, wenn die neuen Ansichten sich in der aquaristischen Praxis bewährt haben und sie aller Voraussicht nach als gesichert anzusehen sind.

Haltung	Zucht	Futter	Seite/Abb.
Bgr. IV/V. Pgr. 12. Dekoration mit Moorkienwurzeln, dunkler Bodengrund. 23–28 °C	Noch nicht gezüchtet	Bodenfutter, Tubifex, rote Mückenlarven, Algen, Blattsalat, Trockenfutter	III/4
Bgr. V. Pgr. 7. Stellenweise Pflanzenbüsche, aber auch viel Raum zum Ausschwimmen. 22–25 °C. Liebt weiches, klares und sauerstoffreiches Wasser. Becken gut abdecken!	Z 2b. Zucht schwierig, bisher nur vereinzelt geglückt	Lebend- und Trockenfutter, kräftige Nahrung: Insekten!	202/4
Bgr. IV/V. Pgr. 12, möglichst bandförmige Pflanzen oder Schwertpflanzen. 22–28 °C, am besten um 24 °C	Noch nicht gezüchtet	Bodenfutter, Tubifex, rote Mückenlarven, Algen, Blattsalat, Trockenfutter	III/3
Bgr. III. Pgr. 7, stellenweise Pflanzenbüsche, aber auch viel Platz zum Ausschwimmen. MT 15 °C, dann aber blaß, sonst 18–23 °C	Z 1. Oberflächenlaicher. Ansatz im kleinen Schwarm oder 1/2. 23–26 °C. Starke Laichfresser. Zuchttiere so bald als möglich entfernen. 300–400 Eier. Junge nach 24–30 Stunden, schwimmen nach 5 Tagen frei. Mit Lebend- und Trockenfutter leicht aufzuziehen, schnellwüchsig	Lebend- und Trockenfutter	I/1
Bgr. V. Pgr. 7. Stellenweise Pflanzenbüsche, aber auch viel Raum zum Ausschwimmen. 22–25 °C. Liebt weiches, klares und sauerstoffreiches Wasser. Becken gut abdecken!	Z 2b. Zucht schwierig, bisher nur vereinzelt geglückt	Lebend- und Trockenfutter, kräftige Nahrung: Insekten!	202/2

Nr.	Wissenschaftlicher Name	Deutscher Name	Heimat	Größe cm	Charakter	Geschlechtsunterschiede
6	*Astyanax mexicanus* (früher *Anoptichthys jordani*	Blinder Höhlensalmler	Höhlengebiet in Zentralmexiko	3—8	Friedlicher, immer beweglicher Fisch. Trotz Blindheit schwimmgewandt	♂ schlanker ♀ voller und etwas größer
7	*Carnegiella marthae*	Zwerg-Beilbauch	Oberer, peruanischer Amazonas, Orinoco-Gebiet	3,5	Friedlicher, relativ gut ausdauernder Oberflächenfisch, Springer!	♂ von oben gesehen schlanker, laichreifes ♀ deutlich voller
8	*C. strigata*	Gestreifter Beilbauch	Amazonasgebiet und nördl. Südamerika		Friedlicher, im Aquarium gut ausdauernder Oberflächenfisch. Springer!	♂ von oben gesehen schlanker, laichreifes ♀ deutlich voller
9	*Chilodus punctatus*	Punktierter Kopfsteher	Nördl. Südamerika	8	Friedlicher und relativ ruhiger Fisch, typischer Kopfsteher	♂ etwas schlanker, ♀ während der Laichperiode deutlich voller
10	*Copeina guttata*	Forellensalmler	Mittlerer Amazonas, im offenen Wasser	bis 12	Friedlicher, sehr lebhafter Schwarmfisch. Springt gern	Flossen beim ♂ lebhafter rot, ♀ mit schwarzem Fleck in der Rückenflosse

Haltung	Zucht	Futter	Seite/Abb.
Bgr. III/IV. Dekoration mit Steinen und Wurzeln, keine Bepflanzung. Dämmerlicht. Durchlüftung und kräftiger Filter. 18–24 °C. Keine Wasseransprüche	Zucht nicht schwer, Ablaichen in Oberflächennähe. Vorratsbefruchtung (?). Junge schlüpfen nach 3–4 Tagen und schwimmen nach weiteren 6 Tagen frei. Mit Artemia und Trockenfutter leicht aufzuziehen; schnellwüchsig	Lebend- und Trockenfutter. Fressen gern vom Boden	202/1
Bgr. III. Pgr. 7. Genügend Schwimmraum, aber auch Versteckplätze (Pflanzenbüsche) und vereinzelte Schwimmfarne. Becken möglichst gestreckt, gut abdecken. Genügend Raum zwischen Wasseroberfläche und Deckscheibe lassen. Gedämpftes Licht erwünscht. 24 °C	Zucht wahrscheinlich noch nicht gelungen. Benötigt möglicherweise der Herkunft nach weiches, leicht saueres Wasser (?)	Insekten (stummelflügelige Essigfliegen), schwarze Mückenlarven, auf der Oberfläche treibende Daphnien, Trockenfutter	203/8
Wie bei C. marthae	Zucht erst einmal gelungen. Laichakt wie bei anderen frei laichenden Salmlern (Z 1), unter der Oberfläche. Die Jungen schlüpfen bei 26 °C nach 36 Stunden und schwimmen nach 5 Tagen frei	Wie bei C. marthae	204/3
Bgr. IV. Pgr. 12, möglichst hochstrebende Pflanzen, stellenweise dicht stehend. 24 °C	Zucht hier und da gelungen. Ansatz in größeren Becken. Wasser bis 10 °dH. 25 °C. Torffilterung, Wasser klar und sauber, gedämpftes Licht. Ablaichen in Wurzelgeflecht oder feinfiedrigen Pflanzen, entweder in Bodennähe oder unter der Wasseroberfläche. Die Jungen schlüpfen nach 36 Stunden und schwimmen nach weiteren 4 Tagen frei. Sie nehmen sofort die typische Kopfsteherhaltung ein. Aufzucht mit Artemia nicht schwierig. Schnellwüchsig	Bodenfutter, Tubifex, rote Mückenlarven, Pflanzenkost, Trockenfutter	III/1 *
Bgr. IV/V. Pgr. 7, stellenweise dichte Pflanzenbüsche, aber auch viel Raum zum Ausschwimmen. Keine speziellen Wasseransprüche. 23–25 °C. Becken gut abdecken, da geschickte Springer, die auch die kleinste Lücke zu finden wissen	Bgr. V. Ansatz 1/1. Ablaichen in feinem Sand (Grubenbau) oder auf einem glatten Stein. 1 000 und mehr stark klebrige Eier. Das Gelege wird vom ♂ bewacht, ♀ entfernen. Aufzucht wie bei Z 1 angegeben. 24–25 °C	Kräftiges Lebend- und Trockenfutter	I/19

Nr.	Wissenschaftlicher Name	Deutscher Name	Heimat	Größe cm	Charakter	Geschlechtsunterschiede
11	*Copella arnoldi*	Spritzsalmler	Unterer Amazonas, Rio Para. In pflanzenreichen Seitengewässern	♂ 8 ♀ 6	Lebhaft, verträglich. Springt gern.	♂ größer und lebhafter gefärbt. Flossen größer und lang ausgezogen
12	*Corynopoma riisei*	Zwergdrachenflosser	Venezuela, Trinidad Kolumbien. In Seen und Teichen	♂ 7 ♀ 5,5	Sehr lebhafter und geselliger Fisch. Bewegt sich gern im offenen Wasser	♂ besitzt löffelartige Verlängerungen der Kiemendeckel, seine Flossen sind wesentlich größer
13	*Ctenobrycon spilurus*	Silbersalmler, Talerfisch	Nördliches Südamerika. In küstennahen Süßgewässern	8	Friedlich und lebhaft. Kleineren Fischen gegenüber oft etwas aggressiv, aber gut für Gesellschaft gleichgroßer, lebhafter Fische. Vergreift sich gelegentlich an den Wasserpflanzen	♂ kleiner und schlanker, roter Schein in der Afterflosse
14	*Gasteropelecus sternicla*	Beilfisch	Guayana und Amazonasgebiet	6	Friedlicher und lebhafter Schwarm- und Oberflächenfisch	♂ von oben gesehen schmaler, vielleicht auch etwas gestreckter
15	*Gymnocorymbus ternetzi*	Trauermantelsalmler	Paraguay, nördl. La Plata-Gebiet	6	Lebhaft, verträglich, gut für Gesellschaft geeignet	♂ kleiner und schlanker, weiße Spitzen der Schwanzflosse intensiver
16	*Hemigrammus erythrozonus*	Glühlichtsalmler	Nordöstl. Südamerika (in Gewässern der Waldgebiete)	4	Lebendig und friedlich, gut für Gesellschaft anderer Waldfische geeignet	♂ schlanker

Haltung	Zucht	Futter	Seite/Abb.
Bgr. III/IV. Pgr. 7, stellenweise dicht bepflanzt. Oberfläche stellenweise mit Schwimmpflanzen abdecken. MT 18 °C, sonst 22–25 °C	Zucht nicht schwierig. Laicht auch im Gesellschaftsaquarium bzw. im voll eingerichteten Normalaquarium. Kann aber auch im Vollglasbecken zur Zucht angesetzt werden. Ansatz 1/1. Springen zum Ablaichen aus dem Wasser und heften die Eier an die Deckscheibe, an ein Pflanzenblatt o. ä. an. Abstand zwischen Wasseroberfläche und Deckscheibe 6–8 cm. Die 50–200 Eier werden vom ♂ in regelmäßigen Abständen durch Schläge mit der Schwanzflosse mit Wasser bespritzt. Aufzucht der nach dem Schlüpfen ins Wasser rutschenden Jungen nicht schwierig, wie unter Z 1 angegeben. 24–26 °C	Lebend- und Trockenfutter	I/12 *
Bgr. III. Pgr. 7, dichte Bepflanzung, aber auch reichlich Platz zum Ausschwimmen. Liebt klares, sauberes Wasser und helles Licht. MT 15 °C, sonst 22–26 °C	Z 3. ♀ legt die Eier, die schon befruchtet sind, reihenweise an Pflanzenblättern ab. Die Jungen kommen nach 24–36 Stunden aus. Aufzucht mit Artemia und staubfeinem Trockenfutter leicht. Schnellwüchsig. Nicht besonders produktiv. 50–100 Jungfische können als ein gutes Ergebnis gelten	Lebend- und Trockenfutter	II/4
Bgr. IV. Pgr. 12, benötigt genügend Platz zum Ausschwimmen. 20–23 °C, kann bis auf 18 °C absinken	Z 1. Bgr. IV–V. 22–26 °C. 1/1. Ablaichen nach schönem Liebesspiel in dichten Büschen feinfiedriger Pflanzen. Bis zum Ablaichen im Ansatz vergehen oft mehrere Tage. Sehr produktiv, 600 bis 2 000 Eier. Aufzucht nicht schwer	Lebend- und Trockenfutter, Pflanzenkost	II/12
Bgr. IV. Pgr. 7. Benötigt viel Schwimmraum. 24–26 °C, MT 20 °C. Liebt etwas mehr Licht wie Carnegiella	Bisher nur einmal im Aquarium gezüchtet. Wie bei Carnegiella	Wie bei C. marthae	
Bgr. II/III. Pgr. 7, stellenweise dichte Pflanzenbüsche als Versteckplätze. 23 bis 25 °C	Z 1. Sehr produktiv, daher Bgr. IV. 25 bis 28 °C. Aufzucht der Jungfische leicht. Halbwüchsige Tiere sind besonders hübsch. Neuerdings ist eine schleierflossige Zuchtform im Handel	Lebend- und Trockenfutter	I/3
Bgr. III. Pgr. 6. Beleuchtung nicht zu hell. Dunkler Bodengrund erhöht die Farbigkeit. 24 °C. Liebt weicheres Wasser, bis 8 °dH	Z 2a. 23 °C. Wasser muß nicht angesäuert werden, auch sind die Eier nicht so lichtempfindlich wie die des Neonsalmlers. 300 Jungfische sind schon ein sehr gutes Ergebnis. Aufzucht nicht schwierig	Lebend- und Trockenfutter	I/16

Nr.	Wissenschaft-licher Name	Deutscher Name	Heimat	Größe cm	Charakter	Geschlechts-unterschiede
17	*H. hyanuary*	Costello-Salmler	Tropisches Südamerika, West-amazonien Hyanuar-See	3,5	Friedlicher Schwarm-fisch, der die mittleren Wasserschichten bevorzugt	♂ schlanker, bleibt beim Herausfangen mit den Afterflossen-häkchen im Netz hängen
18	*H. marginatus*	Bassam- oder Schwarz-schwanz-salmler	Brasilien	5	Lebhafter Schwarm-fisch, ♂ manchmal etwas aggressiv	♂ schlanker, Flossen-spitzen intensiver weiß
19	*H. nanus* (früher *Hase-mania marginata*)	Kupfer-salmler	Ost-brasilien	5	Lebhaft, verträglich und gesellig	♂ schlanker, schön kupferfarben über-haucht
20	*H. ocellifer*	Leucht-flecken-salmler oder Schlußlicht-salmler	Amazonas-gebiet, nördl. Süd-amerika	6	Lebhaft und friedlich, gesellig	♂ etwas kleiner und schlanker
21	*H. pulcher*	Karfunkel-salmler	Amazonas-oberlauf (in Wald-gewässern)	5	Nicht übermäßig lebhaft, friedlicher und geselliger Fisch. Gut für Gesellschaft anderer Waldfische	♂ schlanker, lebhafter gefärbt
22	*H. rhodostomus*	Rotmaul-salmler	Gebiet des unteren Amazonas	6	Lebhafter und fried-licher Schwarmfisch, hält sich in Gesellschaft anderer Fische an die Artgenossen	♂ schlanker
23	*Hyphessobrycon bifasciatus*	Gelber Salmler von Rio	Südöstl. Brasilien	4,5	Lebendiger und ge-selliger Fisch, fried-licher als der Rote von Rio	♂ kleiner und schlan-ker, kräftiger in der Farbe
24	*Hyphessobrycon callistus*	Blutsalmler (fälschlich als »Roter Serpa-salmler« bekannt)	Rio Para-guay (Mato Grosso-Gebiet)	4	Lebendiger und fried-licher, spiellustiger Fisch. Gut für Gesell-schaft geeignet	♂ schlanker und ge-wöhnlich auch kleiner. Weiß in den Flossen intensiver, im allge-meinen etwas farbiger

Einige Unterarten; im ganzen über weite Teile des tropischen Südamerika verbreitet. Eine tiefrot gefärbte Zuchtform ist als H. »minor« im Handel. H. callistus minor ist aber eine bisher kaum eingeführte Unterart.

Haltung	Zucht	Futter	Seite/Abb.
Bgr. II/III. Pgr. 7, stellenweise Pflanzenbüsche, aber auch Raum zum Ausschwimmen. 20–24 °C. Liebt weicheres Wasser	Z 2a. 22–25 °C. Wasser bis 3 °dH. Aufzucht der Jungen nicht schwierig	Lebend- und Trockenfutter	202/5
Bgr. III. Pgr. 7. 22–24 °C	Z 1. 24 °C. Wird nur selten gezüchtet	Lebend- und Trockenfutter	202/12
Bgr. II/III. Pgr. 7. 20–25 °C	Z 2a. Arge Laichräuber. 23–24 °C. Nicht sehr produktiv, 150–200 Jungfische sind schon ein gutes Ergebnis. Anfütterung mit Pantoffeltierchen	Lebend- und Trockenfutter	I/7
Bgr. II/III. Pgr. 6. 23–26 °C, gegen niedrigere Temperaturen nicht sehr empfindlich. Dunkler Untergrund läßt die Leuchtflecken besonders gut hervortreten	Z 1. 25 °C. Keine besonderen Wasseransprüche, aber Wasser immerhin nicht zu hart (bis 12 °dH). Ziemlich produktiv	Lebend- und Trockenfutter	I/9
Bgr. III. Pgr. 6. 24–27 °C. Dunkler Untergrund erhöht die Farbigkeit	Z 2a. 26–28 °C. Zucht nicht ganz leicht. Wasser bis 5 °dH, leicht angesäuert, torfgefiltert. Ziemlich produktiv (400 bis 600 Eier), aber die Aufzucht der Jungen etwas schwierig. Diese benötigen feinstes Futter	Lebend- und Trockenfutter	I/15
Bgr. III. Pgr. 7. 23–36 °C. Liebt weiches, klares und sauberes Wasser	Z 2a. Zucht schwierig siehe auch Petitella georgiae	Lebend- und Trockenfutter	
Wie bei H. flammeus	Z 1. Wie bei H. flammeus. Nicht sehr produktiv	Lebend- und Trockenfutter	203/3
Bgr. II/III. Pgr. 6 oder 7, Pflanzenverstecke, aber auch freier Schwimmraum. Weiches Wasser bis 6 °dH, falls man nicht züchten will, auch mehr. Dunkler Bodengrund. 23–26 °C	Z 2a. 24–26 °C. Gedämpftes Licht. Nur junge Tiere zur Zucht ansetzen. Wasser torfgefiltert, alles peinlich sauber und infusorienfrei. Bgr. II–III	Lebend- und Trockenfutter	I/18

Nr.	Wissenschaftlicher Name	Deutscher Name	Heimat	Größe cm	Charakter	Geschlechtsunterschiede
25	*H. flammeus*	Roter Salmler von Rio	Umgebung von Rio de Janeiro	4	Lebendiger, manchmal etwas angriffslustiger Fisch. Gut für Gesellschaft geeignet	♂ schlanker, farbiger, die schwarzen Säume in After- und Bauchflossen kräftiger
26	*H. georgettae*	Erdbeer- oder Georgetta-Salmler	Nördliches Südamerika (Surinam)	3	Friedlicher und zarter Fisch, nicht für zu bunte Gesellschaft geeignet	♂ lebhafter rot bis bräunlich rot, ♀ in der Laichperiode deutlich voller
27	*H. griemi*	Roter Goldflecksalmler	Brasilien	3–3,5	Friedlicher Fisch, gut für Gesellschaft geeignet	♂ etwas kleiner und intensiver gefärbt
28	*H. herbertaxelrodi*	Schwarzer Neon	Amazonasgebiet	3,5	Friedlicher und geselliger Fisch, gut für Gesellschaft geeignet	♂ schlanker, mit bläulich-weißen Flossenspitzen
29	*H. heterorhabdus*	Dreibandsalmler	Amazonasgebiet und nördl. Südamerika	3,5–4	Lebendiger und friedlicher Schwarmfisch, gut für Gesellschaft geeignet	♂ schlanker
30	*H. ornatus*	Schmucksalmler	Nördliches Südamerika	5–6	Lebendiger und friedlicher Fisch, spiellustig, gut für Gesellschaft geeignet	♂ schlanker und etwas größer, lebhafter gefärbt, Rücken- und Afterflosse größer und spitz ausgezogen
31	*H. pulchripinnis*	Schönflossen oder Zitronensalmler	Brasilien, Paragebiet	4	Lebendiger, friedlicher Fisch	♂ schlanker, in den Laichperioden lebhaft gelb
32	*H. scholzei*	Schwarzbandsalmler	Amazonas (Para-Gebiet)	5	Lebendiger, friedlicher Fisch, gut für Gesellschaft geeignet	♂ schlanker und zierlicher

Haltung	Zucht	Futter	Seite/Abb.
Bgr. II/III. Pgr. 7, Pflanzenverstecke, aber auch Raum zum Ausschwimmen. 20–30°C, vorübergehend auch weniger. Dann sind die Fische aber blaß, ebenso, wenn das Aquarium zu hell beleuchtet ist. Die Wasserhärte spielt keine Rolle; liebt aber sauberes, klares Wasser	Z 1. 23–25°C. Kann ziemlich produktiv sein. Aufzucht der Jungen nicht schwierig	Lebend- und Trockenfutter	I/5
Bgr. II. Pgr. 7, stellenweise Büsche aus feinfiedrigen Pflanzen. Wärmebedürftig; 25–30°C. Liebt weiches Wasser	Z 2a. 28°C. Bgr. III. Boden mit Torfschicht abdecken. Wasser bis 3°dH, torfgefiltert. Ein Busch feingefiederter Pflanzen als Versteck	Lebend- und Trockenfutter	203/5
Bgr. II/III. Pgr. 7. 22–26°C, vorübergehend auch weniger, ist aber dann träge und blaß. Verblaßt auch, wenn das Becken zu hell beleuchtet ist. Bei dunklem Untergrund lebhafter in der Farbe	Z 1. Wie H. flammeus	Lebend- und Trockenfutter	202/14
Bgr. II/III. Pgr. 6. 22–25°C. Benötigt kein übermäßig weiches Wasser. Beleuchtung nicht zu hell, dunkler Bodengrund	Z 2a. 24–26°C. Zucht gilt als etwas schwierig	Lebend- und Trockenfutter	203/4
Bgr. II/III. Pgr. 6/7. Versteckplätze aus Pflanzen, aber auch ausreichend Schwimmraum. Gesamtcharakter des Aquariums nicht zu hell. 23–25°C. Liebt weiches Wasser	Z 2a. Zucht nicht leicht. Wasserhärte um 3°dH, leicht angesäuert (Torffilterung)	Lebend- und Trockenfutter	I/17
Bgr. III. Pgr. 6 oder 7, gut bepflanzen. Schattige Stellen und dunkler Untergrund erhöhen Wohlbefinden. 23–26°C. Wasserhärte spielt nur eine geringe Rolle	Z 2a. 24–26°C. Wasser weich, ist aber auch schon bei Härtegraden bis 10°dH gezüchtet worden. Zucht am besten im alteingerichteten Becken. Die Zuchttiere sollen sich aus einer Anzahl von Tieren zusammenfinden, denn nicht alle harmonieren miteinander. Kann ziemlich produktiv sein. Aufzucht der Jungfische nicht schwierig	Lebend- und Trockenfutter	I/4
Bgr. II/III. Pgr. 7. 22–24°C	Z 2a. Zucht gilt als schwierig. Nicht jedes Paar laicht miteinander ab. 24–26°C. Bis 5°dH. Nicht sehr produktiv. Jungfische empfindlich	Lebend- und Trockenfutter	I/11
Bgr. II/III. Pgr. 7, Pflanzenverstecke, aber auch Raum zum Ausschwimmen. 20–23°C. Die Wasserhärte spielt keine Rolle, liebt aber klares und sauberes Wasser	Z 1. 23–36°C. Ziemlich produktiv. Aufzucht der Jungen nicht schwierig	Lebend- und Trockenfutter	203/6

195

Nr.	Wissenschaft-licher Name	Deutscher Name	Heimat	Größe cm	Charakter	Geschlechts-unterschiede
33	*Lampro-cheirodon axelrodi*	Roter Neon	Tropisch. Südamerika, Gebiet des Rio Negro. Genaue Verbreitungs-gebiete un-bekannt	3,5—4	Friedlicher Schwarm-fisch. Hält sich beson-ders in den mittleren Wasserschichten auf	Geringe Unterschiede. ♂ schlanker, ♀ etwas größer werdend
34	*Metynnis hypsauchen* (früher *M. schreitmuelleri*)	Blanker Scheiben-salmler	Amazonas-gebiet	15	Lebhafte, immer etwas scheue Schwarmfische. Gegenüber anderen Fischen gelegentlich aggressiv	Afterflosse beim ♂ im vorderen Drittel vorge-wölbt, beim ♀ gerade, Afterflosse beim ♂ kräftiger gefärbt
35	*Moenkhausia pittieri*	Brillant-salmler	Venezuela (Valencia-See)	6	Lebhafter und sehr schwimmgewandter Fisch, trotz gelegent-licher Verfolgung ande-rer Beckenbewohner, gut für Gesellschaft geeignet	♂ größer, Flossen stattlicher und teil-weise verlängert
36	*M. sanctae filomenae*	Rotaugen Moenk-hausia	Rio Paraguay	6—7	Nicht allzu lebhafter, friedlicher Schwarm-fisch, der sich gern in den mittleren Wasser-schichten aufhält. Gut für Gesellschaft geeignet	♂ schlanker und kleiner
37	*Nannostomus eques*	Schräg-steher	Guayana, Rio Negro, Mittl. Amazonas	5	Friedlich, gesellig, steif wirkende Schwimmweise. Kann in größeren Becken und im Schwarm recht lebendig sein	♂ lebhafter gefärbt. Rot in der Afterflosse kräftiger. Beide Ge-schlechter bei Tage anders gefärbt als in der Nacht

Nahe verwandt sind N. unifasciatus und eine als N. ocellatus bezeichnete Form

Nr.	Wissenschaft-licher Name	Deutscher Name	Heimat	Größe cm	Charakter	Geschlechts-unterschiede
38	*Nannostomus beckfordi aripirangensis*	Roter Zier-salmler	Amazonas-insel Aripiranga	4	Friedlicher, spiellustiger und munterer Fisch. Am besten mit anderen Ziersalmlern zu pflegen	♂ schlanker, intensiver rot, Bauchflossen mit bläulichem Saum
39	*N. bifasciatus*	Zwei-streifen-Ziersalmler	Surinam-Fluß	6	Wie bei vorstehend	♂ wenig farbiger, Rot in der Schwanz-flosse intensiver, wesentlich gestreckter

Haltung	Zucht	Futter	Seite/Abb.
Bgr. II/III. Pgr. 6. Becken nicht zu stark beleuchten, evtl. mit Schwimmpflanzen Halbschatten schaffen. Kann in Wasser beliebigen Härtegrades gehalten werden, Zuchttiere jedoch nicht über 5 °dH. 22–24 °C.	Z 2a. 24–25 °C. 3 °dH. Zucht etwas schwieriger und weniger produktiv als bei Paracheirodon innesi.	Feines Lebend- und Trockenfutter	202/3
Bgr. V. Pgr. 12, harte Pflanzen, die nicht leicht angefressen werden können, evtl. ganz auf Bepflanzung verzichten. Benötigen viel Schwimmraum, aber auch Versteckplätze zwischen Wurzeln und Steinen. 24–27 °C	Benötigen große Becken, laichen am besten aus dem Schwarm heraus. 25 °C. Wasser nicht zu hart. Die wenigen Eier sind relativ groß, die Jungen schlüpfen nach etwa 4 Tagen und schwimmen nach weiteren 5 Tagen frei. Sie nehmen sofort Artemia. Schnellwüchsig	Lebend- und Trockenfutter, unbedingt Pflanzennahrung	III/7 *
Bgr. III/IV. Pgr. 7, Pflanzenbüsche als Versteckplätze, aber auch viel Raum zum Ausschwimmen. 24 °C	Z 1. Bgr. IV. 24–26 °C. Ablaichen nach heftigem Treiben über den Ablaichpflanzen oder zwischen diesen. Sehr produktiv, bis 400 Eier. Die Jungfische halten sich zunächst versteckt. Empfindlich gegen Temperaturschwankungen	Lebend- und Trockenfutter	II/10
Bgr. III. Pgr. 7, gut bepflanzt, aber auch Raum zum Ausschwimmen. Hält gern Ruhepausen zwischen den Pflanzen ein. 20–26 °C	Z 1. 22–24 °C. Die Jungfische halten sich gern in Bodennähe auf. Sie sollen etwas empfindlich gegen zu starke Beleuchtung sein. Schnellwüchsig, wachsen aber ungleichmäßig	Lebend- und Trockenfutter	202/16
Bgr. III/IV. Pgr. 7, Oberfläche teilweise mit Schwimmfarnen abgedeckt. 23–25 °C	Z 4. Zucht erfordert Sorgfalt. Die Eier werden unter breiteren Wasserpflanzenblättern (Schwertpflanzen!) abgesetzt und fallen gelegentlich zu Boden. Die am Boden liegenden Eier werden kaum beachtet. Die Jungfische kommen nach 24–30 Stunden aus und schwimmen am 5. Tag frei. Sie nehmen sofort Artemia	Kleines Lebend- und Trockenfutter; fressen nicht vom Boden	II/13 *
Bgr. II/III. Pgr. 7. 22–25 °C. Wenn man nicht züchten will, ist die Wasserhärte ohne Belang. Dunkler Bodengrund, Torffilterung, Gesamtcharakter des Aquariums nicht zu hell	Z 4. Zucht relativ leicht. Klares, sauberes Wasser bis 12 °dH. 23–25 °C. Bis 200 Jungfische	Kleines Lebend- und Trockenfutter	II/7
Wie bei N. b. aripirangensis	Z 4. Starke Laichfresser. Wasser bis 8 °dH. 23–25 °C. Nicht sehr produktiv	Lebend- und Trockenfutter	203/10

Nr.	Wissenschaft-licher Name	Deutscher Name	Heimat	Größe cm	Charakter	Geschlechts-unterschiede
40	*N. marginatus*	Ziersalmler	Guayana, Amazonas-gebiet	3,5	Wie bei vorstehend	Manchmal schwer zu unterscheiden. ♂ etwas schlanker, Rot in den Flossen intensiver
41	*N. trifasciatus*	Dreiband-Ziersalmler	Guayana, Rio Negro, Amazonas-gebiet	6	Wie bei vorstehend	♂ schlanker, rote Fleckenreihe im Gold-band längs der Seiten
42	*Nematobrycon palmeri*	Kaiser-salmler	Kolumbien	5,5	♂ untereinander streit-bar, sonst für Gesell-schaftsbecken sehr gut geeignet	♂ mit verlängerten Strahlen der Rücken- und Schwanzflosse, Afterflosse markanter gerandet
43	*Neolebias ansorgei*	Breitband-salmler	Westafrika	4	Friedlicher, aber etwas scheuer und empfind-licher Fisch. Wird am besten paarweise ge-halten	♂ schlanker und leb-hafter gefärbt
44	*Paracheirodon innesi*	Neon-salmler	Amazonas-Oberlauf (in stark be-schatteten Wald-gewässern)	3,5	Lebendige und fried-liche Schwarmfische, die sich gern in Boden-nähe aufhalten. Gut für Gesellschaft geeignet	♂ schlanker
45	*Petitella georgiae*	Rotkopf-salmler	Peru, Rio Huallaga	6	Lebhafter friedlicher Schwarmfisch	♂ schlanker und inten-siver gefärbt
46	*Phago loricatus*	Panzer-schnabel-salmler	Nigergebiet	15	Eigenartiger, hecht-förmiger Raubfisch	Unbekannt

Haltung	Zucht	Futter	Seite/Abb.
Wie bei N. b. aripirangensis	Z 4. 24 °C. Wasser bis 8 °dH. Starke Laichfresser. Nicht produktiv. 40 Jungfische können schon als ein gutes Zuchtergebnis gelten. Wachsen langsam	Lebend- und Trockenfutter	II/6
Wie bei N. b. aripirangensis	Z 4. Wie bei N. marginatus, aber viel produktiver. Doch gelingt die Zucht nur sporadisch	Lebend- und Trockenfutter	II/8
Wie Hemigrammus-Arten	Wie Nannostomus-Arten. Nicht sehr produktiv	Lebend- und Trockenfutter	
Bgr. II/III. Pgr. 7, dichte Büsche feinfiedriger Pflanzen. 24—26 °C. Wasser nicht zu hart, klar und sauber	Z 2a. Wasserhärte bis 10 °dH. 26 °C. Ansatz im Vollglasbecken mit Sandgrund und murmelgroßen Kieseln. Gedämpftes Licht. Laichen mehrere Tage hintereinander, insgesamt um 200 Eier. Die Jungen schlüpfen nach 36—40 Stunden und schwimmen am 5. Tag frei. Anfütterung mit Pantoffeltierchen, nach einigen Tagen wird dann Artemia genommen. Die Jungen sind sehr klein und halten sich in Bodennähe auf	Kleines Lebendfutter. Trockenfutter wird anscheinend nicht so gern genommen	204/6 *
Bgr. II/III. Pgr. 6 oder 7. Becken nicht zu hell, im Gesamtcharakter eher etwas düster. Dunkler Unter- und Hintergrund. Torffilterung. 20—23 °C	Z 2a. 21—22 °C. Wasserhärte bis 5 °dH, besser aber weniger. Zucht nicht ganz einfach. Nur junge, eben fortpflanzungsfähig gewordene Tiere zur Zucht ansetzen. Laich lichtempfindlich. Erst nach 5 oder 6 Tagen, wenn die Jungen frei schwimmen, normale Beleuchtung	Lebend- und Trockenfutter	I/8 *
Wie Hemmigrammus rhodostomus, mit dem die Art stets verwechselt wird. Oft auch unter diesem Namen angeboten	Z 2a. Schwierig, doch gelegentlich gelungen. Wahrscheinlich betreffen alle gelungenen Zuchten P. georgiae. Schwarmansatz besser als Paare. Weiches Wasser (bis 5 °C). pH um 7	Lebend- und Trockenfutter	I/13
Bgr. IV. Pgr. 7. Versteckplätze aus Wurzeln, Pflanzen und Steinen. 25 °C	Fortpflanzung unbekannt. In der freien Natur soll der Fisch fast ausschließlich von den kräftigen Flossen größerer Friedfische leben, aus denen er Stücke im plötzlichen Angriff herausbeißt	Kräftiges Lebendfutter, größere Insektenlarven, kleine Fische	204/7

Nr.	Wissenschaft-licher Name	Deutscher Name	Heimat	Größe cm	Charakter	Geschlechts-unterschiede
47	*Phenaco-grammus interruptus*	Kongo-salmler	Kongo-gebiet	♂ 8 ♀ 6	Lebhafter und fried-licher Schwarmfisch, gut für Gesellschaft größerer Salmler ge-eignet	♂ größer, lebhafter gefärbt, Flossen größer und teilweise ver-längert
48	*Pristella riddlei*	Sternfleck-salmler	Amazonas, Guayana, Venezuela	4	Lebendiger, friedlicher Fisch, gut für Gesell-schaft geeignet	♂ kleiner und schlan-ker, Rot der Schwanz-flosse
49	*Pygocentrus piraya*	Piraya Piranha	Über das tropische Südamerika weit ver-breitet	15 und mehr	Raubfisch mit kräf-tigem, gefährlichem Gebiß. Geeignet für große Schauaquarien	♂ mit zunehmendem Alter schwärzlich, ♀ rötlich bis kräftig rot
50	*Thayeria boehlkei*	Schräg- oder Schwanz-streifen-salmler	Amazonas-gebiet	6–7	Friedlicher, in Gesell-schaft lebhafter, allein gehalten aber etwas scheuer Fisch. Wird auch in Gesellschaft am besten in artgleichen Trupps gehalten	♂ schlanker, ♀ vor allem in den Laich-perioden deutlich voller

Haltung	Zucht	Futter	Seite/Abb.
Bgr. IV/V. Pgr. 7. Benötigt viel Raum zum Ausschwimmen, zieht sich aber auch gern zwischen die Pflanzenbestände zur Ruhe zurück. 23–25 °C. Wasser nicht zu hart, torfgefiltert	Z 2b. Bgr. V. 23–25 °C, Temperatur keinesfalls höher. Produktiv, bis 500 relativ große Eier. Aufzucht der Jungen nicht schwierig	Lebend- und Trockenfutter, zur Zucht Insekten und ihre Larven. Frißt gern von der Oberfläche	203/12 *
Bgr. III. Pgr. 7, stellenweise dichte Bepflanzung. Benötigt aber auch reichlich Raum zum Ausschwimmen. 23–24 °C	Z 1. 24 °C. Die Jungen sind sehr klein. Anfütterung mit Pantoffel- und Rädertierchen, später Fütterung mit feinem Lebend- und Trockenfutter	Lebend- und Trockenfutter	I/10
Bgr. VI. Pgr. 7, nur derbe und kräftige Pflanzen. 22–26 °C. Für das Zimmeraquarium nur in kleineren Exemplaren geeignet. Bei eingewöhnten Tieren Vorsicht bei der Fütterung!	Im Zimmeraquarium kaum züchtbar, in mehreren Schauinstituten erfolgreich vermehrt	Fleisch, Fische	203/2 *
Bgr. III/IV. Pgr. 7. Versteckplätze aus Pflanzenbüschen, aber auch genügend Raum zum Ausschwimmen. Teilweise Halbschatten durch Schwimmpflanzen. Möglichst nicht zu hartes Wasser (bis 10 °dH)	Z 2a. Bgr. IV. 25–27 °C. Frisches, möglichst weiches Wasser. Zahl der Eier sehr groß. Die Jungen schlüpfen nach 12 bis 15 Stunden und schwimmen nach 4 Tagen frei. Entweder sehr große Aufzuchtbecken verwenden oder auf mehrere Aquarien verteilen. Anfütterung mit Pantoffel- und Rädertierchen, doch wird auch bald Artemia genommen. Die Jungfische sind lichtscheu	Lebend- und Trockenfutter	II/9

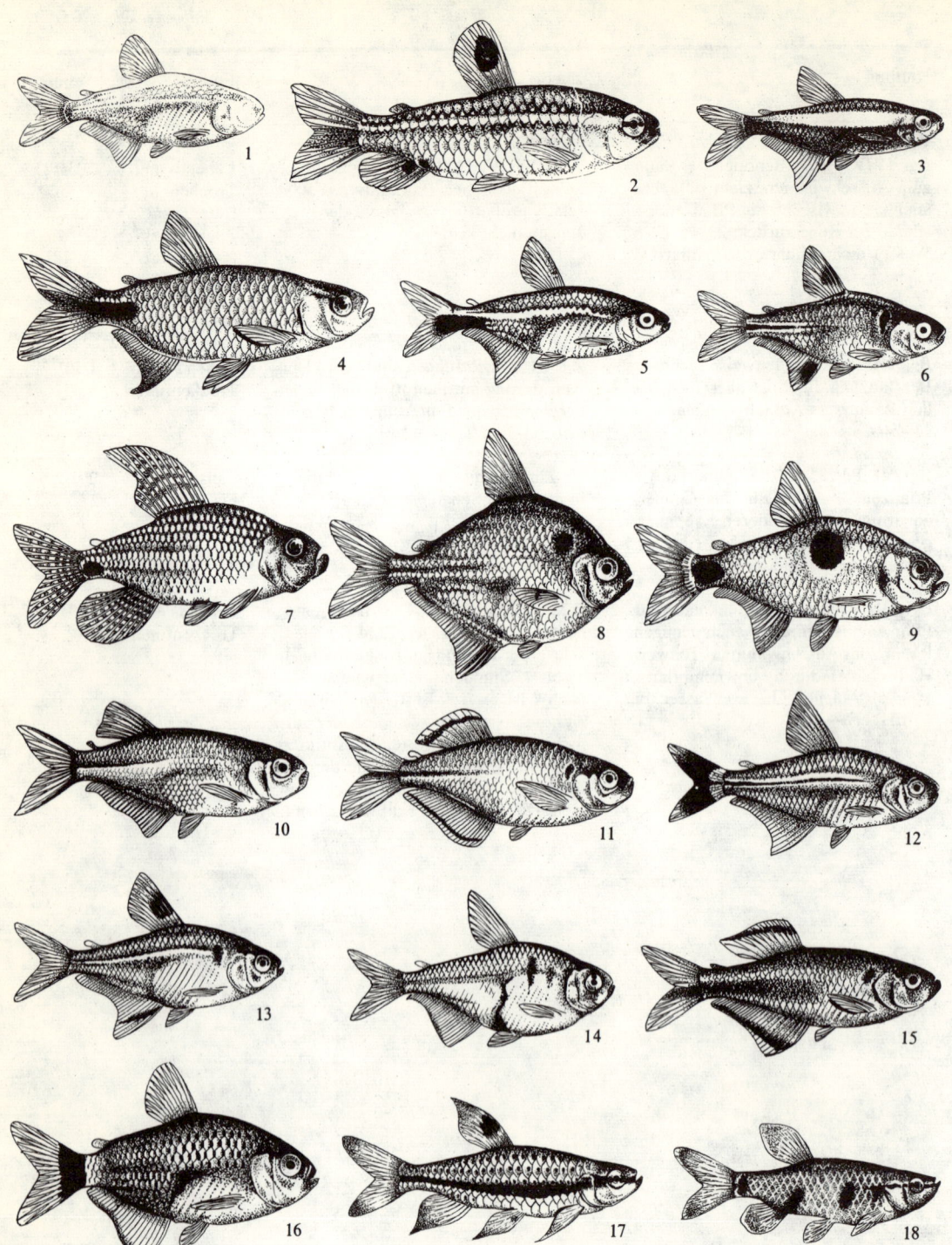

1 *Anoptichthys jordani (Astyanax mexicanus)*, Blinder Höhlensalmler (6) **2** *Arnoldichthys spilopterus*, Afrikanischer Großschuppensalmler (5)
3 *Lamprocheirodon axelrodi*, Roter Neonsalmler (33) **4** *Alestes longipinnis*, Langflossensalmler (2) **5** *Hemigrammus hyanuary*, Costello-Salmler
(17) **6** *Creagrutus beni*, Goldbandsalmler (–) **7** *Crenuchus spilurus*, Fahnenflossensalmler (–) **8** *Poptella orbicularis*, Diskussalmler (–) **9** *Exodon
paradoxus*, Zweitupfensalmler (–) **10** *Gephyrocharax atracaudatus*, Sichelflecksalmler (–) **11** *Glandulocauda inaequalis*, Quakender Salmler (–)
12 *Hemigrammus marginatus*, Bassamsalmler (18) **13** *Hemigrammus unilineatus*, Schwanzstrichsalmler (–) **14** *Hyphessobrycon griemi*, Goldfleck-
salmler (27) **15** *Mimagoniates microlepis*, Kleinschuppensalmler (–) **16** *Moenkhausia sanctae filomenae*, Rotaugen-Moenkhausia (36) **17** *Copella
metae*, Rottupfensalmler (–) **18** *Pyrrhulina vittata* (–) Kopfbindensalmler

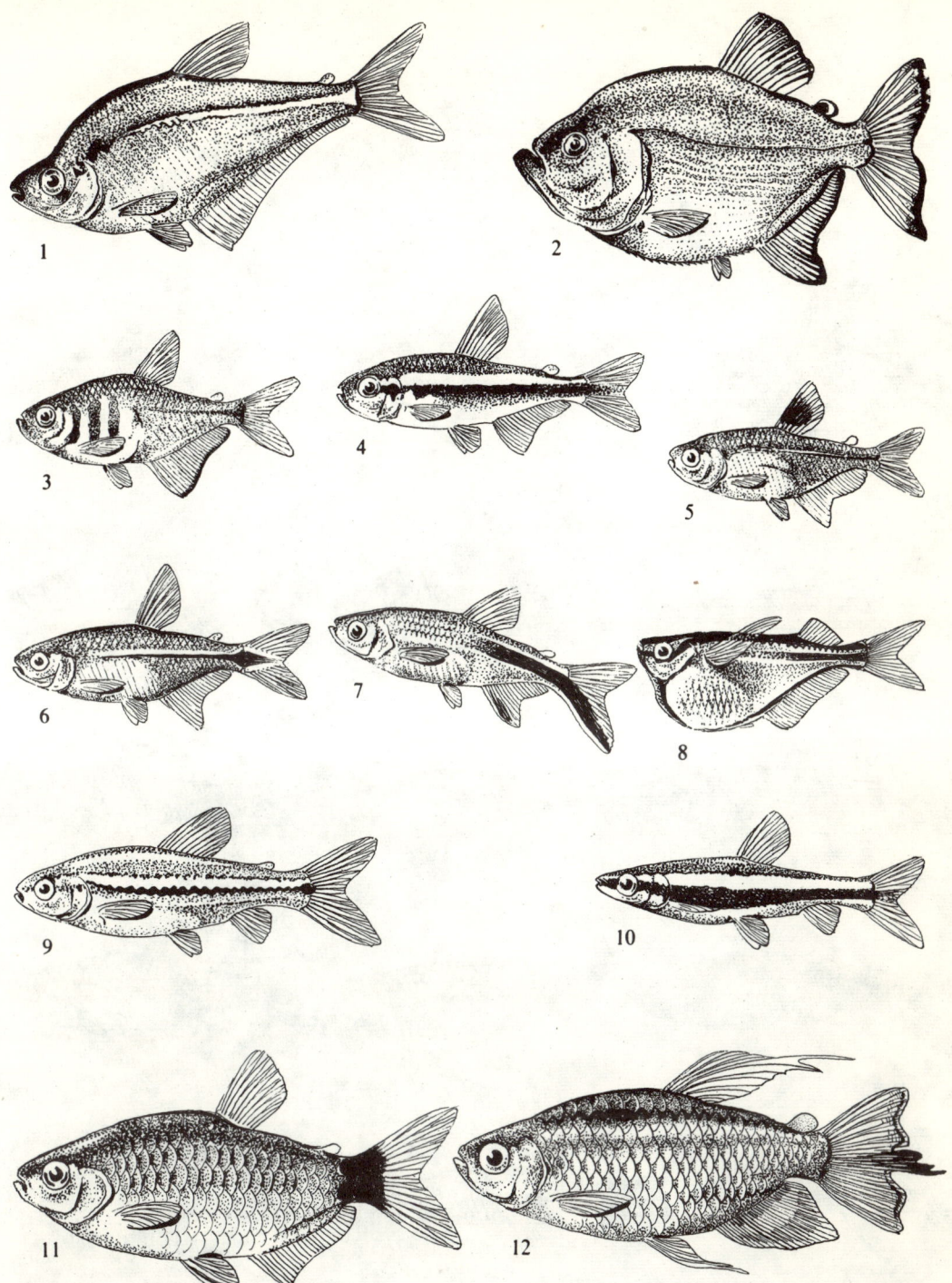

1 *Charax gibbosus*, Buckelsalmler (−)   2 *Pygocentrus piraya*, Piranha (49)   3 *Hyphessobrycon bifasciatus*, Gelber von Rio (23)   4 *Hyphessobrycon herbertaxelrodi*, Schwarzer Neon (28)   5 *Hyphessobrycon georgettae*, Erdbeersalmler (26)   6 *Hyphessobrycon scholzei*, Schwarzbandsalmler (32)   7 *Thayeria sanctae*, Kurzbinden-Schrägschwimmer (−)   8 *Carnegiella marthae*, Zwergbeilbauchsalmler (7)   9 *Nannaethiops tritaeniatus*, Afrikanischer Dreistreifensalmler (−)   10 *Nannostomus bifasciatus*, Zweistreifen-Ziersalmler (39)   11 *Moenkhausia oligolepis*, Schwanztupfensalmler (−)   12 *Phenacogrammus interruptus*, Kongosalmler (47)

1 *Roeboides guatemalensis*, Glassalmler (–) **2** *Curimatopsis saladensis*, Grünbandsalmler (–) **3** *Carnegiella strigata*, Gestreifter Beilbauch (8)
4 *Characidium rachovi*, Rachows Grundsalmler (–) **5** *Nannaethiops unitaeniatus*, Afrikanischer Einstreifensalmler (–) **6** *Neolebias ansorgei*,
Breitbandsalmler (43) **7** *Phago loricatus*, Panzerschnabelsalmler (46) **8** *Barbus arulius*, Aruliusbarbe (51) **9** *Barbus filamentosus*, Schwarzfleck-
barbe (54) **10** *Barilius christyi*, Goldmäulchen (–) **11** *Brachydanio kerri*, Inseldanio (70) **12** *Gyrinocheilus aymonieri*, Saugschmerle (77) **13** *La-
beo bicolor*, Feuerschwanz (78) **14** *Laubuca laubuca*, Indischer Sichling (–) **15** *Rasbora trilineata*, Glasrasbora (81) **16** *Rasbora urophthalma*,
Schwanzfleckbärbling (82) **17** *Roloffia calabarica*, Calabar-Prachtkärpfling (133) **18** *Cynopoecilus ladigesi*, Schönflossenfächerfisch (110)

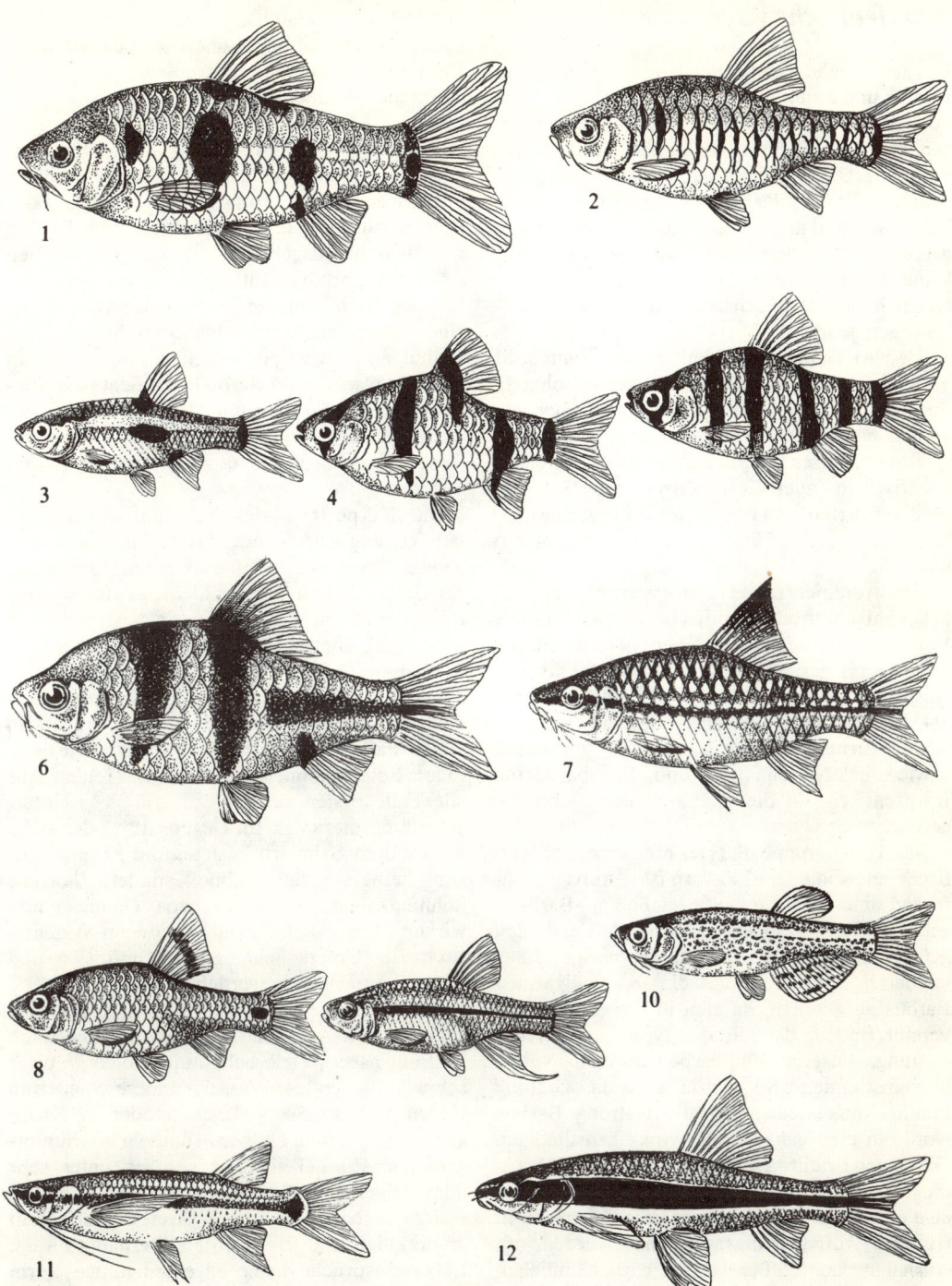

1 *Barbus dunckeri*, Dunckers Barbe (–) 2 *Barbus fasciolatus*, Bandbarbe (–) 3 *Barbus gelius*, Gelibarbe (55) 4 *Barbus partipentazona*, Teil-
gürtelbarbe (–) 5 *Barbus hexazona*, Sechsgürtelbarbe (–) 6 *Barbus lateristriga*, Schwanzbandbarbe (57) 7 *Barbus holotaenia*, Vollstreifen-
barbe (–) 8 *Barbus vittatus*, Streifenbarbe (–) 9 *Barbus wöhlerti*, Zwergsichelbarbe (–) 10 *Brachydanio frankei*, Perldanio (69) 11 *Esomus
danrica*, Flugbarbe (76) 12 *Epalzeorhynchus siamensis*, Rüsselbarbe (75)

Karpfenfische (Cyprinidae)

Die artenreiche Familie der Karpfenfische ist in Europa und Asien sehr zahlreich, mit einer Reihe von Arten, die verschiedenen Gattungen angehören, aber auch in Afrika und Nordamerika vertreten. Dagegen fehlt sie in Südamerika gänzlich, wo die Salmler ihre Stelle einnehmen. In Australien und auf den zum australischen Raum gehörenden Inselgruppen finden sich ebenfalls keine Karpfenfische. Hier sind sie vereinzelt lediglich aus wirtschaftlichen Gründen eingebürgert worden.

Die wirtschaftliche Bedeutung der Familie ist groß. Sehr viele Karpfenfische sind geschätzte Speisefische. Vereinzelte Arten werden deshalb künstlich gezüchtet und sind fast zu Haustieren geworden. Unser Karpfen z. B. ist kaum noch als Wildfisch in freien Gewässern anzutreffen. Die größeren Arten sind natürlich für die Aquariumhaltung nur bedingt und in jüngeren Exemplaren tauglich.

Den Aquarienfreund interessieren verständlicherweise nur die Kleinfische aus der Familie. Vor allem in Südostasien leben viele Arten, die wegen ihrer geringen Größe, schönen·Färbung, Anspruchslosigkeit und leichten Züchtbarkeit für das Zimmeraquarium hervorragend geeignet sind. In geringerer Zahl sind aber auch aus Afrika sowie aus Nordamerika und Europa kleine Karpfenfische in die Aquarien der Liebhaber gelangt.

Die Hauptgruppe der karpfenartigen Kleinfische aus südlichen Ländern ist dem Aquarienfreund unter der Sammelbezeichnung »Barben« geläufig. Es hat indessen nicht an Versuchen gefehlt, die bis in den Beginn des vorigen Jahrhunderts zurückreichen, die Sammelgattung Barbus aufzuteilen, da sich in ihr viele Fische vereint finden, die mit der typischen Art der Gattung, unserer Flußbarbe, durchaus nicht übereinstimmen. So wurde u. a. die Gattung Puntius aufgestellt, oder die Gattung Barbus wurde in eine ganze Reihe von eigenständigen Gattungen geteilt. An Vorschlägen fehlt es bis in die jüngste Zeit nicht. Leider hat keine von ihnen eine endgültige Lösung dieser Frage gebracht. In früheren Auflagen dieses Buches wurden, mit Ausnahme der Flußbarbe, die barbenähnlichen Fische unter dem Gattungsnamen Puntius aufgeführt. Mit Rücksicht auf die weiter bestehenden Unklarheiten schloß sich der Verfasser in späteren Auflagen der Gepflogenheit mancher anderer Autoren an, den an sich ebenfalls nicht stichhaltigen Gattungsnamen Barbus für diese Fische weiter zu verwenden. Selbstverständlich bleibt hierbei jederzeit die Möglichkeit bestehen, bei einer künftigen und hoffentlich endgültigen Klärung eine entsprechende Korrektur vorzunehmen. Auch bleibt dem Leser natürlich überlassen, die Gattungsnamen Barbus oder Puntius zu verwenden. Dabei hat sich die Gewohnheit herausgebildet, die südostasiatischen Arten der Gattung Puntius, die afrikanischen der Gattung Barbus zuzuteilen. Von der Anwendung einer neuerdings vorgeschlagenen, älteren Vorstellungen folgenden Aufgliederung (z. B. in Puntius, Capëta und Barbodes) möchte der Verfasser vorläufig abraten. Es würde die bestehende Verwirrung noch vermehren, wenn diese Vorschläge keine Anerkennung finden könnten.

Die Körperform der Karpfenfische ist gestreckt, länglichrund oder breit oval. Das Schuppenkleid besteht aus Rundschuppen verschiedener Größe. Bei einigen der kleinen Arten sind sie relativ groß. Die Flossen sind in der Regel nicht vergrößert. Hiervon bilden nur wenige Arten eine Ausnahme. Gelegentlich sind die Flossenstrahlen über den Rand hinaus verlängert. Der Mund kann ausstülpbar sein, die Kieferränder tragen in vielen Fällen ein oder mehrere Paare von Bartfäden. Solche können aber auch ganz fehlen. Auf alle Fälle bilden sie kein zuverlässiges Unterscheidungsmerkmal. Im Gegensatz zu den nahe verwandten Salmlern besitzen die Karpfenartigen keine echten Zähne, sondern hornige Schlundzähne, die gegen eine Gaumenplatte wirken. Diese Schlundzähne können systematisch zur Unterscheidung der Gattungen und Arten herangezogen werden.

Karpfenfische leben in Gewässern der verschiedensten Art, allerdings fast ausschließlich im Süßwasser. Viele lieben mehr oder weniger schnell fließendes Wasser, andere wiederum finden sich in Seen, Teichen oder in Kleingewässern, z. B. in Gräben, Tümpeln und Sumpfgebieten. Zum Teil vermögen sie unter sehr ungünstigen Umständen auszudauern, während andere in bezug auf die Wasserbeschaffenheit empfindlich sind. Es läßt sich überhaupt für die Lebensansprüche keine allgemeingültige Norm aufstellen, was bei der weiten Verbreitung der Familie durchaus verständlich ist. Manche halten sich vornehmlich unter der Oberfläche auf, manche im freien, offenen Wasser, andere in der

Nähe des Grundes oder in den pflanzenbestandenen Gewässerzonen. Viele Karpfenfische leben in der Nähe des Grundes, den sie auf der Suche nach Nahrung mit den Barteln oder den geschmacksempfindlichen Lippen abtasten oder aufwühlen. Auf diese Eigenart muß bei der Einrichtung des Aquariums Rücksicht genommen werden. Durch das »Gründeln« können bei ungeeigneter Einrichtung erhebliche Wassertrübungen entstehen. Es empfiehlt sich, auf das Abdecken des Bodengrundes mit einer sauber gewaschenen Kiesdeckschicht besonderen Wert zu legen, damit die Fische beim Gründeln nicht an die lehmhaltigen Schichten geraten können. Eine Mulmschicht kann künstlich durch ausgekochten und ausgedrückten Torf nachgeahmt werden. Das hat den Vorteil, daß die Fische ihrem natürlichen Bedürfnis nachgeben können, ohne daß es zu Trübungen kommt. Außerdem erhöht die dunkle Torfschicht in der Regel die Farbigkeit der Fische. Bachbewohner lieben mehr einen sandigen oder steinigen Untergrund.

Mit gründelnden Arten besetzte Aquarien soll man keinesfalls mit feinfiedrigen Gewächsen bepflanzen, z. B. mit Cabomba, Limnophila oder Myriophyllum. Die aufgewirbelten Mulmteilchen setzen sich in den Blattfiedern fest und ersticken die Pflanzen. Einige Cypriniden benötigen Pflanzenkost und gehen demzufolge an die Blätter, vor allem aber an die Spitzentriebe der Unterwasserpflanzen. In solchen Fällen wähle man besonders derbblättrige Pflanzen aus.

Da die Karpfenartigen meistens muntere Fische sind, die in Trupps oder in Schwärmen leben, sollte nicht zu dicht bepflanzt werden. Langgestreckte Becken, in denen ein genügend großer Raum zum Ausschwimmen frei bleibt, sind insbesondere für die schlanken und sehr beweglichen Formen am besten geeignet. Bei Oberflächenarten soll der Raum unter dem Wasserspiegel frei bleiben. Schwimmpflanzen sind entweder ganz wegzulassen oder sollen so knapp gehalten werden, daß sie lediglich die Ecken bedecken und hier von den Fischen als gelegentliche Versteckplätze benutzt werden können. Dieser Ratschlag kann allerdings nicht als Norm für alle Arten gelten. Es gibt unter den hier interessierenden kleinen Karpfenfischen auch viele Arten, die einen reicheren Pflanzenwuchs lieben, so daß sie sich zur Ruhe zwischen die Pflanzen zurückziehen können. In allen Fällen sollten die Lebensansprüche jeder einzelnen Art auch in dieser Hinsicht geprüft werden.

Das gilt gleichfalls für alle anderen Pflegebedingungen. Im allgemeinen kann man sagen, daß die Karpfenfische anspruchslose Aquariumbewohner sind. Übersteigerte Ansprüche an die chemische Zusammensetzung des Wassers stellen nur wenige Arten. Diese besonders dann, wenn man sie züchten will. Im allgemeinen kann man Cypriniden aber in dem Wasser, wie es aus der Leitung kommt, sowohl bei bester Gesundheit am Leben erhalten als auch züchten. Die Nahrungsansprüche sind in keinem Fall unerfüllbar. Es wird Lebend- und Trockenfutter jeder Art genommen, zusätzlich auch weiche Pflanzenteile, Algen und sogar organische Abfälle (Detritus). Die Ansprüche an die Wassertemperatur ergeben sich aus der Herkunft. In jedem Falle finden sich in den Tabellen weitere Angaben.

Die Zucht ist im allgemeinen einfach. Die meisten Arten sind Freilaicher, die ihre Geschlechtsprodukte nach heftigem Treiben im freien Wasser oder zwischen Wasserpflanzen absetzen. Seltener werden die Eier an Wasserpflanzenblätter angeheftet. Brutpflege ist kaum anzutreffen, wenn man von dem in Europa beheimateten Bitterling und dem Moderlieschen absieht. Einige Karpfenfische neigen zu Kreuzungen, die auch in der freien Natur vorkommen, sowie zu Abweichungen in Form und Farbe.

Zur Zucht im Ansatz (in den Tabellen mit Z bezeichnet) folgen nachstehend einige allgemeine Angaben.

Z 5: Freilaichende oder haftlaichende Cypriniden ohne besondere Wasseransprüche

Die Zucht ist im allgemeinen nicht schwierig. Den Paarungen geht ein manchmal stundenlanges heftiges Treiben voraus, dem einige Scheinpaarungen folgen können. Bei den echten Paarungen schmiegen sich die Tiere eng aneinander, hier und da kommt es auch zu losen oder innigeren Umschlingungen des Weibchens durch das Männchen. Jedes Ablaichen, das sich über Stunden hinziehen kann, besteht aus einer ganzen Reihe von Einzelpaarungen, bei denen jeweils ein Teil des Laichvorrats ausgestoßen wird. Die Befruchtung erfolgt in jedem Fall unmittelbar bei der Paarung. Die Zahl der insgesamt abgegebenen Eier ist nach Art, Größe und Alter der Zuchttiere verschieden.

Der Ansatz zur Zucht kann entweder paarweise, 2/1 oder auch in Laichgruppen erfolgen, wobei die Zahl der Männchen ebenfalls überwiegen kann. Viele Cypriniden — jedoch nicht alle — schätzen zum Ablaichen helles Licht, zum Teil Morgensonne. Die Größe der Zuchtbecken richtet sich nach der zu erwartenden Produktivität der Fische. Es können sowohl Vollgläser mit 15 Liter Wasserinhalt als auch Gestellbecken mit 100 Liter Inhalt und mehr als Zuchtaquarien dienen. Die Becken und die benötigten Geräte sind sauber zu reinigen. Auf Bodengrund wird man im allgemeinen verzichten können. Da die meisten Cypriniden arge Laichfresser sind, sollte der Boden mit einem Laichrost oder mit Kieselsteinchen von Murmelgröße ausgelegt werden. Bei einigen Arten kann es sich empfehlen, darauf noch eine Lage feinfiedriger Pflanzen oder aber Kunststoffasern (grün) auszubreiten und mit Glasstäbchen am Boden festzuhalten. Cypriniden, die über den Pflanzen oder zwischen ihnen laichen, brauchen zusätzlich aufrecht wachsende Pflanzenbündel.

Die Eier besitzen häufig keine Klebkraft und fallen zu Boden. Soweit sie klebrig sind, bleiben sie in den Pflanzen hängen und müssen dort abgeschüttelt werden, sobald die Zuchttiere aus dem Becken entfernt sind. Je nach Temperatur benötigen die Eier 20 bis 70 Stunden zu ihrer Entwicklung, bei einigen Arten auch länger. Die danach auskommenden Jungfische hängen dann noch einige Tage als feine Strichel an den Glasscheiben oder den Pflanzen. Nach 5—6 Tagen schwimmen sie frei. Anfütterung in einigen Fällen mit Pantoffel- und Rädertierchen, später mit Artemia und Mikro. Nicht selten wird Artemia auch sofort genommen. Eine wichtige Rolle bei der Aufzucht der Jungen spielt auch staubfeines Trockenfutter, das es als Spezialaufzuchtfutter im Handel gibt. Die Aufzucht bereitet meistens keine Schwierigkeiten. Größere Bruten wird man rechtzeitig auf mehrere Aquarien verteilen müssen.

Zur Gruppe Z 5 gehören die Tabellen-Nummern 51, 55, 57, 59, 61, 62, 64, 65, 68, 74, 76, 83.

Nr.	Wissenschaftlicher Name	Deutscher Name	Heimat	Größe cm	Charakter	Geschlechtsunterschiede
51	*Barbus arulius*	Aruliusbarbe	Südosten der Indischen Union	12	Friedlicher, lebhafter und geselliger Fisch. Gut für Gesellschaft größerer Cypriniden	♂ größer, kräftiger gefärbt, Strahlen der Rückenflosse über den Rand hinaus verlängert
52	*B. conchonius*	Prachtbarbe	Nördliches Vorderindien (in fließenden Gewässern)	8	Lebhafter und friedlicher Schwarmfisch. Gut für Gesellschaft nicht sehr wärmebedürftiger Fische	♂ etwas kleiner, in der Laichzeit lebhaft rot, Rückenflosse mit schwarzer Spitze, ♀ voller
53	*B. everetti*	Everetts oder Clownbarbe	Malaisia Borneo (in fließenden Gewässern)	10	Lebhafter und friedlicher Fisch. Gründelt gern, gut für Gesellschaft größerer Cypriniden geeignet	♂ schlanker und etwas farbiger, meist auch kleiner

Z 6: Freilaichende oder haftlaichende Cypriniden mit speziellen Wasseransprüchen

Im großen und ganzen ist hier das zu beachten, was unter Z 2a und 2b in der Familienbeschreibung der Echten Salmler (Characidae, S. 182) gesagt wurde. Die Zucht der hier in Betracht kommenden Cypriniden kann teilweise etwas problematisch sein. Mindestens erfordert sie Sorgfalt und besondere Vorkehrungen. Die hierher gehörenden Arten benötigen zur Fortpflanzung ein möglichst weiches Wasser mit einem pH-Wert unter 7. Eier und Jungfischlarven können empfindlich gegen Bakterien- und Infusorienbefall sein, und es sind deshalb die entsprechenden Vorkehrungen zu treffen (siehe auch »Winke für die Zucht von Aquariumfischen«, S. 179). Im übrigen gilt das, was unter Z 5 gesagt wurde. Besonderheiten, die nur für einzelne Arten gültig sind, werden in den Tabellen gesondert aufgeführt.

Zur Gruppe Z 6 gehören die Tabellen-Nummern 56, 60, 66, 79, 82.

Z 7: Goldfische und Goldfischabarten

Die Goldfische nehmen in der Aquarienfischzucht eine Sonderstellung ein. Der Goldfisch wird in der Regel in Züchtereien im Freiland vermehrt, während die Goldfischabarten (Schleierschwänze, Teleskopfische usw.) im Aquarium gezüchtet werden. Hierzu werden große Becken benötigt, ganz besonders für die Aufzucht der zahlreichen Nachkommenschaft, die dauernd nach Form und Farbe aussortiert werden muß. Im allgemeinen ist die Zucht Sache des Erwerbszüchters, da sehr viele Behälter benötigt werden. Am Ende bleiben von den starken Bruten nur wenige erstklassige Exemplare übrig, und es ist nicht verwunderlich, daß diese entsprechend teuer sind. Im Prinzip wird so verfahren, wie es unter Z 5 dargestellt ist.

Haltung	Zucht	Futter	Seite/Abb.
Bgr. IV/V. Pgr. 2. Genügend Raum zum Schwimmen lassen. 24–26 °C, MT 20 °C	Z 5. Ablaichen nach heftigem Treiben im Pflanzendickicht. Sehr produktiv. Die Eier sind glasklar. Die Jungen kommen nach 36 Stunden aus und schwimmen nach 6 Tagen frei	Lebend- und Trockenfutter	204/8
Bgr. II/IV, Pgr. 1a, stellenweise dicht bepflanzt, aber auch viel Raum zum Ausschwimmen. MT 12–15 °C, zeigt aber erst bei 20 °C und mehr volle Farbe. Liebt klares, sauberes Wasser und helles Licht	Z 5. Zucht leicht. Wasserstand 15 cm. Laichen nach tollem Treiben zwischen Pflanzen und im freien Wasser. Sehr produktiv, daher größere Zuchtbehälter. Die attraktive schleierflossige Mutante erfordert sorgfältige Auslese der Elterntiere nach Färbung und Flossenausbildung der Männchen	Lebend- und Trockenfutter	V/5
Bgr. IV/V. Pgr. 2. Benötigt beschattete Plätze und reichlich Schwimmraum. Öfterer teilweiser Wasserwechsel. 24 °C	Z 5. Großer, sehr produktiver Fisch, der erst mit 10 cm Länge fortpflanzungsfähig wird. Die Eier werden zwischen Pflanzenbüschen an nicht zu hellen Plätzen abgelegt. Die Jungfische wollen von Zeit zu Zeit Frischwasser haben. Sie sind an sich schnellwüchsig, sind aber erst nach 2 Jahren zuchtfähig. 27 °C	Kräftiges Lebend- und Trockenfutter	IV/6

Nr.	Wissenschaft-licher Name	Deutscher Name	Heimat	Größe cm	Charakter	Geschlechts-unterschiede
54	*B. filamentosus*	Schwarz-fleckbarbe	Sri Lanka und Süden der Ind. Union	12	Relativ friedlicher Schwarmfisch. Gut für Gesellschaft größerer Cypriniden geeignet	♂ kräftiger gefärbt, Strahlen der Rücken-flosse bei älteren Exem-plaren über den Rand hinaus verlängert
55	*B. gelius*	Geli- oder Flecken-barbe	Vorder-indien, Bengalen	♂ 4 ♀ 4,5	Munterer und fried-licher Fisch, der wenig gründelt. Gut für Ge-sellschaft nicht zu leb-hafter Fische geeignet	♂ schlanker
56	*B. hulstaerti* (= *Capoeta h.*)	Schmetter-lingsbarbe	Gebiet des unteren Kongo	3,5—4	Munterer und fried-licher, sehr zarter Fisch. Wird am besten unter seinesgleichen gehalten	♂ etwas größer (?), Rückenflosse mit oberen schwarzem Rand, Schulterfleck größer
57	*B. lateristriga*	Schwarz-bandbarbe	Malaya Indonesien	20	Lebhafter, friedlicher Fisch, der aber gern gründelt. Für Gesell-schaft größerer Cypri-niden geeignet	♂ intensiver gefärbt, Rückenflosse an der Basis dunkelrot
58	*B. nigrofascia-tus*	Purpur-kopfbarbe	Sri Lanka (in beschatteten Bergwald-bächen)	6,5	Lebhafter und fried-licher Fisch, gut für Gesellschaftshaltung geeignet	♂ größer und leb-hafter gefärbt. Vor-derkörper in der Erregung tief purpur-rot, Körperende samt-schwarz
59	*B. oligolepis*	Eiland-barbe	Indonesien	5	Friedlicher, munterer und geselliger Fisch. Gut für Gesellschafts-haltung geeignet	♂ schlanker, Rücken- und Afterflosse mit schwarzem Saum

Haltung	Zucht	Futter	Seite/Abb.
Bgr. IV/V. Pgr. 2. Benötigt viel Raum zum Ausschwimmen. 24 °C, kann im Winter auch bis 20 °C heruntergehen	Z 5. 24 °C. Große Becken zum Zuchtansatz erforderlich. Ablaichen in Pflanzenbüschen. Aufzucht der Jungen nicht schwierig. Die halbwüchsigen sind quergestreift, also ganz anders gefärbt als die Eltern	Lebend- und Trockenfutter, Pflanzenkost	204/9
Bgr. II/III. Pgr. 3. 18–24 °C, MT 16 °C. Alteingerichtete Becken mit Torfschicht auf dem Boden. Von Zeit zu Zeit teilweiser Wasserwechsel erforderlich	Z 5. 23 °C. Ablaichen bei hellem Licht, gern in der Morgensonne. Die Eier werden an die Unterseite breiter Wasserpflanzenblätter angeheftet (Cryptocorynen!). Bei zu hohen Wärmegraden verpilzen viele Eier. Aufzucht der Jungen nicht schwierig. Sollten erst im zweiten Lebensjahr zur Zucht angesetzt werden. Die Art degeneriert im Aquarium nach mehreren Generationen, laicht bis zur Fortpflanzungsunfähigkeit	Kleines Lebend- und Trockenfutter, Algen, Pflanzenkost	205/3
Bgr. II/III. Pgr. 3, stellenweise dicht bepflanzt. Höhlenverstecke aus Wurzeln. Dunkler Bodengrund, torfgefiltertes, weiches Wasser bis 3 °dH. Temperatur 20–23 °C, MT 18 °C	Wird nach den bisherigen Erfahrungen am besten im voll eingerichteten Aquarium zur Fortpflanzung gebracht. Wasser sehr weich, leicht sauer. Zucht kann aber auch im gesonderten Ansatz, wie unter Z 6 angegeben, versucht werden. Die Jungen sind sehr klein. Anfütterung mit Pantoffeltierchen, nehmen aber nach wenigen Tagen schon Artemia	Feines Lebend- und Trockenfutter	
Bgr. IV/V. Pgr. 2. 24–25 °C. Öfterer teilweiser Wasserwechsel notwendig, da starker Stoffwechsel. Benötigt viel Schwimmraum	Z 5. Große Zuchtaquarien notwendig. 24–26 °C. Die Jungfische nehmen sofort Artemia. Sie müssen von Zeit zu Zeit nach der Größe sortiert werden	Lebend- und Trockenfutter, Pflanzenkost	205/6
Bgr. III/IV. Pgr. 3. Nicht übermäßig wärmebedürftig: 22–24 °C, MT 20 °C. Liebt Wechsel von schattigen und helleren Stellen. Bei zu reichlichem Licht werden die Tiere farblos. Stellenweise Schwimmpflanzendecke. Dekoration mit Wurzeln, dunkler Bodengrund	Z 5. Ziemlich produktiv, daher Zuchtaquarien nicht zu klein. Es scheint, daß das ♂ nach dem Ablaichen einige Wochen Ruhe benötigt. Aufzucht der Jungfische nicht schwierig	Lebend- und Trockenfutter, Pflanzenkost	V/6
Bgr. II/III. Pgr. 3, lockere Bepflanzung. 23–24 °C, MT 18 °C. Nicht zu frisches Wasser, am Boden Torfschicht	Z 5. 24–27 °C. Zum Ansatz genügen kleinere Vollglasbecken. Die Eier werden einzeln abgegeben und bleiben in den Ablaichpflanzen kleben. Da sich eine Laichperiode über längere Zeit hinziehen kann, muß man die Pflanzenbündel mit den Eiern von Zeit zu Zeit herausnehmen und in Aufzuchtbecken bringen	Lebend- und Trockenfutter, Pflanzenkost	V/3

Nr.	Wissenschaft-licher Name	Deutscher Name	Heimat	Größe cm	Charakter	Geschlechts-unterschiede
60	*B. pentazona*	Fünfgürtel-barbe	Malaisia Kalimantan (Borneo)	5	Lebhafte, gesellige Fische, spiellustig. Gut für Gesellschaft geeignet	♂ etwas kleiner und schlanker, Rot in den Flossen intensiver
61	*B. semifascio-latus*	Grün- oder Messing-barbe	Südchina	10	Friedlicher, munterer Fisch. Gründelt! Gut für Gesellschafts-aquarien geeignet	♂ kleiner und schlan-ker, Körperunterseite während der Laich-zeit orangefarben
62	*B. »schuberti«* (Zuchtform von *B. semi-fasciolatus*)	Brokat-barbe	entfällt	7	Munterer und fried-licher Fisch, gut für Gesellschaftsaquarien geeignet	♂ schlanker, oft auch etwas kleiner. Mit schwarzen Zeich-nungen auf grün-lichem Längsband
63	*B. tetrazona*	Viergürtel-oder Sumatra-barbe	Sumatera (Sumatra)	5	Munterer und ver-spielter, manchmal etwas angriffslustiger Fisch, gut für Ge-sellschaftsaquarien geeignet	♂ schlanker, kräftiger in der Farbe, besonders das Rot in den Flossen ist intensiver
64	*B. ticto stoliczkae*	Zweipunkt-und Sonnen-fleckbarbe	Indien Sri Lanka	8	Lebhafter und fried-licher Schwarmfisch. Gut für Gesellschafts-aquarien geeignet	♂ schlanker, Rücken-flosse bei der Unter-art rot mit schwarzen Flecken
65	*B. ticto subspec.*	Odessa-barbe	noch un-bekannt	8	Friedlicher Schwarm-fisch. Gut für Gesell-schaftsaquarien ge-eignet	♂ schlanker, Flossen getüpfelt. Blutrotes breites Längsband
66	*B. titteya*	Bitterlings-barbe	Sri Lanka	5,5	Munterer und fried-licher Fisch. ♂♂ in der Laichzeit untereinander etwas unverträglich. Sondert sich in Gesell-schaft anderer Fische ab	♂ schlanker, in der Erregung lebhaft rot
67	*Carassius auratus auratus*	Goldfisch Goldfisch-abarten	Zuerst in China aus der Silber-karausche heraus-gezüchtet		Friedlich. Alle Gold-fische gründeln gern	Geschlechter außerhalb der Laichzeit nur an der unterschiedlichen Form des Afters zu erkennen. In der Laichzeit ♂ mit Laichausschlag

Haltung	Zucht	Futter	Seite/Abb.
Bgr. II/IV. Pgr. 3, stellenweise dicht bepflanzt, aber auch offene Stellen. Halbschatten durch Schwimmpflanzen. 22–25°C. MT 20°C. Liebt weiches Wasser, torfgefiltert, dunkler Bodengrund	Z 6. 24–26°C. Ablaichen im Pflanzendickicht; kann sich über mehrere Stunden hinziehen. Aufzucht der Jungen nicht besonders schwierig. ♂ muß zwischen jedem Ansatz 2–3 Wochen Ruhe haben	Lebend- und Trockenfutter, Pflanzenkost (Algen)	
Bgr. III/IV. Pgr. 2. Benötigt Pflanzenbüsche als Versteckplätze, aber auch viel Raum zum Ausschwimmen. 20–24°C, MT 17°C. Klares, sauerstoffreiches Wasser	Z 5. Zucht leicht. Wie bei B. conchonius	Lebend- und Trockenfutter, Pflanzenkost	IV/7
Wie bei der Stammform	Wie bei der Stammform	Lebend- und Trockenfutter	IV/16 *
Bgr. II/IV. Pgr. 3, stellenweise dicht bepflanzt. Benötigt aber auch freien Schwimmraum. Halbschatten durch Schwimmpflanzen. 22–24°C, MT 20°C. Nicht zu hartes Wasser. Dunkler Bodengrund	Z 6. 24–26°C. Wasser nicht über 10°dH, besser etwas weniger. Ablaichen unter loser Umschlingung zwischen Pflanzen. Mehrere Zuchtformen (Albinos, moosgrüne S.) im Handel	Lebend- und Trockenfutter	IV/17
Wie bei B. conchonius. Etwas wärmebedürftiger, 23–26°C	Wie bei B. conchonius, 23–25°C	Lebend- und Trockenfutter	
Wie bei B. conchonius	Wie bei B. conchonius	Lebend- und Trockenfutter	*
Bgr. II/III. Pgr. 3. Liebt nicht zu hell stehende, gut bepflanzte, alteingerichtete Becken. Halbschatten durch Schwimmpflanzen. 23–25°C, MT 20°C	Z 6. Zucht nicht ganz einfach. Nicht sehr produktiv. Die wenigen Eier werden einzeln ausgestoßen und bleiben in den Pflanzen kleben. Das Ablaichen kann stundenlang dauern. Die Jungen halten sich versteckt. 60 Jungfische sind schon ein gutes Ergebnis	Lebend- und Trockenfutter	IV/8
Bgr. V/VI. Pgr. 11a. Klares, sauerstoffreiches Wasser. Bodengrund sauber ausgewaschener Kies. 10–21°C, MT 6°C. Die Abarten sind wärmebedürftiger als die Stammform, der Goldfisch. Wirksame Filterung notwendig	Z 7. Zur Zucht werden große Zuchtbecken und zahlreiche Sortierbecken benötigt. 18–22°C. Die Eier werden nach heftigem Treiben frei abgelegt. Die Jungen kommen nach 5–7 Tagen aus. Aufzucht einfach. Das Aussortieren erstklassiger Tiere erfordert Erfahrung	Allesfresser, Lebend- und Trockenfutter in reichlichen Mengen	V/7

213

Nr.	Wissenschaft-licher Name	Deutscher Name	Heimat	Größe cm	Charakter	Geschlechts-unterschiede
68	*Brachydanio albolineatus*	Schiller-bärbling	Burma Malaya Sumatera (Sumatra)	6	Lebhafter und fried-licher Schwarmfisch. Gut für Gesellschaft mit anderen schnell-schwimmenden Fischen geeignet	♂ schlanker, etwas lebhafter gefärbt
69	*B. frankei*	Gold- oder Perldanio	Heimat bis-her unbekannt	5	Wie bei D. albolineatus	♂ schlanker
70	*B. kerri*	Inseldanio	Inseln im Golf von Bengalen	6	Wie bei D. albolineatus	♂ schlanker
71	*B. nigro-fasciatus*	Tüpfel-bärbling	Burma	4	Wie bei D. albolineatus	♂ schlanker; die Tüpfel-reihen sind feiner, beim ♀ flächiger
72	*B. rerio*	Zebra-bärbling	Vorder-indien	5	Wie bei D. albolineatus. Besonders beweglicher Fisch	♂ schlanker, Felder zwischen den blauen Längsstreifen gold-farben, beim ♀ silbern
73	*Danio aequipinnatus* (früher *D. mala-baricus*)	Malabar-bärbling	Westküste der Ind. Union	10	Lebhafter und fried-licher, besonders schwimmgewandter Fisch. Gut für Ge-sellschaft anderer schnell schwimmender Fische geeignet	♂ schlanker, Bauch und Rücken- bzw. Afterflosse orange-farben an der Basis
74	*Danio devario*	Devario-bärbling	Norden der Ind. Union	6	Lebhafter und fried-licher Schwarmfisch, nicht ganz so quecksilbrig wie D. malabaricus. Gut für Gesellschafts-aquarien geeignet	♂ etwas schlanker, lebhafter in der Farbe
75	*Epalzeorhyn-chus siamensis*	Siamesische Rüssel-barbe	Thailand Malaya	14	Lebhafter und fried-licher Bodenfisch. In Einzelexemplaren gut für Gesellschaftshaltung geeignet. Algenvertilger!	Unbekannt
76	*Esomus danrica*	Flugbarbe	Vorder- und Hinter-indien, Sri Lanka	8	Lebhafter und fried-licher Oberflächen-fisch. Springlustig. Für Gesellschafts-aquarien geeignet	♂ kleiner und schlan-ker. Schwanzfleck rot, beim ♀ bräunlich

214

Haltung	Zucht	Futter	Seite/Abb.
Bgr. II/IV. Pgr. 3. Benötigt viel Schwimmraum. Klares, sauerstoffreiches Wasser. Liebt auch Sonne. 20–23 °C, MT 18 °C. Kiesgrund, runde Steine	Z 5. Ablaichen zwischen Büschen feinfiedriger Pflanzen. Ansatz 2/1 oder Gruppenansatz, wobei die ♂♂ überwiegen können. Frischwasser. Sehr produktiv. 23–25 °C. Die Jungen schlüpfen nach etwa 3 Tagen und schwimmen erst nach einer Woche frei. Anfüttern mit Pantoffel- und Rädertierchen und staubfeinem Trockenfutter. Aufzucht leicht.	Lebend- und Trockenfutter	IV/3 *
Wie bei D. albolineatus	Wie bei D. albolineatus	Lebend- und Trockenfutter	205/10
Wie bei D. albolineatus, etwas wärmebedürftiger, um 24 °C	Wie bei D. albolineatus	Lebend- und Trockenfutter	204/11
Wie bei D. albolineatus, etwas wärmebedürftiger, 24–25 °C	Wie bei D. albolineatus. Nicht sehr produktiv. 100 Jungfische können schon als ein gutes Ergebnis gelten	Lebend- und Trockenfutter	IV/4
Wie bei D. albolineatus, nicht sehr wärmebedürftig; 20–23 °C, MT 18 °C	Wie bei D. albolineatus	Lebend- und Trockenfutter	IV/2
Wie bei den Brachydanio-Arten. Bgr. V, am besten langgestreckte Aquarien. Benötigt besonders viel Schwimmraum. 23–25 °C, MT 20 °C. Pgr. 3. Becken gut abdecken, springt gern!	Z 5. Wie bei den Brachydanio-Arten. Benötigt besonders große Zuchtbecken, da sehr produktiv. 1 000 Jungfische und mehr von einem Paar sind keine Seltenheit. 24–26 °C	Lebend- und Trockenfutter	IV/11
Wie bei den Brachydanio-Arten. Bgr. IV. 21–24 °C. Pgr. 3	Z 5. Wie bei den Brachydanio-Arten. 24–26 °C. Nicht so produktiv wie D.	Lebend- und Trockenfutter	IV/1
Bgr. III/V. Pgr. 2–3. 22–28 °C. Liebt Versteckplätze aus Wurzeln und Pflanzen	Im Aquarium noch nicht gezüchtet	Lebend- und Trockenfutter, Algen	205/12
Bgr. IV. Pgr. 3. Benötigt sehr viel Raum zum Schwimmen, daher möglichst langgestreckte Becken. Liebt aber auch durch Pflanzen gedeckte Ruheplätze, die gegenüber anderen Fischen verteidigt werden. Becken gut abdecken, Fische springen zielsicher! 22–24 °C	Z 5. 26–28 °C. Lieben viel Licht und laichen gern in der Morgensonne. Sehr produktiv, bis 600 Eier. Die Jungen kommen nach 48 Stunden aus und schwimmen nach 6 Tagen frei	Lebend- und Trockenfutter	205/11

215

Nr.	Wissenschaft-licher Name	Deutscher Name	Heimat	Größe cm	Charakter	Geschlechts-unterschiede
77	*Gyrinocheilus aymonieri*	Siamesische Saug-schmerle	Thailand	15	Lebhafter, im Alter etwas robuster Fisch, der andere Fische als »Putzer« beunruhigt. Jüngere Exemplare sind nützliche Algenvertilger und gut für Gesell-schaftsaquarien geeignet	Unbekannt
78	*Labeo bicolor*	Feuer-schwanz	Thailand	15	Nicht immer fried-licher, vor allem Art-genossen gegenüber aggressiver Fisch. Am besten in Einzelexempla-ren im Gesellschafts-aquarium zu halten	Nicht genau bekannt
79	*Rasbora heteromorpha*	Keilfleck-bärbling	Hinter-indien, Malaya, Sumatera (Sumatra)	4	Munterer und verträg-licher Fisch, gut für Gesellschaft zarter Kleinfische geeignet	♂ schlanker, Keil nach den Bauchflossen zu spitz auslaufend
80	*R. maculata*	Zwerg-rasbora	Hinter-indien, Malaya, Sumatera (Sumatra)	2,5	Munterer Fisch, nur für Gesellschaft mit anderen Fischzwergen geeignet	♂ kleiner und schlan-ker, intensiver ge-färbt
81	*R. trilineata*	Glas-rasbora	Malaya, Indonesien	10	Große, lebhafte Art, für Gesellschaft größe-rer und schnell schwimmender Fische geeignet. Liebt ge-legentliche Ruhepausen zwischen Pflanzen	♂ schlanker
82	*R. urophthalma*	Schwanz-fleck-bärbling	Sumatera (Sumatra)	2,5	Zierliches und lebhaftes Fischchen. Gut für Ge-sellschaft mit anderen Fischzwergen geeignet	♂ schlanker, lebhafter gefärbt
83	*Tanichthys albonubes*	Kardinal-fisch	Südchina	3,5	Lebhafter und fried-licher Schwarmfisch, gut für Gesellschaft nicht sehr wärmebedürftiger Fische geeignet. Keine ausgesprochenen Laichfresser	♂ schlanker, kräftiger gefärbt

Haltung	Zucht	Futter	Seite/Abb.
Bgr. III/IV. Pgr. 3, Stellenweise dichte Bepflanzung und Versteckplätze, aus Wurzeln oder Steinen gebildet. 25 °C. Liebt klares, sauerstoffreiches Wasser	Im Aquarium noch nicht gezüchtet	Lebend- und Trocken-futter, Pflanzenkost, Algen	204/12
Bgr. IV/V. Pgr. 2, dicht bepflanzt. Verstecke aus Wurzeln. Beleuchtung nicht zu hell. 22 °C. Liebt klares, weiches und torfgefiltertes Wasser	Im Aquarium noch nicht mit bleibendem Erfolg gezüchtet	Lebend- und Trockenfutter	204/13
Bgr. II/III. Pgr. 3 oder 6, vor allem Cryptocorynen. Liebt weiches, torfgefiltertes Wasser. Dunkler Bodengrund (Torfauflage). 22–23 °C	Z 6. Weiches Wasser, höchstens bis 6 °dH. 25–28 °C. Gedämpftes Licht. Die Eier werden unter Umschlingung an der Unterseite eines breiten Wasserpflanzenblattes abgelegt. Paare aus einem Trupp auswählen, da nicht alle miteinander ablaichen. Die Jungen schlüpfen nach etwa einem Tag und schwimmen nach weiteren 5 Tagen frei. Anfütterung mit Artemia. Erst mit einem Jahr zur Zucht verwenden!	Lebend- und Trockenfutter	IV/10 *
Bgr. I/II. Pgr. 3 oder 6, reiche Bepflanzung, vor allem Cryptocorynen. Halbschatten durch Schwimmpflanzen, dunkler Bodengrund. Weiches Wasser. 25–27 °C, MT 22 °C	Z 6. Weiches, über Torf gefiltertes Wasser, nicht über 5 °dH, besser weniger. 25–30 °C. Zuchtbecken in der unteren Hälfte abdunkeln. Wasserstand 10 cm. Anfütterung mit Pantoffeltierchen. Nicht sehr produktiv, bis 40 Eier	Lebend- und Trockenfutter	IV/9 *
Bgr. IV. Pgr. 3. Benötigt viel Schwimmraum. 21–25 °C, MT 18 °C	Z 5. Die Wasserhärte soll 12 °C nicht übersteigen, weil die Fische dann schwerer laichwillig werden. Mit gewissen Einschränkungen können bei dieser Art auch die Empfehlungen unter Z 6 gelten. 24–26 °C	Lebend- und Trockenfutter	204/15
Wie bei R. maculata	Wie bei R. maculata, noch weniger produktiv	Lebend- und Trockenfutter	204/16
Bgr. II/III. Pgr. 11. 18–22 °C, MT 15 °C	Z 5. 20–22 °C. Ablaichen zwischen feinfiedrigen Pflanzen, wobei das ♂ das ♀ umschlingt. Vermehrung im Daueransatz möglich. Aufzucht mit staubfeinem Lebend- und Trockenfutter leicht. Schwieriger ist die Vermehrung der schleierflossigen Mutante.	Lebend- und Trockenfutter	V/4

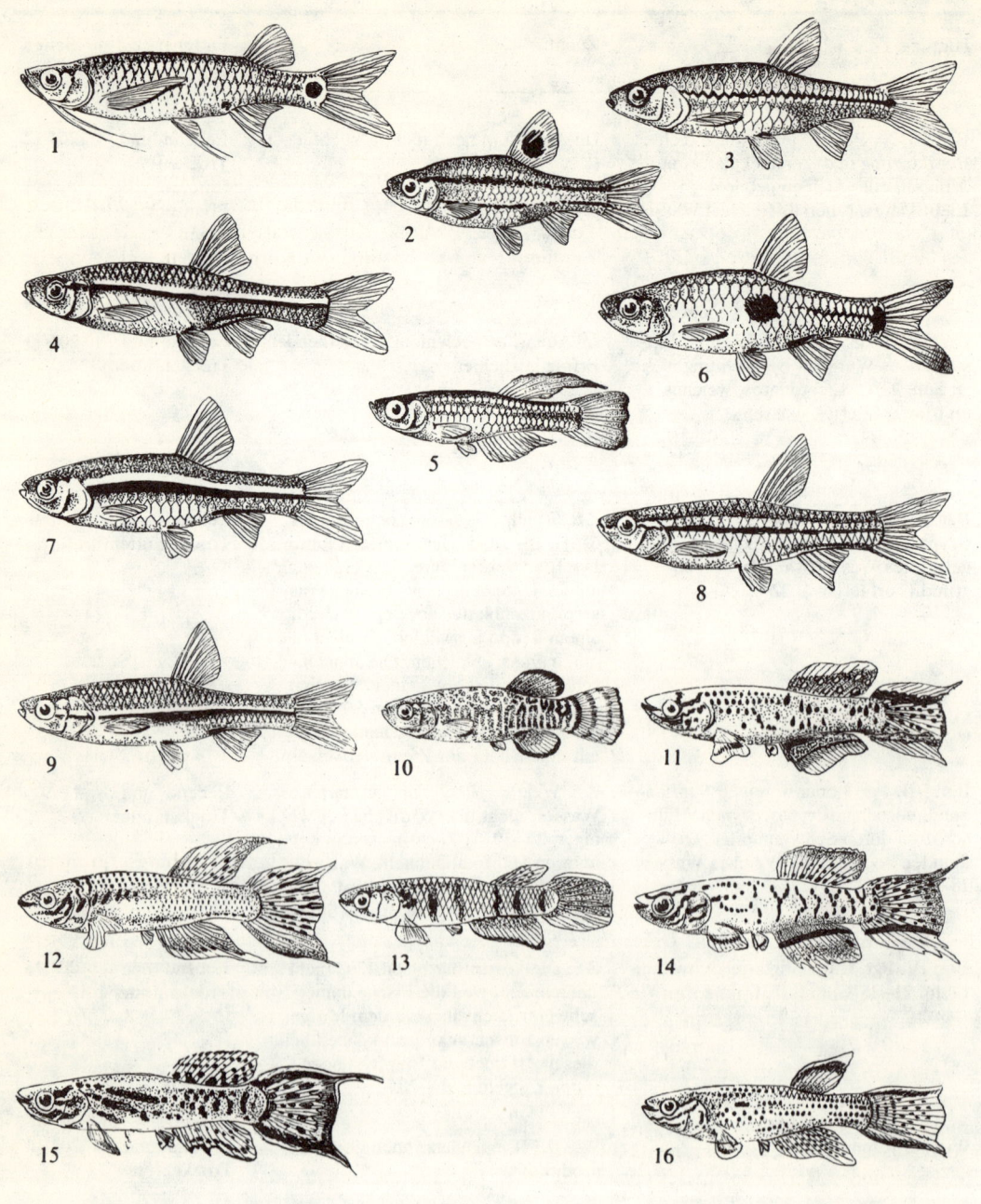

1 *Esomus malayensis*, Flugbarbe (–) **2** *Rasbora dorsiocellata*, Augenfleckrasbora (–) **3** *Rasbora daniconius*, Schlankbärbling (–) **4** *Rasbora leptosoma*, Goldstrichrasbora (–) **5** *Aplocheilichthys myersi*, Kolibri-Leuchtaugenfisch (–) **6** *Rasbora elegans*, Schmuckbärbling (–) **7** *Rasbora meinkeni*, Messingbärbling (–) **8** *Rasbora pauciperforata*, Rotstreifenbärbling (–) **9** *Rasbora taenia*, Goldstreifenrasbora (–) **10** *Aphanius iberus*, Spanischer Kärpfling (–) **11** *Aphyosemion gardneri*, Stahlblauer Prachtkärpfling (91) **12** *Aphyosemion bivittatum »splendopleuris«*, Spiegel-Prachtkärpfling (–) **13** *Roloffia petersi*, Gelbsaum-Prachtkärpfling (–) **14** *Aphyosemion filamentosum*, Faden-Prachtkärpfling (90) **15** *Aphyosemion amoldi*,, Arnolds Prachtkärpfling (–) **16** *Aphyosemion gardneri »nigerianum«*, Stahlblauer Prachtkärpfling (91)

Eierlegende Zahnkarpfen
(Cyprinodontidae)

Die Eierlegenden Zahnkarpfen bilden nach neuerer Auffassung eine Familie innerhalb der Unterordnung der Zahnkärpflinge oder Cyprinodontoidea. Hier sind sie mit der Familie der Lebendgebärenden Zahnkarpfen (Poeciliidae) und einigen anderen Kärpflingsfamilien vereinigt.

Die Eierlegenden Zahnkarpfen sind weltweit verbreitet. Sie finden sich in fast allen Erdteilen. In besonders großer Artenzahl bevölkern sie die Tropen und Subtropen. Dagegen sind sie in den gemäßigten Zonen schwächer vertreten. In Nordamerika, wo es einige Gattungen dieser Familie gibt, reicht ihre Verbreitung am weitesten nach Norden. In Europa finden sich einige wenige Arten in Spanien.

Es handelt sich bei diesen Zahnkarpfen im wesentlichen um Süßwasserfische. Vereinzelt finden sie sich aber auch in der Brackwasserzone, ja, einige Arten sind sogar in die Meere eingewandert und bewohnen hier die küstennahen Gebiete. Überhaupt besitzen manche Zahnkarpfenarten eine bemerkenswerte Anpassungsfähigkeit an wechselnde Wasserverhältnisse.

Die systematische Gliederung der Familie hat von jeher Schwierigkeiten bereitet. Vor allem sind es die westafrikanischen Prachtkärpflinge (Aphyosemion, Roloffia und andere), deren verwandtschaftliche Beziehungen weitgehend undurchsichtig sind. Bereits jetzt erweist es sich, daß viele bisher als Arten angesehene Vertreter dieser Gattung lediglich nur Unterarten oder Farbschläge sind.

Die Eierlegenden Zahnkarpfen sind durchweg kleine Fische. Die größten Arten dürften 12–15 cm Länge nicht überschreiten. In der Körperform herrschen deutlich hechtähnliche Merkmale vor. Dies bedeutet, daß der Körper langgestreckt und seitlich nur wenig zusammengedrückt ist. Der Rücken ist abgeflacht, und die Rücken- und Afterflosse sind weit hinten angesetzt. Die große Mundöffnung ist fast durchweg nach oben gerichtet, was im allgemeinen auf einen vorzugsweisen Aufenthalt in Oberflächennähe schließen läßt. Dennoch suchen viele Arten zum Ablaichen den Gewässergrund auf. Dabei ist zu berücksichtigen, daß viele dieser Zahnkarpfen Bewohner flacher Gewässer oder Wasservorkommen sind, in denen naturgemäß die horizontale Wasserschichtung keine Rolle spielt. Neben dem hechtähnlichen Typ gibt es eine zweite Gruppe von eierlegenden Zahnkarpfen, deren Vertreter mehr oder weniger hoch und gedrungen bei stärkerer seitlicher Kompression gebaut sind.

Die Schuppen sind verhältnismäßig groß. Bei einigen Arten fehlt die Seitenlinie. Sie wird durch eine starke Konzentration von Oberflächennerven an bestimmten Körperstellen, insbesondere am Kopf, ersetzt. Barteln sind niemals vorhanden. Der Oberkiefer ist nur wenig oder überhaupt nicht beweglich, dagegen ist der Zwischenkiefer mehr oder minder vorstreckbar. Die Kiefer und andere Teile der Mundhöhle sind mit Zähnen besetzt. Die Flossen sind im allgemeinen gut ausgebildet. Bei den männlichen Tieren sind sie häufig vergrößert, einzelne Flossenpartien sind verlängert oder die Strahlen ragen über den freien Rand hinaus. Nicht selten üben sie eine Funktion im Fortpflanzungsgeschehen aus. Äußerliche Geschlechtsmerkmale sind in der Regel stark ausgeprägt. Zum Teil kann man von einem ausgesprochenen Geschlechtsdimorphismus sprechen. Die Weibchen verschiedener Arten sich sehr ähnlich; häufig kann sie nicht einmal der Fachmann mit Sicherheit auseinanderhalten. Dieser Umstand führt immer wieder zu unbeabsichtigten Kreuzungen. Bei den Angehörigen der südamerikanischen Gattung Cynolebias ist die Zahl der Flossenstrahlen in Rücken- und Afterflosse nach Geschlechtern verschieden.

Eierlegende Zahnkarpfen gehören in ihren Heimatgebieten zum Teil zu den häufigsten Fischen. Sie bevölkern vor allem die kleineren Gewässer oder Gewässerteile, z. B. die Seitenarme und Außenstände der Flüsse, Lagunen, Gräben, Bachläufe, Sümpfe und Überschwemmungsgebiete. Einen wirtschaftlichen Wert besitzen sie nicht, wenn man vom Zierfischhandel absieht. Sie können sich aber als Vertilger von Moskitolarven nützlich machen. Manche Arten leben im Schwarm, andere in kleineren Gesellschaften, wieder andere als Einzelgänger. In den Bachläufen schwimmen sie gegen die Strömung, oder sie stehen zwischen den Oberflächenpflanzen, von wo aus sie anfliegende Insekten im Sprung erhaschen. Als Einzelgänger können sie bissig und unverträglich sein, ja, einige Arten können als ausgesprochene Raubfische gelten. Die meisten sind Kleintierfresser. Die hochrückigen Typen fressen zusätzlich Algen. Viele Rivulus-Arten führen eine ausgesprochen amphibische Lebensweise. Sie legen sich auf die Schwimmpflanzen oder gehen an sumpfigen Stellen sogar außerhalb des Wassers ihrem Nahrungserwerb nach.

In der Fortpflanzungsweise finden sich viele Merkwürdigkeiten. Ausgesprochen aktive Brutpflege wird im allgemeinen nicht ausgeübt. Lediglich vom Floridakärpfling (Jordanella floridae) ist eine nachlässige Laichbetreuung bekannt. Dagegen ist eine Brutfürsorge die Regel, indem die Eier entweder im Bodengrund, an Pflanzenwurzeln, in weichen Algenbüscheln oder dicht an der Oberfläche in den Wurzeln von Schwimmpflanzen untergebracht werden. Viele Arten sind sogenannte Dauerlaicher. Das bedeutet, daß über längere Zeitabschnitte hinweg täglich geringe Mengen von Eiern abgelegt werden. Besonders merkwürdig ist die Fortpflanzung der sogenannten Saisonfische. Bei diesen werden die Eier in den Schlamm eingebettet, wo sie wochen- oder monatelang liegen. Dabei wird die Eientwicklung durch entsprechende Ruhezeiten unterbrochen. Es ist hierin eine Anpassung an den regelmäßigen Wechsel von Austrocknung und Überflutung der Gewässer zu sehen, weil nur auf diese Weise die betreffende Art erhalten werden kann.

Die Haltung der Eierlegenden Zahnkarpfen im Aquarium ist im allgemeinen nicht besonders schwierig, wenn manche Arten auch einer gewissen Sorgfalt in der Pflege bedürfen. Der Kurzlebigkeit dieser Fische sollte dadurch begegnet werden, daß man zu hohe Wärmegrade vermeidet und nicht zu reichlich füttert. Einige dieser Zahnkarpfen sind nicht für allgemeine Gesellschaftsaquarien geeignet. Sie sind entweder unverträglich und bissig oder aber sie ziehen sich zurück. Die Zusammensetzung einer Fischgesellschaft will also gerade bei diesen Kärpflingen genau überlegt sein.

In ihren Heimatgebieten dürften sich die meisten Zahnkarpfen von Insekten und ihren Larven, zum Teil auch von Fischbrut und von Algen ernähren. Sie bevorzugen auch in Gefangenschaft lebendes Futter. Trockenfutter wird von manchen Arten gern genommen, von anderen nur zögernd oder es wird ganz und gar verweigert.

Während die kleineren Arten auch mit kleineren Aquarien vorliebnehmen, beanspruchen andere doch einigen Raum. Niedriger Wasserstand, dichte Bepflanzung, Versteckplätze aus Wurzeln und gedämpftes Licht sind vor allem für Zahn-

karpfen aus den tropischen Regenwäldern erwünscht. Andere lieben Sonne oder doch wenigstens helles Licht, das durch Schwimmpflanzen etwas abgedämmt sein kann. Die Temperaturansprüche sind nach Art und Herkunft verschieden.

Die Zucht macht bei einigen Arten keine Schwierigkeiten, bei anderen kann sie etwas kompliziert sein. Mindestens erfordert sie Kenntnisse und Erfahrung. Zum Teil kann man die Fische im voll eingerichteten Aquarium zur Fortpflanzung bringen und hier auch einige Jungfische großziehen, zum Teil ist aber die Zucht im besonderen Ansatz empfehlenswert. Hierzu folgen nachstehend einige spezielle Angaben (in den Tabellen mit Z bezeichnet).

Z 8: Zwischen Pflanzen laichende, in Oberflächennähe lebende Zahnkarpfen

Viele der hier in Betracht kommenden Arten kann man im voll eingerichteten Aquarium zur Fortpflanzung bringen, wenn man keinen besonderen Wert auf ein zahlenmäßig großes Zuchtergebnis legt.

Zur Zucht im Ansatz verwendet man, je nach der Größe der Fische, Becken von 30 bis 80 Liter Inhalt. Da der spiegelnde Glasboden die Zuchttiere irritieren kann, belegt man ihn mit überkochter Aktivkohle oder beklebt ihn von unten mit schwarzem Karton. Es kann jedes saubere Wasser Verwendung finden. Leitungswasser sollte man einen Tag abstehen lassen. Der Härtegrad spielt oft keine Rolle. Als Laichsubstrat dienen feinfiedrige, bis unter die Wasseroberfläche reichende Pflanzenbüsche, Schwimmpflanzen mit Wurzelbärten oder synthetische Fasern. Wassertemperatur zwischen 24 und 28°C. Wärmeschwankungen sind Zuchttieren, Eiern und Jungfischen sehr zuträglich.

Die Zuchttiere sind vor dem Ansatz getrennt zu halten und gut zu füttern. Ansatz 1/1 oder 1/2, wenn das Männchen zu stürmisch treibt. Ablaichen unter gegenseitigem Aneinanderschmiegen im Pflanzengewirr. Bei jeder Einzelpaarung werden jeweils ein Ei, seltener zwei oder drei Eier abgelegt. Die Fische sind Dauerlaicher. Eine Laichperiode kann sich über zwei Wochen und mehr hinziehen. Während dieser Zeit bleibt das Zuchtpaar im Ablaichbecken, bis der Laichvorrat des Weibchens – in den meisten Fällen insgesamt 150–300 Eier – erschöpft ist. Das Paar ist währenddessen mit sauber gespülten Daphnien oder Enchyträen zu füttern, um dem Laichfressen möglichst vorzubeugen. Nach dem Auslaichen wird es herausgefangen und wieder getrennt, falls man weiter mit ihm züchten will.

Aus den Wasserpflanzen müssen die Eier abgelesen werden. Dazu verwendet man eine Pipette mit entsprechender Öffnung oder man schneidet die Pflanzenteile samt Ei heraus. Bequemer ist es, als Laichsubstrat Büschel synthetischer Fasern zu verwenden, die man täglich entfernt und in Aufzuchtbecken bringt, während die Zuchttiere ein neues Faserbündel erhalten.

Die Jungen schlüpfen nach 10–14 Tagen. Sie sammeln sich in Oberflächennähe und nehmen sofort staubfeines Lebendfutter und Artemia. In gewissen Zeitabständen sind sie der Größe nach zu sortieren, da die größeren über die kleineren herfallen. Sie sind schnellwüchsig und können schon nach 6–8 Monaten fortpflanzungsfähig sein.

Zur Gruppe Z 8 gehören die Tabellen-Nummern 99 bis 104, 113 bis 117, 125, 126, 129 bis 131.

Z 9a: Zwischen Pflanzen laichende Prachtkärpflinge (Aphyosemion und andere)

Die zu dieser Gruppe gehörenden Prachtkärpflinge setzen ihre Eier an Pflanzen und Pflanzenwurzeln, ersatzweise auch an synthetische Fasern ab. Sie suchen hierzu die Oberfläche, die mittleren Wasserschichten oder den Grund auf. Die Abgrenzung gegenüber den Arten, die ihre Eier im Bodengrund selbst unterbringen, ist nicht in allen Fällen exakt vorzunehmen.

Zum Zuchtansatz können kleinere Becken dienen. Am besten verwendet man Vollgläser, deren Boden man mit einer Schicht überkochter Aktivkohle oder überbrühter Torffasern bedeckt oder ihn von außen mit schwarzer Pappe beklebt. In diesem Fall kann man den Bodenbelag weglassen. Das zur Zucht verwendete Wasser muß weich sein; 3–6° dH haben sich am besten bewährt. 8° dH sollten keinesfalls überschritten werden. Wer nicht das Glück hat, solches Wasser der Leitung entnehmen zu können oder sich weiches Naturwasser zu beschaffen, verwendet entweder sauberes, über Aktivkohle gefiltertes Regenwasser oder stellt sich eine Wassermischung aus destilliertem bzw. vollentsalztem Wasser mit normalem Leitungswasser her. Als Laichsubstrat verwendet man Büschel feinfiedriger Pflanzen, Schwimmfarne oder Bündel synthetischer Fasern. Dann füllt man das Wasser ein und läßt das Becken einige Tage stehen. Das

Wasser muß dann noch vollständig klar sein. Die Wasserwärme wird mittels Reglerheizer auf 20–22°C eingestellt.

Ansatz 1/1. Die Zuchttiere sind vor dem Ansatz getrennt zu halten und gut zu füttern. Zur Paarung suchen die Tiere die Pflanzen oder das Laichgarn auf. Sie schmiegen sich eng aneinander und das Männchen legt Rücken- und Afterflosse um den Körper des Weibchens, wobei die Afterflosse das austretende Ei zunächst auffängt. Auch diese Zahnkarpfen sind Dauerlaicher. Eine Laichperiode dauert 1–3 Wochen. In dieser Zeit werden täglich etwa 30 Eier abgegeben, manchmal weniger, manchmal mehr. Man liest sie gegen Abend ab, wobei man sich einer Pipette bedient oder die betreffenden Pflanzenteile mit den Eiern herausschneidet. Die Eier bringt man in Brutschalen. Diese werden 2 cm hoch mit Wasser aus dem Zuchtaquarium gefüllt. Zur Desinfektion setzt man dem Wasser eine schwache Lösung bakterien- und infusorienhemmender Mittel bei (Trypaflavin oder handelsübliches Tonikum). Die Eier müssen nicht dunkel stehen, sollten aber auch nicht zu viel Licht erhalten. Verpilzte Eier sind täglich auszulesen. Das Zuchtpaar muß während der Laichperiode mit gut überspülten Daphnien und Enchyträen gefüttert werden.

Die Entwicklungszeiten sind verschieden lang. In den Tabellen finden sich hierzu nähere Angaben, doch hängen diese Zeiten von vielen Faktoren ab. Die Larvenperiode, die sich bei vielen anderen Fischen findet, wird insofern übersprungen, als die Jungfische bis zur Schwimmfähigkeit in der Eihülle verbleiben. Es gelingt ihnen nicht immer, dieselbe aus eigener Kraft zu sprengen. In solchem Falle wird von erfahrenen Züchtern empfohlen, auf die Wasseroberfläche in den Zuchtschalen etwas staubfeines Trockenfutter zu streuen. Die sich schnell entwickelnden Infusorien sollen die Eihüllen angreifen und damit eine Art »Geburtshilfe« leisten. Bei der notwendigen laufenden Beobachtung des Entwicklungsstandes der Eier leistet eine Lupe gute Dienste.

Die geschlüpften Jungfische werden mit einem Teelöffel abgeschöpft und in Aufzuchtbecken mit gleichen Wasserverhältnissen und Temperaturen gebracht. Sie sind gefräßig und nehmen sofort Artemia und anderes staubfeines Lebendfutter. Von Zeit zu Zeit sind sie der Größe nach zu sortieren, da die größeren über die im Wachstum zurückbleibenden Geschwister herfallen. — Zur Gruppe Z 9a gehören die Tabellen-Nummern 84—95, 97—100.

Z 9b: In den Bodengrund laichende Prachtkärpflinge (Aphyosemion und andere)

Die zu dieser Gruppe gehörenden Pracht-kärpflinge zeigen in ihrer Fortpflanzungsweise gewisse Übergangserscheinungen zur Brutfür-sorge der in Gruppe 10 genannten »Saison-fische«. Wie diese betten sie ihre Eier in den Bodengrund der Gewässer ein, ohne daß die Notwendigkeit dazu durch periodisches Aus-trocknen der Wohngewässer vorhanden ist. Grundsätzlich ähnelt das Fortpflanzungsverhal-ten dem der zuvor genannten Pflanzenlaicher. Demzufolge gilt auch hier alles das, was unter Z 9a über Zuchtbehälter, Wasserzusammenset-zung, Temperaturen und Paarungsverhalten ge-sagt wurde. Lediglich die Unterbringung der Eier im Bodengrund und die damit verbundene Ruhe-und Wartezeit zwingen den Züchter zu besonde-ren, vom Schema abweichenden Maßnahmen.

Die bodenlaichenden Prachtkärpflinge laichen auch im Normalaquarium ab, wenn dieses nur ihren Ansprüchen gemäß hergerichtet ist. Wer allerdings Wert auf ein gutes Zuchtergebnis legt, wird die Zucht besser im Ansatz vornehmen.

Hierzu verfährt man zunächst wie unter Z 9a angegeben. Für die etwas größeren Arten wird man Vollgläser von 20 Liter Wasserinhalt ver-wenden müssen. Den Boden bedeckt man mit einer mehrere Zentimeter hohen Schicht von überbrühtem Torfmull oder mit zermahlener Aktivkohle oder mit feinem Sand. Das Laich-becken ist gegen starken Lichteinfall abzuschir-men. Eine Laichperiode kann sich über mehrere Wochen hinziehen. Während dieser Zeit werden täglich einige Eier im Laichsubstrat unter-gebracht. Bei der Paarung pressen sich die Tiere dicht auf den Boden, wobei das Weibchen mit den Flossen umschlungen wird. Nach erfolgter Befruchtung wird das ausgetretene Ei durch einen Schlag mit der Schwanzflosse des Männ-chens von dem aufgewirbelten Bodenbelag zugedeckt.

Als Laichsubstrat bewährt sich Torf insofern, als er ein steriles Milieu darstellt. Man braucht die Eier nicht auszulesen, sondern bringt sie nach Ablauf der Laichperiode mitsamt dem Torf in eine Gefrierschrankschale, in die man solange Wasser aus dem Ablaichbecken tropfen läßt, bis es 1—2 cm über dem Torf steht. Aus Sand oder Aktivkohle muß man die Eier vorsichtig auslesen oder unter Wasser aussieben und sie sodann in Brutschalen überführen. Hierbei ist Vorsicht am Platze, weil sie leicht verletzbar sind. Die Brut-schalen müssen dunkel stehend bei konstanter Temperatur aufbewahrt werden. Verpilzte Eier sind täglich auszulesen. Außerdem sind die Eier mit Hilfe einer Lupe von Zeit zu Zeit auf ihren Entwicklungsstand hin zu kontrollieren. Bei der Erbrütung in Torf sollte man darauf achten, daß einige Eier zur Kontrolle obenauf zu liegen kommen. Dem Wasser in den Schalen ist eine schwache Trypaflavinlösung oder ein handelsüb-liches bakterienhemmendes Tonikum zuzuset-zen. Die nach Wochen oder Monaten schlüpfen-den Jungfische (siehe Z 9a) werden herausgefan-

Nr.	Wissenschaft-licher Name	Deutscher Name	Heimat	Größe cm	Charakter	Geschlechts-unterschiede
84	*Aphyosemion australe*	Pracht-kärpfling »Kap Lopez«	Westafrika, Gegend um Gabun	6	Beweglicher und ziemlich friedlicher Fisch, gut für Gesell-schaft mit anderen verträglichen Pracht-kärpflingen geeignet	♂ viel lebhafter ge-färbt, lang ausgezogene Flossenspitzen weiß, ♀ schmucklos
85	*A. bivittatum*	Gebänder-ter Pracht-kärpfling in vielen Lokalformen	Westafrika, von Kame-run bis zum Nigergebiet	6	Lebhafter und fried-licher Fisch, gut für Gesellschaft anderer friedlicher Pracht-kärpflinge	♂ lebhafter gefärbt, mit ausgezogenen Flossen. ♀ unschein-bar, mit Längs-bändern

gen und in Aufzuchtbehälter gebracht. Man muß daran denken, daß die Eier zu verschiedenen Zeitpunkten abgelegt wurden und die Schlupfzeiten infolgedessen auseinanderliegen können.

Die Jungen sind bei Fütterung mit Artemia und anderem feinen Lebendfutter sehr schnellwüchsig. Sie können nach 3–4 Monaten bereits fortpflanzungsfähig sein, doch sollten sie nicht vor dem 6. Lebensmonat zur Zucht verwendet werden.

Zur Gruppe Z 9b gehören die Tabellen-Nummern 90–92, 96, 135.

Z 10: Saisonfische

Die Sammelbezeichnung »Saisonfische« wird auf Zahnkarpfen angewendet, die periodisch austrocknende Gewässer bewohnen. Die Fische selbst überleben die Trockenperiode nicht. Lediglich die Eier, die vor dem Versiegen des Wassers in den Bodenschlamm eingebettet werden, machen hier im verkrusteten Schlammbett, immer unter Einhaltung einer vollständigen Ruhezeit, ihre Entwicklung durch. Die Jungfische schlüpfen, wenn sich die ausgetrockneten Gewässerbetten wieder mit Wasser füllen, innerhalb weniger Stunden. Sie wachsen im Laufe einiger Monate zu fortpflanzungsreifen Fischen heran und laichen ab, bevor die Trockenzeit einsetzt, die ihnen den Tod bringt. Sie sind also außerordentlich kurzlebig: ihr Leben währt praktisch nur eine »Saison«. Nur im Aquarium gelingt es, sie bei relativ niederen Temperaturen (20–23 °C) und bei nicht zu reichlichem Futter länger als 12 Monate am Leben zu erhalten. Auch diese Fische sind Dauerlaicher. Mit kurzen Unterbrechungen zwischen den einzelnen Laichperioden paaren sie sich eigentlich ununterbrochen. Eine Laichperiode dauert 1–3 Wochen. Ansatz 1/1 über Torfmull wie unter Z 9b angegeben. Das Wasser muß nicht übermäßig weich sein (bis 10°dH). Die Paare sind vor dem Ansatz zu trennen und reichlich zu füttern. Auch während der Laichperioden selbst muß den Tieren Futter gereicht werden. Am besten sind hierzu sauber gewaschene Daphnien und Enchyträen geeignet.

Nach Beendigung jeder Laichperiode werden die Zuchttiere entfernt und das Wasser wird abgezogen. Der nasse Torf wird in bedeckte Gefrierschrankschalen gebracht und dunkel stehend bei 20–23 °C aufbewahrt. Die Eier können lange Zeit im feuchten Torf liegen. Die Liegezeiten sind nach Art und Umständen verschieden lang. Die Jungen schlüpfen erst, wenn man den Torf mit frischem gleichtemperiertem Wasser übergießt; dann allerdings häufig innerhalb weniger Stunden. Sie sind herauszufangen, wobei man sich eines Löffels bedient, und in Aufzuchtbecken zu überführen. Keinesfalls sollte man diese Maßnahme zu früh vornehmen. Je länger man die Eier im Torf ruhen läßt, um so größer ist die Zahl der gleichzeitig schlüpfenden Jungen. Die Aufzucht ist leicht, zumal die Fischchen außerordentlich schnellwüchsig sind. – Zur Gruppe Z 10 gehören die Tabellen-Nummern 118, 123, 124, 127, 128.

Haltung	Zucht	Futter	Seite/ Abb.
Bgr. I/III. Pgr. 4, dichte Bepflanzung, nicht zu heller Stand. Torfauflage, Moorkienwurzeln. 20–24 °C, bei höheren Temperaturen hinfällig	Z 9a. Die Eier benötigen 14–24 Tage zur Entwicklung	Lebendfutter, Trockenfutter nur zusätzlich	VI/14
Bgr. I/III. Pgr. 4. 22–24 °C. Wie bei A. australe. Manchmal wird auch leichter Kochsalzzusatz empfohlen	Z 9a. Die Jungen schlüpfen nach 2 bis 3 Wochen. Ablaichen in den oberen Wasserschichten	Lebendfutter, Trockenfutter nur zusätzlich	VI/3 u. 8

Nr.	Wissenschaft-licher Name	Deutscher Name	Heimat	Größe cm	Charakter	Geschlechts-unterschiede
86	*A. bualanum*	Violetter Pracht-kärpfling	Westafrika, Kamerun	5	Ruhig und friedlich, wie A. australe	♂ viel lebhafter gefärbt, ♀ unscheinbar
87	*A. calliurum* (= *vexillifer*)	Rotsaum-Pracht-kärpfling	Tropisches Westafrika	6,5	Friedlich und lebhaft, gut für Gesellschaft mit anderen friedlichen Prachtkärpflingen	♂ lebhafter gefärbt, Flossen spitz aus-gezogen, ♀ unschein-barer
88	*A. christyi* (auch als *A. cognatum* und *A. schoutedeni* im Handel ge-wesen)	Roter Pracht-kärpfling	Gebiet des unteren Kongo	5	Friedlicher, lebhafter Fisch, gut für Gesell-schaft anderer fried-licher Prachtkärpf-linge geeignet	♂ lebhafter gefärbt, Flossen leicht zu-gespitzt, ♀ unschein-barer, Flossen rund
89	*A. exiguum*	Hochland-pracht-kärpfling	Westafrika, Kamerun und Gabun	5	Friedlich, in hellen Aquarien etwas scheu, sonst wie A. australe	♂ lebhafter gefärbt, ♂ mit orange gerande-ten Rücken- und Afterflossen
90	*A. filamentosum*	Faden-pracht-kärpfling	Westafrika: Togo	5,5	Lebhafter und fried-licher Fisch	♂ lebhafter gefärbt. Schwanz- und After-flosse sehr stark aus-gezogen, ausgefranst wirkende Flossen-ränder
91	*A. gardneri* (= *nigerianum*)	Stahlblauer Pracht-kärpfling	Kamerun	6	Nicht sehr friedlich	♂ etwas lebhafter ge-färbt, Unterschiede nicht so ausgeprägt wie bei anderen Arten
92	*A. gulare* (= *beauforti*)	Gelber Pracht-kärpfling	Liberia, Kamerun	8	Räuberischer und un-verträglicher Fisch	♂ lebhafter gefärbt
93	*A. labarrei*		Kongo-gebiet	5	Ruhiger und friedlicher Fisch, wie A. australe zu vergesellschaften	♂ intensiv blau, ♀ ein-farbig braun mit weni-gen dunklen Punkten
94	*A. mirabile*		Kamerun in mehreren Lokalformen	6	♂ zeitweilig recht streitbar	♂ intensiv blau mit roten Mustern, ♀ bräunlich
95	*A. scheeli* (= *A. „burundi"*)	Scheeler Pracht-kärpfling	Westafrika, Nigerdelta	6	♂ zeitweilig recht streitbar	♂ blau mit orangefar-benen Flossenrändern, ♀ graubraun

Haltung	Zucht	Futter	Seite/Abb.
Bgr. I/III. Pgr. 4. Wie A. australe	Z 9a. Wie A. australe	Lebendfutter, Trockenfutter nur zusätzlich	
Bgr. II/III. Pgr. 4. 22–24 °C. Wie bei A. australe	Z 9a. Ablaichen in Oberflächennähe. Die Jungen schlüpfen nach 2–3 Wochen	Lebendfutter, Trockenfutter(?)	VI/15
Bgr. II/III. Pgr. 4. 22–24 °C. Wie bei A. australe	Z 9a. Ablaichen in Oberflächennähe. Junge schlüpfen nach 2–3 Wochen. Relativ produktiv	Lebendfutter, Trockenfutter nur zusätzlich	236/2
Bgr. I/III. Pgr. 4. Wie A. australe	Z 9a. Wie A. australe	Lebendfutter, Trockenfutter nur zusätzlich	
Bgr. II/III. Pgr. 4. 22–24 °C. Wie bei A. australe	Z 9b. Die Zucht gilt als schwierig. Die Jungen sind nach 4–6 Wochen schlupfreif. Andere Lokalformen Z 9a, wie A. australe	Lebendfutter	218/14
Bgr. II/III. Pgr. 4. 21–24 °C. Wie bei A. australe	Z 9b. Die Jungen sind nach 3–6 Wochen schlupfreif. Andere Lokalformen Z 9a, wie A. australe	Lebendfutter	218/11 u. 16
Bgr. III/IV. Pgr. 4. 20–24 °C, am besten um 22 °C. Evtl. kann dem Wasser etwas Kochsalz (60 g auf 50 Liter Wasser) zugegeben werden. Unbedingt nötig ist das aber nicht. Sonst wie bei A. australe	Z 9b. 20–23 °C. Die Jungen sind nach 6–10 Wochen schlupfreif	Kräftiges Lebendfutter, Insektenlarven, Regenwürmer, kleine Fische	VI/2
Bgr. I/III. Pgr. 4. 18–22 °C, nicht höher, für klares, sauerstofffreies Wasser sorgen. Sonst wie bei A. australe	Z 9a. 20–22 °C. Schlupf der Jungen nach 14–18 Tagen	Lebendfutter, Trockenfutter nur zusätzlich	
Bgr. III. Pgr. 4. 20–24 °C. Wie bei A. australe	Z 9a. 20–25 °C. Schlupf der Jungen nach 18–21 Tagen	Lebendfutter, Trockenfutter nur zusätzlich	
Bgr. I/III. Pgr. 4. 20–24 °C. Wie bei A. australe	Z 9a. 20–25 °C. Wie A. australe	Lebendfutter, Trockenfutter nur zusätzlich	

Nr.	Wissenschaft-licher Name	Deutscher Name	Heimat	Größe cm	Charakter	Geschlechts-unterschiede
96	*A. sjoestedti* (Bisher als *A. coeruleum* im Handel)	Blauer Pracht-kärpfling	Niger-mündung bis Kamerun	12	Räuberischer und robuster Fisch, der größte der Gattung	♂ lebhafter gefärbt, Flossen größer, drei-zipflige Schwanzflosse
97	*A. striatum* (z. T. = *A. lujae*)	Rot-streifen Pracht-kärpfling	Gabun	6	Ruhiger und freund-licher Fisch, wie A. australe zu ver-gesellschaften	♂ intensiv blaugrün mit roten Punktstreifen, ♀ unscheinbar
98	*A. walkeri* (= *A. spurelli*)	Walkers Pracht-kärpfling	Ghana und Elfenbein-küste	6	♂ zeitweilig sehr streitbar	♂ metallisch grün mit roten Flossenumran-dungen, ♀ graubraun mit unregelmäßigen Punkten
99	*Aplocheilichthys macro-phthalmus*	Roter Leucht-augenfisch	Westafrika, Nigeria	3,5	Friedlicher, im Schwarm lebender Oberflächenfisch. Springt gern	♂ lebhafter gefärbt. Rücken- und After-flosse spitz aus-gezogen
100	*A. pumilus*	Kleiner Leucht-augenfisch	Ost-afrikanische Seen	5,5	Friedlicher, im Schwarm lebender Oberflächenfisch. Springt gern	♂ schlanker, kräftiger in der Farbe
101	*Aplocheilus blocki*	Madras-Hechtling	Vorder-indien (Madras)	5	Friedlicher, etwas zarter Oberflächen-fisch. Nicht mit zu robusten anderen Fischen zusammen pflegen	♂ lebhafter gefärbt. Rücken- und After-flosse zugespitzt

Haltung	Zucht	Futter	Seite/Abb.
Bgr. III/IV. Pgr. 4. 20–24 °C, MT 16 °C. Wie bei A. australe. Evtl. kann dem Wasser etwas Kochsalz (60 g auf 50 l) zugeben werden	Z 9b. Die Jungen sind nach 6–10 Wochen schlupfreif. Vorwüchser fressen Geschwister, deshalb rechtzeitig und mehrfach sortieren	Kräftiges Lebendfutter, Mücken- und Insektenlarven, kleine Fische Lebend- und Trockenfutter	VI/1
Bgr. I/III. Pgr. 4. 20–24 °C. Wie bei A. australe	Z 9a. 20–25 °C. Wie A. australe	Lebendfutter, Trockenfutter nur zusätzlich	*
Bgr. I/III. Pgr. 4. 20–24 °C. Wie bei A. australe	Z 9a. 20–25 °C. Wie A. australe	Lebendfutter, Trockenfutter nur zusätzlich	
Bgr. I/II. Pgr. 4, stellenweise dicht bepflanzt. Oberfläche zum Teil mit Schwimmpflanzen abdecken. Lieben an sich weicheres Wasser, doch kann man sie auch bei Härtegraden bis 15 °dH pflegen und manchmal auch züchten. 20–23 °C. Becken gut abdecken, da ausgezeichnete Springer. Sehr kurzlebig!	Z 8. Die Zucht ist im voll eingerichteten Normalaquarium möglich, doch auch im Ansatz im Vollglasbecken. Dauerlaicher. Eine Laichperiode dauert etwa 2 Wochen. Die Eier werden einzeln an Pflanzen angeheftet. Laichreife ♀♀ sind an den durchschimmernden Eiern deutlich als solche zu erkennen. 24–25 °C. Die Jungen schlüpfen nach ein bis zwei Wochen. Die Eier kann man ablesen und in Aufzuchtschalen bringen. Die schlüpfenden Jungen werden mit einem Teelöffel abgeschöpft und in Aufzuchtbecken mit gleichen Wasserverhältnissen und Temperaturen gebracht. Sie sind empfindlich gegen Infusorienbildung, auch eine Fettschicht an der Wasseroberfläche vertragen sie nicht (Durchlüftung!)	Lebend- und Trockenfutter	VI/9
Bgr. I/II. Pgr. 4. Wie A. macrophthalmus	Wie bei 100 angegeben		
Bgr. III. Pgr. 4, Oberfläche teilweise mit Schwimmpflanzen abdecken. 22–26 °C. Deckscheiben dicht schließend, da treffsichere Springer	Z 8. 23–28 °C. Nicht besonders produktiv. Die Jungfische sind etwas heikel	Lebend- und Trockenfutter	VI/16

Nr.	Wissenschaftlicher Name	Deutscher Name	Heimat	Größe cm	Charakter	Geschlechtsunterschiede
102	*A. dayi*	Ceylon-Hechtling	Südindien und Sri Lanka	7	Friedlicher, oft scheuer Oberflächenfisch	♂ lebhafter gefärbt, Rücken- und Afterflosse zugespitzt
103	*A. lineatus*	Streifenhechtling	Vorderindien, Sri Lanka	10	Lebhafter, räuberischer Oberflächenfisch. Kann nur in Gesellschaft gleichgroßer Fische gehalten werden!	♂ lebhafter gefärbt, etwas größer. ♀ mit Querstrichen auf der hinteren Körperhälfte
104	*A. panchax*	Gemeiner Hechtling	Indien, Malaya, Sri Lanka	8	Etwas räuberischer Oberflächenfisch, gleichgroßen Fischen gegenüber verträglich	♂ lebhafter gefärbt
105	*Austrofundulus dolichopterus*	Flügelflossiger Fächerfisch	Venezuela	5	Friedlich, nur ♂ untereinander streitbar. Im Artbecken besser haltbar als vergesellschaftet	Rücken- und Afterflosse der ♂ stark verlängert, Färbung intensiver
106	*A. transilis*	Metallblauer Fächerfisch	Venezuela bis N-Guayana	7	♂ sehr streitbar. Im Artbecken besser haltbar als vergesellschaftet	♂ intensiv blauglänzend, ♀ grau mit wenigen Tupfen in den Flossen
107	*Cynolebias bellotti*	Blauer Fächerfisch	La Plata-Gebiet	♂ 7 ♀ 5	Lebhafter, aber sehr aggressiver Fisch. Am besten allein zu halten. Erwachsene Tiere sind immer in Laichstimmung	♂ schön blau mit helleren Flecken, ♀ bräunlich. Die Zahl der Flossenstrahlen verschieden
108	*C. nigripinnis*	Schwarzflossiger Fächerfisch	Gebiet des Rio Parana	♂ 5 ♀ 4	Zierlicher und lebhafter, nicht immer sehr friedlicher Fisch	♂ dunkelblau ♀ gelbbraun
109	*C. whitei*	Perlmuttfächerfisch	Brasilien	♂ 8 ♀ 5	Ruhig, anderen Fischen gegenüber friedlich. Im Artbecken streiten die ♂ um Reviere	♂ dunkelbraun mit grünblauen Glanzpunkten, ♀ gelbbraun
110	*Cynopoecilus ladigesi*	Schönflossenfächerfisch	Gebiet um Rio de Janeiro	♂ 4,5 ♀ 3,5	Munterer und friedlicher Fisch. Für Gesellschaft kleinerer Zahnkarpfen geeignet	♂ intensiver gefärbt, schön gebänderte Flossen. ♀ bräunlich, unscheinbar

Haltung	Zucht	Futter	Seite/Abb.
Bgr. III/IV. Pgr. 4. Wie A. blocki	Z 8. 23—28 °C. Wie A. blocki	Lebend- und Trockenfutter	
Bgr. III/IV. Pgr. 4. Sonst wie bei A. blocki	Z 8. 23—28 °C. Die sehr großen Jungfische sind leicht aufzuziehen. In geräumigen Aquarien und bei dichter Bepflanzung werden stets auch Jungfische im eingerichteten Becken groß	Kräftiges Lebendfutter, Insekten und ihre Larven, Fische, Trockenfutter	VI/7
Bgr. III/IV. Pgr. 4. Sonst wie bei A. blocki	Z 8. Wie bei A. lineatus	Lebendfutter, Insekten und Mückenlarven, kleine Fische, Trockenfutter	VI/6
Bgr. I/III. 18—24 °C. Weiches, torfiges Wasser. Wie A. australe	Z 10. Torfbodengrund. Trockenperiode 4—6 Monate (nicht zu feucht aufbewahren!) Jungfische wachsen zügig und sind nach 10 Wochen wieder zuchtfähig	Lebendfutter, besonders Mückenlarven	
Bgr. III. 18—24 °C. Auch in mittelhartem Wasser zu halten. Sonst wie A. australe	Z 10. Torf- oder Sandbodengrund. Trockenperiode 6 Monate. Sonst wie A. dolichopterus	Kräftiges Lebendfutter	
Bgr. III. Pgr. 4. Liebt Sonne und wechselnde Temperaturen zwischen 20 und 25 °C. Bodengrund feiner Sand oder Torf	Z 10. Liebesspiel sehr schön. Laichperiode dauert 8—10 Tage. Die Jungen sind nach 70—90 Tagen schlupffrei. Aufzucht mit Artemia nicht schwer, schnellwüchsig	Reichlich Lebendfutter, Trockenfutter nur zusätzlich	VII/1
Bgr. III. Sonst wie bei C. bellotti	Wie bei C. bellotti	Reichlich Lebendfutter, Trockenfutter nur zusätzlich	236/1
Bgr. III. Sonst wie bei C. bellotti	Wie bei C. bellotti	Reichlich Lebendfutter, Trockenfutter nur zusätzlich	
Bgr. II. Wie bei C. bellotti	Z 10. Wie bei C. bellotti. Im Gegensatz zu den beiden vorstehenden Arten wühlt sich diese bei der Paarung nicht in den Grund ein. Die Jungen sind nach etwa 8 Wochen schlupffrei	Lebend- und Trockenfutter	204/18

Nr.	Wissenschaft-licher Name	Deutscher Name	Heimat	Größe cm	Charakter	Geschlechts-unterschiede
111	*Cyprinodon macularins*	Blauer Wüstenfisch	Kalifornien	♂ 5 ♀ 4	Nur Artbecken, da meist sehr unverträglich	♂ graublau bis stahl-blau, ♀ braungrau
112	*C. variegatus*	Edelstern-kärpfling	Atlantische Küste Nord- und Mittel-amerikas	♂ 8 ♀ 6	Nur Artbecken	♂ sehr farbintensiv, ♀ gelb mit vielen Quer-binden
113	*Epiplatys annulatus*	Ringel-hechtling	Westafrika: Liberia, Guinea	4	Friedlicher Fisch. Hält sich gern in Ober-flächennähe auf. Gut für Gesellschaft geeignet	♂ farbiger, ♀ etwas blasser
114	*E. chevalieri*		Mittellauf des Kongo und Kongo-mündungs-gebiet	♂ 8 ♀ 6	Lebendiger, aber nicht ganz friedlicher Fisch	♂ lebhafter gefärbt, ♀ einfarbiger mit dunkler Längsbinde
115	*E. dageti mon-roviae* (bisher: *E. chaperi*)	Querband-hechtling	Westafrika: Ghana, Liberia	6	Friedlicher Ober-flächenfisch. Gut für Gesellschaft geeignet	♂ lebhafter gefärbt, Kehle rot, ♀ mit farb-losen Flossen
116	*E. fasciolatus*	Gebänderter Hechtling	Westafrika, auch im Gebiet des oberen Nil in zahlrei-chen Lokal-formen	8	Räuberischer Ober-flächenfisch, kann aber mit gleichgroßen Fischen zusammen gepflegt werden	♂ farbiger, Rücken- und Afterflosse zugespitzt
117	*E. sexfasciatus*	Sechsband-hechtling	Westafrika, von Liberia bis zum Kongo-unterlauf in zahlreichen Lokalformen	11	Räuberischer Fisch, kann aber mit etwa gleichgroßen, nicht zu lebhaften Fischen zusammen gepflegt werden	♂ lebhafter gefärbt, Rücken- und After-flosse zugespitzt, ♀ etwas kleiner und schmuckloser
118	*Fundulosoma thierryi* (= *Aphyo-semion walkeri*)	Ghana-kärpfling	Westafrika, Ghana	♂ 4 ♀ 3	Friedlicher Boden-fisch, untereinander streitbar	♂ lebhaft gefärbt, ♀ gelbbraun

Bgr. I/III. 20–30 °C. Sonst wie P. playfairi. Verträgt auch sehr hartes Wasser	Z 8. Pflanzenlaicher. Schlupf nach 10–14 Tagen	Lebendfutter, auch Pflanzenkost und Trockenfutter	
Bgr. I/III. Nicht über 23 °C. Sonst wie P. playfairi	Z 8. Pflanzenlaicher. Schlupf nach 8–12 Tagen		
Bgr. II/III. Pgr. 4, Schwimmpflanzen, aber nicht dicht zu bepflanzen, da die Fische dabei leicht scheu werden. 23–24 °C. Wasser bis 10 °dH	Benötigen zur Zucht weiches, leicht saures Wasser. 24 °C. Ablaichen am Boden, aber auch unter der Oberfläche. Die Jungen schlüpfen nach 10 bis 14 Tagen. Sie sind sehr klein. Anfütterung mit Pantoffeltierchen, dann Artemia	Lebend- und Trockenfutter	236/5
Bgr. III/IV. Pgr. 4, sonst wie bei E. dageti. Nicht über 15 °dH. 23–24 °C	Z 8. 24 °C. Die Laichperiode dauerte etwa 2 Wochen. Die Eltern stellen Laich und Jungfischen sehr nach. Die Zucht gilt als etwas schwierig	Kräftiges Lebendfutter	VII/8
Bgr. II/III. Pgr. 4. Dichte Bepflanzung, aber auch genügend Schwimmraum. Oberfläche teilweise mit Schwimmpflanzen abdecken. 21–23 °C, MT 16 °C	Z 8. 24–26 °C. Laicht gern an Schwimmpflanzen (Riccia, Wurzeln von Wasserfarnen). Kann ziemlich produktiv sein. 200–300 Eier in einer Laichperiode. Die Jungen schlüpfen nach 8–10 Tagen. Schnellwüchsig. Aussortieren, da Kannibalen!	Lebend- und Trockenfutter	VII/3
Bgr. III/IV. Pgr. 4. Sonst wie bei E. dageti. Bei Importfischen wird leichter Kochsalzzusatz (1 geh. Teelöffel auf 5 Liter Wasser) empfohlen. 21–24 °C	Z 8. 24–25 °C. Die Eier sind gegen Sonnenbestrahlung empfindlich. Eine Laichperiode dauert 2–3 Wochen. Die Jungen sind schnellwüchsig. Aussortieren!	Kräftiges Lebendfutter, Trockenfutter?	236/3
Bgr. III/IV. Pgr. 4, dicht bepflanzt. Liebt Licht. 21–24 °C	Z 8. Nicht sehr produktiv. Die Jungen kommen nach etwa 2 Wochen aus. Sie nehmen sofort Artemia	Kräftiges Lebendfutter, zusätzlich auch Trockenfutter	236/7
Bgr. I/II. Pgr. 4. Sonst wie C. bellotti	Z 10. Trockenperiode etwa 8 Wochen. Jungfische sehr klein	Lebend- und Trockenfutter	

231

Nr.	Wissenschaftlicher Name	Deutscher Name	Heimat	Größe cm	Charakter	Geschlechtsunterschiede
119	*Fundulus chrysotus* (Von diesem Fisch gibt es eine gescheckte Spielart)	Goldauge	Südosten der USA, auch im Brackwassergebiet	7	Relativ verträglicher, in der Laichzeit allerdings etwas aggressiver Fisch. Liebt Gesellschaft, aber nicht mit kleineren Fischen zusammen pflegen	♂ lebhafter gefärbt, ♀ wesentlich matter in der Farbe
120	*Garmanella pulchra*	Yukatankärpfling	Mexiko, Halbinsel Yukatan	4	Verträglicher, nur untereinander etwas zänkischer Fisch für Artbecken	♂ mit orange- bis blutroten Flossen, ♀ gelbbraun
121	*Jordanella floridae*	Floridakärpfling	Von Florida bis Yukatan	6	Ruhiger, in der Laichzeit aber lebhafter und dann auch etwas aggressiver Fisch (♂). Nicht sehr für Gesellschaft geeignet	♂ farbiger, ♀ mit dunklem Fleck in der Rückenflosse und Schachbrettmuster an den Seiten
122	*Lucania* (früher *Chriopeops*) *goodei*	Rotschwanzkärpfling	Florida	6	Wie J. floridae	♂ mit roter Schwanzflosse, ♀ blasser, ohne blaue Färbung
123	*Nothobranchius palmquisti*	Blauer Prachtgrundkärpfling	Ostafrika	♂ 8 ♀ 7	Sehr kurzlebige, nicht für Gesellschaft geeignete Fische. Werden sie paarweise gehalten, laichen sie unablässig	♂ prächtig gefärbt. Die einfach gefärbten ♀♀ aller N.-Arten ähneln sich sehr und können leicht verwechselt werden
124	*N. rachovi*	Prachtgrundkärpfling	Ostafrika	7	Wie bei N. palmquisti	Wie bei N. palmquisti
125	*Pachypanchax playfairi*	Tüpfelhechtling	Ostafrika, Madagaskar, Seychellen	10	Bissiger und rauflustiger Fisch. Nicht für Gesellschaft geeignet	♂ lebhafter gefärbt ♀ voller
126	*Procatopus gracilis*	Nigeria-Leuchtaugenfisch	Westafrika, Nigeria	6	Schwarmfisch für ein Artbecken	♂ metallisch glänzend, ♀ gelbbraun

Haltung	Zucht	Futter	Seite/Abb.
Bgr. III/IV. Pgr. 4, stellenweise dicht bepflanzt. 23–25 °C, MT 20 °C. Hält sich gern in Bodennähe und den mittleren Wasserschichten auf. Wasserstand nicht zu hoch	1/1. 24–27 °C. Ablaichen in Algen, feinfiedrigen Pflanzen oder Chemiefasern. Die Eier müssen abgelesen und in Aufzuchtschalen gebracht werden. Die Eltern sind Laichfresser! Die Jungen schlüpfen bei 25 °C nach 9–10 Tagen. Aufzucht nicht schwierig	Lebend- und gelegentlich Trockenfutter	236/8
Bgr. II/IV. Pgr. 4. Sonst wie P. playfairi	Z 8. 24–28 °C. Pflanzenlaicher. Laich wird weiß. Schlupf nach 10–14 Tagen	Lebend- und Trockenfutter	
Bgr. I/III. Pgr. 4 oder 11, dicht bepflanzt. Liebt Algen und viel Licht. Temperatur 20–21 °C am günstigsten, zur Zucht etwas mehr. Weicher Sand als Bodengrund	1/1. 22–25 °C. Keine besonderen Ansprüche an den Härtegrad des Wassers. Wasserstand 15–20 cm. Ablaichen nach heftigem Treiben an oder zwischen den Laichpflanzen. In einer Ablaichperiode von 8–10 Tagen werden 30–120 Eier abgegeben. ♂ übt eine etwas lässige Brutpflege aus. In größeren Aquarien kann man das ♀ im Becken belassen, sonst fängt man es besser heraus. Die Jungen schlüpfen nach 6–9 Tagen. Dann ist das ♂ zu entfernen. Die Jungen nehmen sofort staubfeines Lebendfutter und Artemia, benötigen aber auch Pflanzenkost. Schnellwüchsig	Lebend- und Trockenfutter, Pflanzenkost	VI/10
Wie J. floridae	Pflanzenlaicher. Oberflächennahe Schichten bevorzugt. Laichräuber. Schlüpft nach 10–14 Tagen	Lebend- und Trockenfutter	
Bgr. II/III. Pgr. 4. Dekoration mit Wurzeln. Torfschicht am Boden. 20–23 °C, zu warm gehalten sind die Fische noch kurzlebiger. In größeren Behältern kann man mehrere ♂♂ (ohne ♀♀) gemeinsam halten	Z 10. Die Eier lassen sich auch unter Wasser stehend erbrüten. Die Jungen schlüpfen bei 20–23 °C nach 8–10 Wochen. Trockenbrütung meist ergiebiger	Lebendfutter in reichlichen Mengen	VI/11
Wie bei N. palmquisti	Wie bei N. palmquisti. Trockenzeit etwa 7 Monate	Lebendfutter in reichlichen Mengen	*
Bgr. III/IV. Pgr. 4, stellenweise dicht bepflanzt. Schwimmpflanzen! Liebt Versteckplätze. Keine besonderen Ansprüche bezüglich der Wasserzusammensetzung, doch kann bei Importtieren ein Zusatz von Kochsalz (1 Teelöffel auf 10 l Wasser) von Vorteil sein. 23–25 °C, MT 20 °C	Z 8. 1/1. Laichen gern im Pflanzendickicht, insbesondere an die Wurzeln von Schwimmpflanzen. Eine Laichperiode dauert etwa 14 Tage. In dieser Zeit werden 150–300 Eier abgelegt. Die Jungen schlüpfen bei 25 °C nach ungefähr 2 Wochen	Reichliches Lebendfutter	VI/4
Bgr. I/III. Pgr. 4. Sonst wie A. macrophthalmus (99)	Z 8. Wie A. macrophthalmus (99)	Lebend- und Trockenfutter	

Nr.	Wissenschaftlicher Name	Deutscher Name	Heimat	Größe cm	Charakter	Geschlechtsunterschiede
127	*Pterolebias longipinnis*	Schleierkärpfling	Gebiet des unteren Amazonas	♂ 9 ♀ 6	Lebhafter Fisch, gilt als etwas unverträglich	Flossen beim ♂ stark vergrößert
128	*P. peruensis*	Peru-Kärpfling	Peru und oberes Amazonasgebiet	♂ 9 ♀ 6	Mit ähnlichen Arten zu vergesellschaften. Artbecken besser	♂ mit verlängerten Flossen
129	*Rivulus cylindraceus*	Kubabachling	Kuba	♂ 5 ♀ 5,5	Verträglicher, gut für Gesellschaftsaquarien geeigneter Oberflächenfisch	♂ farbiger, ♀ mit einem hell umrandeten Augenfleck auf der Schwanzwurzel
130	*R. holmiae*	Blauer Riesenbachling	Guayana	10	Nur mit großen Arten zu vergesellschaften	♂ intensiv blau, Schwanzflosse gelb gerandet, ♀ mit schwarz eingefaßter Schwanzflosse, kein Fleck!
131	*R. milesi*	Goldschwanzbachling	Kolumbien und südl. Mittelamerika	8	Mitunter räuberisch, nur mit größeren Arten zu vergesellschaften	♂ mit schwarz gerandetem Schwanz, unten goldfarben bis rötlich, ♀ marmoriert
132	*Roloffia bertholdi*	Bertholds Prachtkärpfling	Westafrika, Sierra Leone	5	Wie A. australe, aber recht scheu	♂ blau mit roten Mustern, ♀ gelbbraun, keine Flecken auf dem Schwanzstiel
133	*R. calabarica*	Calabar-Prachtkärpfling	Westafrika, Liberia	6	Wie A. australe	♂ blau, ♀ grau mit dunkler Marmorierung
134	*R. geryi*	Gerys Prachtkärpfling	Westafrika, Guinea und Sierra Leone	5	Wie A. australe	♂ blau, ♀ mit dunklem Zickzack-Band
135	*R. occidentalis* (bisher als *A. sjoestedti* im Handel)	Goldfasan-Prachtkärpfling	Westafrika: Guinea bis Kamerun, Nigermündung	8	Schöner, aber nicht sehr verträglicher Fisch	♂ lebhafter gefärbt

Haltung	Zucht	Futter	Seite/ Abb.
Bgr. III/IV. Pgr. 4, stellenweise dicht bepflanzt. Liebt weiches, leicht saures Wasser und dunklen Untergrund. 21–23 °C, nicht höher	Z 10. Die Paare wühlen sich beim Ablaichen in den Bodengrund ein. Eine Laichperiode dauert 2–3 Wochen. Die Jungen sind nach 8–10 Wochen schlupfreif	Reichlich kräftiges Lebendfutter, Mücken- und Insektenlarven, kleine Regenwürmer	236/11
Wie P. longipinnis	Wie P. longipinnis, doch gibt es auch Populationen, deren Laich in Wasser erbrütet werden kann	Kräftiges Lebendfutter wie P. longipinnis	
Bgr. III. Pgr. 4. Lieben dicht bepflanzte Stellen, besonders auch Schwimmpflanzen, auf denen sie gern liegen. Daher muß die Luft über der Oberfläche erwärmt sein. 23–25 °C, MT 18 °C. Gut abdecken!	Z 8. 1/1. 25–26 °C. Wasserstand 20 cm. Ablaichen nach heftigem Treiben unter der Oberfläche zwischen Riccia und Wurzeln von Schwimmpflanzen. Die Jungen schlüpfen nach 10–12 Tagen. Sie sind leicht aufzuziehen. Nach der Größe sortieren, da Kannibalen!	Kräftiges Lebendfutter und Trockenfutter	VII/2
Bgr. III/IV. Wie R. cylindraceus. Besonders gute Springer. Gut abdecken!	Z 8. Wie R. cylindraceus	Besonders kräftiges Lebend- und Trockenfutter	236/13
Bgr. III/IV. Wie R. cylindracens.	Z 8. Wie R. cylindracens	Kräftiges Lebend- und Trockenfutter	274/2
Bgr. I/III. Wie Aphyosemion-Arten	Z 9a. Schlupf nach 18–24 Tagen	Lebendfutter, Trockenfutter zusätzlich	
Bgr. I/III. Wie A. australe	Z 9a. Schlupf nach 18–24 Tagen	Lebendfutter, Trockenfutter zusätzlich	204/17
Bgr. I/III. Wie A. australe	Trockenperiode in Torf 4–6 Wochen, Erbrütung auch im Wasser möglich, dann Schlupf nach 18–24 Tagen	Lebendfutter, Trockenfutter zusätzlich	
Bgr. III/IV. Prg. 4. 20–23 °C. Wie bei A. australe	Z 9b. 20–23 °C. Die Eier entwickeln sich auch, wenn sie im Laichsubstrat dauernd unter Wasser stehen, also ohne »Trockenperiode«. Die Jungen sind nach 12–20 Wochen schlupfreif	Kräftiges Lebendfutter, Mückenlarven o. ä., Regenwürmer, kleine Fische	

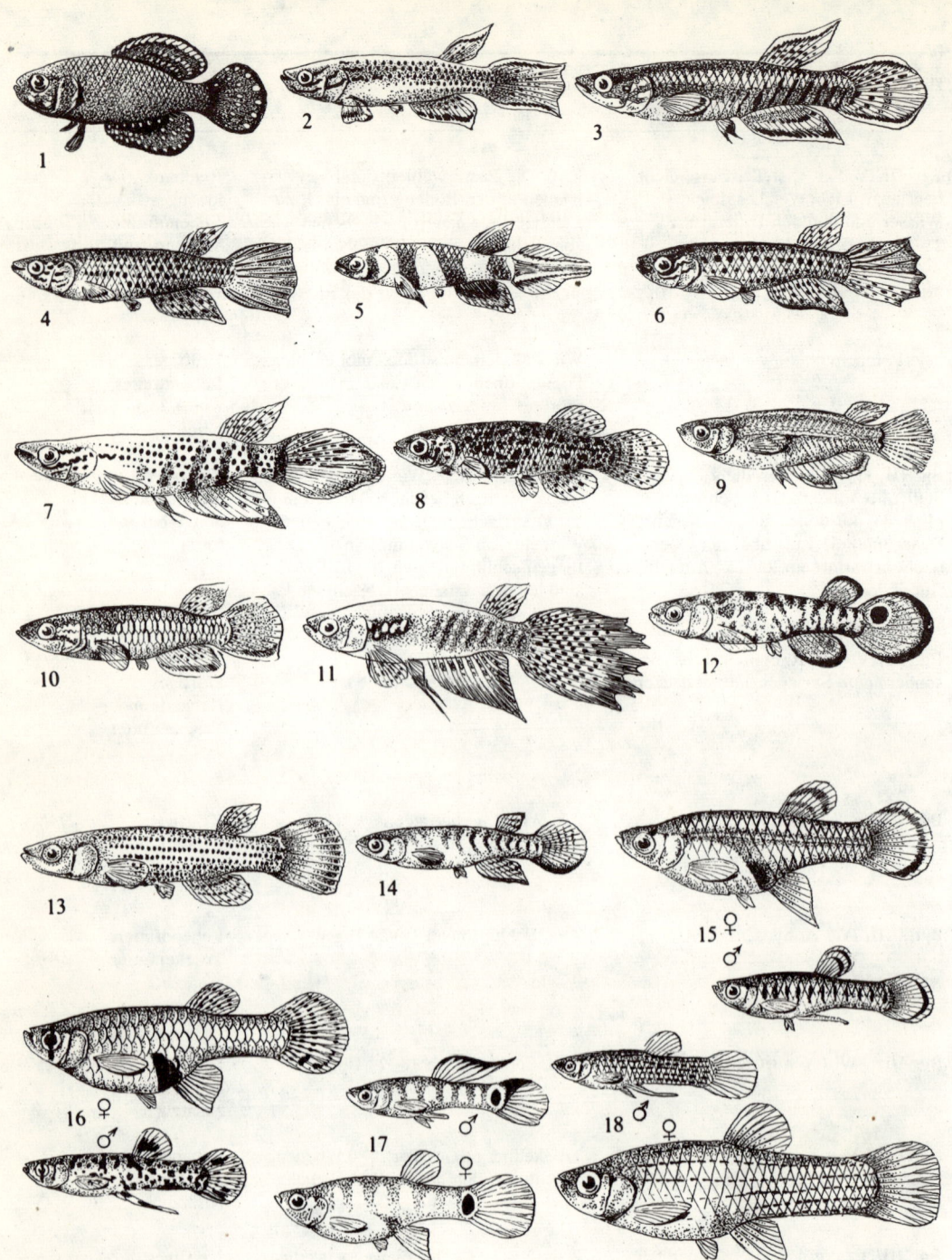

1 *Cynolebias nigripinnis*, Schwarzflossiger Fächerfisch (108)   2 *Aphyosemion schoutedeni*, Rotpunkt-Prachtkärpfling (88)   3 *Epiplatys fasciolatus*, Gebänderter Hechtling (116)   4 *Epiplatys macrostigma*, Großpunkthechtling (–)   5 *Epiplatys annulatus*, Ringelhechtling (113)   6 *Epiplatys ornatus*, Smaragdhechtling (–)   7 *Epiplatys sexfasciatus*, Sechsbandhechtling (117)   8 *Fundulus chrysotus*, Goldauge (119)   9 *Oryzias javanicus*, Javakärpfling (–)   10 *Pachypanchax homalonotus*, Grüner Hechtling (–)   11 *Pterolebias longipinnis*, Schleierkärpfling (127)   12 *Rivulus ocellatus*, Augenfleckbachling (–)   13 *Rivulus holmiae*, Blauer Riesenbachling (130)   14 *Rivulus strigatus*, Gestreifter Bachling (–)   15 *Brachyraphis episcopi*, Bischofskärpfling (–)   16 *Gambusia affinis holbrooki*, Koboldkärpfling (137)   17 *Poecilia (Micropoecilia) branneri*, Zitronenkärpfling (–)   18 *Jenynsia lineata*, Linienkärpfling (–)

236

Lebendgebärende Zahnkarpfen
(Poeciliidae)

Die Lebendgebärenden Zahnkarpfen bilden neben den Eierlegenden Zahnkarpfen (Cyprinodontidae) die zweite größere Familie innerhalb der Unterordnung der Zahnkarpfen (Cyprinodontoidea). In vielen anatomischen Merkmalen stimmen die beiden großen Gruppen überein. Die Lebendgebärenden Zahnkarpfen (zu denen noch einige kleinere Familien zu zählen sind) unterscheiden sich aber grundsätzlich von den eierlegenden Formen durch ihre Fortpflanzungsweise und, damit im Zusammenhang stehend, durch den Besitz eines Begattungsorgans bei den männlichen Tieren. Die Poeciliiden stellen als die artenreichste Gruppe naturgemäß auch die Hauptmasse der Arten, die für die Haltung im Aquarium geeignet sind. Die übrigen Familien umfassen nur wenige Gattungen und Arten und seien daher hier nur am Rande erwähnt. Aquaristisch gesehen handelt es sich um »Außenseiter«, die besonders den Spezialisten interessieren.

Die Verbreitung beschränkt sich auf Süd- und Mittelamerika und den Süden der USA. Die Fische sind dort ungemein verbreitet und in allen möglichen Gewässern zu finden. Einige Arten leben zeitweise auch in der Brackwasserzone oder gehen sogar ins Meer. Zum Teil treten sie in solch ungeheuren Massen auf, daß sie den Volksnamen »Millionenfische« erhielten. Sie spielen eine gewisse Rolle bei der Vertilgung von Stechmückenlarven. Aus diesem Grunde wurden verschiedene Arten in fiebergefährdeten Gebieten der Erde angesiedelt. Manche haben mitgeholfen, gewisse Landstriche (z. B. die Zone des Panamakanals) für den Menschen besiedlungsfähig zu machen.

Innerhalb der Familie der Zahnkarpfen finden sich Übergangserscheinungen von einer Fortpflanzungsart zur anderen. Das Lebendgebären der Poeciliide ist eigentlich mehr ein Gebären schlupfreifer Eier; die Fische sind »ovovivipar«. Die Entwicklung ist praktisch nur in die Leibeshöhle des mütterlichen Tieres verlegt, die Jungen entwickeln sich in der Eihülle und sprengen dieselbe erst, wenn sie ausgestoßen werden. Es gibt aber einige wenige Arten, die der Familie nahestehen, bei denen eine Ernährung der sich in der Leibeshöhle entwickelnden Embryonen durch Säfte des mütterlichen Körpers stattfindet.

Die meisten Arten dieser Familie sind friedlich. Ausnahmen sind der Hechtkärpfling Belonesox belizanus — ein ausgesprochener Raubfisch — und die etwas streitlustigen Gambusen. Die Verträglichkeit macht die »Lebendgebärenden« zu idealen Fischen für das Gesellschaftsaquarium. Das schließt natürlich nicht aus, daß sich rivalisierende Männchen mehr oder minder hart bekämpfen können. Dabei kann es zu Beschädigungen der Flossen kommen. Wertvolle Arten, z. B. hochflossige Mollienesien, hält man darum besser paarweise in Gesellschaft anderer Fische. Viele Angehörige der Familie sind *die* Anfängerfische schlechthin. Sie sind anspruchslos und infolge ihrer geringen Größe zum Teil mit kleinen und kleinsten Becken zufrieden. Es ist aber zu bedenken, daß die lebendgebärenden Zahnkarpfen gesellige Fische sind, die zum Teil erst in mehreren Exemplaren voll zur Wirkung kommen. Zudem muß man etwas Schwimmraum auch für die sich selbst im Gesellschaftsbecken unweigerlich einstellende Nachkommenschaft einplanen.

In bezug auf die Wassertemperaturen sind die Ansprüche unterschiedlich. Es hängt dies von der Herkunft der betreffenden Arten ab. Während einige Lebendgebärende in dieser Hinsicht absolut nicht anspruchsvoll sind, können andere ausgesprochen wärmebedürftig sein. Auf alle Fälle sollte sich vor allem der Anfänger davor hüten, diese Fische »abhärten« zu wollen. 18–20 °C sind das mindeste, was zu ihrer Gesunderhaltung notwendig ist.

Die Nahrungsansprüche sind bis auf wenige Ausnahmen bescheiden. Es wird jede Art des handelsüblichen Zierfischfutters genommen. Trockenfutter wird gern gefressen, vor allem, wenn man die Futtersorten etwas variiert. Züchter verfüttern mit Vorliebe Trockenfutter und die Nauplien von Artemia, weil bei beiden Futterarten Infektionen durch eingeschleppte Erreger ausgeschlossen sind. Zahlreiche Arten benötigen zusätzliche Pflanzenkost zu ihrem Wohlbefinden. Sie sind deshalb ausgezeichnete Algenvertilger. Wo es an Algen fehlt, leisten Trockenfutter gute Dienste, die hauptsächlich pflanzliche Bestandteile enthalten.

Die Zucht bereitet in den meisten Fällen keinerlei Schwierigkeiten. Tierzüchterische Kenntnisse und Erfahrungen werden nur dann benötigt, wenn man zur Zucht von Farb- und Formspielarten übergehen möchte. Die Vertreter einiger Gattungen sind sehr variabel. Sie neigen zu Mutationen, sind zum Teil untereinander kreuzbar und eröffnen dem Züchter ausgezeichnete Möglichkeiten.

Die Männchen sind fast immer kleiner als die Weibchen. Ihre Afterflosse bildet sich mit dem Eintritt der Fortpflanzungsfähigkeit zu einem beweglichen Begattungsorgan (Gonopodium) um, das in die Geschlechtsöffnung der Weibchen eingeführt wird und die Besamung der Eier im Leibesinneren bewirkt. Eine einmalige Besamung reicht für mehrere Würfe aus. Die befruchteten Weibchen sind bald durch ihre Körperfülle und in vielen Fällen durch einen dunklen Fleck am Hinterleib, den Trächtigkeitsfleck, als solche zu erkennen. Die Jungen werden noch in der Eihülle ausgestoßen, die sie während der Geburt oder unmittelbar danach sprengen. Sie schwimmen sofort zur Oberfläche, wo sie ihre Schwimmblase mit Luft füllen und sich auch vor den Nachstellungen der erwachsenen Fische verbergen können, falls die Oberfläche mit Schwimmpflanzen bedeckt ist.

Unter den Poeciliiden ist es nur die kleine Heterandria formosa, bei der sich der Embryo frei in einer Nährflüssigkeit entwickelt. Die Mütter stellen den Jungen sehr nach. Deren Zahl schwankt je nach Art, körperlicher Verfassung und Lebensalter zwischen 1 bis 200 Stück.

Man kann lebendgebärende Zahnkarpfen auch im voll eingerichteten Aquarium vermehren, wenn es so bepflanzt ist, daß die neugeborenen Jungen vor den Nachstellungen der erwachsenen Tiere geschützt sind. Wer aber größere Zuchtergebnisse erzielen will, muß besondere Vorkehrungen treffen: er muß die Tiere zur Zuchtansetzen. Hierzu nachstehend einige Anweisungen.

Z 11: Allgemeine Zuchtanweisungen

Zum Zuchtansatz sollte man nicht zu kleine Aquarien wählen. Ihre Größe richtet sich in etwa nach der zu erwartenden Nachkommenschaft. Die Angehörigen einiger Gattungen, z. B. Mollienesien, benötigen sogar große Becken, wenn sich die Jungen zufriedenstellend entwickeln sollen. An die Wasserbeschaffenheit werden nur insofern besondere Ansprüche gestellt, als die meisten Poeciliiden zu weiches Wasser nicht schätzen. Die Wasserhärte sollte nicht unter 8–10°dH liegen. Manche Arten kommen aus Brackwassergebieten, mindestens aus Gewässern mit wechselnder Zusammensetzung. Dann empfiehlt sich ein Kochsalzzusatz (1 flacher Teelöffel auf 10 Liter Wasser), bei Mollienesien vielleicht auch ein 10%iger Zusatz von Seewasser, das man sich aus käuflichen Salzmischungen leicht selbst herstellen kann.

Die hochträchtigen Weibchen fängt man aus dem Hälterungsaquarium heraus und bringt sie in ein dicht mit Pflanzen angefülltes kleineres Becken. Will man die Weibchen im Hälterungsaquarium ablaichen lassen, so müssen die Lichtseiten dicht mit feinfiedrigen Pflanzen bepflanzt und die Oberfläche mit Schwimmfarnen abgedeckt werden. In beiden Fällen sammeln sich die neugeborenen Jungfische an der Oberfläche, meistens dort, wo Schwimmfarnblätter ein wenig unter Wasser liegen, und können leicht mit einem Löffel abgeschöpft und in ein Aufzuchtbecken gebracht werden. Bei einigen Arten kann man Ablaichkästen verwenden, die in das Aquarium eingehängt werden. Die Jungen fallen durch einen schmalen Schlitz am Boden und streben unmittelbar danach der Oberfläche zu. Auf diese Weise sind sie vor den Nachstellungen der

Nr.	Wissenschaftlicher Name	Deutscher Name	Heimat	Größe cm	Charakter	Geschlechtsunterschiede
136	*Belonesox belizanus*	Lebendgebärender Hechtkärpfling	Mittelamerika: südl. Mexiko bis Honduras	♂ 12 ♀ 20	Ausgesprochen hechtähnlicher Raubfisch. Anfänglich etwas scheu, ♀ sehr bissig	♂ kleiner, ♀ größer und voller
137	*Gambusia affinis affinis* (Unterart: *G. a. holbrooki*)	Texaskärpfling, Koboldkärpfling	Florida, Texas, Nord-Mexiko	♂ 3,5 ♀ 8	Streitbare Fische, am besten unter sich zu halten. Als Bekämpfer von Moskitos in vielen Ländern eingebürgert	♂ kann schwarz gescheckt sein, ♀ selten gescheckt

Mutter geschützt. Notwendig ist diese Maßnahme vor allem bei räuberischen Arten, z. B. bei Belonesox oder Gambusen.

Die Aufzuchtbecken müssen genügend groß sein. Sind sie zu stark besetzt, können sich die heranwachsenden Jungfische nicht zufriedenstellend entwickeln. Da es im allgemeinen starke Fresser sind, ist auch ihr Stoffwechsel sehr rege. Die damit verbundene Anhäufung sich zersetzender Abfallstoffe wirkt auf die Entwicklung hemmend ein. Es kommt zu einer schleichenden Vergiftung. Läßt sich eine dichtere Besetzung nicht vermeiden, so sollte man wenigstens sehr häufig, am besten jeden zweiten Tag, $^1/_5$ des Beckenwassers gegen Frischwasser gleicher Zusammensetzung austauschen.

Die Aufzucht der Jungfische macht keine Schwierigkeiten. Sie fressen staubfeines Lebendfutter – wobei Artemia-Nauplien entschieden den Vorzug verdienen – ebenso gern wie feinstes Trockenfutter. Auch sind spezielle Trockenfuttersorten im Handel, deren Zusammensetzung auf die Bedürfnisse junger Fische abgestimmt ist. Die überwiegende Zahl der Arten benötigt im jugendlichen Alter wie auch als Erwachsene Pflanzenkost. Das können Algen sein oder auch Trockenfutter auf pflanzlicher Basis. Zur Zucht und Aufzucht können die Temperaturen zwischen 22 und 25 °C liegen. Zu niedrige Wärmegrade behindern das Wachstum.

Viele lebendgebärende Zahnkarpfen kreuzen sich miteinander. Man darf also solche Arten nicht zusammen halten. So kreuzen sich die Arten der Gattungen Poecilia (Limia, Molliensia) und Xiphophorus/Platypoecilus innerhalb ihrer Gattungen. Auch Kreuzungen zwischen Angehörigen verschiedener Gattungen kommen gelegentlich vor. Natürlich kreuzen sich auch die Spielarten einer Art, was bald zum Verschwinden der erwünschten Merkmale führt. Weibchen, die von nicht zugehörigen Männchen befruchtet wurden, sind für die weitere Zucht wertlos, weil eine Besamung für mehrere Würfe ausreicht.

Z 11a: Sortenzucht

Die Zuchtrassen, wie sie heute im Handel angeboten werden, sind aus Mutationen entstanden oder aus Kreuzungen verschiedener Formen. Zum Teil sind sie erblich so gefestigt, daß man mit Nachkommen rechnen kann, die den Eltern gleichen, falls die Weibchen nicht durch falsche Männchen befruchtet wurden. Legt man Wert darauf, die reine Rasse seiner Tiere zu erhalten, so muß man entweder nur Tiere der gleichen, reinen Rasse zusammen pflegen, oder man muß Männchen und Weibchen getrennt halten. Sie werden dann nur zu Zuchtzwecken vorübergehend zusammengesetzt. Die Erbgänge sind bei einigen Arten verhältnismäßig unkompliziert. Am schwierigsten zu durchschauen sind sie bei dem außerordentlich variablen Guppy Poecilia (= Lebistes) reticulata. Hier hat sich ein Spezialgebiet der Rassenzucht entwickelt, das die ganze Aufmerksamkeit des Züchters beansprucht. Guppyzucht ist, wenn man sie recht betreiben will, harte Mühe. Wer sich damit befassen will, sollte zu Spezialliteratur greifen und Verbindung mit gleichermaßen interessierten Zierfischfreunden suchen. Guppyzüchter sind in nach Ländern gegliederten Klubs und Verbänden organisiert, die auf internationaler Ebene Verbindung miteinander halten. Einige Zuchtformen von Guppys und Schwertträgern sind auf S. 244 in Federzeichnungen abgebildet.

Haltung	Zucht	Futter	Seite/Abb.
Bgr. IV/V. Pgr. 5, dicht bepflanzt, um Versteckplätze zu schaffen. Keine speziellen Wasseransprüche, etwas Salzzusatz kann aber erwünscht sein, 20–30 °C	Z 11. Wenn man gute Resultate erzielen will, ist ein Ablaichkasten zu empfehlen. ♀ wirft 20–200 Jungfische. Trächtigkeitsdauer 4–6 Wochen. Die Jungen sind bei der Geburt bereits 25 mm groß. Sie nehmen sofort Lebendfutter und sind schnellwüchsig	Lebendfutter: Mücken- und Insektenlarven, Regenwürmer, vor allem kleine Fische	VIII/3 *
Bgr. II/III. Pgr. 5. Mit Rücksicht auf das Temperament dieser Fische ist durch besonders dichte Bepflanzung für Versteckplätze zu sorgen	Z 11. 22 °C. Ablaichkästen notwendig. Die Zucht kann problematisch sein. Nicht zu junge ♀♀! Trächtigkeitsdauer 4 bis 5 Wochen. Bis 80 Junge	Lebendfutter wird bevorzugt, Trockenfutter, Algen	236/16

Nr.	Wissenschaft-licher Name	Deutscher Name	Heimat	Größe cm	Charakter	Geschlechts-unterschiede
138	*Girardinus metallicus*	Metall-kärpfling	Kuba, Costa Rica	♂ 5 ♀ 9	Munterer und schwimmlustiger Fisch, für Gesellschaft geeignet	♂ lebhafter gefärbt und gezeichnet
139	*Heterandria formosa*	Zwerg-kärpfling	Von Süd-karolina bis Florida	♂ 2 ♀ 3	Verträglicher und durchaus nicht scheuer Fisch. Am besten in artgleicher Gesellschaft zu halten	In der Färbung keine Unterschiede
140	*Poecilia (Lebistes) reticulata*	Guppy, Millionen-fisch	Gebiete nördlich des Ama-zonas bis Guayana und die vor-gelagerten Inseln (Trinidad)	Natur-formen ♂ 2,5 ♀ 5	Friedlicher, sehr lebendiger Fisch, gut für Gesellschaft ge-eignet	♂ bunter, sehr variabel, ♀ gelegentlich mit farbiger Schwanzflosse
141	*Poecilia (Limia) melanogaster*	Stahl-blauer Kärpfling	Jamaica, Haiti	♂ 4 ♀ 6,5	Friedlicher, zeitweise äußerst lebhafter Fisch, ♂ sehr zudringlicher Liebhaber	♂ intensiver gefärbt, ♀ mit auffallend großem Fleck am Hinterleib
142	*P. (Limia) nigrofasciata*	Schwarz-band-kärpfling	Haiti	♂ 4,5 ♀ 7	Ruhiger und fried-licher, geselliger Fisch	♂ wird im Alter auf-fallend hochrückig, auch ist es intensiver gefärbt
143	*P. (Limia) vittata*	Bänder-kärpfling	Kuba, Haiti	♂ 6 ♀ 10	Friedlicher, lebhafter und geselliger Fisch	♂ intensiver gefärbt, Rücken- und Schwanz-flosse gelb mit dunklen Zeichnungen
144	*Poecilia (Mollienesia latipinna*	Breit-flossen-kärpfling	Südöstl. USA, von Virginia bis Mexiko, auch im Brackwasser und im Meer	♂ 9 ♀ 11	Sehr lebhafte und friedliche Fische. ♂♂ untereinander eifersüchtig, daher paarweise halten	♂ farbiger, zum Teil mit hoher Rücken-flosse, die segelartig aufgespannt werden kann

Von dieser Art gibt es (auch in der Natur) rein schwarze Exemplare mit roter Kante in der Rückenflosse sowie Albinos

Haltung	Zucht	Futter	Seite/Abb.
Bgr. II/III. Pgr. 5. 22–25 °C. Liebt klares nicht zu altes Wasser	Z 11. 24–26 °C. Trächtigkeitsdauer 4 bis 6 Wochen, mehr oder weniger. Bis 100 Junge, die recht klein sind	Lebend- und Trocken- futter, Pflanzenkost	VII/12
Bgr. I/II. Pgr. 4. Stellenweise dichte Bepflanzung. Liebt helles Licht oder Sonne. 20–24 °C, MT 18 °C	Z 11. Stellen ihren Jungen sehr stark nach, daher besonders dichte Bepflan- zung, auch an der Oberfläche (Riccia- polster!). Eine Wurfperiode bis 14 Tage, manchmal aber auch erheblich länger. In dieser Zeit werden täglich 1 oder 2 Jungfische geworfen; insgesamt 25 bis 80 Stück	Feines Lebend- und Trocken- futter, Pflanzenkost, Algen	VII/13
Bgr. I–IV. Pgr. 5. 20–22 °C, MT 18 °C, die hochwertigen Zuchtformen bis 28 °C. Besonders reizvoll sind nur mit männlichen Tieren besetzte Gesell- schaftsbecken	Z 11 und 11a. Die Zucht der Stamm- form oder der handelsüblichen ein- fachen Guppys bereitet keinerlei Schwierigkeiten. Trächtigkeitsdauer 4–6 Wochen. Bis 100 Junge und mehr. Für die Rassenhochzucht bedarf es besonderer Vorkehrungen	Lebend- und Trocken- futter, Artemia, Pflanzenkost (Algen)	VIII/4
Bgr. II/III. Pgr. 5. 22–26 °C. Benötigt mehr Schwimmraum als die übrigen Limiaarten	Z 11. 26 °C. Trächtigkeitsdauer 4 bis 6 Wochen. 20–50 Junge, die recht schnellwüchsig sind	Lebend- und Trocken- Pflanzenkost	VII/7
Bgr. III. Pgr. 5. Liebt helles Licht oder Sonne und damit verbundenen Algen- wuchs. Wärmebedürftig, 24–28 °C, MT 20 °C	Z 11. 26–28 °C. Trächtigkeitsdauer 4 bis 5 Wochen, auch mehr oder weniger. 20 bis 50 ziemlich große Junge	Lebend- und Trocken- futter, Pflanzenkost (Algen)	245/2
Bgr. III/IV. Pgr. 5. Liebt helles Licht oder Sonne und damit verbundenen Algenwuchs. Nicht zu frisches Wasser und ein 10%iger Zusatz von Seewasser fördern das Wohlbefinden. 24–26 °C, MT 20 °C	Z 11. 24–26 °C. Trächtigkeitsdauer 4 bis 5 Wochen. Zahl der Jungen 20 bis 50 Stück. Die Eltern stellen ihnen nicht nach, wenn sie gut gefüttert werden	Lebend- und Trocken- futter, Pflanzenkost (Algen)	VII/6
Bgr. IV–V. Pgr. 5. 20–24 °C, nicht höher. 5–10% Seewasserzusatz kann das Wohlbefinden steigern. Evtl. wird man dann auf manche Wasserpflanzen verzichten müssen, die den Salzzusatz nicht vertragen. Versteckplätze aus Pflanzen, Wurzeln oder Steinen sind unbedingt vorzusehen	Z 11. Zur Zucht werden sehr große Behälter benötigt. 20–24 °C; niedrige Wärmegrade zögern die Geschlechts- reife hinaus, erhöhen aber die Chance, daß sich bei der Mehrzahl der ♀♀ hohe Rückenflossen entwickeln. Träch- tigkeitsdauer 8–10 Wochen. Bis 80 Junge, die sehr viel Futter benötigen	Lebend- und Trocken- futter, vor allem auch Pflanzenkost	245/5 VII/4

Nr.	Wissenschaft-licher Name	Deutscher Name	Heimat	Größe cm	Charakter	Geschlechts-unterschiede
145	*P. [Mollienesia] sphenops*	Spitzmaul-kärpfling, Liberty-Molly, Black Molly	Mittel-amerika: von Texas bis Venezuela	♂ 4–7 ♀ 6–10	Lebendiger, friedlicher Fisch, in der Färbung und Größe außerordent-lich wandlungsfähig	♂ im allgemeinen farbiger

In Europa ist heute fast ausschließlich die schwarze Zuchtform, der Black Molly, im Handel. Von dieser Form gibt es wiederum verschiedene Spielarten, die aus Kreuzungen mit anderen Mollienesien entstanden oder aber auch Mutanten sind, z. B. Tiere mit hohen Rückenflossen oder mit Leierschwanz

146	*P. (Mollienesia) velifera*	Segel-kärpfling	Küsten-gebiete von Yukatan	15	Sehr lebhafter, dabei einigermaßen fried-licher Fisch. Die ♂♂ sind untereinander eifer-süchtig und daher streit-lustig	♀ farbiger, mit sehr großer, segelartiger Rückenflosse

Auch von dieser Art gibt es gescheckte, ganz schwarze und albinotische Formen

147	*Phallichthys amates*	Guatemala-kärpfling	Guatemala, Costa Rica, Honduras	♂ 3,5 ♀ 6	Nicht sehr lebhaft, etwas schüchtern, nur in Gesellschaft nicht zu unruhiger Fische	In der Farbe keine wesentlichen Unter-schiede
148	*Phalloceros caudimaculatus*	Einfleck-kärpfling u. Zucht-form	Von Rio bis zum La Plata-Gebiet	♂ 3 ♀ 5	Lebhafter und fried-licher, sehr ausdauern-der Fisch, heute aber kaum noch im Handel	Rückenflosse beim ♂ dunkel gesäumt

Eine gescheckte Form ist als P. c. reticulatus im Handel, eine Schecke mit leuchtend goldgelber Grundfarbe wird fälschlich als »Goldgambuse« bezeichnet

149	*Xiphophorus helleri*	Schwert-träger, Helleri	Mexiko, Honduras, Guatemala	♂ 7 ohne Schwert ♀ 10	Nicht immer ganz fried-lich. Vor allem ältere ♂♂ sind untereinander unverträglich. Lebhaft	♂ etwas farbiger, untere Schwanzflossen-strahlen sind schwert-förmig verlängert
150	*X. maculatus* (früher: *Platy-poecilus*)	Platy, Spiegel-kärpfling	Südmexiko, Guatemala, Honduras	♂ 3,5 ♀ 6	Friedlicher und ge-selliger Fisch, gut für Gesellschaft geeignet	Die Geschlechter sind farblich kaum verschieden
151	*X. montezumae*	Montezuma-Schwert-träger	Mexiko	♂ 4,5 ♀ 6	Friedlicher und ge-selliger, aber auch etwas scheuer Fisch	♂ etwas intensiver gefärbt, Rücken-flosse größer

Haltung	Zucht	Futter	Seite/Abb.
Bgr. II/IV. Pgr. 5. Empfindlich gegen Wärmeschwankungen und Infusorienbildung. Schaukelnde Bewegungen bei Unbehagen. 22—26 °C. Besonders wärmebedürftig sind die schwarzen Formen. Bei der Stammform kann ein geringer Salzzusatz empfehlenswert sein	Stammformen: 24—26 °C. Z 11. Große Becken, viel Algen und Pflanzenkost, Sonne. Trächtigkeitsdauer 4—8 Wochen. 100 Jungfische und mehr. Black Molly: 25—28 °C. Nicht zu junge Tiere zur Zucht verwenden. Trächtigkeitsdauer 6 bis 10 Wochen. Häufig sind nicht alle Jungen tiefschwarz	Lebend- und Trockenfutter, Pflanzenkost, Algen	
Bgr. IV/V. Pgr. V. Bei stärkerem Kochsalz- oder Seewasserzusatz evtl. ganz auf Bepflanzung verzichten. In diesem Fall muß durch Dekoration mit Steinen oder Wurzeln für ausreichend Versteckplätze gesorgt werden. 25—28 °C, möglichst nicht weniger. Empfindlich gegen Wasserverschlechterung. Lieben viel Licht und möglichst starke Algenbildung	Z 11. Zur Zucht werden sehr große Behälter benötigt. Zuchttemperatur 25 bis 30 °C. Nur ♂♂ mit großer Rückenflosse verwenden, mindestens $1^1/_2$ Jahre alt. ♀ muß noch jungfräulich sein. Trächtigkeitsdauer 8 Wochen. 30 bis 100 Junge und mehr. Aufzucht mit Artemia, Schwebealgen und staubfeinem Trockenfutter mit reichlich Pflanzenbestandteilen	Lebend- und Trockenfutter, Algen, Pflanzenkost, alles in reichlichen Mengen	VII/10
Bgr. I/II. Pgr. 5. Liebt dichten Pflanzenwuchs. 20—25 °C	Z 11. 22—26 °C. Trächtigkeitsdauer 4 bis 6 Wochen. 10—50 Junge, nicht sehr schnellwüchsig	Lebend- und Trockenfutter	VII/11
Bgr. I/II. Pgr. 5, stellenweise dicht bepflanzt. Kann bei Zimmertemperatur gehalten werden; 18—22 °C, MT 15 °C. Die gescheckten Formen sind etwas wärmebedürftiger	Z 11. Trächtigkeitsdauer 4—5 Wochen. 20—80 Junge, die Schecken können etwas heikel sein. Viele Junge gehen nach der Geburt ein	Lebend- und Trockenfutter	VII/5
Bgr. III/IV. Pgr. 5, stellenweise dicht bepflanzt, um Versteckplätze zu schaffen. 22—26 °C. Benötigen viel Schwimmraum	Z 11. Zur Zucht werden große Becken benötigt. Trächtigkeitsdauer 4 bis 6 Wochen. Bis 150 Junge und mehr. Schnellwüchsig. Zahlreiche Zuchtformen, die nach Flossenausbildung und Grundfarben mit Zeichnungsmuster in Standards erfaßt und bei Ausstellungen bewertet werden	Lebend- und Trockenfutter, Pflanzenkost (Algen)	245/7 VIII/7
Bgr. II/III. Pgr. 5. 20—25 °C	Z 11. Trächtigkeitsdauer 4—5 Wochen. 20—100 Junge. Zuchtformen siehe X. helleri	Lebend- und Trockenfutter, Pflanzenkost (Algen)	245/8 VIII/6
Bgr. II/III. Pgr. 5. 20—25 °C	Z 11. 20—24 °C. Trächtigkeitsdauer 4 bis 5 Wochen. Die Jungen sind schnellwüchsig	Lebend- und Trockenfutter, Pflanzenkost (Algen)	245/4

Nr.	Wissenschaft-licher Name	Deutscher Name	Heimat	Größe cm	Charakter	Geschlechts-unterschiede
152	*X. variatus* (früher: *Platy-poecilus*)	Papageien-platy, Bunt-kärpfling	Mexiko	♂ 4 ♀ 6	Friedlicher, geselliger, gut für Gesellschafts-aquarien geeigneter Fisch	♂ farbiger, ♀♀ ähnelt mehr dem ♀ von X. helleri

Die nachstehende Art wird hier nur aufgeführt, weil sie ebenfalls lebendgebärend ist. Sie ist nicht mit den Zahnkarpfen verwandt, sondern gehört zur Familie der Halbschnäbler (Hemirhamphidae)

Nr.	Wissenschaft-licher Name	Deutscher Name	Heimat	Größe cm	Charakter	Geschlechts-unterschiede
153	*Dermogenys pusillus*	Hecht-köpfiger Halb-schnäbler	Thailand, Malaya, Indonesien. Im Süß- und Brackwasser	♂ 7 ♀ 9	Friedlicher, lebhafter Oberflächenfisch. Etwas schreckhaft. Kaum für Gesellschaft geeignet	Unterschied in der Form der Afterflosse. ♂ etwas farbiger

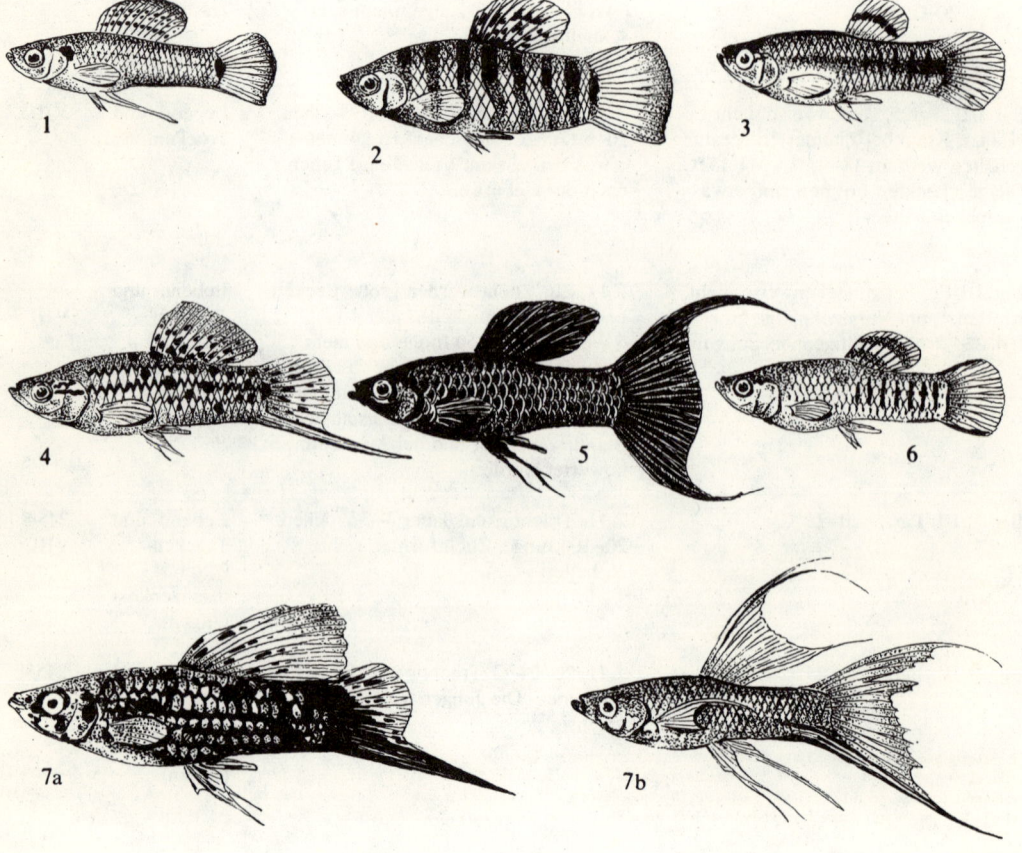

Haltung	Zucht	Futter	Seite/ Abb.
Bgr. II/III. Pgr. 5. 22–26 °C. Lieben Licht und Algenwuchs	Z 11. 24–26 °C. Trächtigkeitsdauer 4 bis 5 Wochen. 20–100 Junge, manchmal auch weit mehr. Zuchtformen siehe X. helleri	Lebend- und Trocken- futter, Pflanzenkost (Algen)	245/9 VIII/5 *
Bgr. III/IV. Pgr. 5. 25–30 °C, vorüber- gehend auch mehr. Liebt sauberes und klares Wasser. Für Neuimporte empfiehlt sich ein geringer Kochsalz- zusatz von 1 Teelöffel auf 5 Liter Wasser. Oberfläche zum Teil mit Schwimmfarnen abdecken	Z 11. Bgr. III. Dicht bepflanzt, vor allem auch Schwimmpflanzen (Riccia!). 28 bis 32 °C. Niedriger Wasserstand. Trächtigkeitsdauer 4–6 Wochen. 10 bis 40 Junge. Ihre Lebensfähigkeit ist von der Ernährung der Eltern abhängig	Lebendfutter, stummel- flügelige Drosophila- Fliegen, nest- junge Laby- rinthfische. Fressen nur von der Oberfläche	274/3

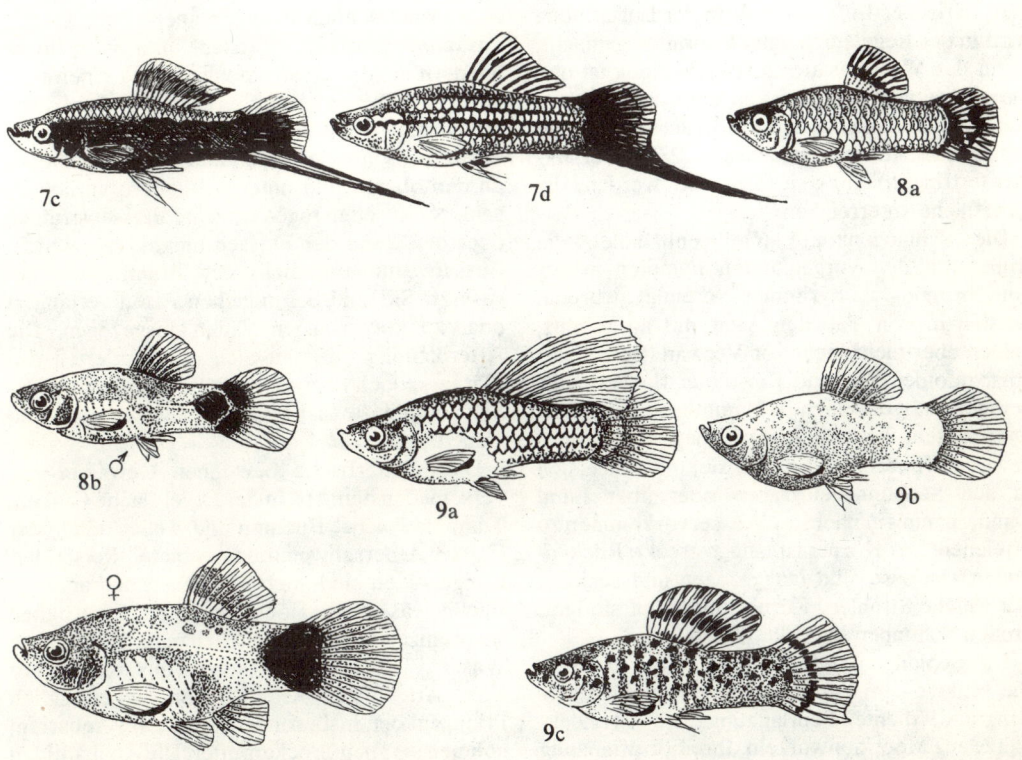

1 *Heterandria (Pseudoxiphophorus) bimaculata*, Unechter Schwertträger (–) 2 *Poecilia (Limia) nigrofasciata*, Schwarzbandkärpfling (142) 3 *Poe- cilia (Limia) caudofasciata*, Schwanzbindenkärpfling (–) 4 *Xiphophorus montezumae*, Montezuma-Schwertträger (151) 5 *Poecilia [Mollienesia] latipinna*, Lyratail-Zuchtform (144) 6 *Poecilia (Poecilia) vivpara*, Augenfleckkärpfling (–) 7 *Xiphophorus helleri*, Schwertträger, a–d Zuchtformen (149) 8 *Xiphophorus maculatus*, Platy, a–b Zuchtformen (150) 9 *Xiphophorus variatus*, Papageienkärpfling, a–c Zuchtformen (152)

Kletter- oder Labyrinthfische
(Anabantoidea)

Die Kletterfische bilden in der Systematik eine Unterordnung in der Ordnung der Barschförmigen oder Perciformes. Die Unterordnung umfaßt die Familien der Hechtköpfe (Luciocephalidae) und der eigentlichen Kletter- oder Labyrinthfische (Anabantidae), die nach neuesten wissenschaftlichen Erkenntnissen besser einer Reihe eigenständiger Familien einzuordnen sind. Es sind das: Kletter- und Buschfischarten (Anabantiden, eigentliche Labyrinthfische oder Belontiidae, Küssende Guramis oder Helostomatidae und Großguramis oder Osphronemidae. Die Bezeichnung Labyrinther nimmt auf ein Atmungshilfsorgan Bezug, das sich oberhalb der Kiemenhöhle befindet. Dieses Organ unterstützt die zur Sauerstoffversorgung nicht immer ausreichenden Kiemen, indem die Fische zur Oberfläche emporsteigen und das Labyrinth mit atmosphärischer Luft füllen. Von der Luftatmung wird in der Regel auch dann Gebrauch gemacht, wenn das Wasser sauerstoffreich genug ist und die Kiemenatmung für sich allein ausreichend sein müßte. Einzelne Arten sind derartig auf die zusätzliche Atmung angewiesen, daß sie erstikken (ertrinken), falls sie gehindert werden, die Oberfläche zu erreichen.

Die Schlangenköpfe (Ophicephalidae), die früher mit den vorgenannten Familien in der Unterordnung Labyrinthici vereinigt wurden, werden in den Tabellen zwar mit aufgeführt, zählen aber nicht mehr zur Verwandtschaft der Anabantoidei. Sie sind Bewohner flacher, sehr warmer und oft auch schlammiger Gewässer. Dürrezeiten, die zum Austrocknen ihrer Wohngewässer führen, überstehen sie, indem sie sich in den Schlamm eingraben oder über Land wandern, um ein nächstes Wasservorkommen zu erreichen. Der Körper ist langgestreckt, Rücken- und Afterflosse sind langgezogen und besitzen nur weiche Strahlen. Körper und Kopf sind mit großen Schuppen bedeckt.

Die Schlangenköpfe sind nächtliche Räuber. Sie schätzen im Aquarium einen dunklen Bodengrund, dichte Bepflanzung und Versteckplätze aus Moorkienwurzeln. Ihre Fortpflanzung ist interessant. Die Jungen werden von den Eltern lange Zeit geführt. Die Zucht dürfte im Zimmeraquarium kaum möglich sein. Die Familie ist über Asien und Afrika verbreitet.

Die Familie der Hechtköpfe (Luciocephalidae) ist mit nur einer Art auf den Malaiischen Archipel beschränkt. Der Hechtkopf ist ein Fisch von hechtähnlicher Gestalt und Lebensweise. Besonders auffallend ist der große Kopf mit dem tiefgespaltenen, ausdehnungsfähigen Maul. Die Bauchflossen sind stark verlängert, Rücken- und Afterflosse weit rückwärts angesetzt. Der Fisch lauert im Strömungsschatten der Uferränder auf Beute. Die Fortpflanzung ist noch nicht genau bekannt. Möglicherweise handelt es sich um Maulbrüter.

Die eigentlichen Kletterfische (Anabantidae und andere) sind mit zahlreichen Arten über das tropische und subtropische Ost- und Südostasien verbreitet. Einige Arten, die wahrscheinlich nur wenigen Gattungen angehören, finden sich auch im tropischen Afrika. Die Gestalt der Anabantiden kann gedrungen oder mehr oder minder gestreckt sein. Die Lippen sind wulstig. Kopf und Körper sind mit Schuppen bedeckt, die hier und da auch auf die Flossen übergreifen. Manche Arten sind seitlich mäßig, manche auch kräftig zusammengedrückt. Rücken- und Afterflosse gliedern sich in einen stachligen und einen weichen Teil. Die weichen Flossenteile laufen häufig in einzelne verlängerte Flossenstrahlen aus. Auch die Schwanzflosse kann in der Mitte oder an den oberen und unteren Rändern verlängert sein. Nicht selten ragen einzelne Flossenstrahlen über den Rand der Flossen hinaus. Die Bauchflossen sind unterhalb der Brustflossen angesetzt. Sie sind bei manchen Arten verlängert oder zu körperlangen Fäden ausgezogen. Die Afteröffnung befindet sich am Vorderteil des Körpers, doch kann sich die Bauchhöhle mit der Schwimmblase fast bis zur Schwanzflosse hinziehen.

Die Kletterfische bewohnen Gewässer der verschiedensten Art, in der Regel flache Gräben, Tümpel, Teiche, Buchten und Außenstände der Flüsse, Überschwemmungsgebiete, Reisfelder. Einige Arten sind auch in Bächen und anderen Fließgewässern zu Hause. Im allgemeinen lieben sie pflanzenbestandene Stellen mehr als das freie Wasser. Die Nahrung besteht aus Kleintieren aller Art. Viele Arten benötigen zusätzlich Pflanzenkost, insbesondere Algen. Im Aquarium nehmen sie auch Trockenfutter. Die Anabantiden sind fast alle kleinere Fische. Nur der Gurami (Osphronemus goramy) und der Küssende Gurami (Helostoma temmincki) erreichen eine Größe, die sie als Speisefische wertvoll macht.

An die Wasserzusammensetzung werden im allgemeinen keine speziellen Ansprüche gestellt. Nur wenige Arten beanspruchen ein weiches, leicht saures Wasser. Die gelegentliche Ausbildung der Bauchflossen zu Geschmacks-Tast-Organen, das Atemlabyrinth (das übrigens bei den afrikanischen Arten nur gering ausgebildet ist) und der Bau eines Schaumnestes lassen darauf schließen, daß die Fische in ihren Heimatgebieten auch unter biologisch ungünstigen Verhältnissen leben können. Eine Art, nämlich der eigentliche Kletterfisch (Anabas testudineus), kann der völligen Austrocknung seiner Wohngewässer dadurch entgehen, daß er über Land wandert und günstigere Wasservorkommen aufsucht. Dieser Fisch hat der Gruppe sowohl ihren wissenschaftlichen als auch ihren deutschen Namen verliehen.

Ein Teil der Kletterfische übt keine Brutpflege aus. Die betreffenden Arten legen ihre Eier unter Umschlingung des ♀ durch das ♂, die übrigens für die gesamte Unterordnung typisch ist, unter der Oberfläche ab. Hier schwimmen sie dank ihres Ölgehaltes frei. Andere Arten laichen unter Blättern oder in Höhlen ab, wobei lediglich einige Luftblasen angesammelt werden, wieder andere sind Maulbrüter.

Weitaus die meisten Arten bauen aber an der Oberfläche ein Nest aus Schaumblasen, teilweise unter Verwendung von Algen und Pflanzenteilen. Das Nest wird vom ♂ eifrig zusammengehalten und vergrößert. Nach schönen Liebesspielen laichen die Fische darunter ab, wobei sie sich in der schon erwähnten Weise umschlingen. Die Eier steigen meistens von selbst ins Nest empor. So weit sie infolge ihrer Schwere zu Boden sinken, werden sie vom ♂ — manchmal auch mit Unterstützung durch das ♀ — eingesammelt und in die Schaumblasen eingebettet. Das Aquarium muß erschütterungsfrei aufgestellt werden, weil das Schaumnest leicht auseinanderfällt. Das ♀ ist nach dem Ablaichen zu entfernen. Das ♂ bewacht die Eier und die noch nicht frei schwimmfähigen Jungfischlarven. Es bettet die Eier immer tiefer in die Schaumblasen ein, indem es ständig neue Blasen von unten her ansetzt. Sowie die Jungen auszuschwärmen beginnen, ist auch das ♂ aus dem Aquarium zu entfernen.

Die sehr kleinen Jungfische benötigen in den ersten Tagen Infusorien und feinste Algen. Sie nehmen aber bald staubfeines Lebendfutter, Artemia und feinstes Trockenfutter. Die Temperatur ist möglichst auf gleicher Höhe zu halten, die Temperaturansprüche sind verschieden. An den Härtegrad des Wassers werden im allgemeinen keine besonderen Ansprüche gestellt. Soweit das doch der Fall ist, wird in den Tabellen darauf hingewiesen. Zur Zucht benötigen viele Arten keine allzu großen Aquarien, doch muß man immer berücksichtigen, daß selbst kleinere Labyrinther sehr produktiv sein können. Es wird also schon aus diesem Grunde weit mehr Raum beansprucht. Es kommt hinzu, daß im Zuchtaquarium der Wasserstand zu Anfang niedrig gehalten werden soll. 10 cm Wasserstand, höchstens 15 cm, haben sich am besten bewährt. In den ersten 30 Tagen ist im Aufzuchtbecken eine feinperlige Durchlüftung angebracht, weil sich das Atemlabyrinth danach erst entwickelt. Die Jungen wachsen verschieden schnell. Sie müssen daher von Zeit zu Zeit nach Größen sortiert werden.

Man kann befriedigende Zuchtergebnisse mit diesen Fischarten jederzeit im voll eingerichteten Aquarium erzielen. Ein Ansatz zur Zucht lohnt sich eigentlich nur für den Erwerbszüchter, der auf große Nachzuchten Wert legt.

Nr.	Wissenschaftlicher Name	Deutscher Name	Heimat	Größe cm	Charakter	Geschlechtsunterschiede
154	*Anabas testudineus*	Kletterfisch	In Südostasien weit verbreitet	bis 25	Bissiger und dabei scheuer Fisch, sehr springlustig, nächtliche Lebensweise	Rücken- und Afterflosse beim ♂ leicht zugespitzt
155	*Belontia signata*	Ceylon-Makropode	Sri Lanka (Ceylon)	13	Etwas unverträglicher, robuster Fisch. Lebt gern versteckt	♂ etwas größer als das ♀, senkrechte Flossen spitz ausgezogen
156	*Betta picta*	Javanischer Kampffisch	Djawa (Java), Sumatera (Sumatra)	5	Friedlicher und ruhiger Fisch	Geringe Unterschiede. Flossen beim ♂ gering zugespitzt
157	*B. splendens*	Kampffisch	Malaya, Thailand, Kambodscha, Vietnam	7	Gleichgroßen Fischen gegenüber friedlich, ♂ ♂ bekämpfen sich untereinander, wenig für Gesellschaft geeignet	♂ farbiger, Flossen größer, ganz besonders bei den Zuchtformen, die als Schleierkampffische bezeichnet werden
	Durch Zuchtwahl entstandene, als Schleierkampffische bezeichnete Formen mit übermäßig vergrößerten Flossen und zum Teil auserlesenen Farben					
158	*Colisa chuna*	Honig-Fadenfisch	Nordostindien, Bangla Desh	6	Friedlicher Fisch, ♂ in der Brutzeit etwas angriffslustig. Fühlt sich in zu lebhafter Gesellschaft nicht wohl. Am besten paarweise halten	♂ wesentlich bunter, vor allem in der Erregung, Rückenflosse leicht zugespitzt
159	*C. fasciata*	Gestreifter Fadenfisch	Bengalen, Assam, Burma	♂ 10 ♀ 8	Zeitweise etwas scheuer Fisch. ♂ in der Laichzeit robust aggressiv	♂ bunter, Rückenflosse leicht zugespitzt
160	*C. labiosa*	Dicklippiger Fadenfisch	Hinterindien, Burma	♂ 6–8 ♀ 5–6	Friedlicher, etwas scheuer Fisch, vor allem, wenn er nur paarweise gehalten wird	♂ farbiger, Rückenflosse etwas zugespitzt, Lippen wulstiger

Haltung	Zucht	Futter	Seite/Abb.
Bgr. IV/V. Pgr. 12, nur harte Pflanzen in Töpfen und Schalen. Versteckplätze aus Wurzeln und Steinen. 20–30 °C, MT 12 °C. Becken gut abdecken, da Springer	1/1. 25–28 °C. Umschlingung unter den Wurzeln von Schwimmpflanzen. Die Eier sammeln sich an der Oberfläche. Keine Brutpflege	Reichlich kräftiges Lebendfutter: Mückenlarven, Tubifex, Insekten, kleine Fische, Pflanzenkost	
Bgr. IV/V. Pgr. 1. Versteckplätze aus Wurzeln und Steinen. 25 °C. Nicht zu viel Licht. Becken gut abdecken, da Springer! Halbschatten durch Schwimmpflanzen	1/1. 28 °C. Wasserstand 20 cm. Das ♂ treibt sehr robust, das ♀ benötigt daher sichere Verstecke. Baut sehr häufig kein Schaumnest, sondern legt die Eier unter der Oberfläche ab, wo sie frei schwimmen	Kräftiges Lebend- und auch Trockenfutter	254/1
Bgr. III. Pgr. 1. 20–25 °C, MT 17 °C. Temperaturschwankungen werden ohne weiteres ertragen	1/1. 25–30 °C. Maulbrüter. Die Paarung erfolgt in Bodennähe. Die Eier werden vom ♂ in den Kehlsack aufgenommen. Die Jungen verlassen das väterliche Maul nach 9 Tagen. Von da ab Aufzucht wie bei den übrigen Anabantiden	Lebend- und Trockenfutter	
Bgr. II/III. Pgr. 1, stellenweise dicht bepflanzt, Schwimmpflanzen. Versteckplätze aus Wurzeln. Torfauflage auf dem Boden. 26–30 °C, empfindlich gegen Temperaturschwankungen	1/1. Bis 30 °C. Niedriger Wasserstand. Baut relativ kleines und festes Schaumnest. Die Zucht der Schleierkampffische erfordert viele Becken zur Aufzucht, rechtzeitige Trennung der Geschlechter und Auslese der besten Tiere. Die schönsten Männchen werden zur vollen Entfaltung der Flossen in kleinen Vollgläsern einzeln gehalten	Lebendfutter, Trockenfutter	X/4 u. 6
Bgr. II/III. Pgr. 1, dicht bepflanzt. Wärmebedürftig; 25–28 °C. Liebt Licht (Sonne) und Algen. Versteckplätze aus Wurzeln, Torfauflage auf dem Boden	1/1. 28–30 °C. Schaumnestbauer, doch wird das Nest nicht immer sehr sorgfältig ausgeführt	Lebend- und Trockenfutter, Algen	254/5
Bgr. IV. Pgr. 1, stellenweise dicht bepflanzt, Schwimmpflanzen. Liebt helles Licht und Algen. 25–28 °C, aber gegen Temperaturschwankungen nicht sehr empfindlich	1/1. Schaumnestbauer, Nest sehr groß, aber oft nicht ordentlich ausgeführt. 28 °C. Wasserstand niedrig. Zur Zucht große Becken, da sehr produktiv	Lebend- und Trockenfutter	IX/3
Bgr. III/IV. Pgr. 1, stellenweise dicht bepflanzt, Schwimmpflanzen. 25–28 °C, auch mehr oder weniger	Wie bei C. fasciata. Ein eifriger Schaumnestbauer	Lebend- und Trockenfutter	IX/2

Nr.	Wissenschaft-licher Name	Deutscher Name	Heimat	Größe cm	Charakter	Geschlechts-unterschiede
161	C. lalia	Zwerg-fadenfisch	Bengalen, Assam	6	Im allgemeinen fried-lich, paarweise gehalten etwas scheu, ♂ in der Laichzeit angriffslustig	♂ wesentlich farbiger, Rückenflosse etwas zugespitzt
162	Ctenopoma fasciolatum	Ge-bänderter Buschfisch	Zentral-afrika, Kongogebiet	8	Nicht sehr friedlicher Fisch, ♂ vor allem zur Brutzeit sehr aggressiv	♂ kräftiger gefärbt, Rücken- und After-flosse spitz ausge-zogen, ♀ etwas kleiner
163	C. oxyrhynchus	Pfauen-augen-Buschfisch	Kongo-gebiet	10	Relativ friedlicher Fisch, etwas scheu. Liebt Versteckplätze	♂ Rücken- und Afterflosse spitz ausgezogen
164	Helostoma temmincki	»Küssender« Gurami	Thailand, Malaya, Indonesien	bis 30	Friedlicher, groß werdender, aber doch sehr beliebter Aquariumfisch	♀ von oben gesehen wesentlich voller als das ♂

Von dieser Art gibt es eine hell-farbige (xanthoristische oder halbalbinotische) Zuchtform

Nr.	Wissenschaft-licher Name	Deutscher Name	Heimat	Größe cm	Charakter	Geschlechts-unterschiede
165	Luciocephalus pulcher	Hechtkopf	Malaya, Teile von Indonesien	18	Raubfisch, der im Pflanzendickicht auf Beute lauert	Unterschiede im Bau der Afterflosse
166	Macropodus opercularis	Makropode, Großflosser, Paradies-fisch	Südchina, Vietnam	8	Nicht sehr verträg-licher, aber interessan-ter Fisch. ♂ in der Brut-zeit aggressiv. Wenig für Gesellschaft ge-eignet; am besten paarweise halten	♂ farbiger, senk-rechte Flossen mit lang ausgezogenen Enden, ♀ kleiner
167	M. opercularis concolor	Schwarzer Makropode	Südchina (?)	8	Wie bei M. opercularis	Wie bei M. opercularis
168	Ophicephalus striatus	Gestreifter Schlangenkopf-fisch	Indien	100	Raubfisch mit vor-wiegend nächtlicher Lebensweise. Vor allem für öffentliche Schau-aquarien geeignet	Unbekannt

Dieser Schlangenkopf steht stellvertretend für viele verwandte Arten aus Südasien und Afrika in den Tabellen

Haltung	Zucht	Futter	Seite/Abb.
Bgr. II/III. Pgr. 1, stellenweise dicht bepflanzt, auch Schwimmpflanzen. Riccia zum Nestbau. Liebt helles Licht (Sonne) und Algen. 25–30°C	1/1. Baut festes Schaumnest unter Verwendung von Algen und Pflanzenteilen. 28–32°C	Lebend- und Trockenfutter	IX/1 *
Bgr. III/IV. Pgr. 1. 22–25°C, MT 18°C. Nicht zu helles Licht, Verstecke aus Wurzeln, Torfauflage auf dem Boden	1/1. Schaumnest klein, oft etwas flüchtig errichtet. ♀ wird bei der Umschlingung nicht auf den Rücken gedreht	Vorzugsweise Lebendfutter. Frißt auch kleine Fische	IX/9
Bgr. IV. Pgr. 1. Wärmebedürftig: 28–30°C	1/1. Die Eier werden unter der Wasseroberfläche ausgestoßen und schwimmen hier frei. Keine Brutpflege	Vorzugsweise Lebendfutter, frißt gern vom Boden	254/2
Bgr. V/VI. Pgr. 1, nur harte Pflanzen verwenden, da die Fische eifrige Pflanzenfresser sind. 24–28°C. Lieben helles Licht und Algen	1/1. Zur Zucht werden sehr große Becken benötigt, da die Fische außerordentlich produktiv sind. Zuchttemperatur 26–30°C. Die Eier werden unter der Oberfläche abgelegt. Paarungen sehr stürmisch, aber nur andeutungsweise Umschlingung. Die Eier sind leichter als Wasser. Sie sammeln sich an der Oberfläche oder bleiben in den Pflanzen hängen. Keine Brutpflege. Die Jungen schlüpfen nach 2 Tagen und schwimmen nach 5–6 Tagen frei. Sie benötigen sehr viel Nahrung: Staubfeines Lebend- und Trockenfutter (auf pflanzlicher Basis hergestellt)	Lebend- und Trockenfutter, Pflanzenkost, alles in sehr großen Mengen	X/5 *
Bgr. IV. Pgr. 1, dicht bepflanzt, Schwimmpflanzen. Versteckplätze aus Wurzeln. Starke Durchlüftung, besser noch Wasserumlaufpumpe, um bewegtes Wasser zu schaffen, daß die Fische sehr schätzen. 24°C	Fortpflanzung unbekannt, vielleicht Maulbrüter	Kräftiges Lebendfutter, Insektenlarven, Fische	274/7
Bgr. III/IV. Pgr. 1, stellenweise dicht bepflanzt. Verstecke aus Wurzeln und Schwimmpflanzen. Nicht sehr wärmebedürftig: 20–30°C, MT 15°C. Nicht zu hoher Wasserstand. Becken gut abdecken, da Springer	1/1. Baut großes und festes Schaumnest. Benötigt großes Zuchtbecken, da sehr produktiv. ♀ sollte nicht zu klein sein, da das ♂ sehr rabiat sein kann	Lebend- und Trockenfutter	IX/5 *
Wie bei M. opercularis	Wie bei M. opercularis	Lebend- und Trockenfutter	
Bgr. IV. Nur harte Pflanzen in Schalen, sonst Dekoration mit Wurzeln und Steinen. 25–30°C. Jüngere Exemplare der verschiedenen Arten sind interessante Pfleglinge	Die Zucht kommt für das Zimmeraquarium kaum in Betracht. Die Eier und die junge Brut werden von beiden Eltern(?) bewacht und geführt	Kräftiges Lebendfutter, Insekten und ihre Larven, Fische	274/5

Nr.	Wissenschaft-licher Name	Deutscher Name	Heimat	Größe cm	Charakter	Geschlechts-unterschiede
169	*Pseudosphro-menus cupanus cupanus*	Spitz-schwanz-makropode	Vorder-indien, Sri Lanka (Ceylon)	5,5	Friedlicher und ruhiger Fisch. Kann in Gesellschaft gehalten werden	♂ zeitweise etwas lebhafter gefärbt, senkrechte Flossen zugespitzt
170	*P. cupanus dayi*	Roter Spitz-schwanz-makropode	Vorder- und Hinter-indien, Malaya, Teile von Indonesien	6	Friedlicher und ruhiger Fisch. Kann in Gesellschaft ge-halten werden	♂ in der Brutzeit farbiger, sonst nur wenig Unterschiede. Die mittleren Strahlen der Schwanzflosse stark verlängert
171	*Sphaerichthys osphromenoides*	Schoko-laden-gurami	Malaya, Sumatera (Sumatra)	5	Friedlicher, etwas scheuer Fisch, heikel und anspruchsvoll	Geringe Unterschiede in der Färbung
172	*Trichogaster leeri*	Mosaik-Fadenfisch	Thailand, Malaya, Sumatera (Sumatra), Kalimantan (Borneo)	12	Im allgemeinen fried-lich, ♂ in der Brutzeit etwas aggressiv. Für Gesellschaft ruhigerer Fische geeignet	♂ lebhafter gefärbt, Flossen im allgemeinen größer, Brust und Bauch in der Erregung orangefarben, ♀ kleiner
173	*T. microlepis*	Mond-schein-Fadenfisch	Thailand	12	Im allgemeinen friedlich, wie bei T. leeri	Bauchflossenfäden beim ♂ orangerot, ♀ etwas kleiner
174	*T. pectoralis*	Schaufel-Fadenfisch	Hinter-indien	13 und mehr	Im allgemeinen friedlich, wie bei T. leeri	Bauchflossenfäden beim ♂ orangefarben, Rückenflosse größer, ♀ etwas kleiner
175	*T. trichopterus*	Punktierter Fadenfisch u. Zucht-formen	Vorder- und Hinterindien	12	Im allgemeinen fried-lich, ♂ in der Brutzeit etwas angriffslustig. Ist für Gesellschaft ähnlich gearteter Fische gut geeignet	Rückenflosse beim ♂ größer und zugespitzt
176	*Trichopsis pumilus*	Knurrender Zwerg-gurami	Thailand, Malaya, Vietnam	3,5	Friedlicher, aber trotz seiner Zartheit nicht scheuer Fisch. Gibt in Erregung deutlich hör-bare Töne von sich	Flossen beim ♂ leicht zugespitzt und etwas farbiger
177	*T. vittatus*	Knurrender Gurami	Burma, Thailand, Sumatra	6	Friedlicher Fisch, wie bei T. pumilus	Flossen beim ♂ in Fäden ausgezogen, stark zugespitzt

252

Haltung	Zucht	Futter	Seite/Abb.
Bgr. II/III. Pgr. 1, dicht bepflanzt, Schwimmpflanzen. Versteckplätze aus Wurzeln. 20–24 °C, MT 15 °C. Liebt Sonne und Algen	1/1. 25 °C. Baut kleines, bräunliches Schaumnest, laicht aber auch in Wurzelhöhlen ab. Kann ziemlich produktiv sein	Lebend- und Trockenfutter	IX/6
Bgr. II/III. Pgr. 1, dicht bepflanzt, Schwimmpflanzen. Versteckplätze aus Wurzeln, Torfauflage auf dem Boden. 20–28 °C	1/1. 26–28 °C. Baut ein kleines Schaumnest unter Schwimmpflanzen, laicht aber auch in Höhlenverstecken, wobei lediglich einige Schaumblasen an der Höhlendecke angesammelt werden. Kann ziemlich produktiv sein	Lebend- und Trockenfutter	IX/8
Bgr. III/IV. Pgr. 1, dicht bepflanzt. 24–30 °C. Benötigt weiches, torfgefiltertes Wasser. Torfauflage auf dem Boden, Dekoration mit Moorkienhölzern. Wasserstand nicht über 15 cm	Zuchterfolge nur vereinzelt. 1/1. 26 bis 28 °C. Laich wird in einer zusammenhängenden Traube abgegeben und vom Weibchen im Maul erbrütet. Meist nicht über 40 Jungtiere, die nach dem Verlassen des Maules nicht mehr gepflegt werden	Lebendfutter, Mückenlarven, stummelflügelige Obstfliegen, Trockenfutter(?)	IX/7
Bgr. IV/V. Pgr. 1, dicht bepflanzt, Schwimmpflanzen. Liebt Sonne und Algen. Niedriger Wasserstand	1/1. 30 °C. Schaumnestbauer. Nest groß und flächig. Zuchtbecken muß sehr geräumig sein, da vor allem große Paare sehr produktiv sind	Lebend- und Trockenfutter	X/3
Wie bei T. leeri	Wie bei T. leeri. Baut großes und hohes Schaumnest unter Einbeziehung von Pflanzenteilen. Werden solche nicht geboten (Riccia!), werden die Pflanzenbestände angegriffen und teilweise zerstört. Sehr produktiv	Lebend- und Trockenfutter, Pflanzenkost	254/3
Wie bei T. leeri	Wie bei T. leeri. Sehr produktiv	Lebend- und Trockenfutter in reichlichen Mengen	254/4
Wie bei T. leeri, aber nicht ganz so wärmebedürftig	Wie bei T. leeri. Ebenfalls sehr produktiv. Mehrere attraktive Zuchtformen. Blaue, Marmorierte (»cosby«), Silber- und Goldfadenfische	Lebend- und Trockenfutter	X/2 *
Bgr. I/III. Pgr. 1, dicht bepflanzt, Schwimmpflanzendecke. 25–28 °C. Niedriger Wasserstand	1/1. 30 °C, möglichst wenig Temperaturschwankungen, gegen die die Jungfische empfindlich sind. Diese sind sehr klein. Schaumnestbauer, doch kann das Nest manchmal sehr nachlässig ausgeführt sein. Nicht sonderlich produktiv	Lebend- und Trockenfutter	274/6
Bgr. II/III. Pgr. 1, wie bei T. pumilus	Wie bei T. pumilus, baut flüchtiges Schaumnest. Bis 150 Junge	Lebend- und Trockenfutter	IX/4

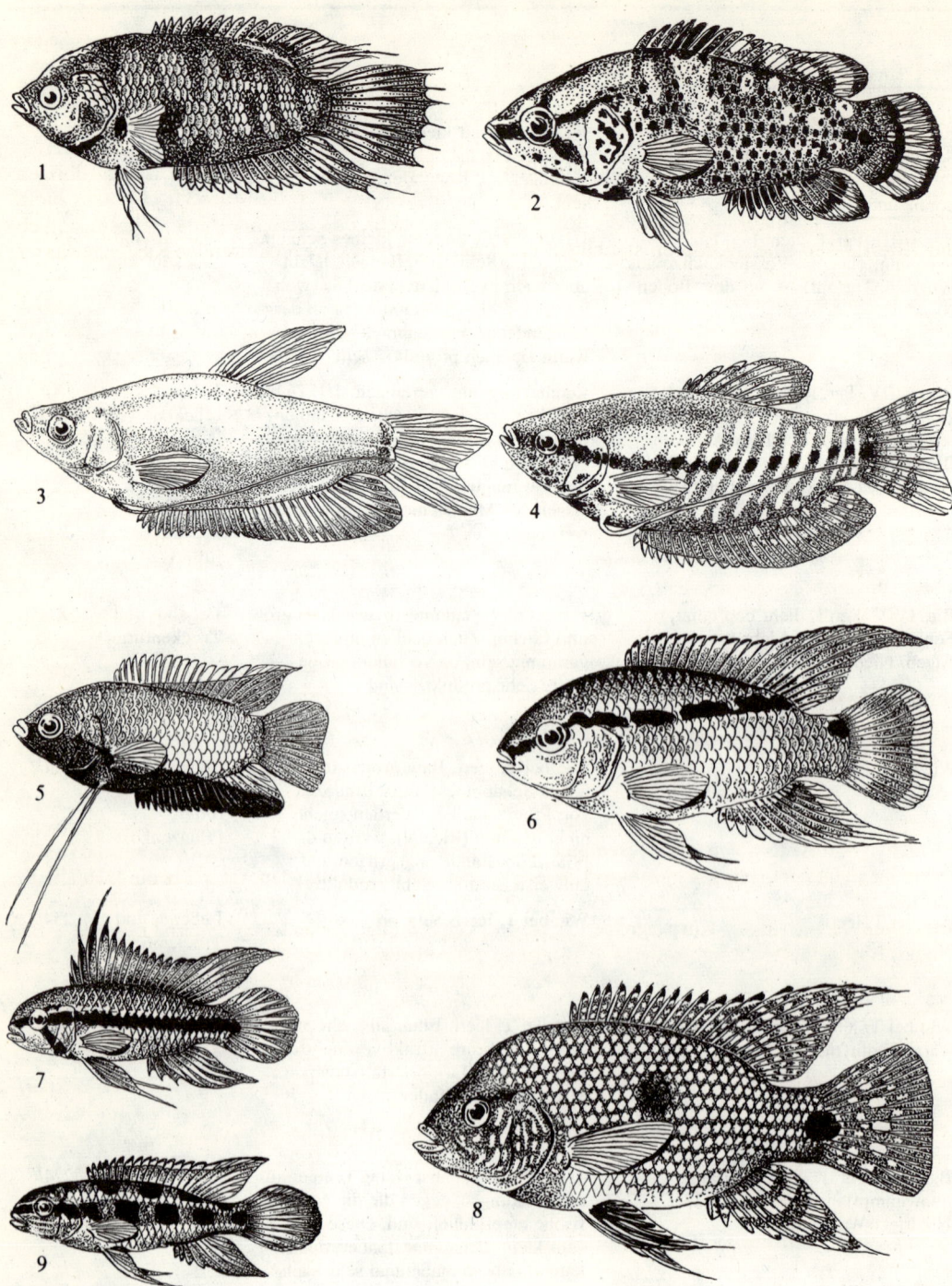

1 *Belontia signata*, Ceylon-Makropode (155) 2 *Ctenopoma oxyrhynchus*, Pfauenaugen-Buschfisch (163) 3 *Trichogaster microlepis*, Mondschein-Fadenfisch (173) 4 *Trichogaster pectoralis*, Schaufel-Fadenfisch (174) 5 *Colisa chuna*, Honig-Fadenfisch (158) 6 *Aequidens itanyi*, Delphinbuntbarsch (179) 7 *Apistogramma trifasciatum*, Indio-Zwergbuntbarsch (187) 8 *Geophagus gymnogenys*, Dunkler Perlmutterfisch (–) 9 *Crenicara maculata*, Schachbrettcichlide (–)

Buntbarsche (Cichlidae)

Die Familie der Buntbarsche zählt systematisch zur Unterordnung der Barschähnlichen (Percoidea) in der Ordnung der Barschförmigen. Die Cichlidenarten besitzen typische Barschmerkmale, wenn diese für den Laien auch nicht in allen Fällen auf den ersten Blick klar erkennbar sind. Hierzu gehört in erster Linie, daß die Rücken- und Afterflossen einen vorderen stachligen und einen hinteren weichstrahligen Teil aufweisen. Die weichen Teile der Rücken- und Afterflossen enden bei den männlichen Tieren gewöhnlich stärker zugespitzt als bei den Weibchen. Die großen Bauchflossen sind in der Regel brustständig. Sehr groß können auch die Brustflossen sein. Die Gestalt ist mannigfaltig abgewandelt: sie reicht von der torpedoförmigen Hechtform bis zur kreisrunden Scheibe der Diskuscichliden.

Viele Cichliden erreichen — vom Standpunkt des Zierfreundes her gesehen — beachtliche Größen. Diese Großcichliden sind durchweg kräftige Fische. Der Kopf ist relativ groß. Die Stirn ist, ganz besonders bei älteren Männchen, stark gewölbt und oft oberhalb der Augen eingedrückt. Das gibt den betreffenden Tieren einen »bulligen« Ausdruck. Die großen Augen wirken lebhaft, wie überhaupt das gesamte Gehabe dieser Fische interessiert wirkt. Es ist verständlich, daß man solchen Fischen geräumige Becken bieten muß, zumal dann, wenn man züchten will. Da nicht jedermann solch große Behälter aufstellen kann, wendet sich das Interesse kleineren Formen zu. Die wachsende Nachfrage nach Arten, die bei geringer Körpergröße die fesselnden Eigenschaften ihrer großen Verwandten besitzen, hat dazu geführt, daß in den letzten Jahren mehr und mehr kleinwüchsigere Arten importiert wurden. Hier sind nicht nur die eigentlichen Zwergcichliden der Gattungen Apistogramma und Nannacara zu nennen. Auch die herrlich gefärbten Pelvicatochromis-Arten aus Afrika und die bemerkenswerten Buntbarsche aus den ostafrikanischen Seen sind kleiner bleibende Fische. Als Klein- und Zwergcichliden kann man alle Arten betrachten, die im männlichen Geschlecht 8 cm Länge nicht überschreiten.

Die Familie ist artenreich. Ihr Hauptverbreitungsgebiet liegt im tropischen Afrika. In Westafrika ist es vor allem der Bereich der Ströme Niger und Kongo, im Osten gehören Palästina, Teile des Nilgebiets, des Tschadsees, der Victoria-See und die großen ostafrikanischen Grabenseen zu den Zentren des Vorkommens. Zahlreiche Cichlidenarten finden sich auch in Mittel- und Südamerika. Dagegen sind in Asien nur zwei Arten beheimatet, von denen eine noch dazu fast als Meeresfisch zu bezeichnen ist. Im übrigen sind die Cichliden Süßwasserfische, was nicht ausschließt, daß diese oder jene Art gelegentlich auch die brackwasserführenden Küstengewässer aufsucht.

Die Großcichliden bevorzugen im allgemeinen nicht zu tiefe stehende oder langsam fließende Gewässer und Gewässerteile, also z.B. den Pflanzengürtel der Uferränder, Lagunen, Buchten und Außenstände. Die kleineren Arten und die Zwergcichliden bewohnen entsprechend ihrer geringeren Größe kleinere Wasservorkommen. Das können Wald- und Savannenbäche, Gräben, Tümpel, Teiche usw. sein. Einige Arten sind auf besondere Umweltverhältnisse spezialisiert. So haben in den ostafrikanischen Seen bestimmte Bereiche auch »ihre« Cichliden. In Stromschnellen finden sich Arten, die äußerlich ihre Zugehörigkeit zur Familie kaum noch erkennen lassen. Sogar in unterirdischen Gewässern und in heißen Quellteichen finden sich noch Buntbarsche. Viele Cichliden leben außerhalb der Laichzeiten in mehr oder minder großen Gesellschaften. Sie gehen gemeinsam auf Nahrungssuche. Manchmal sind diese Verbände auch nach Altersgruppen geordnet, die »Schulen« genannt werden. Zur Laichzeit scheren die Paare, bei den maulbrütenden Arten nur die Männchen, aus der Gemeinschaft aus und besetzen Brutreviere. Einige Arten leben dauernd in begrenzten Territorien. Ältere Exemplare können zu ausgesprochenen Einzelgängern werden.

Die meisten Cichliden sind keine Raubfische im eigentlichen Sinne des Wortes. Die kleineren Arten sind Kleintierfresser. Manche benötigen dazu noch pflanzliche Kost. Die Großcichliden sind, solange noch nicht voll ausgewachsen, ebenfalls Kleintierfresser. Praktisch nehmen sie alles, was ihnen vor das Maul kommt, also z.B. Würmer, Mücken- und andere Insektenlarven, Wasserinsekten, Schnecken, Larven von Lurchen, kleine Fische usw. Ältere Exemplare gehen dann mehr und mehr zu einer räuberischen, jagenden Lebensweise über. Es finden sich aber unter diesen Fischen auch absonderliche Nahrungsspezialisten, z.B. die algenfressenden Schabemünder aus dem Njassa-See oder die ebenfalls dort beheimateten Augen- und Schuppenfresser.

In Gefangenschaft nehmen die meisten Cichliden alles, was an üblichen Futtermitteln geboten werden kann. Das heißt, sie fressen nicht nur Lebendfutter jeder Art, sondern nehmen auch ohne weiteres verschiedene Trockenfuttersorten, sei es nun in Flockenform und aus der Tube, sei es als Tabletten oder gefriergetrocknet. Selbstverständlich wird auch Frostfutter nicht verschmäht.

Die Färbung der Cichliden ist oft prächtig, mindestens aber ansprechend zu nennen. Besonders charakteristisch sind metallisch glänzende Tüpfel und Striche auf Kiemendeckeln, Flanken und Flossen. Bemerkenswert ist die Fähigkeit, unter dem Einfluß des Milieus oder von Erregungszuständen Farbe und Zeichnung durchgreifend zu verändern. Oft gehören gewisse Färbungserscheinungen zu bestimmten Verhaltensphasen. So trägt z. B. der Sieger im Kampf ein anderes Farbkleid als der Unterlegene. Auch die einzelnen Abschnitte im Fortpflanzungsgeschehen heben sich meistens durch zugehörige Färbungsmerkmale voneinander ab.

Die Geschlechter unterscheiden sich in der Regel gleichfalls durch die Färbung. Gewöhnlich, aber durchaus nicht immer, sind die Männchen intensiver gefärbt. Das ist besonders dann der Fall, wenn diese im Fortpflanzungsgeschehen der aktivere Teil sind. Genau umgekehrt ist es aber, wenn dem Weibchen die führende Rolle zukommt. Mitunter ist die Färbung der Geschlechter voneinander so verschieden, daß man glauben könnte, ganz verschiedene Arten vor sich zu haben. Andererseits gibt es aber auch Arten mit kaum bemerkbaren äußeren Geschlechtsunterschieden. Im extremen Fall erkennt man die Geschlechter nur während des Ablaichens an der unterschiedlichen Form der Genitalpapillen.

Die Zucht im Aquarium könnte an sich in den meisten Fällen leicht sein, wenn sie nicht durch die Unverträglichkeit vieler Cichliden, auch der zur Zucht vorgesehenen Geschlechtspartner, behindert würde. Nicht jeder Partner wird vom anderen ohne weiteres akzeptiert. Das kann für die Zwerge der Familie ebenso gelten wie für die Großcichliden. Am besten ist es, wenn man mehrere Jungfische miteinander aufwachsen läßt. Bei dieser Methode finden sich die Paare meistens von selbst. Will man dagegen Zuchtpaare aus erwachsenen Tieren zusammenstellen,

dann kann man wohl Glück haben. Es kann aber auch zu Streitigkeiten kommen, die im zu kleinen Aquarium nicht selten mit dem Tod des schwächeren Partners enden. Entscheidend für eine friedliche Paarbildung kann auch sein, ob das Weibchen ausreichend laichreif ist, denn die Männchen sehen noch nicht laichreife Weibchen häufig als Rivalen und nicht als Partner an. Dann kann es empfehlenswert sein, die Tiere durch eine Glasscheibe zu trennen und zu warten, bis das Weibchen wirklich paarungsbereit ist. Im übrigen empfiehlt es sich immer, bei willkürlichen Paarzusammenstellungen das schwächere Tier zuerst in das Zuchtaquarium einzusetzen und das stärkere erst nach einigen Tagen folgen zu lassen.

Wie schon gesagt, besetzen viele Buntbarsche während der Brutzeit Reviere (Territorien), in deren Bereich sie ihre Brut großziehen. Da der Raum im normalen Zimmeraquarium den angeborenen Vorstellungen von der Größe des Reviers meist nicht entspricht, kommt es wegen dauernder »Grenzverletzungen« zu Raufereien, die dem Cichlidenfreund viel Kummer bereiten können. Mindestens gilt das für die Großcichliden, für die kleineren Arten aber auch dann, wenn man ein zu kleines Zuchtaquarium wählt. Die bekannte »Pflanzenfeindschaft« mancher Buntbarsche beruht seltener auf einem Nahrungsbedürfnis und gleich gar nicht auf einer echten Abneigung. Sie ist vielmehr auf das Bestreben zurückzuführen, den Brutplatz zu säubern und von als störend empfundenen Pflanzen freizuhalten. Die Zwergcichliden und die kleineren Arten lassen gut eingewurzelte Pflanzen überhaupt in Ruhe, vorausgesetzt, daß das Aquarium abwechslungsreich eingerichtet ist.

Cichliden wird der Liebhaberzüchter in den meisten Fällen sich im normal eingerichteten Aquarium fortpflanzen lassen. Nachstehend bringen wir noch einige allgemeine Angaben, um dauernde Wiederholungen in den Tabellen zu vermeiden. Auf sie wird dort unter Z . . . verwiesen.

Manchmal kann es notwendig sein, mangelhaft pflegenden Eltern Eier oder Jungfische wegzunehmen. In solchen Fällen verfahre man wie folgt:

Die Laichunterlage (Stein, Wurzel, Pflanzenblatt) wird mit den anhaftenden Eiern möglichst mit Wasser in einer Schöpfkelle in ein Vollglasbecken überführt. Dieses wird mit Wasser aus dem Ablaichbecken gefüllt. Die Laichunterlage muß in die gleiche Lage gebracht werden, die sie im Ablaichbecken hatte. Eine in der Nähe angebrachte feinperlige Durchlüftung sorgt für leichte Wasserbewegung. Das Wasser kann mit einem handelsüblichen, bakterien- und infusorienhemmenden Tonikum oder mit Methylenblau vermischt werden, um das Verpilzen der Eier möglichst zu verhüten. Dennoch verpilzende Eier müssen mittels einer Pipette ausgelesen werden. Das Desinfektionsmittel wird durch Filtern über Aktivkohle wieder aus dem Wasser herausgezogen, kurz bevor die Jungfische frei zu schwimmen beginnen. Sobald das der Fall ist und die Jungen einige Tage lang Nahrung zu sich genommen haben, werden sie in ein großes Aufzuchtbecken überführt. Am besten ist es, wenn man das Vollglasbecken in jenem schwimmen läßt und das Wasser in beiden Behältern nach und nach durch Austausch einander angleicht.

Z 12a: Mehr oder minder stark wühlende, substratbrütende Cichliden

Bei den in dieser Gruppe zusammengefaßten Arten handelt es sich um — aquaristisch gesehen — größere Fische. Sie benötigen entsprechend geräumige Aquarien. Da sie durchweg wühlen und die Einrichtung ihres Aquariums nach ihren Vorstellungen umzubauen trachten, sollte nur ganz sauber ausgewaschener, grober Sand oder Kies als Bodengrund verwendet werden. Ganz besonders ist für ausreichende Versteckmöglichkeiten zu sorgen. Hierzu sind kräftige, dekorativ wirkende Moorkienhölzer und Steine, manchmal auch Tonröhren o. ä., besonders geeignet. Steine müssen fest auf dem Aquarienboden aufliegen. Das gleiche gilt für Höhlenbauten aus Steinen, die so zusammengefügt sein müssen, daß sie auf keinen Fall einstürzen können. Erst wenn die Steine wunschgemäß angeordnet sind, wird der Kies ringsum in einer starken Schicht ausgebreitet.

Auf im Boden wurzelnde Pflanzen wird man ganz verzichten müssen. Wenn man will, kann man den Versuch machen, gewisse derbe Wasserpflanzen in Töpfe zu setzen, die Pflanzen gegen Herauswühlen durch größere Kiesel zu sichern und die Töpfe in die Steindekoration einzufügen. Wer auf Pflanzengrün nicht ganz verzichten will, kann frei schwimmende Wassermoose, Wasserpest oder Schwimmpflanzen verwenden, mit denen sich die Fische zudem gern beschäftigen. Auch kann man die Luftwurzeln

des Fensterblatts Monstera ins Aquarium leiten. Hier bilden diese schnell Wurzelbüschel, was nebenbei den Vorteil hat, daß dem Wasser viele organische Abfallstoffe entzogen werden.

Der Zuchtansatz wird paarweise vorgenommen. Über die Paarbildung wurde einleitend bereits gesprochen. Miteinander harmonierende Paare wirken rührend in der Fürsorge für ihre Jungbrut. Schon die Werbung und die Vorbereitungen zur Brut sind sehenswert. Mit gespreizten Flossen umschwimmt das Männchen das Weibchen und nähert sich ihm unter lebhaftem »Kopfnicken«. Oft kann man sehen, daß sich die Tiere mit den Mäulern ineinander verbeißen, daß sie flossenschlagend sich im Kreise drehen oder eng aneinandergeschmiegt nebeneinander herschwimmen. Nach einigem Suchen, woran sich in der Regel beide Geschlechter beteiligen, wird eine Laichstelle ausgewählt und sorgfältig gesäubert. Das kann ein Stein, eine Wurzel oder eine andere feste Unterlage sein, manchmal sogar die Aquariumscheibe. Zahlreiche Gruben (die später oft gar nicht benutzt werden) werden ausgehoben, wobei oft eine ganz beachtliche Arbeit geleistet wird. Daß dabei störende Pflanzen kurzerhand herausgewühlt oder Blätter abgebrochen werden, versteht sich nebenbei. Die auf der Laichunterlage abgelegten Eier werden meistens von beiden Eltern im Wechsel betreut. Oft ist eine Aufgabenteilung erkennbar, wobei das Männchen das Brutrevier als ganzes verteidigt, während das Weibchen das Gelege und die Jungen betreut. Verpilzte Eier werden herausgepickt und durch Wedeln mit den Brustflossen wird für Wasserbewegung gesorgt. Die Zahl der Eier ist nach Art, Größe, körperlicher Verfassung und Lebensalter verschieden. Es können 300 bis 1 000 Stück oder auch mehr sein. Immerhin ist ihre Zahl wegen der hoch entwickelten Brutpflege im Verhältnis zu den Eizahlen freilaichender, nicht brutpflegender Fische gering zu nennen. Die auskommenden Jungen werden zunächst in Gruben gebracht und dort bewacht. Sobald sie schwimmfähig sind, werden sie herumgeführt, wobei die Eltern bei der Nahrungssuche behilflich sind. Die Jungen halten instinktiv im Schwarm zusammen und reagieren auf gewisse Zeichen der Eltern. Ihre Aufzucht ist leicht, weil sie sofort Artemia und anderes staubfeines Lebend- oder Trockenfutter nehmen. Wenn die Eltern mit den Vorbereitungen zu einer neuen Brut beginnen, was nach einigen Wochen der Fall sein kann, fängt man sie oder die Jungen heraus. Für den Liebhaberzüchter empfiehlt es sich nicht, sich um die Aufzucht großer Mengen junger Cichliden zu bemühen, weil diese nur schwer absetzbar sind.

Zur Gruppe Z 12a gehören die Tabellen-Nummern: 179–182, 183, 190, 191, 193–195, 197.

Z 12b: Wenig oder nicht wühlende, substratbrütende Cichliden

Die zu dieser Gruppe zählenden Arten sind sowohl größere als auch kleine und sehr kleine Fische. Nach der Größe der Fische und zu erwartenden Nachkommenschaft hat sich der Wasserinhalt der Aquarien zu richten. Es ist aber auch hier empfehlenswert, diese nicht zu klein zu wählen. Da die Fische nur geringfügig oder überhaupt nicht wühlen und infolgedessen die Pflanzen nicht stören, können die Becken normal bepflanzt werden. Die Wasserpflanzen können also zusammen mit Wurzeln, Steinen und sonstigen Dekorationsmitteln, z. B. halbierten Kokosschalen, Tonröhren usw. die für diese Fische notwendigen Versteckplätze bilden. Als Bodengrund kann man nicht zu groben Sand verwenden. Es genügt, wenn eine Deckschicht von einigen Zentimetern Stärke sauber ausgewaschen ist, während die Unterschicht nur kurz durchgespült wird. Schlimmstenfalls ist mit dem Ausheben einiger flacher Gruben zu rechnen.

Mit gewissen Einschränkungen kann gesagt werden, daß die zu dieser Gruppe zählenden Fische weit weniger aggressiv sind als die zuvor genannten. Dennoch können beide Geschlechter während der Brutzeit eine gesteigerte Angriffslust gegenüber Artgenossen oder artfremden Fischen zeigen. Sogar Zwergcichliden können zu dieser Zeit außerordentlich kampflustig sein. So sind brutpflegende Weibchen von Nannacara anomala regelrechte kleine Teufel. Sie schrecken nicht davor zurück, selbst erheblich größere Fische anzugreifen oder ihren männlichen Partner zu Tode hetzen. Überhaupt ist bei Zwergcichliden und den westafrikanischen Prachtbarschen das Weibchen der aktivere Teil im Fortpflanzungsgeschehen. Im übrigen ist zu sagen, daß das Fortpflanzungsverhalten im Prinzip mit dem der Großcichliden übereinstimmt. Das gilt auch für die Segelflosser (Pterophyllum), die gleich den Diskusbuntbarschen (Symphysodon) an Pflanzenblättern ablaichen. Die letzteren sondern ein Hautsekret ab, das den Jungen in den ersten Lebenswochen ganz oder zusätzlich als Nahrung dient.

Während die Großcichliden im allgemeinen keine besonderen Ansprüche an die Wasserzusammensetzung stellen, wünschen bei dieser Gruppe einige Arten doch ein weicheres, vielleicht sogar etwas angesäuertes Wasser. Die Zahl der Nachkommen ist bei vielen Arten nicht sehr

Nr.	Wissenschaft-licher Name	Deutscher Name	Heimat	Größe cm	Charakter	Geschlechts-unterschiede
178	*Aequidens curviceps*	Tüpfel-buntbarsch	Amazonas-gebiet	♂ 7 ♀ 6	Verträglicher, kaum wühlender und pflanzenschonender Fisch	Rücken- und Afterflossen beim ♂ zugespitzt, im ganzen etwas intensiver gefärbt
179	*Ae. itanyi*	Delphin-buntbarsch	Nördl. Südamerika	14	Relativ friedlicher, wenig wühlender Fisch	Rücken- und Afterflossen beim ♂ spitz ausgezogen
180	*Ae. maronii*	Maroni-buntbarsch	Surinam, Guayana	♂ 10 ♀ 8	Einer der verträglichsten Cichliden, wühlt nicht und schont die Pflanzen	Ältere ♂♂ besitzen langausgezogene Flossenspitzen
181	*Ae. porta-legrensis*	Streifen-buntbarsch	Brasilien, Paraguay, Bolivien	15	Etwas unverträglich, wühlt auch gern, doch bestehen individuelle Unterschiede	♂ kräftiger gefärbt, Flossenenden länger ausgezogen

groß. Bei anderen ist das zwar nicht der Fall, aber die Zucht bereitet Schwierigkeiten. Aus all diesen Gründen stehen die Fische hoch im Kurs, und auch der Liebhaberzüchter wird sich bemühen, möglichst viele Jungfische großzuziehen.

Zur Gruppe Z 12b gehören die Tabellen-Nummern: 178, 180, 183–187, 192, 196, 198–200, 210–213, 217–223, 232, 235–237.

Z 13: Wühlende und nicht wühlende, maulbrütende Cichliden

Für die Maulbrüter unter den Buntbarschen gilt bezüglich der Einrichtung des Aquariums das, was unter Z 12b gesagt ist. Lediglich bei den stark wühlenden Arten, wird man so verfahren müssen, wie es unter 12a empfohlen ist. Als Bodengrund wird man nicht zu groben Kies oder Sand verwenden, weil die Maulbrüter allesamt Gruben ausheben, in denen der Laichakt stattfindet.

Bei afrikanischen Maulbrütern hat sich ein bestimmtes Ritual herausgebildet, das im großen und ganzen für alle Arten gilt. Das ♂ wirft zunächst im Sand eine flache Grube aus. Dann lockt es ein ♀ dorthin, wobei sich in der Natur die laichreifen weiblichen Tiere in der Regel von selbst anbieten. Hier werden die bei einer Art »Ringelspiel« abgelegten Eier entweder sofort befruchtet und dann vom ♀ ins Maul genommen, oder die Übernahme der Eier erfolgt erst und die Befruchtung vollzieht sich etwas später. Hierbei wendet die Natur einen kleinen Trick an. Auf der Afterflosse der betreffenden Männchen befinden sich sogenannte Eiflecke. Das ♂ bietet sie dem ♀ auf dem Boden liegend dar. Dieses schnappt danach und nimmt bei dieser Gelegenheit die Spermien mit auf, die dann die Befruchtung der Eier im Maul vollziehen. Eier und Junge verbleiben 10–25 Tage im mütterlichen Maul. Manchmal nimmt das ♀ in dieser Zeit etwas Nahrung zu sich, manchmal auch nicht. Die Jungen werden freigelassen, wenn sie voll schwimmfähig sind. Sie fressen dann sofort staubfeines Futter, z. B. Nauplien von Artemia. Bei Gefahr und des Nachts finden sie noch eine zeitlang Unterschlupf im Maul der Mutter.

Nach dem Ablaichen ist das ♂ unbedingt aus dem Zuchtaquarium zu entfernen, oder man fängt (wenn das nicht möglich ist) das ♀ heraus. Dies muß vorsichtig und nicht mit dem Netz, sondern mit einer Fangglocke oder einem Glas geschehen, weil das ♀ unter Umständen die Eier von sich gibt. In sehr geräumigen Becken mit viel Versteckplätzen kann man die Paare auch zusammen belassen.

Zur Gruppe Z 13 gehören die Tabellen-Nummern: 189, 201–205, 209, 214–216, 226–231, 233, 238, 239.

Haltung	Zucht	Futter	Seite/Abb.
Bgr. III/IV. Pgr. 8. 23–25 °C. Häufiger teilweiser Wasserwechsel ist wünschenswert	Z 12b. 1/1. 26–28 °C. Bgr. IV. Manche Paare pflegen schlecht	Lebend- und Trockenfutter	XIV/1
Bgr. IV/V. Pgr. 10. 22–25 °C, MT 16 °C. Häufiger teilweiser Wasserwechsel erwünscht	Z 12a oder 12b. 25 °C. Bgr. V. Ziemlich produktiv	Kräftiges Lebend- und Trockenfutter	254/6
Bgr. IV/V. Pgr. 8 oder 9, 23–26 °C, MT 20 °C	Z 12b. Zucht kann etwas schwierig sein, weil nicht alle Paare miteinander laichen. Die Jungen werden lange geführt. 24–26 °C	Kräftiges Lebend- und Trockenfutter	XIV/4
Bgr. IV/V. Pgr. 10. 22–26 °C, MT 16 °C	Z 12a oder 12b. Manche Exemplare können im voll bepflanzten Aquarium gezüchtet werden, wenn die Pflanzen gut eingewurzelt sind	Kräftiges Lebend- und Trockenfutter	274/8

Nr.	Wissenschaftlicher Name	Deutscher Name	Heimat	Größe cm	Charakter	Geschlechtsunterschiede
182	*Ae. pulcher*	Blaupunktbuntbarsch	Kolumbien, Magdalenenstrom, Panama	15	Relativ friedliche, nicht sehr wühlende Art	♂ farbiger, Rückenflosse etwas länger ausgezogen, ♀ oft mit Querbinden
183	*Apistogramma agassizi*	Amazonas-Zwergbuntbarsch	Mittleres Amazonasgebiet, Rio Paraguay	♂ 8 ♀ 5	Friedlicher, nicht wühlender Fisch, ♂ nur in der Brutzeit etwas aggressiv	Die Geschlechter sind in der Färbung sehr verschieden. ♀ bei der Brutpflege gelb
184	*A. ortmanni*	Ortmanns Zwergbuntbarsch	Nördliches Südamerika und mittl. Amazonas	♂ 7 ♀ 5	Friedlicher, Verstecke liebender Fisch	Die Geschlechter sind farblich sehr verschieden. ♀ in der Brutzeit kräftig gelb
185	*A. ramirezi*	Schmetterlingsbuntbarsch	Orinocogebiet, aber anscheinend noch weiter verbreitet	♂ 6 ♀ 5	Friedlicher und lebhafter Fisch, spiellustig	Die Geschlechter gleichen sich farblich weitgehend. ♂ mit verlängerten ersten Rückenflossenstrahlen
186	*A. reitzigi*	Gelber Zwergbuntbarsch	Gebiet des mittl. Rio Paraguay	♂ 6 ♀ 4	Friedlicher und anspruchsloser Fisch	Die Geschlechter sind farblich sehr verschieden. ♂ besitzt hohe Rückenflosse, ♀ in der Brutzeit lebhaft gelb
187	*A. trifasciatum*	Indio-Zwergbuntbarsch	Amazonasgebiet	♂ 5 ♀ 4	Temperamentvoller, zur Brutzeit nicht ganz friedlicher Fisch	♂ mit stark verlängerten vorderen Rückenflossenstrahlen, ♀ in der Brutzeit gelblich
188	*Astronotus ocellatus*	Pfauenaugenbuntbarsch	Amazonasgebiet	30	Echter Cichlide, wühlt sehr, robust, im Alter räuberisch	Geringe Unterschiede. Mit Sicherheit nur am unterschiedlichen Bau der Genitalpapille zu unterscheiden
189	*Aulonocara nyassae*	Kaiserbarsch	Malawisee	15	In Gruppen auch mit anderen Malawi-Maulbrütern vergesellschaftbar	Männchen prächtig blau-grün-rot glänzend, Weibchen graubraun mit Streifenzeichnung
190	*Cichlasoma cyanoguttatum*	Perlmuttercichlide	Nordmexiko, südl. USA	25	Rauflustiger, stark wühlender Fisch	♂ lebhafter gefärbt, im Alter mit Stirnwulst, ♀ etwas gedrungener

Haltung	Zucht	Futter	Seite/ Abb.
Bgr. IV/V. Pgr. 10, Pflanzen in Töpfen, mit Steinen abgedeckt. 23–26 °C, MT 16 °C. Individuelle Unterschiede in der Verträglichkeit	Z 12a. 25–26 °C. Ziemlich produktiv	Kräftiges Lebend- und Trockenfutter	XIII/4
Bgr. III/IV. Pgr. 8, reichlich bepflanzt. Verstecke und Höhlen aus Wurzeln oder Steinen. 23–26 °C, MT 20 °C. Nicht zu hartes Wasser, bis 10 °dH. Sollen empfindlich gegen Chemikalien im Wasser sein	Z 12b. Höhlenlaicher; die Eier werden an die Höhlendecke angeheftet. ♀ pflegt Gelege und Junge und führt diese bis zu 3 Wochen. 200 Junge sind ein gutes Ergebnis. Das ♂ kann herausgefangen werden. Zucht nicht immer einfach. Nicht alle Tiere pflegen	Lebend- und Trockenfutter	XII/7
Bgr. II/III. Pgr. 8. Wie bei A. agassizi. Etwas wärmebedürftig, 23–26 °C, nicht unter 22 °C	Z 12b. 27–30 °C. Wie bei A. agassizi	Lebend- und Trockenfutter	
Bgr. III. Pgr. 8, stellenweise dicht bepflanzt, 22–26 °C. Lieben klares, nicht zu hartes Wasser bis 12 °dH	12b. Ablaichen auf Steinen oder in Gruben. Weiches Wasser, nicht über 8 °dH. 25–30 °C. Beide Eltern üben Brutpflege. Die Jungen nehmen sofort Artemia, sind aber empfindlich und wachsen langsam	Lebend- und Trockenfutter	XI/5 *
Bgr. II/III. Pgr. 8, stellenweise dicht bepflanzt. Verstecke aus Wurzeln und Steinen. 21–25 °C. Keine besonderen Wasseransprüche	Z 12b. Höhlenlaicher. Die Eier werden an die Höhlendecke angeheftet. Das ♀ pflegt allein, das ♂ kann nach dem Ablaichen entfernt werden	Lebend- und Trockenfuttei	XIII/3
Bgr. III. Pgr. 8. 22–24 °C. Keine besonderen Ansprüche an die Wasserzusammensetzung	Z 12b. 23–24 °C, nicht zu hohe Wärmegrade. Sonst wie bei A. agassizi	Lebend- und Trockenfutter	254/7 *
Bgr. V. Wurzeln und Steine, keine Pflanzen. 22–26 °C, MT 16 °C	Z 12a. 26–28 °C. Sehr produktiv. Die Jungen sind ganz anders gefärbt als die erwachsenen Tiere	Kräftiges Lebend- und Trockenfutter, Fische	XIV/9
Bgr. V. Reichlich Versteckplätze mit Wurzeln und flachen Steinen. Bepflanzung möglich. 24–26 °C, MT 20 °C	Z 13. Maulbrüter. Nach 22 Tagen werden zwischen 20 und 50 Jungfische von etwa 10 mm Länge entlassen	Kräftiges Lebend- und Trockenfutter	
Bgr. V. Wurzeln und Steine, keine Pflanzen. 22–26 °C, MT 18 °C	Z 12a. 24–25 °C. Sehr produktiv	Kräftiges Lebend- und Trockenfutter	282/3

Nr.	Wissenschaft-licher Name	Deutscher Name	Heimat	Größe cm	Charakter	Geschlechts-unterschiede
191	*C. facetum*	Chanchito (spanisch: »Schwein-chen«)	Südbrasilien, Uruguay, Argentinien	25	Echter Cichlide, rauflustig, wühlt stark	Nur geringe Unter-schiede, ♂ etwas kräf-tiger gefärbt, Flossen leicht zugespitzt
192	*C. festivum*	Flaggen-buntbarsch	Von Guayana im Norden bis zum La Plata-Gebiet im Süden	♂ 15 ♀ 12	Friedlicher, nicht wühlender Cichlide. Gut für Gesellschaft mit Pterophyllum geeignet	Schwer zu unter-scheiden. ♂ mit blau-grüner Kehle. After- und Rückenflosse spitzer ausgezogen, ♀ etwas gedrungener
193	*C. meeki*	Rotbrust-buntbarsch, Feuermaul	Guatemala, Yucatan	♂ 15 ♀ 10	Relativ friedlicher, in der Brutzeit etwas angriffslustiger Fisch. Individuelle Unter-schiede im Wühlen	♂ kräftiger gefärbt, Rückenflosse spitz ausgezogen. Kiemen-krause beim ♂ immer rot, beim ♀ manchmal grünlich
194	*C. nigro-fasciatum*	Zebra-buntbarsch	Guatemala	♂ 15 ♀ 10	Relativ friedlicher, nur in der Brutzeit etwas angriffslustiger	Geringe Unterschiede. ♂ etwas kräftiger ge-färbt, Rückenflosse kann etwas mehr zugespitzt sein
195	*C. octofasciatum* (früher *C. bio-cellatum*)	Zwei-punkt-buntbarsch	Guatemala, Costa Rica, Amazonas-gebiet	20	Echter Cichlide, rauf-lustig, wühlt stark	♂ farbenprächtiger, ♀ mehr lehmgelb mit dunklen Querbinden
196	*C. severum*	Augen-fleck-buntbarsch	Nördliches Südamerika	20	Ein ruhiger, in der Brut-zeit aber aggressiver, stark wühlender Fisch	♂ kräftiger gefärbt, rote Punktzeichnung tritt deutlicher hervor
197	*C. spilurum*	Mittelame-rikanischer Buckelkopf	Mittel-amerika	12	Relativ friedlich, wühlt wenig und schont die Pflanzen	♂ lebhafter gefärbt
198	*Crenicara filamentosa*	Schach-brett-cichlide	Mittleres Amazonas-gebiet	♂ 10 ♀ 6	Friedlicher, nicht wühlender Fisch	♂ besitzt spitz aus-gezogene Rücken-, Schwanz- und After-flossen, ♀ mit intensiver Rotfärbung der Bauchflossen
199	*Crenicichla lepidota*	Pfauen-augen-Hecht-barsch	Östliches tropisches Südamerika		Raubfisch mit hecht-artiger Lebensweise. Lauert zwischen Pflanzen, Wurzeln oder Steinen auf Beute	Geringe Unterschiede. ♂ etwas farbiger, Rücken- und After-flosse leicht zugespitzt

Haltung	Zucht	Futter	Seite/Abb.
Bgr. V. Wurzeln und Steine, keine Pflanzen. 17–23 °C, MT 12 °C, vorübergehend auch weniger	Z 12a. 21–24 °C. Sehr produktiv	Kräftiges Lebend- und Trockenfutter	XI/1
Bgr. V/VI. Pgr. 9, stellenweise dicht bepflanzt. Versteckplätze und nicht zu helles Licht. Kann etwas schreckhaft sein. 25 °C. Keine zu weichen Pflanzen verwenden, da die Fische die frischen Triebe anfressen	Z 12b. 25–28 °C. Große Zuchtbecken. Große Amazonas-Schwertpflanzen sind als Laichunterlage besonders geeignet. Auf den Blättern werden bis 400 Eier abgelegt, die schlüpfenden Jungen mit einem Haftfädchen daran aufgehängt. Beide Eltern üben die Brutpflege aus. Leider pflegen nicht alle Paare, dann künstliche Aufzucht	Lebend- und Trockenfutter, Pflanzenkost	XII/1
Bgr. IV/V. Pgr. 10, Pflanzen in Töpfen, mit Steinen abgedeckt. 22–24 °C	Z 12a. 24–26 °C. Ziemlich produktiv. Die Jungen sind schnellwüchsig	Kräftiges Lebend- und Trockenfutter	XIII/1 *
Bgr. IV/V. Pgr. 10. 20–24 °C, MT 16 °C. Nicht alle Tiere wühlen gleich stark. Pflanzen in Töpfen, mit Steinen abgedeckt	Z 12a. 22–26 °C. Die Eltern pflegen meist sehr sorgsam	Kräftiges Lebend- und Trockenfutter	274/9
Bgr. V. Wurzeln und Steine, keine Pflanzen. 22–24 °C, verträgt längere Zeit auch niedrigere Temperaturen, ist aber dann blaß und träge	Z 12a. 25–28 °C. Vorsicht, in der Brutzeit besonders unverträglich. Sehr produktiv	Kräftiges Lebend- und Trockenfutter	XIV/5
Bgr. V. Wurzeln und Steine, keine Pflanzen. 24–28 °C, MT 21 °C	Z 12a. 25–28 °C. Kann sehr produktiv sein	Kräftiges Lebend- und Trockenfutter	XI/2
Bgr. IV/V. Pgr. 10. 22–24 °C, MT 15 °C	Z 12b. 26 °C. Laicht gern im Schutz von Pflanzen ab, nimmt bevorzugt Höhlen an	Kräftiges Lebend- und Trockenfutter	
Bgr. III/IV. Pgr. 8, reichlich bepflanzt. Verstecke aus Wurzeln, Steinen o. ä. 23–26 °C. Empfindlich gegen Wasserverschlechterung. Anscheinend ein etwas empfindlicher Fisch, der sorgsame Pflege verlangt	Z 12b. 1/1. Das ♀ ist der aktivere Teil. Ablaichen in Höhlen (Blumentopf, Kokosschale). Das ♀ übt die Brutpflege allein aus	Lebendfutter, Trockenfutter(?)	
Bgr. V. Pgr. 9. Stellenweise dicht bepflanzt. Die Pflanzen werden nicht behelligt. Versteckplätze aus Wurzeln oder Steinen sind unbedingt notwendig. 24–27 °C, MT 21 °C. Becken gut abdecken, da Springer! Noch nicht laichreifes ♀ evtl. durch Trennscheibe schützen	Z 12b. 1/1. 26–28 °C. Zuchtbecken muß sehr groß sein. Ablaichen an Steinen, Grubenbau unter Pflanzen. ♂ übt die Brutpflege allein aus, ♀ entfernen. Sehr produktiv	Nur kräftiges Lebendfutter, Fische!	XII/2

Nr.	Wissenschaft-licher Name	Deutscher Name	Heimat	Größe cm	Charakter	Geschlechts-unterschiede
200	*Etroplus maculatus*	Indischer Buntbarsch	Indische Union, Sri Lanka (Ceylon)	8	Friedlicher, nicht wühlender Fisch, der die Pflanzen nur angreift, wenn Bedarf an Pflanzenkost nicht befriedigt wird	Farbunterschiede. ♂ schön goldgelb, ♀ immer blasser und etwas kleiner
201	*Geophagus balzani*	Ballon-kopf-erdfresser	südliches Südamerika, Paraguay	15	Friedlicher, aber ständig den Boden durch-arbeitender Fisch; derbe Pflanzen möglich	♂ mit großem Stirn-buckel und blaugrünen Punkten in Bauch- und Afterflosse
202	*G. jurupari*	Teufels-angel	Amazonas-gebiet	über 20	Friedlich, wühlt aber zeitweilig sehr stark	Stirnb. wie der ♂ stärker gebogen; sehr unsicher
203	*G. stein-dachneri* (= *G. hondae*)	Rothauben-erdfresser	genauer Fundort unbekannt, Südamerika	bis 15	Friedlich, aber gegen Artgenossen mitunter sehr aggressiv	♂ mit rotem Kopf-buckel
204	*G. surinamensis*	Surinam-Perlfisch	nördl. Süd-amerika, bes. Guayana	über 20	Friedlich, nur zur Laichzeit aggressiv	♂ größer, keine verläß-lichen Farbunter-schiede
205	*Haplochromis burtoni*	Augenfleck-Maulbrüter	Tschadsee und oberes Nilgebiet	♂ 10 ♀ 8	Etwas robuster Fisch, ♂ zur Laichzeit sehr aggressiv dem ♀ gegenüber. Maulbrüter	♂ mit »Eiflecken« in der Afterflosse. Diese spielen eine wichtige Rolle bei der Befruch-tung der Eier im Maul des ♀
206	*Hemichromis bimaculatus*	Roter Cichlide	Afrika, vom Senegal bis zum Kongo und Nil. Auch in den Sahara-Oasen	15	Bissiger und streit-lustiger, aber sehr schöner Fisch. Wühlt stark	Schwer zu unter-scheiden. ♀ oft kräf-tiger gefärbt. Verläß-lich nur die unter-schiedliche Form der Genitalpapillen
207	*H. fasciatus*	Fünffleckenbuntbarsch	Tropisches Westafrika, vom Senegal bis zum Kongo	15	Einer der rauflustig-sten Cichliden. Wühlt stark	Unterschiede gering, ♂ etwas schlanker
208	*Herotilapia multispinosa*	Regenbogen-buntbarsch	Mittel-amerika	12	Friedlich, wühlt wenig, Pflanzenfresser	♂ größer und mit zu-gespitzten Rücken- und Afterflossen
209	*Iodotropheus sprengerae* (ehem. *Melano-chromis brevis*)	Rotbrauner Maulbrüter	Malawi-See	♂ 12 ♀ 8	wie P. auratus	♂ hat in der Afterflosse meist zwei gelbe »Eiattrappen«

264

Haltung	Zucht	Futter	Seite/Abb.

Bgr. IV/V. Pgr. 12. 22–25 °C. Versteck-plätze. Häufiger teilweiser Wasser-wechsel notwendig, auch geringer Salzzusatz oder Wechsel zwischen Süß- und schwachem Brackwasser

Z 12b. 25–30 °C. Beide Eltern pflegen. Produktiv. Bis 300 Junge. Diese sollten einen 5%igen Meerwasserzusatz erhalten, da sie sonst sehr hinfällig sind

Lebend- und Trockenfutter — XI/6

Bgr. IV/V. Pflanzen werden ausgewühlt, wenn sie nicht gut verankert sind. 25–30 °C, MT 20 °C

Z 12a. 25–30 °C. Nach dem Ablaichen auf flachen Steinen pflegt das ♀ allein. Junge werden erst nach dem Schlupf für etwa 10 Tage im Maul betreut. Recht produktiv

Kräftiges Lebend- und Trockenfutter

Wie G. balzani

Wie G. balzani

Kräftiges Lebend- und Trockenfutter

Bgr. IV. Bepflanzung wird geschont. Boden wird durchgekaut. 20–26 °C.

Wie G. balzani. Eier werden aber oft gleich nach der Ablage vom ♀ aufge-nommen und nach 10–15 Tagen ent-lassen

Kräftiges Lebend- und Trockenfutter

Bgr. V. Bepflanzung wird geschont. 25–30 °C.

Wie G. balzani

Kräftiges Lebend- und Trockenfutter

Bgr. IV/V. Pgr. 10. 25 °C, nicht beson-ders empfindlich gegen Wärmeschwan-kungen. Reichlich Verstecke aus Wur-zeln und Steinen, klarer Sandgrund

Z 13. Wie bei P. multicolor. 25 °C. Die Befruchtung der Eier erfolgt erst, wenn sie sich bereits im Maule des ♀ befin-den

Lebend- und Trockenfutter — 282/1

Bgr. IV/V. Ausreichend Verstecke aus Steinen und Wurzeln unbedingt not-wendig. Keine Pflanzen, klar gewasche-ner Sand. 20–24 °C

Z 12a. 26 °C. Die meisten Paare pflegen gut, wenn sie miteinander harmonieren. Sehr produktiv

Kräftiges Lebend- und Trockenfutter — XIV/7

Bgr. IV/V. Ausreichend Verstecke sind unbedingt erforderlich. 22–24 °C

Z 12a. 25–28 °C. Wegen der Unverträg-lichkeit der Fische ist es sehr schwie-rig, Paare zusammenzustellen. Kann aber produktiv sein

Kräftiges Lebend- und Trockenfutter — 274/10

Bgr. IV/5. Mehrere Verstecke erforder-lich. Nur derbblättrige Pflanzen. 22 bis 26 °C

Z 12a. 25–28 °C. Paare finden lassen. Sehr produktiv

Lebend- und pflanzliches Beifutter

Wie P. auratus (228)

Wie P. auratus (228)

Kräftiges Lebend- und Trockenfutter

Nr.	Wissenschaft-licher Name	Deutscher Name	Heimat	Größe cm	Charakter	Geschlechts-unterschiede
210	*Julidochromus marlieri*	Schach-brett-Schlank-cichlide	Tanganjika-See	7—10	Paarweise friedlicher, im eigenen Revier aber wehrhaft	sehr unsicher, Paare aus einer Gruppe finden lassen
211	*J. ornatus*	Gelber Schlank-cichlide	Tanganjika-See	7—10	wie J. marlieri	wie J. marlieri
212	*J. regani*	Vierstreifen-Schlank-cichlide	Tanganjika-See	7—10	wie J. marlieri	wie J. marlieri
213	*J. transcriptus*	Schwarz-weißer Schlank-cichlide	Tanganjika-See	7—10	wie J. marlieri	wie J. marlieri
214	*Labeotropheus fuelleborni*	Schabe-mund-buntbarsch	Malawi-See	♂ 15 ♀ 12	In zu kleinen Becken aggressiv, am besten zu mehreren in ver-steckreichen Felsen-aquarien	Sehr unterschiedliche Färbung. ♂ hat »Eiflecken« in der Afterflosse
215	*L. trewavasae*	Blauer Schabe-mund-barsch	Malawi-See	♂ 15 ♀ 12	Wie L. fuelleborni	♂ mit blauem Körper und roten Flossen. ♀ in verschiedenen Fär-bungsvarianten je nach Population
216	*Labidochromis vellicans*	Blauer Spitzkopf-maulbrüter	Malawi-See	♂ 15 ♀ 12	Wie L. fuelleborni	♂ mit Eiflecken in der Afterflosse
217	*Lamprologus brichardi*	»Prinzessin von Burundi«	Tanganjika-See	♂ 10 ♀ 8	Friedlich, aber unter-einander mitunter sehr unverträglich	sehr unsicher, Paare selbst finden lassen
218	*L. congolensis*	Kongo-Grund-cichlide	Unterlauf des Kongo	♂ 15 ♀ 7	♂ sind recht unverträg-lich. Einzelgänger. Bilden Einzelreviere	♂ mit goldglänzenden Schuppen
219	*L. elongatus*	Zander-buntbarsch	Norden des Tanganjika-Sees	über 15	ausgesprochener Raub-fisch, nur als Jungtier zu vergesellschaften	♂ größer, Farbunter-schiede unwesentlich

266

Haltung	Zucht	Futter	Seite/Abb.
Bgr. III/IV. 22–24 °C. Kein weiches Wasser. Pflanzen werden nicht beschädigt. Kleine Höhlen, flache Steine unterwühlt sind bevorzugte Reviere	Laichen in den Höhlen. Oft mehrere Bruten unterschiedlichen Alters untereinander aufwachsend. Werden erst verbissen, wenn Geschlechtsreife eintritt und Revieransprüche gestellt werden	Lebend- und Trockenfutter	*
Wie J. marlieri	Wie J. marlieri		
Wie J. marlieri	Wie J. marlieri		
Wie J. marlieri	Wie J. marlieri		
Wie P. auratus	Wie P. auratus		282/2
Wie P. auratus	Wie P. auratus		
Wie P. auratus	Wie P. auratus		
Bgr. IV. 22–26 °C. Kein weiches Wasser. Pflanzen werden nicht beschädigt. Für abgegrenzte Reviere sorgen!	Laichen in Höhlen oder an anderen Versteckplätzen. Pflege der nach etwa 3 Tagen schlüpfenden Jungen durch das ♀. Etagenbruten üblich, ohne daß die älteren Jungfische verbissen werden.	Kräftiges Lebendfutter	*
Viele Reviermöglichkeiten schaffen, auch wenn nur ein Paar vorhanden ist. Becken mit großer Grundfläche und flachem Wasserstand. 24–28 °C	Laichen unter flachen Steinen. Brutpflege fast ausschließlich durch das Weibchen		
V. Rückzugsreviere mit dichter Bepflanzung schaffen. 24–28 °C.	Eiablage an flachen Steinen. Schlupf der etwa 400 Jungtiere nach drei Tagen. Erstfutter nach weiteren 5 Tagen	Kräftiges Lebendfutter; auch Fische	

Nr.	Wissenschaft- licher Name	Deutscher Name	Heimat	Größe cm	Charakter	Geschlechts- unterschiede
220	*Nannacara anomala*	Glänzender Zwerg- buntbarsch	Nördl. Süd- amerika	♂ 7 ♀ 4	Außerhalb der Laich- zeiten friedlich. ♀ wird in der Brutzeit sehr aggressiv, besonders dem ♂ gegenüber	Die Geschlechter sind ganz und gar verschieden gefärbt. ♀ in der Brutzeit dunkel kariert
221	*Nanochromis nudiceps*	Blauer Kongo- zwergbarsch	Kongogebiet	7	Ausgesprochen revier- bewohnender Fisch. Die Reviere werden eifersüchtig bewacht	♀ etwas kräftiger gefärbt und mit aus- geprägter Bauchpartie
222	»*Pelmato- chromis*« *thomasi*	Thomas' Pracht- barsch	Tropisches Westafrika	♂ 8 ♀ 6	Relativ friedlicher Fisch, wühlt nicht, schont die Pflanzen	Keine großen Farb- unterschiede, Rücken- flosse beim ♂ etwas zugespitzt
223	*Pelvicachromis pulcher*	Purpur- pracht- barsch	Westafrika: Nigergebiet	9	Im allgemeinen fried- lich, wühlt nicht	Unterschiede in der Färbung, ♀ oft inten- siver gefärbt, etwas kleiner
224	*P. subocellatus*	Rotvioletter Pracht- barsch	Kongo- gebiet	10	Wie P. pulcher	♂ unscheinbar, ♀ prächtig. Schuppen- kranz um den Bauch- fleck silbern bis rotgolden glänzend
225	*P. taeniatus*	Gestreifter Pracht- barsch	Nigeria, Ghana	♂ 8 ♀ 6	Im allgemeinen fried- lich, wühlt nicht	♂ anders gezeichnet, vor allem in der Schwanzflosse, Rücken- und After- flosse zugespitzt. ♀ zeitweise farbiger
226	*Pseudocreni- labrus multicolor*	Vielfarbiger oder Kleiner Maulbrüter	Nilgebiet	7	Außerhalb der Brutzeit relativ friedlich. ♂ ge- genüber ♀ in der Laich- zeit sehr aggressiv	♂ lebhafter gefärbt. Der Kehlsack tritt beim ♀ stärker hervor

Haltung	Zucht	Futter	Seite/Abb.
Bgr. III. Pgr. 9, stellenweise dicht bepflanzt. Verstecke plätze! 23—25 °C	Z 12b. 24—26 °C. ♂ nach dem Ablaichen sofort entfernen. ♀ übt die Brutpflege allein aus und ist dann außerordentlich aggressiv gegenüber dem ♂. Zuverlässige Brutpflege. Aufzucht der Jungfische nicht schwierig	Lebend- und Trockenfutter	XI/4
Bgr. IV. Pgr. 8, reichlich bepflanzt. Zahlreiche Wurzel- und Pflanzenverstecke, auch Höhlen (Kokosschalen, Blumentöpfchen o. ä.). 24 °C. Weiches, torfgefiltertes Wasser hebt die Farbigkeit	Z 12b. 1/1. Vor dem Ablaichen in einer Höhle werden viele kleine Gruben im Sand angelegt. Die Eier werden an die Höhlendecke angeheftet. Die Jungen schwimmen 1 Woche später frei und fressen sofort Artemia. 24—28 °C. Das ♀ pflegt und ist aktiver	Lebend- und Trockenfutter, Pflanzenkost (Algen)	274/12
Bgr. IV. Pgr. 8, stellenweise dicht bepflanzt. Versteckplätze aus Pflanzen, Wurzeln oder Steinen. Keine besonderen Wasseransprüche. 22—26 °C	Z 12b. Zucht nicht besonders schwierig. Ablaichen auf Steinen oder anderen festen Unterlagen. Bis 500 Jungfische. Aufzucht nicht schwierig	Lebend- und Trockenfutter	282/6 *
Wie bei Nanochromis nudiceps	Z 12b. 1/1. 25—28 °C. Wie bei Nanochromis nudiceps	Lebend- und Trockenfutter	XII/4
Wie N. nudiceps	Wie N. nudiceps		
Wie bei Nanochromis nudiceps	Wie bei Nanochromis nudiceps. Z 12b. 25—28 °C	Lebend- und Trockenfutter	282/4
Bgr. III. Pgr. 8. 20—23 °C. Reichlich bepflanzt, Verstecke aus Steinen und Wurzeln. Klarer Sand als Bodengrund.	Z 13. 24—26 °C. ♂ baut flache Mulde im Sand. Die Tiere »kriechen« beim Ablaichen im Kreise hintereinander her, wobei die Eier befruchtet und vom ♀ ins Maul genommen werden. ♀ frißt während der Brutzeit nicht. Die Jungen verlassen nach etwa 11 Tagen das Maul der Mutter. Es können zwischen 30 und 100 Stück sein. Sie werden dann noch etwa 1 Woche lang während der Nacht oder bei Gefahr im Kehlsack untergebracht, bis dieser nicht mehr ausreicht. Die Jungen fressen sofort Artemia. Das ♂ ist nach dem Ablaichen aus dem Zuchtaquarium zu entfernen	Lebend- und Trockenfutter	XI/3

Nr.	Wissenschaftlicher Name	Deutscher Name	Heimat	Größe cm	Charakter	Geschlechtsunterschiede
227	*P. philander*	Kupfermaulbrüter	Süd- und Mittelafrika in zahlreichen Lokalformen	8	Wie P. multicolor	♂ mit roter Spitze der Afterflosse
228	*Pseudotropheus auratus*	Türkis Goldbarsch	Malawi-See	♂ 12 ♀ 8	Temperamentvoller Fisch, untereinander unverträglich. Am besten zu mehreren in großen, versteckreichen Aquarien zu halten	♂ im allgemeinen mehr blau, ♀ goldgelb gefärbt. Unterlegene ♂♂ wie ♀ gefärbt. ♂ hat Eiflecken in der Afterflosse
229	*P. elongatus*	Schmalbarsch	Malawi-See	♂ 12 ♀ 10	Wie P. auratus	♂ mehr graublau, ♀ bräunlich im Grundton
230	*P. tropheops*	Gelber Maulbrüter	Malawi-See in zahlreichen Populationen	13	Wie P. auratus	♂ dunkler, ♀ gelb bis orangerot
231	*P. zebra*	Blauer Zebramaulbrüter	Malawi-See in zahlreichen Populationen	12	Wie P. auratus	♂ blau bis leuchtend weißblau, ♀ graublau, aber auch gefleckt oder orangerot

Alle Pseudotropheus-Arten sind am besten in Sätzen zu einem ♂ mit mehreren ♀♀ zu pflegen, da ein laichbereites ♂ seine mitunter erhebliche Aggressivität sonst auf ein Weibchen konzentriert und es ernsthaft beschädigen kann.

Nr.	Wissenschaftlicher Name	Deutscher Name	Heimat	Größe cm	Charakter	Geschlechtsunterschiede
232	*Pterophyllum scalare* Zuchtformen: Schwarzer Skalar, Marmor-, Gold-, Rauch-, Silber-, Mond-, Geister-, Schleierskalar und andere	Segelflosser, Kleiner Segelflosser	Amazonasgebiet	15 lang 25 hoch	In der Brutzeit etwas aggressive Fische. Können mit wesentlich kleineren Fischen nicht zusammen gepflegt werden. Am besten in Gesellschaft von Cichlasoma festivum und anderen großen und ruhigen Fischen zu halten	Mit Sicherheit nur während der Brutzeit am verschiedenen Bau der Genitalpapillen zu unterscheiden, haben meist eine deutlich gebuckelte Stirn, die der ♀ ist fast geradlinig
233	*Sarotherodon* (ehem. *Tilapia*) *mossambicus*	Natal-Buntbarsch	Südafrika	25	Rauflustiger und stark wühlender Fisch	♂ in der Laichzeit tiefschwarz mit lackweißer Brust und Kehle

Haltung	Zucht	Futter	Seite/Abb.
Wie P. multicolor			
Bgr. V. Pgr. 8. 24 °C. Kein weiches Wasser! Reichlich Versteckplätze aus Steinen und Wurzeln sind nötig	Z 13. Maulbrüter. Die relativ wenigen Eier werden vom ♀ im Maul erbrütet. Es nimmt während der Brütezeit Nahrung zu sich. Die Jungen verlassen nach ungefähr 4 Wochen das Maul, werden danach aber noch ungefähr 2 Wochen zusammengehalten. Aufzucht leicht	Lebend- und Trockenfutter, Pflanzenkost	282/7
Wie P. auratus	Wie P. auratus	Lebend- und Trockenfutter, Pflanzenkost	
Wie P. auratus	Wie P. auratus	Lebend- und Trockenfutter, Pflanzenkost	
Wie P. auratus	Wie P. auratus	Lebend- und Trockenfutter, Pflanzenkost	
Bgr. VI. Pgr. 9. 24–26 °C. Gut mit hochstrebenden Gewächsen bepflanzt. Wärmebedürftig	Z 12b. 1/1. Bis 30 °C. Zuchterfolg von passenden Paaren abhängig. Ablaichen an starken Stengeln oder Blättern von Wasserpflanzen, aber auch an Scheiben und eingestellten Röhren usw. Leider pflegen viele Paare nicht, dann »künstliche« Aufzucht. Normalerweise ist die Brutpflege genau so fesselnd wie bei allen anderen nichtmaulbrütenden Cichliden	Lebend- und Trockenfutter. Fressen gern auch kleine Fische	XIII/2
Bgr. V. 18–24 °C. Nur klar gewaschener Kies und Steine. Durchlüftung und kräftige Filterung notwendig. Versteckplätze für das ♀	Z 13. 1/1. 25 °C. Das ♀ brütet etwa 12–14 Tage und führt die Jungen danach noch einige Tage. ♂ nach dem Laichakt entfernen	Kräftiges Lebend- und Trockenfutter	XII/3

Nr.	Wissenschaft-licher Name	Deutscher Name	Heimat	Größe cm	Charakter	Geschlechts-unterschiede
234	*Steatocranus casuarius*	Buckelkopf- oder Löwenkopf- cichlide	Strom- schnellen im mittleren Kongo	10	Relativ friedlicher Bodenfisch und Höhlen- bewohner. Wird am besten nur unter Art- genossen gehalten	♂ etwas größer, Stirn- wulst vergrößert sich mit zunehmendem Alter
235	*Symphysodon aequifasciata axelrodi* Aus dieser Gattung gibt es eine ganze Reihe sehr farbenprächtiger Arten, Unterarten und Farbschläge, die hier nicht alle aufgeführt werden können	Brauner Diskusfisch	Gebiet des mittleren Amazonas	20	Friedlich, empfindlich gegen Störungen, wählerisch im Futter. Kann auch anfällig gegen bestimmte Er- krankungen sein	Schwer zu unter- scheiden. Zuverlässig nur an der unter- schiedlichen Form der Genitalpapillen wäh- rend der Laichzeit
236	*Telmachromis bifrenatus*	Zweiband- schmal- barsch	Tanganjika- See	♂ 10 ♀ 6	Wie Julido-chromis- Arten	♂ wesentlich größer, keine nennenswerten Farbunterschiede
237	*Thysia ansorgii* (ehem. *Pelmato- chromis annectens*)	Afrika- nischer Delphin- bunt- barsch	West- afrika, Küsten- gebiet	♂ 13 ♀ 8	wie Pelvicachromis	♀ mit Glanzschuppen in der Analregion
238	*Tropheus moorii*	Brabant- barsch	Tanganjika- See in mehreren Lokal- formen	12	Einzeltiere unverträg- lich. Interessante Gruppenstruktur bei Haltung von etwa 10 bis 15 Tieren beiderlei Geschlechts	Sehr unsicher, Bauch- flossen der ♂ länger
239	*T. duboisi*	Weißpunkt- Brabant- barsch	Tanganjika- See	10	Jungtiere sind Einzel- gänger und finden sich zu Paaren	♂ mit flacher Bauch- partie und verlängerten Bauchflossen

272

Haltung	Zucht	Futter	Seite/Abb.
Bgr. IV/V. Pgr. 10. Kiesgrund und Steine so zusammengefügt, daß sich Höhlen und Grotten ergeben. Die Fische lieben es, sich Höhlen selbst zu graben, indem sie den Kies unter den Steinen hervorwühlen. Auch umgestürzte Blumentöpfe sind gut geeignet. 24 °C	Z 12b. 1/1. Höhlenbrüter. Es pflegen beide Eltern. Die Jungen bleiben zunächst in der Höhle, wo sie mit frischem Wasser und Nahrung versorgt werden. Später werden sie geführt und abends zurückgebracht. Aufzucht nicht schwierig	Lebend- und Trockenfutter	282/5
Bgr. VI. Pgr. 9, gut mit hochstrebenden Gewächsen bepflanzt. Versteckplätze aus Pflanzen und Wurzeln sind unbedingt notwendig. 25–27 °C, MT 24 °C. Lieben weiches und leicht saueres, torfgefiltertes Wasser	Z 12b. Die Zucht der hier genannten Art ist nicht mehr so problematisch, wie sie es anfangs war. 28–30 °C. Weiches Wasser notwendig. Ablaichen an Pflanzenblättern oder anderen festen Gegenständen. Die frisch geschlüpften Jungen werden an den Blättern aufgehängt, später (im allgemeinen) von beiden Eltern geführt. Sie nähren sich zunächst ausschließlich, später zusätzlich von einem Hautsekret der Eltern. Im übrigen ist die Aufzucht nicht schwer	Sehr wählerisch. Abwechslungsreiche Ernährung, verweigern oft das Futter	XIII/5
Wie Julidochromi-Arten	Wie Julidochromi-Arten	Lebend- und Trockenfutter	
Wie Pelvicachromi-Arten	Höhlenlaicher, wie Pelvicachromi-Arten	Lebend- und Trockenfutter	
Bgr. VI/VII. Sonst wie Lamprologus brichardi. 24–28 °C	Maulbrüter, die wenige aber sehr große Eier ablegen. Jungtiere werden nach etwa 30 Tagen entlassen und sind etwa 15 mm groß	Lebend- und Trockenfutter	
Bgr. V/VI. Sonst wie L. brichardi	Wie T. moorii	Lebend- und Trockenfutter	*

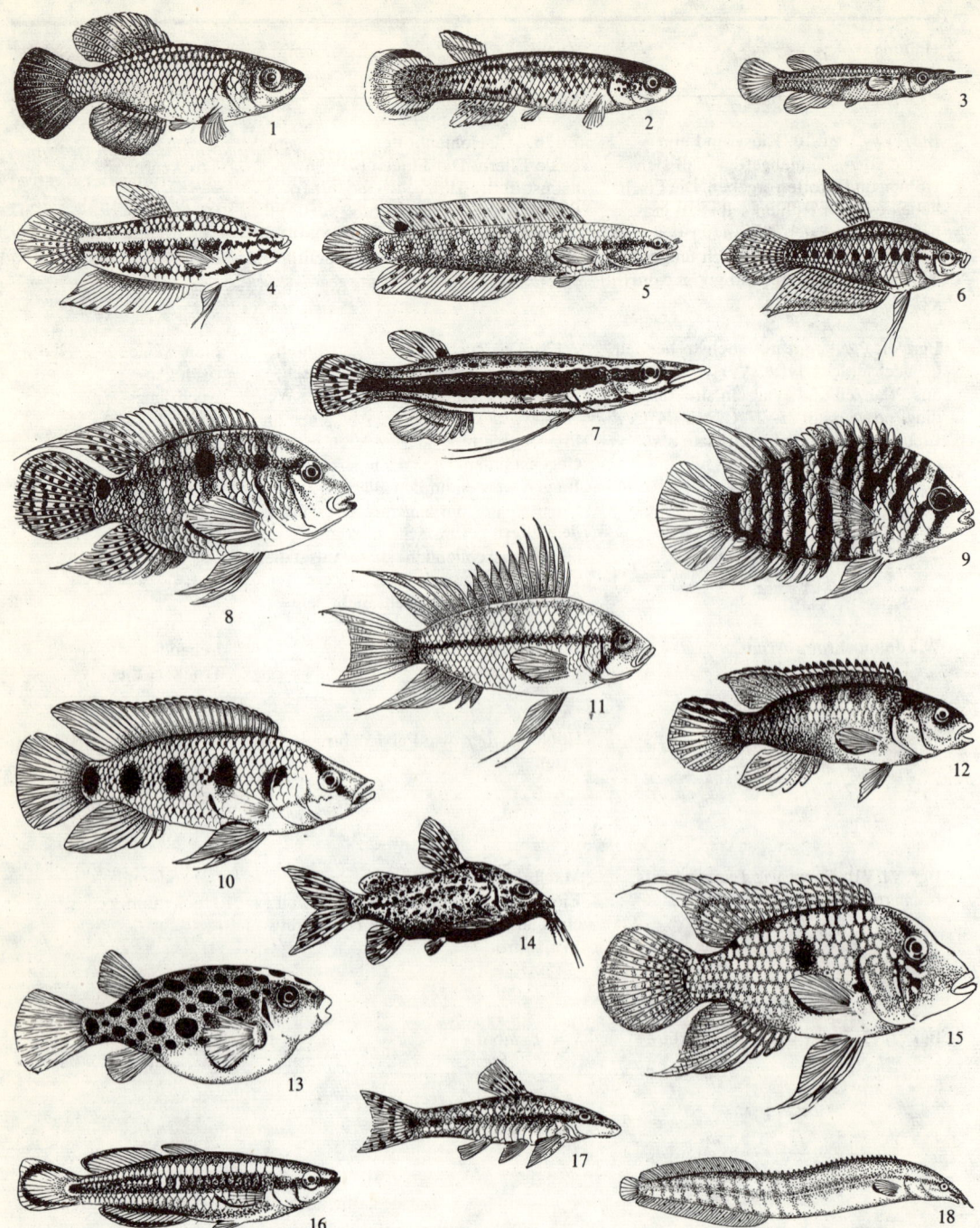

1 *Nothobranchius guentheri*, Blauer Prachtkärpfling (–) **2** *Rivulus milesi*, Goldschwanzbachling (131) **3** *Dermogenys pusillus*, Hechtköpfiger Halb-schnäbler (153) **4** *Betta taeniata*, Gestreifter Kampffisch (–) **5** *Ophicephalus striatus*, Gestreifter Schlangenkopf (168) **6** *Trichopsis pumilus*, Knurrender Zwerggurami (176) **7** *Luciocephalus pulcher*, Hechtkopf (165) **8** *Aequidens portalegrensis*, Streifenbuntbarsch (181) **9** *Cichlasoma nigrofasciatum*, Zebrabuntbarsch (194) **10** *Hemichromis fasciatus*, Fünffleckenbuntbarsch (207) **11** *Apistogramma cacatuoides*, Kakadu-Zwerg-buntbarsch (–) **12** *Nanochromis nudiceps*, Blauer Kongozwergbarsch (221) **13** *Tetraodon fluviatilis*, Grüner Kugelfisch (249) **14** *Synodontis nigriventris*, Rückenschwimmender Kongowels (275) **15** *Geophagus brasiliensis*, Brasil-Perlmutterfisch (–) **16** *Bedotia geayi*, Rotschwanz-Ähren-fisch (251) **17** *Otocinclus flexilis*, Algenwels (272) **18** *Mastocembelus pancalus*, Gefleckter Stachelaal (286)

Barschförmige (Perciformes)

Die Barschförmigen sind gestreckte bis hohe, seitlich mehr oder minder zusammengedrückte Fische. After- und Rückenflosse sind in einen vorderen stachligen und einen hinteren weichen Abschnitt zweigeteilt. Nicht selten stehen in der Rückenflosse beide Teile ohne Zusammenhang hintereinander. Viele Barschförmige sind Raubfische oder Kleintierfresser. Es finden sich aber auch Nahrungsspezialisten unter ihnen, z. B. Algenfresser.

Neben den Echten Barschen (Percidae), von denen nur wenige für das Zimmeraquarium geeignet sind, interessieren den Aquarienfreund in erster Linie die Familien der Sonnenfische (Centrarchidae), der Nanderbarsche (Nandidae), der Glasbarsche (Centropomidae), der Schützenfische (Toxotidae) und der Argusfische (Scatophagidae). Die zuvor ausführlich behandelten Kletterfische (Anabantidae) und die Buntbarsche (Cichlidae) gehören ebenfalls hierher. Die in der Tabelle aufgeführten Kugelfische (Tetraodontidae) zählen nicht zu den Barschförmigen, sind hier aber mit enthalten, weil ihre Beschreibung in einer gesonderten Tabelle nicht möglich ist.

Die *Echten Barsche (Percidae)*, von denen einige in der Tabelle der einheimischen Fische behandelt werden, sind in den nördlichen Gewässern der Erde heimisch. Ihr länglicher, seitlich zusammengedrückter Körper ist mit Kammschuppen bedeckt. Die Kiemendeckel tragen am Rande dornige Fortsätze. Das Gebiß ist gut entwickelt. Die beiden Rückenflossen hängen nicht oder kaum zusammen. Diese Barsche sind durchweg jagende Räuber, die neben größeren Wasserinsekten vor allem auch Fische fressen.

Die *Sonnenbarsche (Centrarchidae)* sind in den Süßgewässern Nordamerikas weit verbreitet. Ihr Körper ist mäßig gestreckt bis hoch gebaut und seitlich kräftig zusammengedrückt. Die zahlreichen Zähne sind klein und spitz. Die beiden Rückenflossen gehen ineinander über. Viele Sonnenbarsche sind schöne und interessante Aquariumfische. Sie üben eine oberflächliche Brutpflege aus, indem das Eigelege bis zum Auskommen der Jungfische bewacht und befächelt wird. Die *Zwergsonnenbarsche (Elassomatidae)* sind mit den Sonnenbarschen nahe verwandt. Die wenigen Arten sind Bewohner der Sumpflandschaften Floridas, der Everglades, wo sie an flachen, ruhigen und pflanzenreichen Stellen ein verstecktes Dasein führen.

Die *Nanderbarsche (Nandidae und Badidae)* sind mit jeweils nur wenigen Arten über die tropischen Gebiete Amerikas, Afrikas und Asiens verbreitet. Das könnte auf ehemalige Zusammenhänge der Kontinente hinweisen. Die meisten Nanderbarsche sind kleine, versteckt lebende und durch Form und Farbe gut getarnte Raubfische, die ihre Beute anschleichen oder ihr auflauern. Dabei wird die Fortbewegung durch die glashell durchsichtigen weichen Teile der senkrechten Flossen bewirkt. Die Nanderbarsche sind als Aquariumfische sehr geeignet, ganz besonders für den Spezialisten, der Besonderheiten zu schätzen weiß.

Die *Glasbarsche (früher Ambassidae, jetzt Centropomidae)* sind kleine über Australien und Südostasien verbreitete Barsche. Sie leben im Süß- und Brackwasser. Einzelne Arten sind in ihren Heimatgebieten sehr häufig. Die beiden Rückenflossen hängen nur an einer winzigen Stelle zusammen. Der Körper ist mehr oder minder glasig durchsichtig.

Die *Schützenfische (Toxotidae)*, die mit wenigen Arten die Küstengewässer längs des Indischen Ozeans bewohnen, sind in den Tabellen nur durch eine Art vertreten. Es sind ausgesprochene Oberflächenfische, die in der freien Natur meistens in der Brackwasserzone leben. Merkwürdig ist ihre Art des Beutefangens: die Fische schießen außerhalb des Wassers an Blättern usw. sitzende Insekten mit wohlgezielten Wassertropfen ab.

Von den *Argusfischen (Scatophagidae)* wird Scatophagus argus gelegentlich im Süßwasseraquarium gehalten. Es muß aber darauf hingewiesen werden, daß sich der Fisch im Süßwasser auf die Dauer nicht wohlfühlt. Er gehört vielmehr mit den vorigen in eine Gruppe von Fischen, die man heute mehr und mehr in gesonderten Brackwasseraquarien zu halten pflegt.

In der nachfolgenden Tabelle werden die Arten ohne Rücksicht auf ihre Familienzugehörigkeit nach dem Alphabet aufgeführt. Fünf Arten aus der Familie der *Ährenfische (Atherinidae)* stehen am Schluß der Tabelle.

Nr.	Wissenschaft-licher Name	Deutscher Name	Heimat	Größe cm	Charakter	Geschlechts-unterschiede
240	*Badis badis*	Blaubarsch	Vorder- und Hinterindien	7 5	Friedlicher, sehr ruhiger, versteckt lebender Fisch	♂ lebhafter gefärbt, ♀ einfach bräunlich, gerundete Bauchpartie
241	*Carinotetraodon somphongsi*	Kamm-Kugelfisch	Thailand (im Süß-wasser)	6,5	Nicht sehr verträglich. Hält sich gern in Bodennähe auf, liebt Verstecke, die auch verteidigt werden	♂ Rückenflosse rötlich, richtet in der Erregung einen roten, messerartigen Grad auf dem Bauch auf
242	*Chanda ranga*	Indischer Glasbarsch	Vorder-indien, Bengalen, Burma	5	Friedlicher, zeitweise lebhafter, aber auch etwas schreckhafter Fisch	♂ intensiv goldfarbig, Rücken- und After-flosse himmelblau ge-säumt
243	*Elassoma evergladei*	Zwerg-sonnen-barsch	Südl. USA (Florida)	3	Friedlicher Fisch, am besten in artgleicher Gesellschaft zu halten, sonst scheu und farblos	♂ fast blauschwarz gefärbt, ♀ bräunlich und voller
244	*Enneacanthus obesus*	Diamant-barsch	Östl. USA	8	Friedlicher, ruhiger Fisch, etwas schreck-haft. ♂ behauptet seinen Standplatz	♂ rötlich mit blau-grünen Flecken, ♀ einfacher gefärbt
245	*Mesogonistius chaetodon*	Scheiben-barsch	Osten der USA	10	Friedlicher, in der Jugend ziemlich lebendiger, später ruhiger Fisch	Äußerlich kaum zu unterscheiden. ♂ ver-blaßt beim Laichakt, ♀ dabei kräftiger ge-färbt

Haltung	Zucht	Futter	Seite/ Abb.
Bgr. I/II. Pgr. 8, dicht bepflanzt, Schwimmpflanzen. 23–26 °C. Torfauflage auf dem Boden. Höhlenverstecke aus Steinen, Wurzeln, Blumentopf oder Kokosschale	1/1. 24–28 °C. Höhlenlaicher. Die Eier werden unter Umschlingung an die Höhlendecke geheftet. ♂ übt Brutpflege. Die Jungen sind mit Artemia leicht aufzuziehen. ♂ nach dem Ausschwärmen entfernen	Kleines Lebendfutter	XIV/8
Bgr. IV/V. Pgr. 10, dicht bepflanzt. 24–28 °C. Verstecke aus Steinen und Wurzeln. Süßwasser	Bisher nur ohne größeren Erfolg zur Fortpflanzung gebracht. Bei der Paarung geht es lebhaft zu. Das ♂ beißt sich am ♀ fest. Die Jungen schwimmen schon wenige Tage nach dem Ablaichen frei. Aufzucht noch nicht geglückt	Schnecken, Würmer, Mückenlarven, Wasserinsekten, Pflanzen, Tablettenfutter	
Bgr. II/III. Pgr. 8, dicht bepflanzt. 18 bis 25 °C. Liebt helles Licht, aber auch Halbschatten durch Schwimmpflanzen. Versteckplätze aus Wurzeln und Steinen. Zusatz von etwas Kochsalz bei sichtbarem Unbehagen angebracht	1/1. 24–26 °C. Ablaichen vor allem an den Wurzeln von Schwimmfarnen. Die sehr kleinen Jungen kommen nach 24 Stunden aus. Aufzucht schwierig, weil sie im staubfreien Lebendfutter stehen müssen. Vorsicht mit Cyclops-Nauplien!	Feines Lebendfutter	XIV/3
Bgr. I/II. Pgr. 11, dicht mit feinfiedrigen Pflanzen besetzt. Feiner Sand als Bodengrund. 18–23 °C, MT 10 °C. Klares und sauerstoffreiches Wasser	Bgr. III. Am besten zu mehreren Paaren zur Zucht ansetzen. 20–22 °C. Laichen im Pflanzendickicht. Nach einiger Zeit erscheinen immer mehr Junge. Die erwachsenen Tiere können im Becken bleiben	Feines Lebendfutter	XIV/2
Bgr. II/III. Pgr. 11. 18–22 °C, MT 10 °C. Wie bei Mesogonistius chaetodon	1/1. 20–22 °C. Ablaichen in Grube. ♂ wedelt die Eier in die Pflanzen und übt eine nachlässige Brutpflege aus, bis die Jungen schlüpfen. Aufzucht nicht schwierig. Jungfische von Zeit zu Zeit nach der Größe sortieren	Lebendfutter	XV/2
Bgr. II/IV. Pgr. 11, stellenweise dicht bepflanzt. 18–22 °C, vorübergehend auch etwas höher. Den Winter über nicht zu warm halten. Kühl überwinterte Tiere sind gesünder und kräftiger gefärbt. Benötigen klares, sauberes Wasser, pH 7 und darüber. Gut für Haltung im Gartenteich geeignet (wie alle Sonnenbarsche)	1/1. 20–22 °C, auch weniger. ♂ hebt flache Grube im Sand aus. Die Eier kleben im Sand fest. Sie werden vom ♂ bis zum Schlüpfen bewacht, dann ♂ entfernen. ♀ schon nach dem Ablaichen herausfangen. Die Jungen nehmen feinstes Lebendfutter, sowie sie freischwimmen	Lebendfutter	XV/3

Nr.	Wissenschaft-licher Name	Deutscher Name	Heimat	Größe cm	Charakter	Geschlechts-unterschiede
246	*Polycentropsis abbreviata*	Afrika-nischer Vielstachler	Tropisches Westafrika	8	Ruhiger, räuberischer Fisch	♂ etwas kleiner, ♀ deutlich voller
247	*Polycentrus schomburgki*	Schom-burgks Vielstachler	Nordöstl. Südamerika	8	Ruhiger, räuberischer Fisch, nächtliche Lebensweise	♂ lebhafter gefärbt, ♀ kleiner und rund-licher
248	*Scatophagus argus*	Argusfisch	Küsten-gebiete um den Indi-schen Ozean	30	Harmloser, lebhafter und sehr dekorativer Fisch	Äußerliche Unter-schiede nicht bekannt
249	*Tetraodon fluviatilis*	Grüner Kugelfisch	Küstennahe Gewässer Indiens und Malayas	15	Kleine Exemplare verhältnismäßig fried-lich, später zunehmend unverträglich und bissig	Unbekannt
250	*Toxotes jaculatrix*	Schützen-fisch	Küsten des Indischen Ozeans	15	Ruhiger, etwas scheuer Fisch, der seine Insektenbeute von der Oberfläche her mit Wassertropfen abschießt	Nicht bekannt

Bgr. III/IV. Pgr. 6. 22–26 °C, MT 22 °C. Sonst wie bei Polycentrus

1/1. 28–30 °C. Bisher nur selten gezüchtet. Laicht an die Unterseite von Wasserpflanzenblättern. Eine frühere Beobachtung, wonach unter dem Blatt Luftblasen angesammelt wurden, um dieses an der Oberfläche zu halten, hat sich bisher nicht bestätigt. ♀ nach dem Ablaichen herausfangen, ♂, nachdem die Jungen, die dann zu Boden sinken, geschlüpft sind. Aufzucht nicht schwierig

Kräftiges Lebendfutter, Fische

Bgr. III/IV. Pgr. 6. 22–26 °C, MT 20 °C. Verstecke aus Steinen und Wurzeln, Höhlen, auch umgestürzter Blumentopf. Aquarium nicht zu hell, eher düsterer Gesamtcharakter

1/1. 26–30 °C. Höhlenlaicher, heftet aber die Eier gelegentlich auch an Wasserpflanzenblätter an. Sonst wie bei Monocirrhus und Polycentropsis. Zucht leicht, sehr produktiv

Kräftiges Lebendfutter, Fische

XV/1

Bgr. IV/V. Am besten im nicht bepflanzten Brackwasser zu halten. Dekoration mit Steinen und Wurzeln. 20–28 °C. Filterung und Durchlüftung sind notwendig. Kann zwar auch im Süßwasser gehalten werden, doch ist hier die Lebenserwartung kürzer

Im Aquarium noch nicht gezüchtet. Laicht in der freien Natur an felsigen Uferpartien oder vielleicht in den Korallenriffen ab

Allesfresser Lebend- und Trockenfutter, Pflanzenkost, starke Fresser

XIV/6
*

Bgr. IV/V. Pgr. 9. Verstecke aus Wurzeln und Steinen. Häufiger teilweiser Wasserwechsel. Da dieser Fisch nicht selten aus Brackwassergebieten kommt, kann etwas Salzzusatz notwendig sein. 22–26 °C

Im Aquarium bisher noch nicht gezüchtet. Die Eier sollen nach früheren Berichten auf Steinen abgelegt und vom ♂ betreut werden

Schnecken, Würmer, Mückenlarven, Wasserinsekten, Pflanzen, Trockenfutter

274/13
*

Bgr. IV/V. Pgr. 9, dicht bepflanzt. Besonders geeignet für Aquarien mit Überbau und Sumpfpflanzen (Uferaquarium). Springt gern, daher immer gut abdecken. Schwimmpflanzen. 22–28 °C

Im Aquarium noch nicht gezüchtet

Anflugnahrung. Nimmt auch anderes Futter von der Oberfläche, z. B. Spinnen, Mehlwürmer

XV/7

251	*Bedotia geayi*	Rotschwanz-Ährenfisch	Madagaskar	9	Friedlicher, lebhafter Schwarmfisch, gut für Gesellschaft geeignet	♂ etwas größer, vordere Rückenflosse zugespitzt
252	*Nematocentris maccullochi*	Kleiner Regenbogenfisch	Australien	7	Friedlicher, sehr lebendiger Schwarmfisch, gut für Gesellschaft geeignet	♂ lebhafter gefärbt, schlanker, 1. Rückenflosse zugespitzt
253	*N. fluviatilis* (früher *Melanotaenia nigrans*)	Großer Regenbogenfisch	Australien	10	Friedlicher, lebendiger Schwarmfisch für große Gesellschaftsbecken	♂ lebhafter gefärbt, alle Flossen schwarz gerandet und zugespitzt
254	*Pseudomugil signifer*	Schmetterlings-Ährenfisch	Ostküste Australiens in Süß- und Brackwasser	5	Friedlicher Schwarmfisch, in Artbecken zu mehreren Paaren am besten zu halten	♂ zitronengelb bis orange auf Flossen und Körper, ♀ gelbbraun
255	*Telmatherina ladigesi*	Sonnenstrahlfisch	Sulawesi (Celebes)	5	Friedlicher, sehr lebendiger und eigenartiger Schwarmfisch	♂ farbiger, stark verlängerte Strahlen in der Rücken- und Afterflosse

Haltung	Zucht	Futter	Seite/Abb.
Bgr. IV/V. Pgr. 7, 21–24 °C. Benötigt viel Raum zum Ausschwimmen. Möglichst langgestreckte Aquarien. Nicht zu weiches Wasser erwünscht. Oberflächenfisch	1/1. Dauerlaicher. 21–24 °C. Größere Zuchtaquarien vorteilhaft. Büsche von feinfiedrigen Pflanzen als Laichsubstrat. Wasser hart, nicht unter 10 °dH. Die Eier werden zwischen den Pflanzen abgesetzt und bleiben dort an feinen Fädchen hängen. Die Jungen schlüpfen nach etwa 1 Woche. Sie nehmen sofort feines Futter und auch Artemia, wenn die Nauplien durch eine kräftige Durchlüftung zur Oberfläche gewirbelt werden. Die Zuchttiere stellen Eiern und Jungen kaum nach	Lebend- und Trockenfutter, besonders gern Mückenlarven	274/16
Bgr. III/IV. Pgr. 7. Wie bei Bedotia geayi	Wie bei Bedotia geayi	Lebend- und Trockenfutter	III/6
Bgr. IV/V. Pgr. 7. Wie B. geayi	Wie bei B. geayi	Lebend- und Trockenfutter	
Bgr. II/III. Pgr. 7. Wie B. geayi	Wie T. ladigesi, nicht so warm (22 bis 25 °C)	Lebend- und Trockenfutter	
Wie bei Nematocentris. Wärmebedürftig, 24–28 °C. Liebt klares, sauerstoffreiches und hartes Wasser	Wie bei Nematocentris. 28 °C. Niedriger Wasserstand. Eine Laichperiode kann bis 3 Wochen dauern. Die bei 28 °C nach 1–2 Wochen schlüpfenden Jungen sind am besten von der Oberfläche abzuschöpfen und in ein Aufzuchtbecken zu bringen. Sie sind sehr klein, sind schwierig aufzuziehen und wachsen langsam	Lebend- und Trockenfutter	III/5

1 *Haplochromis burioni*, Augenfleck-Maulbrüter (205)   2 *Labeotropheus fuelleborni*, Schabemund-Buntbarsch (214)   3 *Cichlasoma cyanoguttatum*, Perlmuttercichlide (190)   4 *Pelvicachromis taeniatus*, Gestreifter Prachtbarsch (225)   5 *Steatocranus casuarius*, Buckelkopfcichlide (234)   6 »*Pelmatochromis*« *thomasi*, Thomas' Prachtbarsch (222)   7 *Pseudotropheus auratus*, Türkis-Goldbarsch (228)   8 *Carinotetraodon somphongsi*, Kammkugelfisch (—)   9 *Tetraodon schoutedeni*, Leopardkugelfisch (—)

Welse (Siluriformes)

Die artenreiche Ordnung der Welse gehört systematisch zur Überordnung der Echten Knochenfische oder Teleostei. Die Welse sind dadurch gekennzeichnet, daß ihnen normale Fischschuppen fehlen. Die Haut ist entweder nackt und lederartig oder ist mit Knochenschildern, Dornen und sonstigen Auswüchsen bedeckt. Der Mund ist von einer unterschiedlichen Zahl von Barteln umgeben, die dem Aufspüren von Nahrung dienen. Die scharfen Stützstachel der Brustflossen und der Rückenflosse können bei unvorsichtigem Umgang mit den Tieren schmerzhafte und schwer heilende Verletzungen hervorrufen. Die meisten Welse besitzen eine sogenannte Fettflosse zwischen Rückenflosse und Schwanzflosse, die manchmal erheblichen Umfang haben kann. Nicht selten ist sie durch einen Dorn gestützt. Viele Welsarten sind mit einer Darmatmung oder sonstigen Atmungshilfsorganen ausgestattet. Sie sind dadurch von der Kiemenatmung weitgehend unabhängig und können selbst in sehr sauerstoffarmen Wasservorkommen ausdauern. Einige vermögen sogar über Land zu wandern, was sie insbesondere beim Austrocknen ihrer Wohngewässer tun.

Die Ordnung gliedert sich in viele Familien auf. Sie konnten hier nicht besonders berücksichtigt werden. In den Tabellen sind einzelne ausgewählte Arten ohne Rücksicht auf ihre Familienzugehörigkeit in alphabetischer Reihenfolge aufgeführt.

In Mitteleuropa sind die Welse nur mit einer Art, dem Wels (Silurus glanis), vertreten, wenn man von dem bei uns stellenweise eingebürgerten nordamerikanischen Katzenwels absieht. Sie sind aber im übrigen fast über die ganze Erde verbreitet. Sie bewohnen in großer Arten- und Individuenzahl mit wenigen Ausnahmen ausschließlich Süßgewässer. Vor allem lieben sie stehende oder ruhig fließende, etwas düstere Wasservorkommen mit schlammigem Grund, doch fehlen sie auch in schnellfließenden Bächen nicht. Die hier wohnenden Arten sind entweder frei gegen die Strömung schwimmende Fische, oder sie sind mit einem Saugmaul ausgestattet, das es ihnen erlaubt, sich in der raschesten Strömung festzuhalten und gleichzeitig die auf den Steinen wachsenden Algen abzuweiden. Die meisten Welse bevorzugen die unteren Wasserschichten. Sie halten sich in Bodennähe auf, liegen auf dem Grund, hängen in Verstecken oder wühlen sich sogar ganz in den Grund ein. Es gibt aber auch Welse, die frei schwimmend die mittleren Wasserschichten bevorzugen oder sich sogar unter der Wasseroberfläche aufhalten.

Viele Welse sind Raubfische, zum Teil von beachtlicher Größe. Einige Arten gehören zu den größten Süßwasserfischen überhaupt. Andere leben von Kleintieren, die sie frei fangen oder aus dem Schlamm herauswühlen. Manche Arten sind auch auf Pflanzenkost, insbesondere auf Algen, spezialisiert oder sie fressen organische Abfälle. Im Aquarium muß man auf die verschiedenen Ernährungsweisen Rücksicht nehmen, doch bereitet die Fütterung der in der Hauptsache gepflegten Arten keine besonderen Schwierigkeiten, weil neben Lebendfutter jeder Art auch die verschiedensten Trockenfuttersorten angenommen werden.

Im Aquarium lieben die meisten Welse, soweit sie Dämmerungs- und Nachtfische sind, geräumige, nicht zu hell stehende Becken mit einem düsteren Gesamtcharakter. Viele schätzen Verstecke aus Steinen oder Wurzeln, in denen sie sich, zum Teil mit dem Bauch nach oben, tagsüber aufhalten. Auch Tonröhren leisten hier gute Dienste. Das Wasser möchte aber dennoch rein und klar sein. Eine kräftige Filterung ist immer von Vorteil. Die Ansprüche an die Temperatur sind je nach der Herkunft verschieden. Nähere Angaben werden hierzu in den Tabellen gemacht. Im allgemeinen kann man sagen, daß diese Fische hart und ausdauernd sind, doch geht es auch hier nicht ohne Ausnahmem ab. Am meisten Freude wird der Welsfreund an seinen Pfleglingen haben, wenn er sie in einem gesonderten Welsaquarium hält. Lediglich die beliebten Panzerwelse (Corydoras) sind auch für das Gesellschaftsaquarium geeignet. Hier bilden sie eine Art Gesundheitspolizei, indem sie unter dem zu Boden gesunkenem Futter aufräumen. Obwohl die meisten Welse Dämmerungs- und Nachtfische sind, gewöhnen sie sich doch zum Teil an die veränderten Verhältnisse der Gefangenschaft und lassen sich dann auch am Tage sehen.

Die Fortpflanzung der Welse ist noch weitgehend unbekannt. Nur einige Arten laichen willig im Aquarium ab, so z. B. manche Panzerwelse. Laichfürsorge und Brutpflege scheinen nicht selten zu sein. Einige Angaben sind in den Tabellen enthalten.

Im allgemeinen sind diese Fische Pfleglinge für den Spezialisten, der Freude an Sonderlingen hat.

Nr.	Wissenschaftlicher Name	Deutscher Name	Heimat	Größe cm	Charakter	Geschlechtsunterschiede
256	*Acanthodoras spinosissimus*	Stachliger Dornwels	Amazonasgebiet	15	Friedlicher Dämmerungs- und Nachtfisch. Gräbt sich gern in den Boden ein; gibt knurrende Laute von sich, wenn man ihn aus dem Wasser nimmt	Unbekannt
257	*Amblydoras hancocki*	Knurrender Dornwels	Tropisches Südamerika	15	Wie bei A. spinosissimus	♂ kleiner, mit dunkleren Flecken auf der Körperunterseite
258	*Bunocephalus bicolor*	Bratpfannenwels	Amazonasgebiet	20	Friedlicher und sehr ruhiger Nachtfisch, der sich tagsüber im Boden vergräbt	Unbekannt
259	*Callichthys callichthys*	Schwielenwels	Nördliches Südamerika, Amazonasgebiet und weiter südlich	18	Friedlicher, zeitweise lebhafter Dämmerungsfisch. Kann sich auch auf dem Lande fortbewegen und gibt dabei knurrende Töne von sich	♂ intensiver gefärbt, Brustflossenstachel kräftiger
260	*Corydoras aeneus*	MetallPanzerwels	Tropisches und subtropisches Südamerika	7	Friedlicher, zeitweise munterer, geselliger Fisch. Gut für Gesellschaftsbecken geeignet	Rückenflosse beim ♂ höher und spitzer, ♀ gedrungener und voller
261	*C. caudimaculatus*	LunikPanzerwels	Tropisches Südamerika	6	Wie bei C. aeneus	Rückenflosse beim ♂ höher und spitzer, ♀ voller
262	*C. hastatus*	SichelfleckPanzerwels	Amazonasgebiet	3,5	Friedlicher, geselliger Fisch. Bewegt sich im Trupp gehalten gern in den mittleren Wasserschichten frei	♂ kleiner und zierlicher, Rückenflosse spitzer
263	*C. melanistius*	FleckenPanzerwels	Nördliches Südamerika	6	Wie bei C. aeneus	Schwer zu unterscheiden. ♀ von oben gesehen voller

Haltung	Zucht	Futter	Seite/Abb.
Bgr. VI. Pgr. 10. Versteckplätze aus Pflanzen, Steinen und Wurzeln. Feiner klargewaschener Sand zum Eingraben, evtl. Torfauflage. 24°C	Im Aquarium anscheinend noch nicht gezüchtet	Tubifex, Mückenlarven, Pflanzenkost, Trockenfutter	XVI/4
Wie bei Acanthodoras	Wie bei Acanthodoras	Tubifex, Mückenlarven, Pflanzenkost, Trockenfutter	
Bgr. IV. Nur Pflanzen, die mit wenig Licht auskommen. Verstecke aus Wurzeln, feiner Sand, evtl. mit Torfauflage als Untergrund. Wird am besten allein gehalten. Nur etwas für Spezialisten. 20–24°C			XVI/10
Bgr. IV/V. Pgr. 2. Versteckplätze aus Wurzeln und Steinen. 18–24°C	Zucht mehrmals gelungen. Sammelt Schaumblasen unter einem Blatt in Oberflächennähe. ♂ bewacht das Gelege(?)	Allesfresser, Lebend- und Trockenfutter, Pflanzenkost, alles vom Boden	XVI/5
Bgr. II/III. Pgr. 2, dicht bepflanzt. Versteckplätze aus Wurzeln. Torfauflage. 18–24°C	Wie bei C. paleatus. Bgr. III/IV. 26°C. Bis 300 Eier. Junge kommen bei 26°C nach 5 Tagen aus	Allesfresser, Bodennahrung	290/2
Wie bei C. aeneus angegeben. 23–27°C, MT 18°C	Wie bei C. aeneus und C. paleatus angegeben. Bis 200 Eier. Die Jungen kommen nach 4–5 Tagen aus	Allesfresser, Bodenfutter	290/3
Bgr. II/III. Pgr. 2, Ecken und Hintergrund dicht bepflanzt. 24–26°C	Wie bei C. aeneus und C. paleatus, aber nicht immer ganz einfach. Eizahl gering. Junge schlüpfen nach 6–9 Tagen. Sie halten sich in Bodennähe auf und benötigen zunächst ganz feines Futter (Infusorien, staubfeines Trockenfutter). Schnellwüchsig	Feines Lebend- und Trockenfutter, frei schwebend und vom Boden	290/5
Bgr. II/III. Pgr. 2. 22–26°C. Wie bei C. aeneus angegeben	Wie bei C. paleatus angegeben, ist aber schwerer zur Fortpflanzung zu bringen	Allesfresser, Bodenfutter	290/4

Nr.	Wissenschaft-licher Name	Deutscher Name	Heimat	Größe cm	Charakter	Geschlechts-unterschiede
264	*C. paleatus*	Punktierter oder Gesprenkel-ter Panzer-wels	Südost-Brasilien, La Plata-gebiet	7	Wie bei C. aeneus angegeben	♂ schlanker und kleiner, Rückenflosse höher und zugespitzt
265	*C. punctatus julii*	Leopard-Panzerwels	Östliches Brasilien	6	Wie bei C. aeneus angegeben	♂ schlanker und zier-licher
266	*C. reticulatus*	Netz-Panzerwels	Amazonas-gebiet	5	Wie bei C. aeneus angegeben	♂ zierlicher, intensiver gefärbt
267	*C. schultzei*	Gold-streifen-Panzerwels	Amazonas-gebiet	6,5	Wie bei C. aeneus angegeben	♂ etwas zierlicher, Stachel der Brust-flossen länger, ♀ von oben gesehen voller
268	*Dianema longibarbis*	Torpedo-Schwielen-wels	Amazonas-gebiet	9	Friedlich, eher scheu; sollte im Schwarm gehalten werden	♂ zierlicher und kleiner
269	*Hoplosternum thoracatum*	Gefleckter Schwielen-wels	Südamerika von Guayana bis Paraguay	18	Nur mit großen Fischen vergesellschaften	♂ mit auffallend kräftigem rotbraunen 1. Brustflossenstrahl
270	*Kryptopterus bicirrhis*	Indischer Glaswels	Hinter-indien, Indonesien	10	Harmloser und leb-hafter, frei schwimmen-der, glasig durchsichtiger Schwarmfisch	Unbekannt
271	*Loricaria parva* (?)	Zwerg-harnisch-wels, Hexenwels	Paraguay, La Plata-gebiet	12	Friedlicher, aber wenig beweglicher Dämmerungs- und Nachtfisch (Saugwels)	♂ trägt auffallende weiße Borsten am Maul und den Brust-flossen

286

Haltung	Zucht	Futter	Seite/Abb.
Bgr. II/III. Pgr. 2, reichlich bepflanzt. Verstecke aus Wurzeln, Torfauflage auf dem Boden. 18–24 °C, MT 15 °C. Nicht zu viel Licht. Lieben klares und sauberes Wasser, keine speziellen Wasseransprüche	3/1. Bgr. III/IV. ♂ hält das ♀ fest, indem es dessen Barteln mit den Brustflossen einklemmt. 50–200 Eier. Bei jeder Paarung gleiten nur wenige Eier in eine aus den Bauchflossen des ♀ gebildete Tasche, wo sie befruchtet werden. Danach werden sie an eine feste Unterlage angeheftet. Wenn der Laichvorrat erschöpft ist, alle Zuchttiere aus dem Aquarium entfernen. Die Jungen kommen nach 6–8 Tagen aus. Sie sind relativ groß, ihre Aufzucht ist nicht schwierig	Allesfresser, Bodenfutter	XVI/8 *
Bgr. II/III, zur Zucht etwas größer. Pgr. 2. Wie bei C. aeneus angegeben. 23–27 °C	Wie bei C. aeneus und C. paleatus angegeben, ist aber schwerer zur Fortpflanzung zu bringen	Allesfresser, Bodenfutter	XVI/9
Bgr. II/III. Pgr. 2. 24–27 °C. Wie bei C. aeneus angegeben	Wie bei C. paleatus angegeben. 26 bis 28 °C. Ist nicht ganz leicht zu züchten. Die Jungen gelten als hinfällig	Allesfresser, Bodenfutter	290/6
Bgr. II/III, zur Zucht größer. Pgr. 2. Wie bei C. aeneus angegeben	Wie bei C. paleatus angegeben. Nicht schwer zu züchten. Produktiv	Allesfresser, Bodenfutter	290/7
Bgr. IV/V. Versteckplätze in Pflanzendickichten bevorzugt. 20–25 °C.	Baut Schaumnester unter breiten Schwimmpflanzen. ♂ bewacht das nach 5 Tagen auskommende Gelege. Dann Junge wie C. paleatus aufziehen	Allesfresser	
Bgr. V. Wie C. callichthys	Wie D. longibarbis. Sehr produktiv	Allesfresser, kräftiges Bodenfutter, Würmer, Insektenlarven, kleine Fische	*
Bgr. III/IV. Pgr. 3. 24–30 °C, MT 20 °C. Stellenweise dicht bepflanzt, aber auch Raum zum Schwimmen frei lassen	Im Aquarium bisher noch nicht gezüchtet	Kleines Lebend- und Trockenfutter	XVI/7 *
Bgr. III. Pgr. 3. Kiesgrund, Steinhöhlen, auch Tonröhren. 20–24 °C, MT 16 °C, Temperaturen nicht zu hoch! Liebt klares und sauberes, sauerstoffreiches Wasser	Die Fische legen des Nachts bis 200 Eier in Höhlenverstecken ab. Gern werden hierzu auch Ton- oder Plastikröhren benutzt. ♂ übt Brutpflege bis zum Schlüpfen. Die Jungen kommen nach 8–9 Tagen aus. Aufzucht vor allem mit Pflanzenkost	Algen und Pflanzenkost, auch Trockenfutter und Enchyträen	XVI/3 *

287

Nr.	Wissenschaft-licher Name	Deutscher Name	Heimat	Größe cm	Charakter	Geschlechts-unterschiede
272	*Otocinclus flexilis*	Algenwels	Südost-Brasilien	5,5	Friedlicher Saugwels, gut zur Algen-vertilgung in Gesell-schaftsaquarien geeignet	Nicht genau bekannt, ♂ etwas schmaler und kleiner
273	*Pimelodella gracilis*	Schlanker Fadenwels	Von Vene-zuela bis Argentinien	17	Friedlicher, zeitweise sehr lebhafter Dämme-rungs- und Nachtfisch, hält sich am Tage meist verborgen	Unbekannt
274	*Plecostomus commersoni*	Schilder-Saugwels	Brasilien, Argentinien	40	Friedlicher Saugwels, der aber rasch für das Normalaquarium zu groß wird und dann stark wühlt. Algenvertilger	Unbekannt
275	*Synodontis nigriventris*	Rücken-schwim-mender Kongowels	Kongo-gebiet	7	Friedlicher und ge-selliger, nächtlich leb-hafter, Oberflächen-fisch, der mit dem Bauch nach oben schwimmt	♂ schlanker und feiner gezeichnet, Flecken beim ♀ flächi-ger
276	*Xenocara dolichoptera* (auch als *Ancistrus spec.* im Handel)	Blauer Antennen-wels	Nördl. Südamerika	13	Friedlicher Gangwels, sehr guter Algen-vertilger	♂ mit auffälligen Tentakeln auf Stirn und Maul, ♀ nur mit dünnen Tentakeln

Haltung	Zucht	Futter	Seite/Abb.
Bgr. III. Pgr. 3, stellenweise reich bepflanzt. Wurzeln und Steine. Kiesgrund. Helles Licht zur Algenbildung. 18 bis 24 °C	Zucht im Aquarium bisher nur selten gelungen. Nichts Näheres bekannt	Algen und Pflanzenkost, Trockenfutter	274/17
Bgr. III/IV. Pgr. 3. Verstecke aus Steinen und Wurzeln. Nicht zu helles Licht, 18–24 °C	Im Aquarium noch nicht gezüchtet	Lebend- und Trockenfutter. Frißt vor allem vom Boden	290/8
Bgr. V. Pgr. 10. 20–26 °C, Grober Kies, Steine und Wurzeln	Im Aquarium noch nicht gezüchtet	Algen- und Pflanzenfresser, Trockenfutter	
Bgr. III/IV. Pgr. 3, dicht bepflanzt. Schwimmpflanzen. Nicht zu viel Licht. Versteckplätze aus Wurzeln. 24 °C. Liebt nicht zu hartes Wasser	Zucht vereinzelt gelungen. Die Eier wurden an dunklen Stellen des Aquariums abgelegt. Die Jungen schlüpfen nach reichlich 1 Woche. Sie nehmen bald darauf Artemia. In den ersten Wochen schwimmen sie normal	Kräftiges Lebend- und Trockenfutter. Zur Zucht schwarze Mückenlarven	XVI/2
Bgr. III/IV. Viele Versteckplätze unter Wurzeln, deren Zellulose auch aufgenommen wird. 24–30 °C	Laichen unter Wurzeln (in Bambus- und Kunststoffröhren). Eiballen wird vom ♂ bewacht. Aufzucht nicht immer einfach, ab 3 cm Größe unproblematisch	Algen, auch am Boden liegendes Trockenfutter	274/14

1 *Brochis coeruleus*, Smaragd-Panzerwels (–)   2 *Corydoras aeneus*, Metall-Panzerwels (260)   3 *Corydoras caudimaculatus*, Lunik-Panzerwels (261)
4 *Corydoras melanistius*, Flecken-Panzerwels (263)   5 *Corydoras hastatus*, Sichelfleck-Panzerwels (262)   6 *Corydoras reticulatus*, Netz-Panzerwels
(266)   7 *Corydoras schultzei*, Goldstreifen-Panzerwels (267)   8 *Pimelodella gracilis*, Schlanker Fadenwels (273)   9 *Microglanis parahybae*, Hummel-
wels (–)   10 *Sperata vittata*, Indischer Streifenwels (–)   11 *Botia horae*, Aalstrichschmerle (278)   12 *Botia hymenophysa*, Tigerschmerle (279)
13 *Botia modesta*, Blaue Prachtschmerle (281)   14 *Botia sidthimunki*, Schachbrettschmerle (282)   15 *Trinectes maculatus*, Süßwasserflunder (288)

Grundfische

Unter dieser Sammelbezeichnung sind hier eine Reihe von Aquariumfischen zusammengefaßt, die nicht alle miteinander verwandt sind. Da aber einige von ihnen in der Lebensweise und in der Haltung manches gemeinsam haben, und es leider nicht möglich ist, in diesem Buch jeder Fischgruppe eine gesonderte Tabelle einzuräumen, glauben wir es vertreten zu können, wenn die Grundfische hier gemeinsam aufgezählt werden.

Die Familie der *Schmerlen oder Bartgrundeln* (Cobitidae) steht den weiter vorn behandelten Karpfenfischen verwandtschaftlich sehr nahe. Sie wird aber heute als eine Fischgruppe mit deutlich gemeinsamen Merkmalen als eigenständige Familie in der Unterordnung der Karpfenähnlichen angesehen. Die Schmerlen sind langgestreckt wurmförmige bis mäßig hochrückige Fische. Der Kopf ist klein, der Mund unterständig und von einigen Bartelpaaren umgeben. Unter den Augen besitzen die meisten Schmerlen einen aufrichtbaren, ein- oder zweizipfligen Dorn. Zum Teil verfügen sie über eine zusätzliche Darmatmung, die es den betreffenden Arten ermöglicht, selbst in sauerstoffarmen Gewässern auszudauern. Die meisten Schmerlen führen eine mehr oder minder versteckte Lebensweise, einige werden erst bei Nacht munter. Zu gewissen Zeiten, die wohl mit den natürlichen Laichperioden zusammenhängen, kann man sie aber auch bei Tage aufgeregt im Aquarium umherschwimmen sehen. Die wurmförmigen Dornaugen (Acanthophthalmus) sind eine nette Bereicherung des Gesellschaftsaquariums, weil sie die gewöhnlich etwas vernachlässigte Bodenzone beleben. Die Angehörigen der Gattung Botia sind Fische ganz anderen Typus. Aber auch sie lieben Versteckplätze, die bei ihnen in der Regel den Mittelpunkt des Wohnreviers bilden. Mit wenigen Ausnahmen sind sie untereinander etwas unverträglich und bissig, weshalb man sie am besten in Gesellschaft anderer Fische in größeren Aquarien einzeln hält. Die Zucht aller Schmerlen ist im Aquarium bisher nur selten gelungen, auch war sie stets nur dem Zufall zu verdanken.

Die *Grundeln* (Familien Gobiidae und andere) sind Fische ganz anderer Art. Sie gehören in die Ordnung der Barschförmigen. In der Hauptsache sind es Meeresfische, doch sind einige Arten auch für das Brackwasser- und Süßwasseraquarium geeignet. Alle Grundeln besitzen zwei Rückenflossen, von denen die vordere stachlig, die hintere weichstrahlig ist. Die Brustflossen sind breit und fächerförmig; oft sitzen sie auf einem beinähnlichen Schaft. Die kehlständigen oder brustständigen Bauchflossen sind gewöhnlich zu einer Art Saugscheibe zusammengewachsen, mit deren Hilfe sich die Fische in der Brandung oder Strömung ansaugen und behaupten können. Einige Arten sind Bewohner der Gezeitenzone und können längere Zeit bei Ebbe auf dem Schlamm leben. Diese sogenannten Schlammspringer (Periophthalmus und andere) benötigen zur Haltung im Aquarium einen größeren Landteil und feuchtwarme Luft. Als Aquariumfische haben sich die Grundeln nur wenige Freunde erwerben können, weil sie zu hohe Anforderungen an die Geduld des Pflegers stellen. Sie können stundenlang auf dem Grund, auf Steinen oder Pflanzen liegen oder bleiben bei Tage in ihren Verstecken verborgen (Schläfergrundeln!). Es sind Fische für Spezialisten, der auch eine solche Lebensweise nicht langweilig findet. Die meisten Arten sind im Aquarium noch nicht zur Fortpflanzung gebracht worden. Lediglich die netten schwarz-gelb gebänderten Ringelgrundeln (Brachygobius) und die australische Tüpfelgrundel (Mogurnda) machen hiervon eine Ausnahme.

Tropische oder subtropische *Süßwasserflundern* werden gelegentlich eingeführt. Bekannt ist die kleine Süßwasserflunder Trinectes maculatus, die aus der Küstengegend südlich New Yorks stammt und hier für eine Reihe anderer Plattfische steht, die gleichfalls den Weg ins Süßwasser gefunden haben. Flundern sind durch Körperform, Farbwechselvermögen und Lebensweise für den Aquarienfreund hochinteressant. Sie wühlen sich gern in den Sand ein und passen die Färbung dem Untergrund an.

Interessant sind auch die merkwürdigen *Stachelaale* (Familie Mastocembelidae), die eine ganz und gar eigenständige Fischgruppe bilden. Es sind langgestreckte, aalförmige Fische, deren Rückenflosse im vorderen Teil in viele kleine Stachel aufgelöst ist. Der Kopf läuft in einen spitzen Rüssel aus. Stachelaale wühlen sich gern in den Grund ein. Ist dieser weich genug, können sie sich sogar darin fortbewegen. Auch diese Fische können im Gesellschaftsaquarium zur Belebung des Bodengrundes beitragen, wenn das Becken nur groß genug ist.

Nr.	Wissenschaftlicher Name	Deutscher Name	Heimat	Größe cm	Charakter	Geschlechtsunterschiede
277	*Acanthophthalmus semicinctus*	Halbgebändertes Dornauge	Malaya, Sumatera (Sumatra)	10	Hübsche wurmförmige Schmerle, Dämmerungsfisch, verbirgt sich tagsüber, kann aber zeitweise auch sehr lebhaft sein. Einige Exemplare im Gesellschaftsaquarium beleben die Bodenzone	♂ bleibt kleiner, ♀ in der Bauchgegend voller

Es gibt mehrere Arten von Dornaugen im Handel. Sie unterscheiden sich oft nur durch Zahl und Anordnung der Querbinden voneinander. Für diese Arten (A. kuhli, shelfordi u. a.) steht o. a. Art stellvertretend in den Tabellen

Nr.	Wissenschaftlicher Name	Deutscher Name	Heimat	Größe cm	Charakter	Geschlechtsunterschiede
278	*Botia horae*	Aalstrichschmerle	Thailand	8	Relativ friedliche Art. Für Gesellschaft geeignet	Unbekannt
279	*B. hymenophysa*	Tigerschmerle	Hinterindien, Malaya, Indonesien	15	Schöner, aber etwas unverträglicher Fisch. Nur als Einzelexemplar im geräumigen Gesellschaftsaquarium zu halten	Unbekannt
280	*B. macracantha*	Prachtschmerle	Indonesien	15	Sehr schöner, beweglicher, nicht immer sehr friedlicher Fisch	Unbekannt
281	*B. modesta*	Blaue Prachtschmerle	Hinterindien	15	Etwas unverträglicher Fisch. Nur als Einzelexemplar im geräumigen Gesellschaftsaquarium zu halten	Unbekannt
282	*B. sidthimunki*	Zwergbotia, Schachbrettschmerle	Thailand	3,5	Kleine, verträgliche, auch am Tage lebhafte Art. Gut für Gesellschaft geeignet. Hält sich nicht nur am Boden auf	Unbekannt
283	*Brachygobius nunus= B. xanthozona)*	Ringelgrundel	Malaya, Indonesien	4	Harmloser, aber kaum für Gesellschaft geeigneter, ruhiger Fisch. Saugt sich an	♂ intensiver gefärbt, ♀ voller

Haltung	Zucht	Futter	Seite/Abb.
Bgr. II/III. Pgr. 2 oder 3, stellenweise Pflanzenbüsche. Steinhöhlen, Wurzeln, Kokosschalen als Verstecke. Feine Sandschicht oder Torfauflage als Bodengrund. 22–28 °C	Im Aquarium bisher noch nicht gezüchtet	Lebend- und Trockenfutter, frißt vor allem vom Boden	XVI/6
Bgr. III/IV. Pgr. 2, stellenweise dicht bepflanzt. Nicht zu grober Sand, Verstecke aus Steinen und Wurzeln. 22 bis 24 °C. Liebt klares, sauberes Wasser	Im Aquarium noch nicht gezüchtet	Lebendes Bodenfutter, Trockenfutter	290/11
Bgr. IV/V. 25–27 °C. Benötigt viel Schwimmraum, da sehr lebhaft, sonst wie bei B. horae	Im Aquarium noch nicht gezüchtet	Lebend- und Trockenfutter, auch im Wasser schwebende Nahrung	290/12
Bgr. IV/V. Pgr. 2. 22–24 °C. Wie bei B. horae	Im Aquarium noch nicht gezüchtet	Lebendes Bodenfutter, Trockenfutter, frißt auch frei schwebendes Futter	XVI/1
Bgr. IV/V. Pgr. 2. Benötigt viel Schwimmraum, da sehr lebhaft. Sonst wie bei B. horae	Im Aquarium noch nicht gezüchtet	Lebendes Bodenfutter, Trockenfutter	290/13
Bgr. II/III. Pgr. 2. 24–28 °C. Wie bei B. horae	Im Aquarium noch nicht gezüchtet	Kleines lebendes Futter, Trockenfutter	290/14
Bgr. II/III. Keine Bepflanzung. Dekoration mit Wurzeln und Steinen. 26 bis 28 °C, gegen niedere Temperaturen empfindlich. Salzzusatz (gehäufter Teelöffel auf 10 l Wasser) ist erwünscht, da Brackwasserfisch. Wer auf Bepflanzung nicht verzichten will, wähle Cryptocoryne ciliata, da diese Brackwasser verträgt	Zucht im Aquarium zunehmend gelungen, aber nicht einfach. 27–30 °C. Ansatz 1/1 im kleinen Vollglasbecken oder zu mehreren Paaren in größeren Becken. Bis 300 Eier, die an dunklen Stellen an Steinen o. ä. abgelegt werden. Das ♂ übt Brutpflege bis zum Schlüpfen. Entwicklungsdauer 2–6 Tage. Die Jungen halten sich in Oberflächennähe auf. Sie nehmen sofort feinstes Lebendfutter	Lebendfutter	XV/5

Nr.	Wissenschaftlicher Name	Deutscher Name	Heimat	Größe cm	Charakter	Geschlechtsunterschiede
284	*Dormitator maculatus*	Schläfergrundel	Ostbrasilien	20	Sehr ruhiger Bodenfisch	♂ lebhafter gefärbt
285	*Eleotris marmorata*	Marmorgrundel	Thailand, Malaya, Indonesien	40	Räuberischer, sehr gefräßiger Fisch, gräbt sich gern in den Sand ein	Unbekannt
286	*Mastocembelus pancalus*	Gefleckter Stachelaal	Vorderindien	20	Dämmerungs- und Nachtfisch, wühlt sich ganz in den Sand ein, läßt sich aber nach Eingewöhnung auch am Tage sehen	Unbekannt
287	*Periophthalmus barberus*	Schlammspringer	Mangrovewälder der indischen und afrikanischen Küsten	12	Eigenartiger, amphibisch lebender Fisch mit beinartig ausgebildeten Brustflossen	Unbekannt
288	*Trinectes maculatus*	Süßwasserflunder	Küstenbereiche der USA südlich von New York	10	Reizende kleine Flunder, die sich gern eingräbt oder an die Scheiben hängt	Unbekannt

Haltung	Zucht	Futter	Seite/Abb.
Bgr. III/IV. 22–30 °C. Nicht zu grober Sand, Versteckplätze aus Steinen. Salzzusatz wie bei Brachygobius wünschenswert	Die Zucht ist gelegentlich schon gelungen. Die Eier werden an Steine angeheftet	Lebendfutter	
Bgr. V. 18–30 °C. Zusatz von Kochsalz oder Seewasser (auch künstlich bereitetes). Versteckplätze aus Steinen. Nicht zu grober Sand	Im Aquarium noch nicht gezüchtet	Kräftiges Lebendfutter. Fische	XV/8
Bgr. IV/V. Pgr. 10, Pflanzen in Töpfe setzen. Feiner Sand als Bodengrund, damit sich die Tiere einwühlen können. Liebt klares, sauberes Wasser, empfindlich gegen unhygienische Zustände im Bodengrund. 22–26 °C	Die Zucht von Stachelaalen ist durch Zufall ab und zu gelungen	Lebendes Bodenfutter	274/18
Benötigt großes Aquaterrarium mit Land- und Wasserteil, Uferlandschaft darstellend. Wasser 1:1 Süß- und Seewasser (auch künstlich zubereitet). Wasser und Luft müssen angemessen (26–30 °C) erwärmt sein	Im Aquarium noch nicht gezüchtet	Kräftiges Lebendfutter, Insekten, Regenwürmer, Mehlwürmer	XV/4
Bgr. III. Pgr. 10. Bodengrund aus feinem Sand mit viel freier Fläche. Der Sand kann verschiedenfarbig sein, um die Farbanpassung zu demonstrieren. 16–22 °C	Im Aquarium noch nicht gezüchtet	Allesfresser, nimmt die Nahrung vom Boden	290/15

Einheimische Aquarienfische

Die Haltung einheimischer Fische ist auch für den fortgeschrittenen Liebhaber empfehlenswert. Einige Arten, so z. B. Stichling, Bitterling, Moderlieschen, Schlammpeitzker und Elritze, sind für den Anfänger ohne wesentliche Schwierigkeiten zu halten; Stichling und Bitterling sind infolge ihrer Brutpflege den interessantesten Exoten an die Seite zu stellen. Die übrigen Arten, die infolge ihrer Ansprüche seltener gepflegt werden, sind lohnende Objekte gerade für den erfahrenen Liebhaber. Die meisten dieser Fische sind recht sauerstoffbedürftig und empfindlich gegenüber höheren Wärmegraden. Sie beanspruchen große Becken und starke Durchlüftung, teilweise sogar ständigen Durchlauf frischen Wassers. Dennoch kann gerade die Haltung dieser einheimischen Fische nicht genug

Nr.	Wissenschaftlicher Name	Deutscher Name	Heimat	Größe cm	Charakter	Geschlechtsunterschiede
289	*Acerina cernua*	Kaulbarsch	In Flüssen und Seen, vor allem in Küstengebieten	Bis 10	Raubfisch, sehr gefräßig, Laichräuber	Entfällt
290	*Alburnus alburnus*	Ukelei	Schwarmfisch des freien Wassers	Bis 8	Friedlich, gesellig, Schwarmfisch	♂ schlanker. Der Ukelei liefert den Schuppenglanz für die Fabrikation künstlicher Perlen
291	*Anguilla anguilla*	Aal	In Gewässern aller Art	Bis 15	Interessant, Dämmerungsfisch, gräbt sich gern ein	Entfällt
292	*Barbus barbus*	Flußbarbe	In fließenden Gewässern	Bis 10	Friedlich, Bodenfisch, zeitweise recht lebhaft	Entfällt
293	*Carassius carassius*	Karausche	In Gewässern aller Art, selbst in ungünstigen	Bis 10	Friedlich, anspruchslos, wühlt gern	Entfällt
294	*Cobitis taenia*	Steinbeißer	Gewässer aller Art, vor allem in solchen mit Sandgrund	10	Grundfisch, hält sich am Tage versteckt, Nachttier, Darmatmer	Entfällt

empfohlen werden. Aus ihrer Pflege, insbesondere aus dem Verhalten gegenüber den veränderten Verhältnissen im Aquarium, können Rückschlüsse auf die Eingewöhnung wertvoller Zierfischimporte aus tropischen Gebieten gezogen werden. Die Haltung einiger »Einheimischer« gibt auch dem »alten« Aquarianer viele Rätsel auf. Der Fischereiwissenschaft und der Fischwirtschaft kann mit der Beobachtung mancher wertvolle Dienst erwiesen werden. In den Tabellen sind nur allgemeine Angaben insoweit gemacht, als sie die Haltung und Pflege einheimischer Fische im Aquarium unterstützen können. Die Anmerkung »Zur Zucht im Aqua-

rium nicht geeignet« soll nicht bedeuten, daß bei entsprechenden Voraussetzungen nicht doch ein Zuchtversuch unternommen werden kann. Auch ist es durchaus möglich, daß die Zucht dieser oder jener Art im Aquarium schon gelungen ist, ohne daß dies dem Verfasser zur Kenntnis gelangte. Die Größenangaben bedeuten meist nicht, daß der betreffende Fisch in freier Wildbahn nicht größere Maße erreichen kann. Sie sollen nur einen Hinweis darauf geben, bis zu welcher Maximalgröße die betreffende Art im Zimmeraquarium gehalten werden kann.

Haltung	Zucht	Futter	Seite/Abb.
Wie beim Flußbarsch Perca fluviatilis	Zur Zucht im Aquarium nicht geeignet	Kräftiges Lebendfutter	304/1
Wie beim Moderlieschen, Bgr. III/IV. Bis 18 °C, Durchlüftung. Pgr. 11	Zur Zucht nicht geeignet	Allesfresser	
In jungen Exemplaren (Glas- und Setzaale) interessante Pflegeobjekte. Bgr. II/III, feiner Sand, lose Elodea- oder Hornkrautranken	Entfällt. Beachte Fortpflanzung des Aales!	Lebendes Bodenfutter, größere Exemplare kräftiges Lebendfutter	
Bgr. III – klarer Sand – starke Durchlüftung, bis 18 °C, Quellmoos, Kanadische Wasserpest, Hornkraut	Zur Zucht im Aquarium nicht geeignet	Allesfresser	
Bgr. III, gut bepflanzt, sonnig, sauber gewaschener Sand. Bis 22 °C, Durchlüftung	Zur Zucht im Aquarium nicht geeignet	Allesfresser	
Bgr. III – bis 18 °C – feiner Sand, Steine zu Versteckplätzen zusammenstellen, Durchlüftung	Zur Zucht im Aquarium nicht geeignet	Allesfresser	304/3

Nr.	Wissenschaft-licher Name	Deutscher Name	Heimat	Größe cm	Charakter	Geschlechts-unterschiede
295	*Cottus gobio*	Groppe	In klaren, schnell-fließenden Gewässern der Forellen-zone, auch in Seen	Bis 10	Räuber, versteckt sich gern unter Steinen. Laichräuber	Entfällt
296	*Cyprinus carpio*	Karpfen, Schuppen-, Spiegel-, Leder-karpfen	In wärme-ren Gewäs-sern aller Art	Bis 10	Friedlich, wühlt gern	Entfällt
297	*Esox lucius*	Hecht	In Gewäs-sern aller Art in der Schilfzone	Bis 10	Großer Räuber, etwas langweilig, steht lauernd in den Pflanzen	Entfällt
298	*Gasterosteus aculeatus*	Drei-stachliger Stichling	In Ge-wässern aller Art	8	Interessanter leb-hafter Fisch, etwas streitlustig	♂ schlanker, in der Laichzeit Brust und Kehle lebhaft rot
299	*Gobio gobio*	Gründling	In fließen-den Ge-wässern, auch in Seen mit Sand-grund und Steinen	15	Friedlicher Grund-fisch	Entfällt
300	*Ictalurus nebulosus*	Katzenwels	Aus USA eingeführt	Bis 10	Dämmerungsfisch. Lebt gern versteckt. Zeitweise recht lebhaft	Entfällt
301	*Leucaspius delineatus*	Moder-lieschen	In Tümpeln und Gräben mit starkem Pflanzen-wuchs	8	Lebhafter, friedlicher Schwarmfisch	♂ schlanker, in der Laichzeit Brunst-warzen
302	*Leuciscus idus*	Orfe, Aland	In Ge-wässern aller Art, vor allem in der Uferzone der Flüsse und Seen	Bis 10	Oberflächenfisch, friedlich	Entfällt

Haltung	Zucht	Futter	Seite/Abb.
Für den erfahrenen Pfleger. Bgr. III/IV, nicht über 15 °C. Starke Durchlüftung. Sand, Kiesel, größere flache Steine als Versteckplätze, Quellmoos	Zur Zucht im Aquarium nicht geeignet	Kräftiges Lebendfutter	304/2
Wie bei der Karausche	Zur Zucht im Aquarium nicht geeignet	Allesfresser	304/7
Bgr. IV/V. Einheimische Pflanzen. Verstecke aus Wurzeln und Rohr. Nur allein zu halten	Zur Zucht im Aquarium nicht geeignet	Kräftiges Lebendfutter, vor allem Fische	
Sehr interessant. Bgr. III/IV. Gute Bepflanzung, klares Wasser, Sandboden. Durchlüftung bei richtiger Besetzung nicht unbedingt nötig. Bis 22 °C	Zucht leicht. Zuchtansatz 1/3–5. ♂ baut Nest aus Pflanzenfasern im Boden, treibt mehrere ♀♀ zur Eiablage hinein. ♂ pflegt Eier und Junge. ♀ entfernen. Aufzucht mit staubfeinem Lebendfutter	Lebendfutter	
Bgr. III/IV. Klarer Sand und Steine. Quellmoos, Hornkraut, Wasserpest. Kräftige Durchlüftung	Zur Zucht im Aquarium nicht geeignet	Allesfresser, Bodennahrung	304/4
Bgr. III/IV. Sandboden, Versteckplätze aus Steinen. Bis 22 °C. Keine Durchlüftung. Nicht mit kleineren Fischen zusammenhalten	♂ betreibt Brutpflege. Zur Zucht im Aquarium nicht geeignet, kann aber in sehr großen Behältern versucht werden	Kräftiges Lebendfutter	
Bgr. II/III, Sonne, Durchlüftung nicht nötig. Gute Bepflanzung, aber Platz zum Ausschwimmen. Bis 22 °C	♀ heftet die Eier in Spiralen an Pflanzenstengel an. Sie werden vom ♂ bis zum Schlüpfen betreut	Allesfresser	304/5
Bgr. III/IV – Bepflanzung mit einheimischen Pflanzen aller Art. Bis 20 °C. Wenn möglich Durchlüftung. Leicht zu halten	Zur Zucht im Aquarium nicht geeignet	Allesfresser	

Nr.	Wissenschaftlicher Name	Deutscher Name	Heimat	Größe cm	Charakter	Geschlechtsunterschiede
303	*Leuciscus leuciscus*	Häsling	Bevorzugt fließende Gewässer	Bis 10	Friedlich, lebhafter Schwarmfisch	Entfällt
304	*Lucioperca lucioperca*	Zander, Hechtbarsch	In Flüssen und Seen, liebt warmes trübes Wasser	Bis 10	Räuberisch, lauert wie der Hecht auf Beute	Entfällt
305	*Misgurnus fossilis*	Schlammbeißer oder -peizker	In Teichen und Gräben mit schlammigem Grund	15	Wetterfisch, vor Gewittern unruhig. Darmatmer, gräbt sich ein	Entfällt
306	*Noemacheilus barbatulus*	Bartgrundel, Schmerle	In klaren Gewässern mit kiesigem Grund, auch in der Forellenzone	12	Grundfisch, der sich am Tage gern versteckt hält	♂ zeigt Laichausschlag
307	*Perca fluviatilis*	Flußbarsch	In Gewässern aller Art	Bis 10	Jagender Raubfisch	Entfällt
308	*Phoxinus phoxinus*	Elritze	In fließenden und stehenden Gewässern, besonders auch in der Forellenzone	12	Schöner, lebhafter Schwarmfisch	♂ lebhafter rötlich gefärbt, Brustflossen braun
309	*Pungitius pungitius*	Neunstachliger Stichling	In kleinen Gewässern aller Art	6	Interessanter, lebhafter Fisch, etwas streitlustig	♂ in der Laichzeit schwarz
310	*Rhodeus amarus sericeus*	Bitterling	Stehende oder schwach fließende Gewässer mit Muschelvorkommen	7	Harmlos, friedlich	♂ schlanker, in der Laichzeit lebhaft bunt, ♀ mit langer Legeröhre
311	*Rutilus rutilus*	Rotauge, Plötze	Vor allem in pflanzenreichen Seen	Bis 10	Friedlicher, lebhafter Schwarmfisch	Entfällt

Haltung	Zucht	Futter	Seite/Abb.
Wie bei der vorstehenden Art L. idus	Zur Zucht im Aquarium nicht geeignet	Allesfresser	305/8
Bgr. V. Bis 20 °C. Quellmoos, Wasserpest, Tausendblatt, Pfennigkraut. Sandboden mit Steinen	Zur Zucht im Aquarium nicht geeignet	Kräftiges Lebendfutter	305/14
Bgr. III — feine Sand- und Mulmschicht (evtl. ausgekochten Torfmull nehmen, da dieser das Wasser nicht trübt). Da Darmatmer keine Durchlüftung	Zur Zucht im Aquarium kaum geeignet	Allesfresser	305/13
Bgr. III. Pfennigkraut. Bis 20 °C. Durchlüftung. Feiner Sand und Verstecke aus Steinen und Wurzeln	Wie bei Cobitis taenia. Die Erbrütung von Laich im Aquarium ist möglich		
Klares Wasser. Bgr. IV und mehr. Bis 20 °C, Durchlüftung, da sauerstoffbedürftig. Sandboden mit Kieseln. Quellmoos, Tausendblatt, Wasserpest	Zur Zucht im Aquarium nicht geeignet	Kräftiges Lebendfutter	305/9
Bgr. III/IV — klarer Sand. Durchlüftung, Bepflanzung aller Art. Platz zum Ausschwimmen	Zucht schon gelungen. Große Becken mit flachem Teil. Aufzucht wie bei allen Cypriniden	Allesfresser	305/15
Wie bei Gasterosteus aculeatus	Nest wird zwischen den Pflanzen aufgehängt. Sonst wie bei 348	Lebendfutter	
Bgr. II/III, gut bepflanzt, bis 22 °C, ohne Durchlüftung	Einrichtung des Zuchtaquariums, wie bei der Beschreibung der Muscheln angegeben. ♀ legt die Eier vermittels einer Legeröhre in den Atemschlitz der Muschel. Die sich zwischen den Muschelkiemen entwickelnden Jungfische schwärmen nach 4—5 Wochen aus	Allesfresser	305/12
Wie bei Leuciscus idus	Zur Zucht im Aquarium nicht geeignet	Allesfresser	305/10

Nr.	Wissenschaft-licher Name	Deutscher Name	Heimat	Größe cm	Charakter	Geschlechts-unterschiede
312	*Scardinius ery-throphthalmus*	Rotfeder	In Ge-wässern aller Art, Uferzone bei reichem Pflanzen-wuchs	Bis 10	Friedlich, Pflanzen-fresser, wühlt gern	Entfällt
313	*Tinca tinca* Abart: Gold-schleie	Schleie	In ruhigen Gewässern, meist in flachen pflanzen-reichen Seen	Bis 10	Friedlich	Entfällt
314	*Umbra krameri*	Hundsfisch	Ungarn, Nieder-Österreich	10	Anspruchslos, ruhig	Entfällt

Haltung	Zucht	Futter	Seite/ Abb.
Wie bei Leuciscus idus	Zur Zucht im Aquarium nicht geeignet	Allesfresser	
Siehe Karausche	Zur Zucht im Aquarium nicht geeignet	Allesfresser	305/11
Bgr. II/III, gut bepflanzt, bis 22°C, Halbschatten. Durchlüftung unnötig	Zucht im Aquarium verschiedentlich gelungen	Lebendfutter	305/16

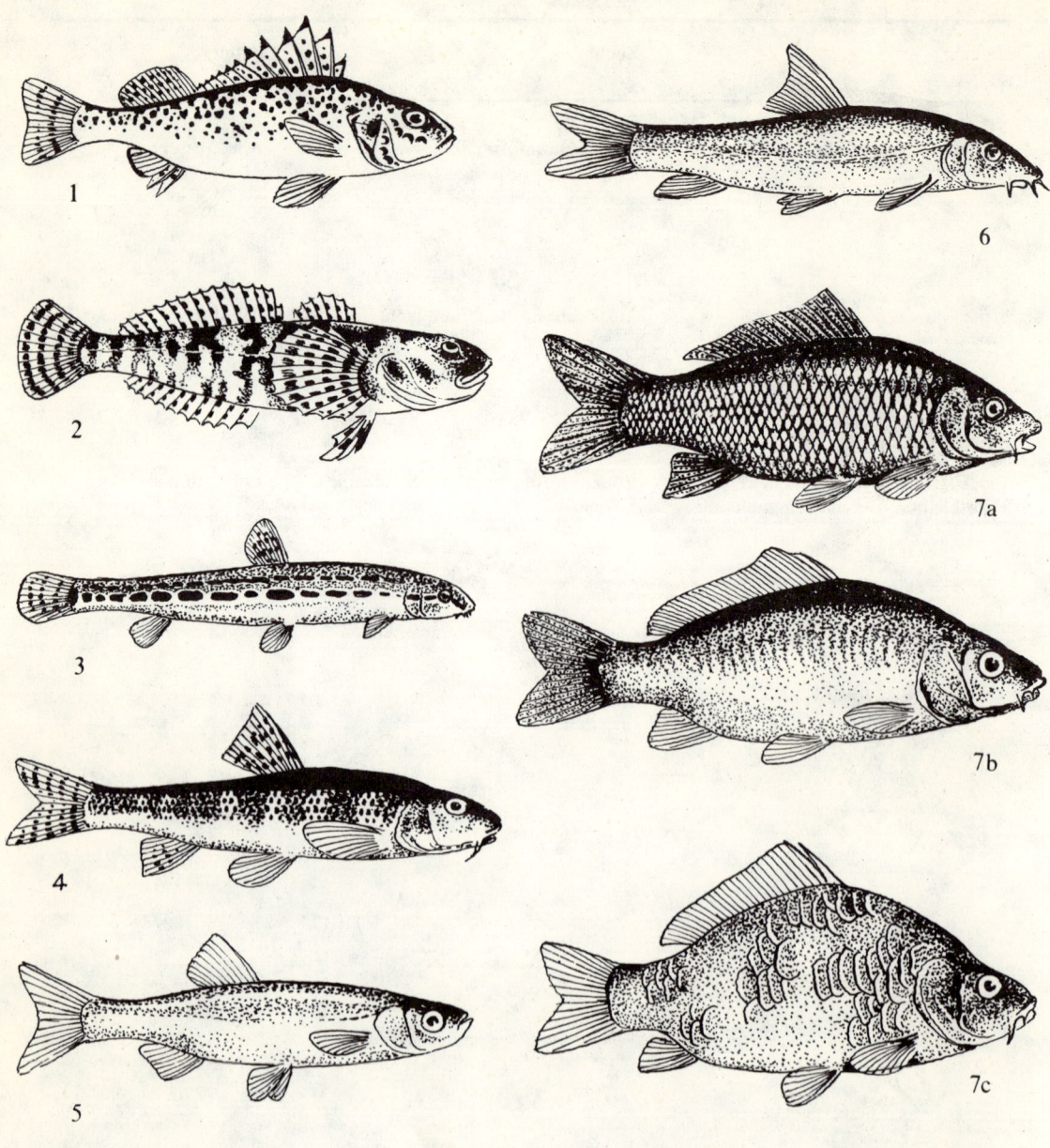

Einheimische Aquarienfische

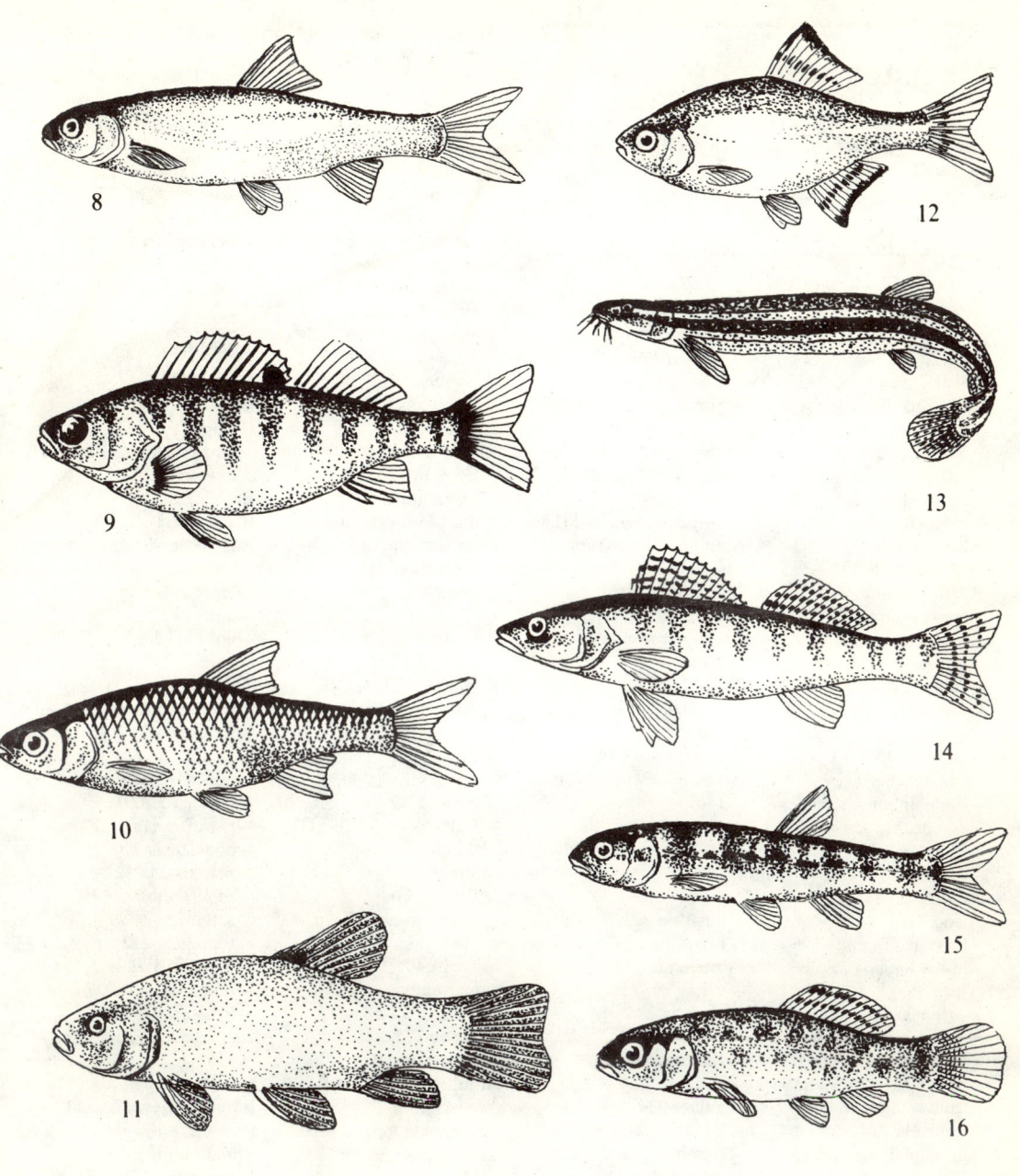

Register

Die Hinweisziffern beziehen sich auf die Seitenzahlen!

307